AF617617

TRATA DE MENORES CON FINES DE EXPLOTACIÓN SEXUAL EN EL CIBERESPACIO

Derecho y Política Internacional

TRATA DE MENORES CON FINES DE EXPLOTACIÓN SEXUAL EN EL CIBERESPACIO

Derecho y Política Internacional

BEATRIZ SUSANA UITTS

Editorial Aranzadi, S.A.U.
C/ Collado Mediano, 9
28231 Las Rozas (Madrid)
Tel: 91 602 01 82
e-mail: clienteslaley@aranzadilaley.es
https://tienda.aranzadilaley.es/
https://www.aranzadilaley.es/aranzadi

Primera edición: 2024

Depósito Legal: M-8847-2024
ISBN versión impresa: 978-84-1163-849-4
ISBN versión electrónica: 978-84-1163-850-0
Incluye soporte electrónico

Diseño, Preimpresión e Impresión: Editorial Aranzadi, S.A.U.
Printed in Spain

Por tu amor y apoyo:

Ross, Sofia y Max

Agradecimientos

Examinar un tema tan complejo como la trata de menores con fines de explotación sexual en el ciberespacio, aunque perturbador, ha resultado sumamente enriquecedor para lograr su eliminación. Este libro encuentra su inspiración en dos fuentes. La primera es mi labor legal y de defensa a lo largo de los años, que incluye la asistencia a poblaciones vulnerables y víctimas de la trata de personas, incluyendo niños y en segundo orden, se inspira en mi investigación realizada durante mi estudio en el programa de Doctorado en Ciencias Jurídicas (J.S.D.) en Derechos Humanos Interculturales en la Facultad de Derecho de la Universidad St. Thomas, Miami Gardens, USA.

Tuve el honor y el privilegio de adquirir enseñanzas de los mejores maestros en los prestigiosos programas de J.S.D. y LL.M. en Derechos Humanos Interculturales, el Profesor Dr. Siegfried Wiessner, la Profesora Dra. Roza Pati y otros destacados expertos y académicos que son parte de la excelencia de estos programas. Es un placer y un honor agradecer al Profesor Dr. Siegfried Wiessner, quien me enseñó a valorar la importancia del derecho como un vehículo para abordar las aspiraciones humanas a fin de establecer un orden público de dignidad humana. Además, estoy profundamente agradecida a la Profesora Dr. Roza Pati por su mentoría y guía invaluables en mi desarrollo académico y profesional, y que han dejado una huella imborrable en mi camino educativo y profesional.

Mi agradecimiento inconmensurable se dirige al Profesor Dr. Roy Balleste, cuya contribución a este proyecto ha sido invaluable. Compartió generosamente su conocimiento, brindó consejos esenciales y proporcionó orientación legal que enriqueció las discusiones, contribuyendo significativamente a la calidad de este libro. Le debo un agradecimiento eterno.

Quiero expresar mi más sincero agradecimiento al equipo editorial y de producción de Editorial Aranzadi, Thomson Reuters. Al editor Iñigo Moscoso del Prado Hernández por su invaluable apoyo y orientación para publicitar este nuevo conocimiento y única contribución al campo. Mi más sentido agradecimiento también a Pablo Caruana Húder, Responsable de

Publicaciones en Aranzadi, por su respaldo y apoyo fundamental en la publicación de la Obra. Asimismo, agradezco profundamente a la editora Silvia Alzate Alzórriz por su asistencia esencial y valiosa orientación durante el proceso editorial, lo cual fue crucial para este proyecto.

Agradezco profundamente a mis padres por su fe inquebrantable y su apoyo constante, que han sido fundamentales y han marcado el camino de mi vida. Su amor y guía han sido el faro que ilumina mi camino.

Agradezco, ante todo, a mi amado esposo Ross y a nuestros hijos, Sofia y Max. Soy inmensamente afortunada por tenerlos en mi vida. Este libro no existiría sin el amor inquebrantable de Ross y su apoyo incondicional. El amor sin límites de ustedes tres es la fuente de mi felicidad y fortaleza. Son mi razón de ser y los amo más de lo que las palabras pueden expresar.

Agradezco infinitamente a los lectores de este libro interesados en abordar esta problemática apremiante. Mi esperanza es que este libro sea de utilidad y contribuya al debate y la comprensión de la trata de menores en el ciberespacio y la política de regulación, para poner fin a este flagelo al que sólo podremos vencer si nos fijamos esta lucha como un objetivo y con esfuerzos individuales y colectivos, en beneficio de todos los niños.

Este libro está dedicado a mis hijos, Sofia y Max, y a todos los niños del mundo. Ellos son vulnerables y confían en nosotros, y la humanidad tiene la responsabilidad de protegerlos y ofrecerles lo mejor que tenemos para dar.

Abreviaturas

AGNU	Asamblea General de las Naciones Unidas
Alianza Mundial WeProtect	WeProtect Global Alliance to End Child Sexual Exploitation Online [Alianza Mundial WeProtect para Poner Fin a la Explotación Sexual Infantil En Línea]
APV	Abuso de una posición de vulnerabilidad
C3	Corporación Centro de Consultoría y Conflicto Urbano
CCPCJ	Comisión de Prevención del Delito y Justicia Penal
CdE	Consejo de Europa
CDH	Consejo de Derechos Humanos
CDHH	Comisión de Derechos Humanos
CDI	Comisión de Derecho Internacional
CDN	Convención sobre los Derechos del Niño; AGNU, «Convención sobre los Derechos del Niño,» entró en vigor 2 Septiembre 1990, U.N.T.S. 1577
CEDH	Convenio Europeo de Derechos Humanos
CIJ	Corte Internacional de Justicia
Comité de Lanzarote	Council of Europe Committee of the Parties to the Lanzarote Convention [Consejo de Europa Comité de las Partes del Convenio para la Protección de los Niños contra la Explotación Sexual y el Abuso Sexual].
CMSI	Cumbre Mundial sobre la Sociedad de la Información
Convención Suplementaria sobre la Esclavitud de 1956	ECOSOC, «Convención Suplementaria sobre la Abolición de la Esclavitud, la Trata de Esclavos y las Instituciones y Prácticas Análogas a la esclavitud», entró en vigor 30 Abril 1957, U.N.T.S. 3822

Convenio de Lanzarote	Convenio del Consejo de Europa para la Protección de los Niños contra laExplotación Sexual y el Abuso Sexual; CdE, «Convenio para la Protección de los Niños contra la Explotación Sexual y el Abuso Sexual», entró en vigor 25 Octubre 2007, C.E.T.S. 201.
COP	Protección de la Infancia en Línea [Child Online Protection] Iniciativa
CPI	Corte Penal Internacional
CRC	Comité de los Derechos del Niño
CVDT	Convención de Viena sobre el Derecho de los Tratados; ONU, «Convención de Viena sobre el Derecho de los Tratados» firmada 23 Mayo 1969, 1155 U.N.T.S. 331
CyberTipline	Línea de Denuncia Cibernética (del NCMEC)
DDHH	Derechos humanos
DIDH	Derecho internacional de los derechos humanos
Directiva 2011/93/UE	UE, Directiva 2011/93/UE del Parlamento Europeo y del Consejo de 13 diciembre 2011 relativa a la lucha contra los abusos sexuales y la explotación sexual de los menores y la pornografía infantil y por la que se sustituye la Decisión marco 2004/68/JAI del Consejo, *Diario Oficial de la Unión Europea*335 (2011).
Directrices del PF-CDN	CRC, «Directrices relativas a la aplicación del Protocolo Facultativo de la Convención sobre los Derechos del Niño relativo a la Venta de Niños, la Prostitución Infantil y la Utilización de Niños en la Pornografía*» CRC/C/156, 10 Septiembre 2019.
DUDH	Declaración Universal de Derechos Humanos; AGNU, Resolución 217 A (III), Declaración Universal de Derechos Humanos, 217 A (III) (10 Diciembre 1948).
EC3	European Cybercrime Centre [Centro Europeo de Ciberdelincuencia]
ECOSOC	Economic and Social Council [Consejo Económico y Social]
EE. UU.	Estados Unidos de América
EMPACT	European Multidisciplinary Platform Against Criminal Threats [Plataforma Europea Multidisciplinaria contra Amenazas Criminales]

ESCN	Explotación sexual comercial de los niños
Europol	European Union Agency for Law Enforcement Cooperation [Agencia de la Unión Europea para la Cooperación Policial]
FBI	Federal Bureau of Investigation [Oficina Federal de Investigación]
FOSTA	Allow States and Victims to Fight Online Sex Trafficking Act[Permitir a los Estados y Víctimas Combatir la Trata de Personas en Línea]
GCA	Agenda de Ciberseguridad Global
GCI	Global Cybersecurity Index [Índice Global de Ciberseguridad]
GGE	UN Group of Governmental Experts [ONU Grupo de Expertos Gubernamentales]
HRC	Comité de Derechos Humanos
ICANN	Corporación para la Asignación de Nombres y Números en Internet
ICE	Servicio de Inmigración y Control de Aduanas de EE. UU
ICSE	International Child Sexual Exploitation (base de datos) [Base de Datos Internacional sobre Explotación Sexual de Niños]
IGF	Foro para la Gobernanza de Internet [Internet Governance Forum]
Informe Explicativo del Convenio de Lanzarote	CdE, «Explanatory Report to the Council of Europe Convention on the Protection of Children Against Sexual Exploitation and Sexual Abuse», 25 Octubre 2007, C.E.T.S. 201. [Informe Explicativo del Convenio del Consejo de Europa para la Protección de los Niños contra la Explotación Sexual y el Abuso Sexual]
INHOPE	International Association of Internet Hotlines [Asociación Internacional de Líneas Directas en Internet
Interpol	International Criminal Police Organization [Organización Internacional de Policía Criminal]
IOCTA	Internet Organised Crime Threat Assessment [Análisis de Amenazas del Crimen Organizado en Internet]
IP	Internet Protocol [Protocolo de Internet]

IWF	Internet Watch Foundation
NCMEC	National Center for Missing and Exploited Children [Centro Nacional para Niños Desaparecidos y Explotados]
OACNUDH	Oficina del Alto Comisionado de las Naciones Unidas para los Derechos Humanos
ODS	Objetivos de Desarrollo Sostenible
OIT	Organizacion Internacional del Trabajo
ONGs	Organizaciones No Gubernamentales
ONU	Organización de las Naciones Unidas
P2P	Red de pares
PF-CDN	Protocolo Facultativo de la Convención sobre los Derechos del Niño relativo a la venta de niños, la prostitución infantil y la utilización de niños en la pornografía; AGNU, «Protocolo Facultativo de la Convención sobre los Derechos del Niño relativo a la venta de niños, la prostitución infantil y la utilización de niños en la pornografía», entró en vigor 18 Enero 2002, U.N.T.S 2171
PIDCP	AGNU, «Pacto Internacional de Derechos Civiles y Políticos», entró en vigor 23 Marzo 1966. U.N.T.S. 999.
PIDESC	AGNU, «Pacto Internacional de Derechos Económicos, Sociales y Culturales», entró en vigor 3 Enero 1976, U.N.T.S. 993.
Protocolo de Palermo	AGNU, Protocolo para Prevenir, Reprimir y Sancionar la Trata de Personas, especialmente Mujeres y Niños, que complementa la Convención de la ONU contra la Delincuencia Organizada Transnacional, entró en vigor 25 Diciembre 2003, U.N.T.S. 2237.
PSI	Proveedores de Servicios de Internet
RGPD	Reglamento General de Protección de Datos
SDN	Sociedad de Naciones
SESTA	Stop Enabling Sex Traffickers Act[Detener el Facilitar la Trata de Personas con Fines Sexuales]
SGNU	Secretaría General de las Naciones Unidas
TEDH	Tribunal Europeo de Derechos Humanos
TIC	Tecnología de la información y las comunicaciones
TPIY	Tribunal Penal Internacional para la ex-Yugoslavia

UE	Unión Europea
UIT	Unión Internacional de Telecomunicaciones
UNODC	United Nations Office on Drugs and Crime [Oficina de las Naciones Unidas contra la Droga y el Delito]
UNTOC	Convención de las Naciones Unidas contra la Delincuencia Organizada Transnacional; AGNU, «Convención de las Naciones Unidas contra la Delincuencia Organizada Transnacional», entró en vigor 29 Septiembre 2003, U.N.T.S. 2225.
USC	Código de EE. UU
VGT	Virtual Global Taskforce
VPN	Virtual Private Networks

Prólogo

La invención y comercialización del ciberespacio fue un salto monumental en el avance de la ciencia y la tecnología. Este evento condujo a logros notables, como comunicaciones rápidas a nivel mundial y el desarrollo de nuevas aplicaciones, como Facebook y ChatGPT. Sin embargo, en medio de estos logros impresionantes, había peligros inherentes que necesitaban reconocimiento. Los esfuerzos detrás de la evolución del ciberespacio y los medios para protegerlo han estado directamente relacionados con la condición humana. Esta condición humana se refiere a un código de conducta asociado a los usos del ciberespacio y usos que trascienden naciones y ubicaciones geográficas. El código de conducta requiere que las tecnologías del ciberespacio se aprovechen para satisfacer el desarrollo humano. La evaluación de las actividades de la condición humana conduce a su vínculo directo con los estándares éticos de la sociedad. A su vez, el uso del ciberespacio está impulsado por el deseo de conectarse y ampliar el alcance de las comunicaciones en todo el mundo. Para tener éxito, un código de conducta debe involucrar decisiones humanas que dirijan el comportamiento para promover la libertad y el bien moral. Por otro lado, los usos del ciberespacio en la era moderna representan un desafío complicado por factores difíciles en un mundo que de otro modo sería impredecible.

Los capítulos del libro presentan magistralmente el problema de la trata de personas que azota el ciberespacio. Beatriz Uitts se adentra en el difícil terreno de la explotación infantil en el ciberespacio, buscando una solución. En este caso, el usuario del ciberespacio está en el centro de la historia y el autor ofrece valiosos consejos. El libro *Trata de Menores con Fines de Explotación Sexual en el Ciberespacio: Derecho y Política Internacional* de Beatriz Uitts es una fuente indispensable en la búsqueda de un código de conducta para defender a la población más vulnerable de la humanidad: los niños. El libro destaca un momento desafiante para la industria del ciberespacio, dados los desafíos legales de larga duración y las tensiones políticas globales del presente. Sin embargo, todavía hay esperanza. Beatriz Uitts cuenta la historia de las difíciles decisiones que hay que tomar cuando se enfrentan circunstancias que desafían las reglas legales en línea y fuera de línea. De hecho, el estándar del libro se encuentra en las decisiones que deben tomar todos los usos del ciberespacio. La lucha por identificar estándares comunitarios que reflejen las formas y medios para garantizar la protección de los niños en línea ha acompañado a los usuarios durante años.

Si bien se han asociado muchos análisis — por ejemplo — con nuevas leyes nacionales, el debate sobre la seguridad de los niños aún carece de la atención necesaria. La dificultad de afrontar situaciones inesperadas aumenta en el ciberespacio, y en particular, con la web oscura o «dark web» Por esta razón, todas las partes interesadas deben considerar decisiones para identificar las mejores opciones posibles. La naturaleza sin medida o sin precedentes del problema significa que se necesitan nuevas normas legales para abordar los abusos en línea y fuera de línea. El panorama cibernético es sombrío si se consideran las capacidades de los piratas informáticos, las organizaciones criminales y los actores no gubernamentales que participan en actividades maliciosas dirigidas a niños a través de diferentes plataformas. En medio del creciente panorama de las ciberamenazas, este libro arroja luz sobre estas difíciles circunstancias con sabiduría y competencia. Al resaltar los puntos de inflexión históricos asociados, el libro hace acertadas analogías de lecciones pasadas.

La visión de Beatriz Uitts surge de una fascinante delimitación de hechos, desafíos y normas. La intersección de las normas jurídicas internacionales implica otra capa de desarrollo en la ciberseguridad y la geopolítica, que puede promover o amenazar la protección de los niños en línea. De esta manera, los capítulos contenidos en este libro son una descripción de los factores críticos y una advertencia para los usuarios del ciberespacio. A pesar de un futuro prometedor, las complejidades de la sociedad global han quedado ligadas a las tecnologías emergentes. El ciberespacio representa ahora una autopista hacia muchos lugares y también a un ámbito de peligros. En estos tiempos de rápida evolución, la comunidad cibernética global de usuarios puede contar con líderes para la protección de los niños en línea. Beatriz Uitts es una autoridad líder en el tema del tráfico sexual de menores en línea y, sin duda, su libro ofrece un vehículo valioso para su supresión.

Todos los usuarios del ciberespacio deben actuar como depositarios de la seguridad de los niños. De hecho, la legitimidad de cualquier sociedad queda demostrada por la forma en que protege a sus niños. Beatriz Uitts va un paso más allá y nos motiva con la posibilidad de actualizar el derecho internacional pertinente. Decir que este libro es revelador sería insuficiente. Este libro es una herramienta de ética en sí misma y es más que una colección de capítulos. El libro nos lleva en un viaje histórico y social, compartiendo hábilmente un tema difícil que atraviesa una historia de determinación inolvidable e inspiradora. Los educadores, agentes del orden, fiscales, estudiantes, padres y el público en general encontrarán este libro atractivo y estimulante. El contenido de este libro no trata simplemente de crímenes en línea; es, en esencia, un llamado a la concientización y a mayores acciones en la intersección del ciberespacio y los derechos humanos. Es en esta intersección donde la metodología de este libro resulta más útil.

Profesor Roy Balleste

Doctor en Derecho

Facultad de Derecho

Stetson University College of Law

St. Petersburg, Florida USA

8 de octubre de 2023

Prefacio

El Internet se ha convertido en uno de los medios más ampliamente utilizados por las personas en el mundo moderno, para llevar a cabo sus actividades diarias. Desafortunadamente, esta poderosa herramienta tecnológica también está siendo mal utilizada por los ciberdelincuentes para facilitar actividades criminales, incluyendo entre ellas, la trata de personas y la explotación con ella relacionada.

A medida que el acceso a Internet continúa expandiéndose rápidamente en todo el mundo, los niños enfrentan mayores riesgos que nunca antes de ser seducidos, captados, reclutados, transferidos o adquiridos con fines de explotación sexual. Los delincuentes explotan a los niños y los tratan como mercancías para ser intercambiados o vendidos. Los informes de presuntos casos de explotación sexual infantil en línea recibidos por la Línea de Denuncia Cibernética (CyberTipline) del Centro Nacional para Niños Desaparecidos y Explotados (NCMEC) han aumentado significativamente a lo largo de los años, desde 3,000 casos en 1998 hasta más de 36 millones en 2023. Además, la seducción en línea ha visto un aumento de más del 300% desde 2021 hasta 2023[1].

El NCMEC es el centro de referencia y centro de recursos de EE. UU. para la protección de niños y gestiona el CyberTipline, desempeñando un papel clave al servir como un centro de intercambio global de información en la lucha contra la explotación sexual de niños en el espacio virtual en todo el mundo. Los informes de 2023 de CyberTipline sobre incidentes de explotación sexual de niños facilitados o cometidos mediante Internet y tecnologías digitales incluyeron hasta más de 105 millones de imágenes, videos y otros archivos. A pesar de este dramático aumento en los incidentes reportados al sistema de CyberTipline del NCMEC en los últimos años, esto es solo una parte de la magnitud de los delitos de explotación sexual de

1. National Center for Missing & Exploited Children (NCMEC). (2024). New Sextortion Videos - Safer Internet Day. https://www.missingkids.org/blog/2024/new-sextortion-videos-safer-internet-day#:~:text=Each%20year%2C%20NCMEC%20receives%20a, the%20category%20that%20includes%20sextortion.

niños en línea en EE. UU. e internacionalmente. Esta situación fue aún más exacerbada durante la pandemia de Covid-19.

Aunque Internet es una herramienta tecnológica del mundo moderno y en sí mismo no es dañino, ha venido siendo utilizado como un instrumento facilitador para que los ciberdelincuentes desarrollen diferentes formas de explotación. Los delincuentes aún disfrutan de los beneficios de los canales cibernéticos, sin restricciones por fronteras estatales o límites geográficos, sin salir de la privacidad de sus hogares. En particular, Internet les permite camuflar sus identidades mientras cometen delitos cibernéticos que involucran la explotación sexual de menores. De esta manera, Internet crea nuevas oportunidades para los delincuentes, y ha llevado a un crecimiento en las actividades de trata de personas. Además, paralelo al rápido cambio impulsado por Internet, está la evolución de actos dañinos y abusivos contra los niños en línea.

Este libro explora estas actividades ciberdelictivas en evolución y señala las lagunas legislativas y desafíos de la penalización en los marcos jurídicos nacionales e internacionales. Examina la legislación internacional pertinente y diversos estudios y materiales de vanguardia para analizar los obstáculos a nivel nacional que complican y obstaculizan las investigaciones y enjuiciamientos criminales que buscan interrumpir y combatir a los criminales y redes criminales en línea. Es esencial que los Estados comprendan la dinámica de estos delitos y aumenten la colaboración internacional entre las fuerzas del orden; también es fundamental que se promulgue una formulación de políticas sólida en todos los países. Un marco legal común conduciría a una legislación nacional adecuada, una detección y un enjuiciamiento más efectivos para los delincuentes cibernéticos, esfuerzos de prevención mejorados y una identificación y asistencia más rápida de niños víctimas, mejorando así la respuesta de la comunidad global.

Este libro brinda un análisis en profundidad sobre los vínculos sorprendentes entre la trata de personas, la esclavitud moderna y la explotación sexual de niños en línea. Algunos documentos se citan en inglés para proporcionar a los lectores la versión oficial del documento. Utilizando un enfoque de derechos humanos (DDHH) y multidisciplinario, explora cómo la depredación y la trata de niños han sido moldeadas por el uso de Internet, y recomienda soluciones novedosas para abordar este problema en el ciberespacio de manera integral para mejorar la protección de los DDHH fundamentales y la dignidad de los niños en el entorno digital.

La trata de menores con fines de explotación sexual mediante el uso de Internet y las tecnologías digitales es un fenómeno moderno preocupante y un problema de DDHH en el que los niños son tratados como un objeto sexual o para fines de explotación sexual. Este libro proporciona un análisis jurídico y perspectivas útiles para legisladores, profesionales del derecho, académicos, fuerzas del orden, defensores de los derechos de los niños y estudiantes de pregrado y posgrado interesados en temas como el derecho internacional de los derechos humanos (DIDH), el derecho penal y la protección de la infancia. Las recomendaciones de este libro tienen como objetivo abordar las limitaciones de la acción estatal para proteger a los niños en el espacio virtual y ayudar a poner fin a las formas de explotación sexual de niños en el ciberespacio al identificarlas como esclavitud o prácticas análogas a la esclavitud y condenarlas como tal. En general, este libro demuestra la necesidad urgente de acción por parte de la comunidad internacional y sus Estados miembros para prevenir y combatir este ciberdelito, y alienta la adaptación de marcos jurídicos y políticos alineados a nivel internacional a estas realidades en constante cambio de hoy en día.

Beatriz Susana Uitts

Miami, FL, USA

Agosto 7, 2023

Introducción

El delito de trata de personas ha permeado nuestro mundo actual, sin que ningún país quede inmune a la explotación y formas modernas de esclavitud, incluyendo prácticas que victimizan a los niños. Actualmente hay aproximadamente 50 millones de niños, mujeres y hombres que están sometidos a la esclavitud moderna[1]. El delito de trata de personas ha crecido convirtiéndose en una industria multimillonaria, es la segunda industria criminal más grande y de más rápido crecimiento en el mundo hoy en día, solo después del tráfico de drogas, con 150 billones de dólares de ganancias anuales, y donde la mayor parte de las ganancias provenientes de la explotación sexual comercial, que ascienden a 99 billones de dólares por año[2]. Una vez atrapados en la red de trata, los niños pueden sentir que no tienen opciones viables de escape, pues la naturaleza del delito de trata con fines sexuales a menudo implica la explotación repetida de las víctimas, incluidos los niños. Los perpetradores de este crimen emplean cualquier estrategia necesaria, ya sea de forma individual o en grupos, para lograr sus objetivos de explotación.

El Internet que ha sido un excelente avance del mundo moderno, también ha contribuido a la explosión del delito de trata de menores con fines de explotación sexual. La captación y comercio de menores en actividades de trata con fines sexuales en el pasado mayormente ocurría en ubicaciones físicas, por ejemplo, a través del boca a boca, en las calles, casinos y estaciones de camiones. Ahora, los tratantes utilizan Internet y la tecnología digital para facilitar cada etapa del delito de trata de menores y someter a los niños en esclavitud o explotación sexual[3]. En el ciberespacio, los perpetradores pueden seducir, publicitar y controlar a niños víctimas, comunicarse y coordinar con otros individuos y redes afines, organizar encuentros

---

1. Organización Internacional del Trabajo (OIT). (2022). *Estimaciones mundiales sobre la esclavitud moderna: Trabajo forzoso y matrimonio forzoso.* OIT, Walk Free, y Organización Internacional para las Migraciones, 4.
2. OIT, *Profits and Poverty: The Economics of Forced Labour* (Ginebra: OIT, 2014), 13, 15, 27.
3. Staca Shehan, mensaje de correo electrónico a la autora, Agosto 27, 2014; Véase nota al pie 19 en el Senado de EE. UU., *Backpage.com's Knowing Facilitation of Online Sex Trafficking: Staff Report* (Senado de EE. UU., 2017), 5.

sexuales, producir y distribuir material de abuso sexual de niños que pueden ser resultado de coerción y extorsión sexual o financiera de niños, y lavado de dinero y transferir ganancias criminales del delito, incluyendo para lograr sus fines el uso de monedas digitales y otros métodos financieros[4]. Estas actividades de trata de niños que ocurren en línea generan una alta rentabilidad y evaden la detección por parte de las fuerzas del orden. Además, las interacciones en línea de los delincuentes facilitan una subcultura de abuso y explotación sexual de menores.

Tan solo en 2023, CyberTipline recibió 36.2 millones de informes de explotación sexual infantil en Internet, que contenían más de 105 millones de imágenes, videos y otros archivos. Adicionalmente, según los datos del CyberTipline, en 2022, el 89.9% de los informes involucran la carga de material de abuso sexual infantil por parte de usuarios fuera de EE. UU[5]. Debido a la pandemia de Covid-19, el cierre masivo de escuelas y las medidas de distanciamiento físico aumentaron la importancia de las plataformas en línea y las comunidades virtuales. Para los niños, estas plataformas en línea brindan oportunidades para apoyar su aprendizaje, socialización y juego, incluso mientras estuvieron en aislamiento. Sin embargo, junto con estos aspectos positivos, esta herramienta poderosa del Internet también los expone a riesgos como la explotación sexual. De acuerdo con el NCMEC, los informes recibidos por CyberTipline (que funciona como un centro de referencia global al recibir informes de proveedores de servicios de Internet (PSI) que tienen usuarios en todo el mundo), aumentaron un 106% en 2020 debido a incidentes potenciales de pornografía infantil, trata de menores con fines de explotación sexual y solicitudes de niños en línea. Los informes pasaron de casi 1 millón de casos en marzo de 2019 a poco más de 2 millones en marzo de 2020[6]. Se observó igualmente un aumento similar en activida-

4. Oficina de las Naciones Unidas contra la Droga y el Delito (UNODC), Capítulo 5 «Uso de Internet por los Tratantes,» en *Informe Global sobre Trata de Personas* (Nueva York: ONU 2020), 119-130.
5. National Center for Missing & Exploited Children (NCMEC). *CyberTipline Reports Statistics*. https://www.missingkids.org/cybertiplinedata; NCMEC. «New Sextortion Videos — Safer Internet Day.» Missingkids.org. Febrero 2024, https://www.missingkids.org/blog/2024/new-sextortion-videos-safer-internet-day
6. Thomas Brewster, «Child Exploitation Complaints Rise 106% To Hit 2 Million In Just One Month: ¿Is COVID-19 To Blame?» *Forbes*, última modificación 24 Abril 2020, https://www.forbes.com/sites/thomasbrewster/2020/04/24/child-exploitation-complaints-rise-106-to-hit-2-million-in-just-one-month-is-covid-19-to-blame/?sh=661bcc7e4c9c; Consejo de Derechos Humanos (CDH), «Efectos de la enfermedad por coronavirus en las diferentes manifestaciones de la venta y la explotación sexual de niños: Informe de la Relatora Especial sobre la venta y la explotación sexual de niños, incluidos la prostitución infantil, la utilización de niños en la pornografía y demás material que muestre abusos sexuales de niños, Mama Fátima Singhateh*,» A/HRC/46/31, 22 Enero 2021, párr. 26, pág. 8.

des sospechosas de este tipo en todo el mundo[7]. Adicionalmente, Según el informe federal sobre la trata de personas de 2021 en EE. UU., más de la mitad (57%) de todos los casos criminales de trata involucraron a niños víctimas, y el método principal de compra y reclutamiento de víctimas se realizó en Internet. Adicionalmente, los delincuentes han solicitado sexualmente a 1 de cada 9 jóvenes en los EE. UU[8]. A nivel mundial, la captación en línea es un acto de trata que afecta a casi la mitad de todas las víctimas en los casos judiciales considerados por el informe mundial sobre la trata de personas de 2020 de la Oficina de las Naciones Unidas contra la Droga y el Delito (UNODC). 31 de 79 casos judiciales en todo el mundo han informado captación en línea, con la mitad de todas las víctimas, incluidos niños y niñas víctimas de la trata, afectados[9]. De 2019 a 2020, teniendo en cuenta las medidas de aislamiento por la pandemia de Covid-19, la Línea Directa Nacional contra la Trata de Personas de EE. UU. identificó un aumento del 125% en el reclutamiento en Facebook y un aumento del 95 % en Instagram[10]. En 2021, Snapchat, Instagram y Facebook fueron los sitios web más comunes[11]. Es importante destacar que Internet Watch Foundation (IWF) del Reino Unido señaló que una página web muestra imágenes de abuso sexual de niños cada 2 minutos[12]. Es relevante resaltar que el 66% de todos los materiales de abuse sexual infantil conocidos en 2022 se rastrearon a un país de la Unión Europea (UE)[13].

Este libro describe el riesgo creciente de que Internet se utilice con fines de trata y explotación sexual infantil. Estos delitos en línea incluyen el uso de niños en actuaciones y materiales pornográficos, incluida la representación de bebés y niños pequeños en contenido sexual extremo[14]. También,

7. CDH, «Efectos de la enfermedad por coronavirus en las diferentes manifestaciones de la venta y la explotación sexual de niños,» párr. 24-29, pág. 7-8.
8. Lane, L., Gray, A., Rodolph, A., & Ferrigno, B. (2022). *2021 federal human trafficking report.* Human Trafficking Institute, 4; Madigan, Sheri, et al. «The Prevalence of Unwanted Online Sexual Exposure and Solicitation Among Youth: A Meta-Analysis.» *J Adolesc Health.* 2018 Aug;63(2):133-141. doi: 10.1016/j.jadohealth.2018.03.012. Epub 2018 Jun 18.
9. UNODC, Capítulo 5 «Uso de Internet por los Tratantes,» en Informe Global sobre Trata de Personas, 121.
10. Polaris. (2020). *Analysis of 2020 national human trafficking hotline data.* Polaris Project. https://polarisproject.org/2020-us-national-human-trafficking-hotline-statistics/.
11. Lane, L., Gray, A., Rodolph, A., & Ferrigno, B. (2022). *2021 federal human trafficking report.* Human Trafficking Institute, at 39.
12. IWF, *Trends and data: Reporte Anual 2021* (IWF, 2021), 37.
13. Negreiro, M. (2023). *Combatting child sexual abuse online*. European Parliamentary Research Service, 2.
14. Organización Internacional de Policía (Interpol) and ECPAT, *Towards a Global Indicator on Unidentified Victims in Child Sexual Exploitation Material: Technical report* (Bangkok: ECPAT International, 2018), 47.

estos delitos pueden estar relacionados con la explotación sexual de niños en prostitución, lo que incluye involucrar a un niño en actividades sexuales comerciales o mercantilizadas, así como la explotación sexual de niños en el contexto de viajes y turismo. Asimismo, este libro destaca las prácticas en línea que pueden convertirse en situaciones de trata, como las novias por correo y los matrimonios infantiles con fines de explotación sobre el niño involucrado. Los matrimonios facilitados por Internet con niños como forma de trata representan una forma de explotación sexual con el fin de que la persona adquiera al niño y lo use para su propia gratificación sexual. De manera similar, este libro aborda la temática de la venta de niños con el propósito de adopciones ilegales, donde puede darse una transacción comercial que busca la explotación del menor, la cual puede llevarse a cabo por medio de Internet.

A la luz de los derechos de los niños consagrados en el derecho internacional, el consentimiento de los niños en cualquier forma de explotación, incluyendo en estos actos y actividades en línea es legalmente irrelevante. Los niños son considerados individuos vulnerables que requieren protección especial, y nunca deben ser tratados como criminales en casos de explotación sexual y trata de personas. Los perpetradores de estos actos criminales explotan las vulnerabilidades y la edad de los niños víctimas, tratándolos como mercancías y objetivándolos en imágenes y videos para la explotación sexual. El uso de niños en actuaciones y materiales pornográficos, así como su involucramiento en la prostitución y otras actividades de explotación facilitadas o cometidas por Internet, son una clara violación de sus DDHH fundamentales y los expone a un daño significativo. Igualmente, nuevas manifestaciones de explotación asociadas con la trata de personas pueden revelar el ejercicio de uno o más poderes de propiedad sobre los niños, alcanzando así el umbral requerido para considerarse esclavitud.

Estas nuevas modalidades de delito demuestran un problema vasto y complicado y un desafío en constante evolución que afecta a todos los países. Es difícil incluso medir la magnitud de este delito, dada la forma en que Internet lo oscurece. Hoy en día, Internet se ha convertido en una parte esencial de la vida de los niños, a edades cada vez más tempranas, y el tiempo que pasan en línea está aumentando con el uso de tabletas o teléfonos móviles[15]. Esto puede exponer a más niños a riesgos en línea. Además, a medida que los niños crecen, es probable que utilicen Internet de manera más extensa, lo que aumenta aún más estos peligros. Sumado a eso, la web

15. Sonia Livingstone et al., *Children's Online Activities, Risks and Safety: A Literature Review by the UKCCIS Evidence Group* (London: LSE Consulting, 2017), 5.

oscura (Dark Web, en Inglés, parte oculta de Internet que no es accesible a través de motores de búsqueda convencionales y requiere *software* especial para acceder) proporciona el entorno perfecto para que los perpetradores lleven a cabo estos actos perturbadores contra los niños, incluidos la producción, la distribución y la compra de materiales de abuso y explotación y, al mismo tiempo, complican la respuesta a la explotación de niños en el ciberespacio mediante el empleo de técnicas de seguridad, privacidad y anonimato, avanzadas para evadir la detección.

Los niños están en riesgo de estas prácticas de explotación en todo el mundo, pero el tipo predominante de práctica puede variar según el país. Por ejemplo, los niños de países con altos niveles de desarrollo que juegan en Internet pueden ser atraídos por delincuentes en redes sociales, foros en línea o sitios de citas. Por otra parte, los niños pueden ser vendidos y víctimas de la trata por las personas a las que más aman y en quienes más confían, como sus propios padres, para ser vistos por clientes de todo el mundo, en países en vía de desarrollo. De hecho, los criminales a menudo se aprovechan de la pobreza de las familias para involucrar a los padres en la explotación de sus propios hijos. De esta manera, los delincuentes de estos crímenes van desde el depredador solitario de niños en un sitio web hasta el grupo del crimen organizado que utiliza técnicas sofisticadas de logística y tecnología de la información a nivel internacional. Los niños víctimas de estos actos pueden sentir demasiado miedo o estar tan manipulados que no se atreven a denunciar a los autores del delito, mientras sufren daño psicológico por estas situaciones traumáticas, que los despojan de su humanidad.

La dignidad humana de los niños nunca debe ponerse en peligro, incluso en el ciberespacio. El delito de trata de niños con fines de explotación sexual cometido mediante Internet o medios electrónicos presenta nuevos desafíos para el marco jurídico internacional de protección infantil[16]. Un desafío primordial es la falta de una definición clara de acciones ilegales con fines de explotación contra los niños en Internet en las leyes penales nacionales de los Estados. Las deficiencias en los mecanismos de detección y denuncia, investigación y enjuiciamiento de los perpetradores, prevención y protección de los niños víctimas, y la cooperación internacional también son obstáculos. Para proporcionar una base sólida para abordar estos problemas, los Estados deberían implementar medidas de política consis-

16. Comité de los Derechos del Niño (CRC), «Directrices relativas a la aplicación del Protocolo Facultativo de la Convención sobre los Derechos del Niño relativo a la venta de niños, la prostitución infantil y la utilización de niños en la pornografía*» CRC/C/156, 10 Septiembre 2019, párr. 57, pág. 12. [En lo sucesivo denominado como Directrices del PF-CDN].

tentes relacionadas con la explotación sexual de niños, incluidas aquellas relacionadas con las prácticas en el ciberespacio.

En particular, la criminalización de formas de trata de niños y explotación sexual de niños en el ciberespacio complica la interpretación e implementación de instrumentos jurídicos internacionales. Por ejemplo, los tratados de las Naciones Unidas (ONU) relacionados con el tema no están específicamente diseñados para el ciberespacio, como el Protocolo Facultativo de la Convención sobre los Derechos del Niño relativo a la venta de niños, la prostitución infantil y la utilización de niños en la pornografía (PF-CDN) y el Protocolo para Prevenir, Reprimir y Sancionar la Trata de Personas, especialmente Mujeres y Niños que complementa la Convención de la ONU contra la Delincuencia Organizada Transnacional (Protocolo de Palermo)[17]. Dado que el período en el que se adoptaron estos instrumentos jurídicamente vinculantes, en el año 2000, sus disposiciones legales con respecto a los delitos con fines de explotación sexual de niños no abordaron las prácticas delictivas cibernéticas a las que los niños se enfrentan hoy en día. En aquel momento, las tecnologías de Internet no eran tan avanzadas y generalizadas como lo son hoy en día, y los redactores no estaban preocupados por abordar específicamente las prácticas cibernéticas delictivas a las que los niños se enfrentan en la era digital actual[18].

La naturaleza en constante evolución de la tecnología y el rápido crecimiento de Internet han dado lugar a nuevas formas de delincuencia que intentan explotar a los niños en el ciberespacio, lo que dificulta que los marcos jurídicos tradicionales aborden y combatan adecuadamente estos delitos y, por lo tanto, requieren definiciones legales precisas a nivel nacional e internacional para detener este delito. Los Estados deben prohibir nuevas formas de explotación sexual de niños en el ciberespacio, delineando con certeza estos delitos en su legislación nacional y demostrando una tolerancia cero hacia ellos en sus sistemas jurídicos y prácticas nacionales. Fue la urgencia de proteger adecuadamente a los niños contra estos nuevos delitos que involucran el uso de plataformas digitales, redes sociales, canales de comunicación cifrados y otras herramientas basadas en tecnología debido a la insuficiencia de leyes y políticas nacionales e internacionales contra la trata de menores en el contexto del ciberespacio lo que me impulsó a escribir este libro.

---

17. AGNU, «Protocolo para Prevenir, Reprimir y Sancionar la Trata de Personas, especialmente Mujeres y Niños, que complementa la Convención de la ONU contra la Delincuencia Organizada Transnacional,» entró en vigor 25 Diciembre 2003, U.N.T.S. 2237. [En lo sucesivo denominado como Protocolo de Palermo].
18. Directrices del PF-CDN, párr. 1, pág. 3.

Como titulares de obligaciones en virtud del derecho internacional, los Estados tienen la responsabilidad primaria de proteger a los niños contra el daño y las violaciones de sus DDHH, incluido en el ciberespacio. Basándose en sus obligaciones en virtud del DIDH, los Estados están obligados a actuar con la debida diligencia para prevenir estas prácticas que infringen los DDHH de los niños en el ciberespacio, y para investigar y sancionar a los infractores. Un enfoque basado en los DDHH para la trata de niños con fines de explotación sexual en el ciberespacio requiere una comprensión de las violaciones de los derechos de los niños, para asegurar que los Estados aborden la naturaleza en constante evolución de este delito y cumplan con sus obligaciones de proporcionar un marco jurídico eficaz para la prevención, el enjuiciamiento y la protección de niños víctimas.

Además, la adopción de este enfoque integral basado en los DDHH por parte de los Estados proporciona un equilibrio adecuado entre, por un lado, el derecho de los niños a la protección contra el daño, y, por otro lado, los derechos fundamentales, como la libertad de expresión y el derecho a privacidad de los niños y otros usuarios de Internet, que no sean restringidas indebidamente.

El libro está dividido en tres partes. Parte I (capítulos 1 al 3) establece cómo las leyes y principios jurisprudenciales ya existentes establecen claramente la conexión legal entre la esclavitud y la trata de personas, por un lado, y diversas actividades asociadas con la explotación sexual de niños por medios electrónicos, por el otro. Esto demuestra que los instrumentos jurídicos internacionales existentes son plenamente relevantes y aplicables para abordar la explotación sexual de niños en el ciberespacio y se profundiza en este razonamiento. También se pone de manifiesto las nuevas complejidades legales planteadas por Internet que generan desafíos únicos en cuanto a estas consideraciones. Parte II (capítulos 4 al 6) luego detalla las formas que puede tomar esta explotación sexual de niños en línea, mostrando cómo cada forma demuestra violaciones de DDHH fundamentales y la dignidad humana. Esto implica un análisis de tipo sociológico de las redes criminales, actividades, tecnologías y procesos involucrados en los fenómenos bajo consideración, para clarificar los desafíos prácticos que los mecanismos legales deben abordar. Parte III (capítulos 7 y 8) luego regresa inicialmente a un marco teórico que ayuda a clarificar cómo se pueden definir y comprender estos desafíos prácticos, desde una perspectiva jurisprudencial, antes de proporcionar recomendaciones prácticas basadas en este marco teórico. El marco teórico adoptado es la articulación de la Escuela de Jurisprudencia de New Haven sobre la base y la inviolabilidad de la dignidad humana. Las recomendaciones prácticas se derivan de esta base para dar forma a los principios pertinentes identificados en la Parte I, en forma tanto de leyes nacionales ya existentes, como de un proyecto de tratado internacional para la prevención, prohibición y penalización de la actividad en el ciberespacio con fines de explotación sexual de niños.

El Capítulo 1 examina la práctica de la esclavitud en su sentido tradicional y la definición evolucionada de la esclavitud y casos claves en el derecho penal internacional, el derecho regional de los DDHH y el sistema interamericano. El Capítulo 2 ofrece un análisis exhaustivo de la trata de personas y cómo se ha trasladado al contexto del ciberespacio, describiendo las continuidades entre esta y prácticas similares a la esclavitud ya abordadas por instrumentos jurídicos internacionales vinculantes. El Capítulo 3 pone de relieve las complejidades legales planteadas por Internet, tanto como un beneficio para libertades como las de expresión y asociación, pero también como un medio mediante el cual se pueden cometer o facilitar violaciones aborrecibles de los DDHH, y considera los desafíos que esto plantea para responder a este fenómeno de trata con fines de explotación sexual de niños en el espacio virtual.

El Capítulo 4 explora los tipos de actividades de trata, nuevas y establecidas, cometidas por Internet que pueden implicar elementos de posesión sobre un niño. Se resalta la importancia de considerar jurídicamente la transferencia y adquisición de niños en el ciberespacio en relación con formas de explotación sexual. El Capítulo 5 examina la seducción de niños por medio del Internet, su naturaleza de explotación y su uso como un elemento de la trata de personas. En detalle, el Capítulo 6 analiza las vulnerabilidades de los niños y las causas fundamentales de este problema en línea. Además, presenta el principio de la irrelevancia del consentimiento de los niños involucrados en abuso y explotación, incluidos los actos sexuales de explotación en Internet. Luego, el capítulo explora las características generales de los ciberdelincuentes (individuos y grupos de delincuencia organizada), sus motivaciones y su *modus operandi* para estas actividades ilegales.

El Capítulo 7 brinda una apreciación del principio de la dignidad humana como fundamento en la formulación y aplicación de la ley, enfatizando la importancia de abordar eficazmente este problema jurídico contemporáneo y desafío de la sociedad a la luz de su impacto en la dignidad de las personas. Destaca la importancia de combatir estos ciberdelitos dentro de un sólido marco de DDHH que equilibre la protección de los niños en línea con los derechos a la libertad de expresión y privacidad. Finalmente, el Capítulo 8 proporciona recomendaciones sobre políticas y prácticas para combatir la explotación sexual de niños en el ciberespacio en el contexto de la trata de personas. Estas recomendaciones se basan en las obligaciones de los Estados en virtud del DIDH para prevenir y eliminar este delito cibernético.

La trata de niños con fines de explotación sexual en el ciberespacio es un problema de DDHH que involucra manifestaciones nuevas y en evolución de formas de explotación sexual de niños. Por lo tanto, exige respuestas más efectivas por parte de los gobiernos para mejorar la eficacia de los marcos de leyes y políticas nacionales, fomentar la cooperación internacional e involucrar al sector privado. Los Estados no pueden actuar solos en la lucha contra estos delitos relacionados con Internet y la tecnología digital. Estos ciberdelitos constituyen un fenómeno dinámico que requiere un enfoque integral y la colaboración de múltiples actores, especialmente con la industria de la tecnología, que incluye a los PSI, las empresas de motores de búsqueda y las plataformas de redes sociales. En este sentido, como parte de la implementación de medidas de prevención, la responsabilidad de detectar e informar sobre estos delitos a las autoridades competentes recae en la industria de Internet. En conjunto, estos esfuerzos ayudarán a garantizar que el ciberespacio sea un espacio seguro para todos, especialmente protegido contra la explotación de los niños en el mundo.

Esta forma de criminalidad cibernética es una amenaza directa no solo para los niños, sino para toda la humanidad. La protección de los derechos de los niños en el ciberespacio es un problema que afecta a todos, desde un individuo hasta la comunidad de naciones. Es nuestro deber asumir esta responsabilidad y abordar estos delitos complejos de explotación sexual de niños en el espacio virtual que trascienden las fronteras nacionales de frente.

Índice General

Página

Capítulo 1

Esclavitud en el Siglo XXI

La naturaleza de la esclavitud ha variado en diferentes épocas y lugares. Aunque los sentimientos, actitudes y posturas morales hacia ella han cambiado con el tiempo, su definición fundamental ha permanecido constante en el derecho internacional y en las normas de DDHH. El presente capítulo explorará en particular, cómo se ha definido la esclavitud en el último siglo y cómo su comprensión ha evolucionado para abordar nuevas realidades. Veremos, a través de una breve narrativa de la evolución del concepto que, aunque la práctica de la esclavitud ha sido condenada por la comunidad internacional, algunos de los elementos centrales de su práctica pueden ser observados en dinámicas que existen hoy en día en el ciberespacio. De hecho, argumentaré que las actividades relacionadas con la trata de personas están vinculadas a la esclavitud *de facto* y deben ser condenadas a pesar de la naturaleza «virtual» de algunos aspectos. Por lo tanto, desarrollaremos una comprensión de la esclavitud como concepto, como institución y como proceso de explotación, tal como ha sido concebida en el derecho internacional y cómo opera en el ciberespacio hoy en día, examinando los elementos definitorios de esta práctica a lo largo de la historia y cómo ha migrado desde una práctica en el mundo real a una acción facilitada digitalmente en el ciberespacio. Comenzaremos con una mirada a la práctica histórica y los temas centrales de la abolición de la esclavitud clásica o esclavitud de derecho.

1. ESCLAVITUD DE PROPIEDAD Y SU ABOLICIÓN: UNA BREVE HISTORIA

Históricamente, la esclavitud ha sido definida por una relación de propiedad. Desde tiempos antiguos, como en el antiguo Egipto, los esclavos eran considerados legalmente propiedad de sus amos. Gran parte de estas poblaciones esclavas eran personas no egipcias adquiridas en guerras, que posteriormente eran forzadas a trabajar en las minas de cobre y oro del Sinaí y Nubia; otros eran obligados a servir a nobles o alistarse en el ejército egipcio[1]. Los dueños de esclavos en el antiguo Egipto tenían derechos absolutos sobre las vidas de sus esclavos; podían otorgarles la libertad si así lo deseaban, o si lo preferían, podían mantenerlos esclavizados durante el resto de sus vidas. Los esclavos no tenían derechos legales y estaban a merced de sus amos, quienes tenían una completa propiedad y dominio sobre ellos.

A nivel global a lo largo de la historia, la práctica de la esclavitud ha sido influenciada por una miríada de factores, y las condiciones económicas, políticas y climáticas específicas de diferentes regiones han desempeñado un papel importante en cómo se desarrollaron diferentes prácticas específicas de esclavitud. A lo largo de la historia, se puede argumentar que la esclavitud contribuyó al florecimiento de ciudades y economías, y también ha sido identificada como una fuente importante de mano de obra que contribuyó al surgimiento y consolidación de diferentes colonias y ciudades en todo el mundo[2]. Un ejemplo conocido es la esclavitud de plantación, que existió en EE. UU., Brasil, otros países de América del Sur y el Caribe. Características de esta forma de esclavitud incluyen el trabajo forzado, la subyugación y el maltrato tanto de esclavos hombres como mujeres. Desde una perspectiva histórica, la esclavitud no discriminaba en función del sexo. Aunque el uso de esclavos hombres era esencial para ciertos tipos de trabajo, la historia demuestra que, en algunas partes de África, las esclavas mujeres eran más numerosas y más valiosas[3]. En resumen, la esclavitud de personas como propiedad como institución, no se basaba en el género, sino que se enfocaba en el internamiento y la servidumbre de ambos sexos para lograr los objetivos deseados por los dueños de esclavos.

En lo que respecta a la experiencia de los esclavos en las Américas, los historiadores han detallado las formas en que las sociedades esclavistas americanas crecieron en torno a la institución de la esclavitud. En general, la explotación de valiosos productos como el oro y el azúcar dependía de una clase de esclavos que pudiera extraer y cosechar los recursos para venderlos en un mercado internacional, y los dueños de esclavos, motivados por adquirir recursos para obtener riqueza y poder social, utilizaban escla-

1. Paul Challen, «Everyday Life», en *Life in Ancient Egypt* (Nueva York: Crabtree Publishing Company, 2005), 14.
2. Robert L. Paquette and Mark M. Smith, *The Oxford Handbook of Slavery in the Americas*, (Oxford: Oxford University Press, 2016).
3. Sean Stilwell, *Slavery and Slaving in African History* (Cambridge: Cambridge University Press, 2014), 5.

vos para alcanzar sus objetivos. La «eficacia» económica de la esclavitud se ve quizás mejor en el desarrollo del Valle del río Mississippi, que prosperó gracias a la esclavitud de personas de origen africano que produjo más millonarios per cápita que cualquier otra región de EE. UU[4]. De esta manera, los esclavos se convirtieron en una parte significativa de la fuerza laboral en las sociedades del sur de EE. UU. Las prácticas de esclavitud basadas en la raza en el Caribe tuvieron un impacto significativo en la historia e incentivó la expansión de la esclavitud en otras partes de las Américas.

Durante los siglos del comercio de esclavos a nivel global, desde el siglo XVI hasta el XIX, la propiedad, como característica esencial de la institución de la esclavitud, otorgaba a los dueños de esclavos derechos y poder absoluto sobre las vidas de sus esclavos, ya que estos eran considerados propiedad, específicamente como mercancía o posesión que podía transferirse. Este hecho resultó en que los esclavos fueran objetos y no sujetos de la ley. Esta absoluta propiedad, que ahora vemos retrospectivamente como la degradación de los DDHH fundamentales de los esclavos, había sido una característica esencial de la institución de la esclavitud a lo largo del tiempo e ilustra las cambiantes nociones de lo que significa ser humano. Por ejemplo, durante el Imperio Romano, «en el derecho temprano, un amo podía hacer lo que quisiera con su esclavo, sobre quien tenía (teóricamente) el poder ilimitado de vida y muerte»[5]. Esencialmente, esto les daba a los propietarios de esclavos romanos el poder legal de utilizar a sus esclavos como mejor les pareciera. Una variedad de prácticas de explotación presentes desde la antigüedad se manifestó en el contexto de la esclavitud en América, entre las cuales estaba la consideración de los esclavos como «posesiones» legales pertenecientes a sus amos, que podían ser comprados, vendidos o heredados. En toda América, incluso hasta finales del siglo XVIII, los esclavos eran comúnmente vistos como menos que humanos[6]. Curiosamente, en algunos casos a lo largo de la historia, los propietarios de esclavos implementaron un «sistema de recompensa» para motivar el buen comportamiento de los esclavos, a veces incluso otorgándoles la libertad, aunque esto no les concedía los mismos derechos que a la mayoría de la población. Por ejemplo, «en Sussex en 1795, James tendría su libertad en cuatro años si se

4. Walter Johnson, *River of Dark Dreams: Slavery and Empire in the Cotton Kingdom* (Cambridge: Harvard University Press, 2013), 5.
5. Paul J. du Plessis, *Borkowski's Textbook on Roman Law,* 4th ed. (Oxford: Oxford University Press, 2010), 92-93.
6. Stephen B. Thomas and Erica Casper, «The Burdens of Race and History on Black People's Health 400 Years After Jamestown», *American Journal of Public Health* 109, no. 10 (2019): 1346-1347, https://doi.org/10.2105/AJPH.2019.305290

"comportaba como debía"; pero si se "portaba mal", sería vendido»[7]. Es importante destacar que esta posibilidad de obtener la libertad no eliminaba la esencia de la esclavitud asociada con la posición del esclavo, sino que más bien servía para promover los intereses del amo.

a. La Era de la Ilustración y la Revolución

En este contexto, se vuelve importante analizar las condiciones que llevaron al movimiento abolicionista y al eventual fin de la esclavitud como propiedad. Estas condiciones surgieron principalmente de la filosofía moral y la ciencia empírica de la Ilustración, período en el que las filosofías basadas en los DDHH individuales fueron ampliamente aceptadas. Los ideales de la Ilustración dieron énfasis a la idea de los derechos naturales del ser humano, basados en la razón y las libertades individuales y, eventualmente, llevaron a que más personas comenzaran a considerar a los esclavos africanos como seres humanos con derechos y no simplemente como propiedad. En el siglo XVII, la teoría de los derechos fue desarrollada en parte por el filósofo del derecho natural Hugo Grocio, cuyo pensamiento influyó en el pensamiento político y teorías morales de la Ilustración y contribuyó a sembrar las semillas de las nociones modernas de los DDHH[8]. La noción de dignidad humana ha servido como base para algunas teorías significativas de derechos naturales, particularmente de pensadores claves de la Ilustración, como John Locke, Jean-Jacques Rousseau y sentó las bases para los axiomas éticos de Immanuel Kant[9]. El influyente filósofo inglés de la Ilustración, John Locke, afirmó que todos los seres humanos son iguales en dignidad y en los derechos naturales que poseen; de ahí que los derechos individuales a la vida, la libertad y la propiedad surgieran como parte esencial de su teoría[10].

Además, Rousseau refleja la idea de la dignidad en un marco teórico dentro de los ideales republicanos. Rousseau sostiene que los ciudadanos son miembros de una comunidad estatal subordinada a la ley como expresión de la voluntad general, donde el Estado tiene la función de salvaguar-

7. William H. Williams, *Slavery and Freedom in Delaware, 1639-1865* (Lanham: Rowman & Littlefield, 1996).
8. Michael Haas, «Typologies», en *Improving Human Rights* (Westport: Praeger, 1994), 2.
9. Siegfried Wiessner, «Re-Enchanting the World: Indigenous Peoples» «Rights as Essential Parts of a Holistic Human Rights Regime», *UCLA Journal of International Law and Foreign Affairs* 15, no. 239 (2012): 259.
10. Patrick Hayden, «John Locke: The Second Treatise of Government», en The Philosophy of Human Rights (St. Paul: Paragon House, 2001), 71-79.

dar sus libertades[11]. En consecuencia, este contrato social rige la relación entre el Estado y sus ciudadanos. El tratado político de Rousseau, *El contrato social*, estuvo notablemente influenciado por las revoluciones democráticas, los valores nacionalistas y los conceptos constitucionalistas con nociones de autonomía y soberanía del pueblo. El filósofo alemán Immanuel Kant contribuyó significativamente al concepto de los DDHH al basar su teoría moral en la inviolabilidad de la dignidad humana. En 1785, Immanuel Kant argumentó que no se puede tratar a los seres humanos como medios para otros fines, sino que todas las personas son racionales y, por lo tanto, fines en sí mismas[12]. De esta manera, la filosofía kantiana expresa la visión del respeto a la libertad intrínseca y la igualdad como base del trato humano; en consecuencia, los seres humanos tienen un valor inherente (i.e., dignidad) que proviene de su capacidad para razonar y actuar de acuerdo con principios morales universales y no tienen precio. Así, la dignidad humana se refiere al estatus de todos los miembros de la familia humana y está estrechamente vinculada con la autonomía individual y la razón como bases fundamentales de los DDHH.

Inspirados por los ideales de la Ilustración, la Declaración de Independencia de EE. UU. (1776) y la Declaración de los Derechos del Hombre y del Ciudadano de Francia (1789) son ambas proclamaciones claras de respeto por la dignidad humana y el derecho a la libertad. La Declaración de Independencia señala que «todos los hombres son creados iguales» y afirma la existencia de «Derechos inalienables, entre los cuales se encuentran la Vida, la Libertad y la búsqueda de la Felicidad».[13] Como sabemos, en aquel momento, el documento realmente se refería a «hombres», ya que las mujeres, los esclavos y los negros libres no eran considerados «iguales» hasta un siglo y medio después. Sin embargo, estos documentos de la era revolucionaria sentaron las bases para una mayor libertad y, eventualmente, igualdad de derechos para todos los adultos y la abolición de la esclavitud.

En este particular, la Declaración de los Derechos del Hombre y del Ciudadano de 1789 encarnaba los principios de «libertad, igualdad y fraternidad» como objetivo. Así, afirmó la solidaridad con los demás como base para los derechos económicos, sociales y culturales (i.e., derechos positivos). La declaración afirma que «los hombres nacen y permanecen libres

11. Jean-Jacques Rousseau, *The Basic Political Writings*, 2nd ed., trans. Donald A. Cress (Indianapolis: Hackett, 2011).
12. Immanuel Kant, *Grounding for the Metaphysics of Morals: With on a Supposed Right to Lie Because of Philanthropic Concerns*, 3rd ed., trans. James W. Ellington (Indianapolis: Hackett, 1993).
13. Declaración de Independencia de EE. UU., Segundo Congreso Continental, (1776).

e iguales en derechos», declarando así que la igualdad y la libertad humana son pilares fundamentales de una sociedad democrática. Específicamente, los Artículos 2 y 3 de la Declaración Francesa de 1789 establecen claramente los ideales por los cuales luchaban los revolucionarios: «El objetivo de toda asociación política es la conservación de los derechos naturales e imprescriptibles del Hombre. Estos derechos son la Libertad, la Propiedad, la Seguridad y la Resistencia a la Opresión».[14]. La premisa que empoderó a los franceses para liberarse de la tiranía del sistema monárquico de gobierno fue la de las libertades civiles y los derechos relacionados. Siguiendo esta idea, «el principio de cualquier soberanía reside primordialmente en la Nación. Ningún cuerpo colectivo, ni individuo alguno, puede ejercer autoridad alguna que no provenga expresamente de ella»[15]. Esta concatenación establece una conexión entre las ideas de libertad inherente y los DDHH intrínsecos con el concepto de ciudadanía. En otras palabras, los derechos de los ciudadanos eran aquellos entendidos como otorgados por el estado, ya que tienen su origen en la soberanía de los estados.

Como parte de la historia de EE. UU., además de la Declaración de Independencia, los padres fundadores postularon la importancia de los valores de libertad e igualdad en documentos fundacionales como la Constitución de EE. UU. y la Declaración de Derechos. Estos documentos revolucionarios, basados en la filosofía moral de la Ilustración, encarnaron los valores modernos que aún guían a las sociedades de todo el mundo hacia la mejora de la vida de los ciudadanos. A lo largo del siglo XIX y principios del XX, estos instrumentos significativos se utilizaron como base para las cartas de derechos y ejercieron una influencia normativa en los documentos constitucionales de los estados modernos. No obstante, la esclavitud seguía siendo legal en las 13 colonias después de la ratificación de la Declaración de Independencia en 1776 y se incluyó en la Constitución de EE. UU. en 1788, incluso con la Cláusula de Esclavos Fugitivos que requería que los esclavos fugitivos fueran devueltos a sus amos[16]. A pesar de esta legalidad, la Constitución limitó efectivamente la práctica de la esclavitud; el Artículo I, Sección 9, Cláusula 1 de la Constitución prohibió efectivamente la importación de todos los esclavos a partir del año 1808 e impuso fuertes impuestos

14. Asamblea Nacional Constituyente de Francia, «Declaración de los Derechos del Hombre y del Ciudadano», aprobada 26 Agosto 1789, art. 2.
15. *Ibid.*, art. 3.
16. Constitución de EE. UU., art. IV, § 2, cl. 3: «Ninguna persona sujeta a servicio o trabajo en un Estado, conforme a las leyes del mismo, que escape hacia otro Estado, será liberada de dicho servicio o trabajo en virtud de cualquier ley o regulación de ese otro Estado, sino que será entregada a solicitud de la parte a la cual se le deba dicho servicio o trabajo».

al tráfico de esclavos a partir de la fecha de ratificación[17]. De esta manera, estos documentos, tal como fueron redactados inicialmente, pueden ser vistos como avances significativos en la filosofía política y el reconocimiento legal de los DDHH, aunque no pusieron fin completamente a la práctica de la esclavitud.

b. Abolición

La inscripción de las ideas de igualdad de derechos, antidiscriminación y libertad para cada hombre en estos documentos fundacionales abrió la puerta a un pensamiento más amplio sobre los derechos de las personas y finalmente demostró la necesidad de cambios que condujeran a una mayor protección y garantía de los DDHH fundamentales: asegurando la vida y la libertad para todas las personas. En consecuencia, la era revolucionaria, en particular la Revolución Americana y la Revolución Francesa, desencadenaron una transformación sociocultural significativa que tuvo un impacto a nivel mundial. Estas revoluciones sentaron las bases para el reconocimiento de los DDHH y la lucha contra la esclavitud. Estos movimientos atestiguan que una democracia sólida es la mejor herramienta para la protección de los DDHH en los estados modernos. Esencialmente, estos movimientos ayudaron a promover una comprensión de los derechos de los ciudadanos basada en ideales universalistas. Con el tiempo, esta visión de los DDHH ayudaría a dar inicio al movimiento antiesclavista en EE. UU., transformando las concepciones sobre la individualidad y humanidad de los esclavos y permitiendo que los esclavos estadounidenses se convirtieran en ciudadanos y disfrutaran de libertades fundamentales. Setenta años después del fin de la era revolucionaria, en 1854, el entonces senador de EE. UU., Abraham Lincoln, dijo en una de sus primeras condenas públicas de la institución de la esclavitud:

Pero ahora una nueva luz se abre ante nosotros. Ahora el congreso declara que esto nunca debió haber sucedido y que algo similar nunca debe repetirse. ¡El sagrado derecho de autogobierno ha sido groseramente violado por esto! Esta indiferencia declarada, pero como yo pienso, un celo real y encubierto por la propagación de la esclavitud, no puedo evitar odiarla [la indiferencia declarada hacia la propagación de la esclavitud]. El odio debido a la monstruosa injusticia de la esclavitud en sí misma. La odio por-

17. Constitución de EE. UU., art. I, § 9, cl. 1: «La migración o importación de aquellas personas que cualquiera de los Estados existentes en la actualidad considere apropiado admitir, no será prohibida por el Congreso antes del año mil ochocientos ocho, pero se podrá imponer un impuesto o gravamen sobre dicha importación, que no exceda los 10 dólares por cada persona».

que priva a nuestro ejemplo republicano de su justa influencia en el mundo, permitiendo a los enemigos de las instituciones libres, con plausibilidad, burlarse de nosotros como hipócritas, haciendo que los verdaderos amigos de la libertad duden de nuestra sinceridad y, sobre todo, porque obliga a tantos hombres realmente buenos entre nosotros a entrar en una guerra abierta con los principios fundamentales de la libertad civil, criticando la Declaración de Independencia e insistiendo en que no hay otro principio de acción válida que el interés propio[18].

Como presidente, Abraham Lincoln describió la institución de la esclavitud como «malvada» en su «diseño»[19]. Abraham Lincoln abolió oficialmente la esclavitud en EE. UU. con su Proclamación de Emancipación, que fue una orden ejecutiva que entró en vigencia el 1 de enero de 1863. Aunque se aplicaba específicamente a los 11 estados confederados que estaban en rebelión y a las áreas de esos estados que no estaban bajo el control de la Unión, la Proclamación de Emancipación fue un hito significativo en el movimiento abolicionista. La proclamación otorgó un estatus legal a los esclavos en la Confederación y les permitió unirse legalmente a las fuerzas militares del Norte. Declaró que todas las personas que fueran esclavas dentro de los estados rebeldes «son, y a partir de ahora serán libres»[20]. La Proclamación de Emancipación desempeñó un papel crucial en cambiar la naturaleza de la Guerra Civil y en promover la causa de la abolición de la esclavitud en EE. UU. En 1865, después de grandes esfuerzos en el período posterior a la Guerra Civil, se ratificó la Decimotercera Enmienda (Enmienda XIII) a la Constitución de EE. UU., aboliendo explícitamente la institución de la esclavitud (esclavitud de personas como propiedad)[21]. La Decimocuarta Enmienda (Enmienda XIV) convirtió a todos los antiguos

---

18. Abraham Lincoln, «Peoria Speech, October 16, 1854», National Park Service, última modificación 10 Abril 2015, https://www.nps.gov/liho/learn/historyculture/peoriaspeech.htm#:~:text=In%20this%20speech%20Abraham%20Lincoln,speech%20Lincoln%20criticized%20popular%20sovereignty.&text=Lincoln%20argued%20that%20the%20slaves,consequently%20possessed%20certain%20natural%20rights
19. Abraham Lincoln, «Seventh Debate: Alton, Illinois», National Park Service, última modificación 10 Abril 2015, https://www.nps.gov/liho/learn/historyculture/debate7.htm
20. «La Proclamación de Emancipación», The National Archives and Records Administration, última modificación 17 Abril 2019, https://www.archives.gov/exhibits/featured-documents/emancipation-proclamation
21. Constitución de EE. UU., enmienda XIII, §1: «Ni la esclavitud ni la servidumbre involuntaria, excepto como castigo por un delito del que la persona haya sido debidamente condenada, existirán en los Estados Unidos, ni en ningún lugar sujeto a su jurisdicción. Sección 2: El Congreso tendrá poder para hacer cumplir este artículo mediante legislación adecuada».

esclavos en ciudadanos estadounidenses[22]. Esta habilidad de los esclavos para obtener el estatus de ciudadanos fue un hito significativo en el campo de los DDHH. Representó el reconocimiento legal y a nivel nacional de que todos son seres humanos y ciudadanos, y, por lo tanto, tienen derecho a derechos y libertades sin discriminación.

2. INSTRUMENTOS JURÍDICOS INTERNACIONALES RELEVANTES

a. Declaración Universal de Derechos Humanos

Después de estos logros en materia de DDHH, inherentes al establecimiento de democracias y, posteriormente, a la abolición de la esclavitud en su forma tradicional como una institución legal donde algunas personas poseían legalmente a otros seres humanos, la esclavitud ha sido universalmente prohibida en todas las circunstancias. En 1948, la Declaración Universal de Derechos Humanos (DUDH), que se considera el fundamento del DIDH, fue adoptada por la Asamblea General de las Naciones Unidas (AGNU). Según la ONU:

> Representa el primer reconocimiento universal de que los derechos básicos y las libertades fundamentales son inherentes a todos los seres humanos, inalienables y aplicables en igual medida a todas las personas, y que todos y cada uno de nosotros hemos nacido libres y con igualdad de dignidad y de derechos. Independientemente de nuestra nacionalidad, lugar de residencia, género, origen nacional o étnico, color de piel, religión, idioma o cualquier otra condición, el 10 de diciembre de 1948 la comunidad internacional se comprometió a defender la dignidad y la justicia para todos los seres humanos[23].

Este documento formal y programático es «un estándar común de logros para todos los pueblos y todas las naciones» que reconoce la universalidad de la dignidad humana y los derechos inalienables de cada ser humano. La DUDH como resolución de la AGNU no es en sí misma legalmente vinculante, pero muchas de sus disposiciones reflejan el derecho internacional

22. Constitución de EE. UU., enmienda XIV: «Todas las personas nacidas o naturalizadas en los Estados Unidos y sujetas a su jurisdicción, son ciudadanos de los Estados Unidos y del Estado en el que residen».
23. «Declaración Universal de Derechos Humanos», ONU, https://www.un.org/es/documents/udhr/law.shtml#:~:text=La%20Declaraci%C3%B3n%20supone%20el%20primer,de%20dignidad%20y%20de%20derechos

consuetudinario[24]. Este claro mensaje sobre la protección de los DDHH se extiende a *todos* los seres humanos y, por lo tanto, a todos los niños en cada sociedad del mundo. Este documento vivo hace referencia explícita a los niños, especialmente en lo que respecta al derecho de las madres y los niños a recibir «atención y asistencia especial» y «protección social»[25]. En un solo documento, la DUDH encapsula la más alta aspiración de las personas comunes y promueve el espíritu de la democracia y el estado de derecho. Por ejemplo, el Artículo 1 establece que «todos los seres humanos nacen libres e iguales en dignidad y derechos». Además, el Artículo 4 establece el principio de que «nadie estará sometido a esclavitud ni a servidumbre; la esclavitud y la trata de esclavos estarán prohibidas en todas sus formas»[26]. La DUDH defiende la inviolabilidad de la dignidad inherente e inalienable de los DDHH, que se relaciona con la protección de la integridad personal y la libertad de todos los individuos contra actos de dominación y degradación que atenten directamente contra su dignidad[27]. Al mismo tiempo, la idea de la universalidad de los DDHH en la DUDH, en conexión con una disposición que proclama la libertad de la esclavitud, es una reafirmación directa de la igual protección ante la ley. Esto implica un reconocimiento directo de instrumentos internacionales relevantes anteriores que prohíben todas las formas de esclavitud y, en consecuencia, insta a los gobiernos a eliminar tales prácticas, ya que ya no son tolerables en el mundo[28].

El contexto histórico de la creación de la DUDH aclara su importancia en la historia de los DDHH. Después de la Segunda Guerra Mundial, los aliados crearon las Naciones Unidas, ya que se habían autodenominado «Naciones Unidas» durante la guerra, y decidieron elaborar una Declaración Internacional de Derechos[29]. Posteriormente, el Consejo Económico y

24. ONU, «Estatuto de la Corte Internacional de Justicia», adoptado 26 Junio 1945, T.S. 993, art. 38(1)(b).
25. AGNU, Resolución 217 A (III), Declaración Universal de Derechos Humanos, (10 Diciembre 1948). [En lo sucesivo denominado como DUDH], art. 25.
26. DUDH, art. 1, 4.
27. *Ibid.*, art. 7 declara expresamente: «Todos son iguales ante la ley y tienen, sin distinción, derecho a igual protección de la ley».
28. Véase SDN, «Convención sobre la Esclavitud», firmada en Ginebra, 25 Septiembre 1926, entró en vigor 9 Marzo 1927, U.N.T.S. 2861; ECOSOC, «Convención Suplementaria sobre la Abolición de la Esclavitud, la Trata de Esclavos y las Instituciones y Prácticas Análogas a la esclavitud», entró en vigor 30 Abril 1957, U.N.T.S. 3822 [en lo sucesivo denominado como Convención Suplementaria sobre la Esclavitud de 1956]; OIT, «Convención sobre el trabajo forzoso, 1930 (Núm. 29)», entró en vigor 1 Mayo 1932, C29.

Social (ECOSOC) designó a la Comisión de Derechos Humanos (CDHH), presidida por Eleanor Roosevelt, para preparar un proyecto de Declaración Internacional de Derechos sin especificar términos de referencia particulares; tampoco la Carta de las Naciones Unidas establecía ninguna dirección específica. Teniendo en cuenta las posiciones de los representantes de los Estados en ese momento, la redacción de una declaración, un convenio y medidas de implementación fue la estrategia preferida[30]. La convención planificada se dividió en dos pactos, conocidos hoy como el Pacto Internacional de Derechos Civiles y Políticos (PIDCP)[31] y el Pacto Internacional de Derechos Económicos, Sociales y Culturales (PIDESC)[32]. El borrador de la declaración fue el trabajo de un comité de ocho miembros establecido por la CDHH, compuesto por expertos y distinguidos académicos de diversos países de todo el mundo[33]. Durante este proceso legislativo en la ONU, el comité de redacción consideró sugerencias y propuestas de diversos organismos de la ONU y de los Estados. Posteriormente, el comité produjo un documento que refleja las contribuciones de muchas personas, en particular el notable trabajo del abogado internacional canadiense John P. Humphrey y el profesor de derecho francés René Cassin. La CDHH recibió comentarios de los miembros de la ONU durante el proceso de redacción. Una vez completado el documento, el ECOSOC y el Tercer Comité de la Asamblea General lo revisaron antes de presentarlo a la AGNU. Entró en vigor el 10 de diciembre de 1948.

La Declaración identificó un catálogo de DDHH y libertades fundamentales que luego se codificó en los dos tratados mencionados anteriormente (i.e., el PIDCP y el PIDESC) para hacer que el instrumento sea aplicable por los Estados miembros[34]. En consecuencia, el PIDCP se centra en

29. John P. Humphrey, «The UN Charter and the Universal Declaration of Human Rights», en *The International Protection of Human Rights*, ed. Evan Luard (Nueva York, Washington: Frederick A. Praeger, 1967), 47.
30. Humphrey, «The UN Charter and the Universal Declaration of Human Rights», 47.
31. AGNU, «Pacto Internacional de Derechos Civiles y Políticos». Entró en vigor 23 Marzo, 1966. U.N.T.S. 999. [En lo sucesivo denominado como PIDCP].
32. AGNU' "Pacto Internacional de Derechos Económicos, Sociales y Culturales». Entró en vigor 3 Enero 1976. U.N.T.S. 993. [En lo sucesivo denominado como PIDESC].
33. Ashild Samnøy, «The Origins of the Universal Declaration of Human Rights», en *The Universal Declaration of Human Rights: A Common Standard of Achievement*, ed. Gudmundur Alfredsson and Asbjørn Eide (Leiden: Martinus Nijhoff, 1999), 6-8.
34. P.ej., una reflexión sobre la inclusión de los derechos económicos, sociales y culturales en la DUDH, art. 28, establece: «Toda persona tiene derecho a que se establezca un orden social e internacional en el que los derechos y libertades proclamados en esta Declaración se hagan plenamente efectivos».

los derechos que pueden requerir una aplicación inmediata por parte del Estado (p. ej., el derecho a la vida, la igualdad ante la ley, la libertad de expresión, de reunión y de asociación). Por su parte, el PIDESC se enfoca en los derechos que pueden tener una realización progresiva de acuerdo con los recursos máximos disponibles del Estado (p. ej., el derecho al trabajo, la seguridad social y la educación)[35]. Juntos, estos dos acuerdos legalmente vinculantes (i.e., el PIDCP y el PIDESC) adoptados en 1966 y que entraron en vigor en 1976, abordan la mayoría de los derechos consagrados en la DUDH. Hoy en día, tanto los dos pactos como la DUDH conforman la Declaración Internacional de Derechos, que es el núcleo del DIDH y proporciona la protección más completa de los DDHH.

Aunque la DUDH no define específicamente el término «dignidad humana», está fundamentada en el principio del valor inherente de la persona humana, que es evidente a lo largo del proceso de redacción surtido entre 1946 y 1948 y en su posterior adopción en 1948[36]. De igual manera, invocaciones explícitas a la dignidad humana están incluidas en sus posteriores acuerdos legalmente vinculantes (i.e., el PIDCP[37] y el PIDESC[38]) y, por lo tanto, mantienen el compromiso con la igualdad de derechos para todas las personas, incluidos los niños[39]. El parámetro de la dignidad humana como base de todos los DDHH reconoce que existen derechos fundamentales que son inalienables y universales; son intrínse-

35. Véase la diferencia entre PIDCP, art.2(2): «Cada Estado Parte se compromete a adoptar, con arreglo a sus procedimientos constitucionales y a las disposiciones del presente Pacto, las medidas oportunas para dictar las disposiciones legislativas o de otro carácter que fueren necesarias para hacer efectivos los derechos reconocidos en el presente Pacto y que no estuviesen ya garantizados por disposiciones legislativas o de otro carácter»., y PIDESC, art. 2(1): «Cada uno de los Estados Partes en el presente Pacto se compromete a adoptar medidas, tanto por separado como mediante la asistencia y la cooperación internacionales, especialmente económicas y técnicas, hasta el máximo de los recursos de que disponga, para lograr progresivamente, por todos los medios apropiados, inclusive en particular la adopción de medidas legislativas, la plena efectividad de los derechos aquí reconocidos».
36. DUDH, Preámbulo, comienza proclamando que «considerando que la libertad, la justicia y la paz en el mundo tienen por base el reconocimiento de la dignidad intrínseca y de los derechos iguales e inalienables de todos los miembros de la familia humana». Además, este instrumento universal corrobora expresamente «fe en los derechos fundamentales del hombre, en la dignidad y el valor de la persona humana y en la igualdad de derechos de hombres y mujeres» lo cual está en conformidad con la «Carta de las Naciones Unidas», art. 1.
37. PIDCP, Preámbulo, art. 10.
38. PIDESC, Preámbulo, art. 13.
39. PIDCP, art. 24; PIDESC, art. 10, 12.

cos a los seres humanos simplemente por el hecho de ser personas[40]. Los DDHH están enraizados en el pensamiento de los derechos naturales, tradiciones éticas[41] y filosofías del siglo XVIII[42], así como en el desarrollo del DIDH[43]. Por consiguiente, el pensamiento ilustrado derivado de los principios del derecho natural (*jus naturale*) se transformó en una aplicación universal y solidificó la idea de que la dignidad humana es inviolable y reconoció la libertad intrínseca e igualdad de los seres humanos. En este sentido fundamental, los preceptos del derecho natural reconocen que cada persona es digna de respeto, ya que todos son libres y poseen los mismos derechos básicos; esta idea sirvió como punto de partida esencial en la formación de la evolución de la comprensión contemporánea de los DDHH, incluida en la DUDH[44].

Al mismo tiempo, la DUDH fue un claro rechazo a las atrocidades cometidas durante la Segunda Guerra Mundial. Por lo tanto, contribuye a mantener la dignidad y la igualdad de cada persona en la formulación de conceptos normativos y estándares de DDHH. Hoy en día, la DUDH ocupa un lugar central en la actividad de las Naciones Unidas y refleja el reconocimiento general de los Estados de que la ley debe descansar en el respeto a los DDHH[45]. El derecho positivo de muchos países occidentales ha reco-

40. El significado de la dignidad humana no siempre ha sido identificado en relación con el valor inherente de la persona humana; proviene de la palabra en latín *dignitas*; en la antigua Roma, el término estaba generalmente asociado con un concepto social: el «elevado estatus social» de los senadores en comparación con los hombres o mujeres comunes y los esclavos. Véase Paolo G. Carozza, «Human Dignity», en *The Oxford Handbook of International Human Rights Law*, ed. Dinah Shelton (Oxford: Oxford University Press, 2013), 349.
41. P.ej., el filósofo Peng-chun Chang, vicepresidente de la CDHH, explicó que aspectos de la doctrina confuciana se alinean con una comprensión común de la dignidad humana en la DUDH (véase https://research.un.org/en/undhr/draftingcommittee)
42. Allan Rosas and Martin Scheinin, «Categories and Beneficiaries of Human Rights», en *An Introduction to the International Protection of Human Rights*, ed. Raija Hanski and Markku Suksi (Turku: Institute for Human Rights, Âbo Akademi University, 1999), 49.
43. Marcus Düwell, Jens Braarvig, Roger Brownsword, and Dietmar Mieth, «Why a Handbook on Human Dignity?» en *The Cambridge Handbook of Human Dignity, Interdisciplinary Perspectives*, ed. Marcus Düwell, Jens Braarvig, Roger Brownsword, y Dietmar Mieth (Cambridge: Cambridge University Press, 2014).
44. Walter Kälin and Jörg Künzli, *The Law of International Human Rights Protection*, 2nd ed. (Oxford: Oxford University Press, 2019), 5.
45. David Kretzmer y Eckart Klein eds., *The Concept of Human Dignity in Human Rights Discourse* (Dordrecht: Springer Netherlands, 2002).

nocido progresivamente los DDHH individuales enumerados en la DUDH[46].

Eleanor Roosevelt se refirió a la DUDH como la *Carta Magna* internacional para toda la humanidad. La DUDH representa estándares aceptados a nivel global en la comunidad de naciones en beneficio de todos los seres humanos. Desde su creación, ha sido considerada como el pilar fundamental del movimiento contemporáneo de DDHH. Su adopción representó un momento crucial en el desarrollo de los DDHH, y promovió el respeto por el valor igualitario de la persona humana. Por lo tanto, la dignidad humana se convirtió en el principio fundacional del nuevo orden legal internacional creado después de la Segunda Guerra Mundial[47]. La DUDH es un instrumento vivo que sirve como referencia para cada documento de DDHH y tratado relacionado. Hoy en día, esta monumental declaración tiene influencia en el establecimiento del concepto de derechos en el ámbito doméstico.

b. Pacto Internacional de Derechos Civiles y Políticos

La prohibición de la esclavitud o servidumbre en el Artículo 4 de la UDHR es adoptada en el PIDCP en el Artículo 8(1) y (2). Estas disposiciones declaran que «nadie será sometido a esclavitud ni a servidumbre» y que «se prohíbe la esclavitud y la trata de esclavos en todas sus formas», así como que «nadie será mantenido en servidumbre». Los Estados parte tienen la obligación legal de proteger a todas las personas, sin distinción, contra las prácticas de esclavitud y servidumbre. Aunque este tratado internacional de DDHH, vinculante desde el punto de vista legal, no define los términos de esclavitud y servidumbre, la interpretación de un tratado debe realizarse «de acuerdo con el sentido corriente que haya de atribuirse a los términos del tratado en el contexto de estos y teniendo en cuenta su objeto y fin», según lo establecido en el Artículo 31 de la Convención de Viena sobre el Derecho de los Tratados (CVDT), que establece las reglas básicas de interpretación de los tratados entre Estados[48]. El significado de estos términos puede considerarse, por lo tanto, según lo definido en instrumentos legales, como la definición de esclavitud establecida en la Convención de Ginebra

46. Roza Pati, «Rights and Their Limits: The Constitution for Europe in International and Comparative Legal Perspective», Berkeley Journal of International Law 23, no. 1 (2005): 223-229.
47. «Carta de las Naciones Unidas», 26 Junio 1945, 59 Stat. 1031, T.S. 993, Preámbulo.
48. El CVDT proporciona reglas básicas para la interpretación de tratados, véase ONU «Convención de Viena sobre el Derecho de los Tratados», firmada 23 Mayo 1969, 1155 U.N.T.S. 331 [En lo sucesivo denominado como CVDT], art. 31, párr. 1.

de 1926 sobre la Esclavitud y el concepto de «instituciones y prácticas similares a la esclavitud» establecido en la Convención Suplementaria sobre la Abolición de la Esclavitud de 1956, que se refiere a estados de servidumbre[49]. Adicionalmente, de acuerdo con los trabajos preparatorios del tratado (i.e., los documentos preparatorios), los redactores establecieron una distinción entre la esclavitud y la servidumbre como dos conceptos fundamentalmente diferentes; por lo tanto, los redactores abordaron estas ideas en dos párrafos diferentes[50]. Los redactores señalaron en relación a la naturaleza de estos conceptos que mientras la esclavitud implica la destrucción de la personalidad jurídica de un ser humano, la servidumbre abarca «todas las formas concebibles de dominio y degradación de seres humanos por seres humanos»[51]. Además, rechazaron una sugerencia francesa de sustituir «trata de esclavos» por «comercio de seres humanos», argumentando que la prohibición internacional de la esclavitud y la trata de esclavos debería ser interpretada de manera restrictiva[52]. Al mismo tiempo, al examinarlo, el Comité de Derechos Humanos (HRC) (i.e., el órgano de vigilancia para la implementación del PIDCP y sus protocolos opcionales por parte de los Estados parte), en el Comentario General No. 28, opina que los Estados parte están obligados en virtud del Artículo 8 a proporcionar información al HRC sobre «las medidas adoptadas para erradicar la trata de mujeres y niños dentro del país o fuera de sus fronteras, así como la prostitución forzada»[53]. En este sentido, por ejemplo, el HRC expresó preocupaciones sobre la necesidad de que el Estado garantice medidas positivas para prevenir y combatir tales prácticas, en particular en lo que respecta a los niños en relación con los Artículos 8 y 24, en sus observaciones finales sobre Portugal en 2020, indicando que:

Si bien se toma nota de los esfuerzos realizados por el Estado Parte para combatir la trata de personas, el Comité sigue preocupado por el bajo nivel de denuncias de estos delitos, así como la escasa tasa de enjuiciamientos y condenas. También le preocupa la falta de un mecanismo adecuado para la

49. Marc Bossuyt, *Guide to the Travaux Préparatoires of the International Covenant on Civil and Political Rights (Nueva York: Springer, 1987), 164; VLCT, art. 31.*
50. AGNU, «Draft International Covenants on Human Rights: Annotation prepared by the Secretary-General», A/2929, 1 julio 1955.
51. AGNU, «Draft International Covenants on Human Rights», párr. 18, pág 92; Manfred Nowak, *UN Covenant on Civil and Political Rights* (Leipzig: N.P. Engel, 2005), 199.
52. AGNU, «Draft International Covenants on Human Rights», párr. 17, pág 92; Nowak, *U.N. Covenant on Civil and Political Rights,* 199.
53. HRC, «Observación general N.º 28 (General Comment): La igualdad de derechos entre hombres y mujeres, 2» 9 Marzo 2000, CCPR/C/21/Rev.1/Add.10, párr. 12, pág. 3.

identificación de víctimas de trata de personas en los procedimientos de asilo, incluidos los niños[54].

La necesidad de que los Estados garanticen medidas positivas para frenar la trata de personas, proteger a los niños contra todas las formas de explotación y fortalecer el sistema general de protección infantil se relaciona con algunas disposiciones del PIDCP[55]. Tales prácticas pueden violar y afectar otros DDHH fundamentales (p. ej., el Artículo 3 sobre la igualdad de disfrute de los derechos de todos los ciudadanos de acuerdo con el Pacto, el Artículo 6 sobre el derecho a la vida, el Artículo 7 sobre el derecho a no ser sometido a tortura o tratos inhumanos o degradantes, y el Artículo 24 sobre la protección de los menores).

c. Derechos de los Niños

En relación a la vulnerabilidad de los niños en situaciones de abuso y explotación, esto se puede observar en la historia de José, en el libro bíblico del Génesis. Donde José fue vendido a la edad de diecisiete años por sus hermanos a los ismaelitas por 20 piezas de plata[56]. Lo llevaron a Egipto y luego lo vendieron a Potifar, uno de los funcionarios del faraón que era capitán de la guardia, y finalmente lo sometieron a servidumbre (entre aproximadamente 1800 y 2000 a.C.)[57]. Posteriormente, el Código de Hammurabi, también conocido como *Codex Hammurabi*, que data aproximadamente del año 1780 a.C., representa una referencia histórica sobre la posición de los niños en la ley. Esta temprana codificación estableció reglas fundamentales para el pueblo babilónico, en beneficio de todas las clases de la sociedad, incluyendo mujeres, niños, esclavos y el rey[58]. En este orden, el Código de Hammurabi se refería a temas relacionados con la protección de

54. HRC, «Concluding observations on the fifth periodic report of Portugal», CCPR/C/PRT/CO/5, 28 Abril 2020, párr. 32, pág. 7.
55. HRC, «Concluding observations in the absence of the initial report of Dominica: Human Right Committee», CCPR/C/DMA/COAR/1, April 24, 2020, párr. 33, pág. 6; HRC, «Concluding observations on the third periodic report of the Central African Republic» CCPR/C/CAF/CO/3, April 30, 2020, párr. 29, pág. 7.
56. Gen. 37:2-28.
57. Gen. 39. Véase Noël B. Busch-Armendariz, Maura Nsonwu y Laurie C. Heffron, *Human Trafficking: Applying Research, Theory and Case Studies* (Nueva York: SAGE, 2018), 43.
58. Paul G. Lauren, ed., *The Evolution of International Human Rights: Visions Seen*, 3rd ed. (Philadelphia: University of Pennsylvania Press, 2011). El rey Hammurabi estableció el Código proclamando que «algunas leyes son tan fundamentales que se aplican a todos, incluso al rey».

los niños y las responsabilidades de los padres hacia ellos[59]. En una época posterior en la historia, en el contexto del derecho romano de la familia, el padre, como quien proporcionaba la *patria potestad*, ejercía un poder absoluto (i.e., el *jus Vitae Necisque*) sobre el niño[60]. Además, según las leyes de Justiniano, un infante, es decir, una persona menor de siete años era considerado como un *qui fari non potest*, lo que significa que la ley no permitía que el niño hablara, ya que aún no eran lo suficientemente mayores[61]. Estas disposiciones demuestran que, en ciertos períodos históricos, los niños no fueron considerados sujetos de derechos en el sentido moderno. A continuación, presento cómo han evolucionado los conceptos y prácticas relacionados con los derechos de la niñez y cómo sus derechos son reconocidos y protegidos en la actualidad.

c.1. Declaración de Ginebra de 1924 sobre los Derechos del Niño y la Declaración de los Derechos del Niño de 1959

En 1924, la Sociedad de Naciones (SDN), precursora de las ONU, adoptó la Declaración de Ginebra sobre los Derechos del Niño (también conocida como la Declaración de Ginebra). Al adoptar este instrumento, la SDN reconoció que «La humanidad debe a los niños lo mejor que tiene para ofrecer»[62]. Esta declaración moral estaba en consonancia con un momento en el que muchos niños todavía sufrían las secuelas de la Primera Guerra Mundial en Europa, y sigue siendo relevante en la actualidad. La declaración fue histórica, ya que fue el primer instrumento en reconocer los dere-

59. P.ej., la Regla 168 afirmaba que «si un hombre desea expulsar a su hijo de su casa», pero «el hijo no es culpable de ninguna falta grave por la cual pueda ser expulsado legítimamente, el padre no lo expulsará». Luego, la Regla 169 trata sobre un hijo encontrado culpable de una falta grave, «que legítimamente debería privarlo de la relación filial, el padre lo perdonará la primera vez; pero si vuelve a cometer una falta grave, el padre puede privar a su hijo de toda relación filial». Véase «El Código de Hammurabi». The Avalon Project, https://avalon.law.yale.edu/ancient/hamframe.asp
60. Christopher D. Stone, *Should Trees Have Standing? Toward Legal Rights for Natural Objects*, 3rd ed. (Oxford: Oxford University Press, 2010), I. En el contexto de los derechos de un padre sobre su hijo: «...*jus Vitae Necisque*-el poder de vida y muerte-sobre sus hijos... él tenía el poder de castigar corporalmente sin restricciones; puede modificar su condición personal a su antojo; puede dar una esposa a su hijo; puede dar a su hija en matrimonio; puede divorciarse de sus hijos de cualquier sexo; puede transferirlos a otra familia mediante la adopción; y puede venderlos. El niño era menos que una persona: un objeto, una cosa».
61. Jaap E. Doek, «The Human Rights of Children: An Introduction», en *International Human Rights of Children*, ed. Ursula Kilkelly and Ton Liefaard (Nueva York: Springer, 2019), 4. El autor hace referencia a Justiniano 533.
62. AGNU, «Declaración de Ginebra sobre los Derechos del Niño de 1924», adoptada 26 Diciembre 1924.

chos específicos de los niños en el contexto internacional. Se estableció que todas las personas deben a los niños el derecho a medios «para su desarrollo; ayuda especial en momentos de necesidad; prioridad en la asistencia; libertad económica y protección contra la explotación; y una educación que inculque la conciencia social y el sentido del deber»[63]. Luego, en 1959, la AGNU adoptó la Declaración de los Derechos del Niño, haciendo referencia explícita a la DUDH y la dignidad y el valor de la persona humana, y centrándose en el bienestar de los niños[64]. La Declaración de 1959 estableció el principio de que «el interés superior del niño será la consideración primordial» al promulgar leyes relativas a los niños[65]. Sumado a esto, proclamó los derechos de los niños a la educación, una nutrición adecuada, el juego y la recreación, los servicios sociales y un entorno de apoyo[66]. En consecuencia, la Declaración de 1959 promovió el disfrute de los derechos del niño y la protección contra todas las formas de negligencia, crueldad y explotación, e hizo una referencia explícita a la palabra «trata»[67]. Aunque esta declaración no era vinculante para los Estados, representaba una clara manifestación de consenso entre ellos sobre los principios fundamentales de los derechos del niño.

c.2. Un Instrumento Específico Central de Derechos Humanos para los Niños: La Convención sobre los Derechos del Niño

El PIDCP y el PIDESC hacen referencia a los niños, y los niños son, por lo tanto, beneficiarios de los derechos en dichos instrumentos. No obstante, la adopción de la Convención sobre los Derechos del Niño (CDN) en 1989, que entró en vigor el 2 de septiembre de 1990, marca un hito en el concepto del niño como titular de derechos. En una convención específica e internacionalmente vinculante, la CDN ordena a los Estados parte que proporcionen una protección completa a todos los niños, sin distinción de ningún tipo, dentro de sus jurisdicciones[68]. Por lo tanto, la CDN influyó de manera significativa en los gobiernos, a menudo arraigados en nociones del derecho romano tradicional, para promover y salvaguardar los derechos y la dig-

63. «History of Child Rights», UNICEF, https://www.unicef.org/child-rights-convention/history-child-rights
64. AGNU, Resolución 1386 XIV, Declaración de los Derechos del Niño, A/RES/1386(XIV) (20 Noviembre 1959).
65. AGNU, Resolución 1386 XIV, Declaración de los Derechos del Niño, Principio 2, declarando: «...Al promulgar leyes... la consideración fundamental a que se atenderá será el interés superior del niño».
66. *Ibid.*, Principios 4, 6, 7.
67. *Ibid.*, Principio 9 establece que «... [El niño] no será objeto de ningún tipo de trata».
68. AGNU, «Convención sobre los Derechos del Niño», entró en vigor 2 Septiembre 1990, U.N.T.S. 1577. [En lo sucesivo denominado como CDN], art. 2(1).

nidad humana de los niños al reconocerlos explícitamente como titulares autónomos de derechos y libertades fundamentales, en lugar de seres vulnerables que necesitan protección a discreción de sus padres.

La contribución fundamental de este nuevo instrumento es otorgar a los niños derechos inalienables e indivisibles basados en la dignidad y el valor de la persona humana del niño[69]. Más específicamente, prohíbe la violencia, el abuso y todas las formas de explotación, incluida la explotación económica y sexual[70]. Por ejemplo, el Artículo 34 de la CDN establece la obligación de los Estados parte de tomar todas las medidas adecuadas en sus sistemas jurídicos internos para prevenir que los niños sean inducidos o coaccionados a participar en actividades sexuales ilegales[71]. Asimismo, la CDN incluye, en particular, la obligación legal de los Estados parte de tomar medidas para proteger a los niños contra la explotación en la prostitución u otras prácticas sexuales ilegales; así como en espectáculos o materiales pornográficos[72]. Leído en conjunto con el Artículo 35, esto establece un claro mandato para los Estados parte de desarrollar e implementar medidas para proteger a los niños contra la explotación sexual y prohibir la venta o trata de niños con cualquier fin o en cualquier práctica[73].

En relación con la explotación infantil, la Convención no define explícitamente el término. Sin embargo, el Comité de los Derechos del Niño (CRC, i.e., el órgano de expertos encargado de supervisar la implementación de la CDN y sus protocolos facultativos por parte de los Estados parte), ha proporcionado opiniones consultivas sobre el contenido de las disposiciones. Según las opiniones del CRC, el abuso y explotación sexuales de niños incluyen: la incitación o la coacción de un niño hacia actividades sexuales ilegales o psicológicamente perjudiciales; la utilización de un niño con fines de explotación sexual comercial; la utilización de un niño para la producción de imágenes o grabaciones sonoras de abusos sexuales a niños; la esclavitud sexual, la trata, la venta de niños con fines sexuales y el matri-

69. La CDN de 1989 hace referencia a la dignidad inherente y el valor de la persona humana del niño en el Preámbulo y en los artículos 23, 28, 37, 39 y 40.

70. CDN, art. 19, se refiere a «toda forma de perjuicio o abuso físico o mental, descuido o trato negligente, malos tratos o explotación, incluido el abuso sexual», art. 32 alude a «la explotación económica», incluyendo el trabajo infantil; art. 33 se refiere a la protección de los niños contra «el uso ilícito de los estupefacientes y sustancias sicotrópicas»; art. 34 trata sobre «todas las formas de explotación sexual y abuso sexual»; art. 35 menciona al «secuestro, la venta o la trata de niños para cualquier fin o en cualquier forma»; y el art. 36 protege al niño contra «todas las demás formas de explotación».

71. *Ibid.*, art. 34(a).

72. *Ibid.*, art. 34(b), (c).

73. *Ibid.*, art. 35.

monio forzado[74]. Estas obligaciones de los Estados también se alinean con el Artículo 19 de la CDN, que exige a los Estados parte que tomen todas las medidas apropiadas para proteger a los niños contra «toda forma de perjuicio o abuso físico o mental, descuido o trato negligente, malos tratos o explotación, incluido el abuso sexual»[75]. Por lo tanto, los Estados están obligados a tomar medidas para prevenir todas las formas de violencia, incluidas aquellas asociadas con prácticas sexuales emergentes que puedan causar daño psicológico en el ciberespacio.

La CDN también es esencial en cuanto a su definición de «niño». Según el Artículo 1, «se entiende por niño todo ser humano menor de 18 años, a menos que, en virtud de la ley que le sea aplicable, haya alcanzado antes la mayoría de edad»[76]. Por lo tanto, la infancia termina cuando una persona cumple 18 años, a menos que la mayoría de edad en la legislación interna relevante sea diferente. Según la ley estatal aplicable al niño, una vez que este alcanza la mayoría de edad, se presume que puede consentir libremente en actividades sexuales o matrimonio[77]. En este sentido, el CRC ha establecido recomendaciones claras para los Estados sobre el umbral de edad al referirse a los niños (i.e., menores de 18 años) y, por lo tanto, para garantizar que todos los niños hasta esa edad disfruten de todos los derechos que la Convención consagra. Esta definición también es coherente con el término «niño» mencionado en otros instrumentos jurídicos internacionales, incluidos la Convención Suplementaria sobre la Esclavitud de 1956 sobre la Esclavitud; el Convenio sobre las Peores Formas de Trabajo Infantil, 1999 (N.º 182) de la OIT; y el Protocolo de Palermo[78]. Juntos, estos instrumentos proporcionan la base para una respuesta integral frente a la trata de menores. Los Estados parte en estos acuerdos vinculantes tienen la obligación legal de garantizar medidas adecuadas para proteger a los niños víctimas de la trata y la explotación, incluida la explotación sexual, sin importar si

74. CRC, «Observación general N.º 13 (2011): Derecho del niño a no ser objeto de ninguna forma de violencia», CRC/C/GC/13, 18 Abril 2011, párr. 25, pág. 10.
75. CDN, art. 19(1).
76. *Ibid.*, art. 1.
77. Durante la redacción de la CDN, una propuesta presentada por las delegaciones de Francia y los Países Bajos propuso abarcar todas las formas de explotación, especialmente la explotación sexual de los niños. Si este intento hubiera tenido éxito, la palabra «ilegal» estaría eliminada del párrafo (a) [artículo 34], y como resultado, todas las actividades sexuales con una persona menor de 18 años tendrían que ser prevenidas. Véase ECOSOC, «Informe del Grupo de Trabajo acerca de un Proyecto de Convención sobre los Derechos del Niño», E/CN.4/1987/25, 9 Marzo 1987, párr. 71, pág. 15.
78. Convención Suplementaria sobre la Esclavitud de 1956, art. 1(d); OIT, «Convenio sobre las Peores Formas de Trabajo Infantil, 1999 (N.º 182)», entró en vigor 19 Noviembre 2000, C182, art. 2; Protocolo de Palermo, art. 3(d).

las víctimas han alcanzado la mayoría de edad en sus sistemas legales internos.

De acuerdo con la CDN, los Estados parte deben respetar plenamente y actuar según el principio del interés superior del niño. La Convención se basa en esta premisa en todo momento para hacer realidad los derechos de los niños en todas las acciones que les conciernen[79]. Específicamente, cuando la legislación nacional de un Estado parte establece una edad legal de consentimiento para la actividad sexual por debajo de los 18 años, aún se requiere aplicar los principios generales de la Convención: el derecho a la no discriminación de ningún tipo hacia los niños (Artículo 2); el interés superior del niño (Artículo 3[1]); las capacidades en desarrollo (Artículo 5); el derecho a la vida, la supervivencia y el desarrollo (Artículo 6); y el derecho a ser escuchado (Artículo 12). Estos son esenciales para el crecimiento y bienestar del niño. Por lo tanto, el deber del Estado de asegurar el interés superior del niño es de particular relevancia para proteger a los niños en todos los entornos, incluido el ciberespacio[80]. Este mandato implica que los Estados parte deben aplicar sus disposiciones a todos los niños, lo que significa que todos los niños víctimas de trata tienen derecho a recibir una protección completa que cubra todas sus necesidades. Por lo tanto, los Estados no pueden tratar a los niños víctimas como criminales por actos de explotación cometidos contra ellos. Los niños víctimas tienen derecho a la protección y el Estado debe garantizar su seguridad y bienestar inmediata y a largo plazo[81]. Los Estados deben asegurarse de que las políticas y legislaciones nacionales que puedan afectar los derechos de los niños, incluido el ciberespacio, consideren el principio del interés superior del niño como una consideración primordial.

En resumen, los niños gozan de una protección especial bajo el derecho internacional. La CDN reconoce a los niños como titulares de derechos y proporciona un marco integral para proteger dichos derechos, incluidos aquellos relacionados con la trata y la explotación sexual. Casi todos los países han ratificado la CDN, con 196 Estados parte a la fecha[82]. Por lo tanto,

79. P.ej., El principio del interés superior del niño aparece en los arts. 9, 18, 20, 21, 37 y 40.
80. CDN, Article 3(1); CRC, «Observación general N.º 25 (2021) relativa a los derechos de los niños en relación con el entorno digital» CRC/C/GC/25, 2 Marzo 2021; CRC. «Observación general No. 14 (2013) sobre el derecho del niño a que su interés superior sea una consideración primordial (artículo 3, párrafo 1) *» CRC/C/GC/14. 29 Mayo 2013.
81. CDN, art. 37, 40.
82. Oficina del Alto Comisionado de las Naciones Unidas para los Derechos Humanos (OACNUDH), «Estado de Ratificación: Convención sobre los Derechos del Niño», http://indicators.ohchr.org

la Convención representa un consenso global y el claro compromiso de los países de armonizar sus leyes y políticas nacionales para lograr la plena realización de los derechos de cada niño. En última instancia, la implementación mundial de los derechos de los niños establecidos en la CDN requiere la incorporación efectiva de los Estados a nivel nacional para avanzar en sus disposiciones desde la teoría hasta la realización práctica de los derechos de cada niño.

c.3. Protocolo Facultativo de la Convención sobre los Derechos del Niño relativo a la Venta de Niños, la Prostitución Infantil y la Utilización de Niños en la Pornografía

Los desarrollos normativos en la protección de los derechos de los niños ocurrieron en el año 2000 con la adopción de dos protocolos facultativos de la CDN por parte de la AGNU: uno referente a la venta de niños, la prostitución infantil y la utilización de niños en la pornografía[83], y el otro sobre la participación de los niños en conflictos armados[84]. Estos protocolos facultativos entraron en vigor en el 2002 y fortalecieron la CDN con una obligación común y más específica para que los Estados respondan a estas violaciones cada vez más frecuentes de los derechos y la dignidad de los niños. Con respecto al propósito de este libro, el Protocolo Facultativo de la CDN relativo a la Venta de Niños, la Prostitución Infantil y la Utilización de Niños en la Pornografía es particularmente relevante, ya que se centra en la prohibición y penalización de tales delitos[85]. Por lo tanto, el PF-CDN abarca delitos más allá de la esfera de la trata de niños. Aunque este tratado solo menciona la palabra «trata» en su preámbulo[86], el CRC ha reconocido que, aunque la «venta de niños» y la «trata de niños» no son lo mismo, pueden superponerse[87]. La venta de niños significa cualquier acto o transacción en la cual una persona o grupo transfiera a un menor a otra persona a cambio de pago u otra compensación[88]. La venta de niños implica al menos una parte que ofrece o entrega a un niño y otra parte que acepta o recibe a ese niño debido a una transacción en la que puede haber un beneficio financiero

83. AGNU, «Protocolo Facultativo de la Convención sobre los Derechos del Niño relativo a la Venta de Niños, la Prostitución Infantil y la Utilización de Niños en la Pornografía», entró en vigor 18 Enero 2002, U.N.T.S 2171. [En lo sucesivo denominado como PF-CDN].
84. AGNU, «Protocolo Facultativo de la Convención sobre los Derechos del Niño relativo a la participación de niños en conflictos armados», entró en vigor 12 febrero 2002, U.N.T.S. 2173.
85. PF-CDN, art. 2(a), (b), (c).
86. *Ibid.*, Preámbulo.
87. Directrices del PF-CDN, párr. 15, pág. 5.
88. PF-CDN, art. 2(a).

u otro tipo de beneficio. El Comité señala que, si bien la venta de niños requiere alguna forma de intercambio comercial, los niños también pueden convertirse en víctimas de trata mediante el engaño o la fuerza, sin que necesariamente tenga lugar una forma de transacción comercial. Además, la trata de niños implica explotación, mientras que la venta de niños no tiene una naturaleza explotadora *per se*[89].

Por lo tanto, en el contexto de la venta de niños con fines de explotación sexual, los 178 Estados parte actuales de este Protocolo Facultativo deben establecer una base legal a nivel nacional para prohibir los actos de «ofrecer» o «entregar» a un niño para la explotación sexual, y de «aceptar», de cualquier manera, a un niño con tales propósitos[90]. En consecuencia, el Comité ha expresado preocupación por la vulnerabilidad de los niños para ser vendidos y traficados con fines de prostitución y explotación sexual. El Comité también ha enfatizado que los Estados deben fortalecer las medidas para abordar las causas fundamentales de los delitos que abarca el Protocolo Facultativo y reducir la demanda de consumidores de actos sexuales con niños[91].

Aunado a esto, el CRC ha enfatizado que, en virtud del Protocolo Facultativo, los Estados parte no deben penalizar a los niños menores de 18 años por delitos sexuales cometidos contra sí mismos, porque ellos no pueden consentir a actos sexuales de explotación o abuso[92]. Por lo tanto, el Comité insta a los Estados a revisar la legislación nacional existente y ajustarla si es necesario, e investigar, enjuiciar y sancionar a todos los responsables de tales delitos, incluidos los perpetradores que explotan sexualmente, compran y venden a niños como mercancía a través de entornos digitales[93]. Así pues, el CRC reconoce explícitamente la naturaleza evolutiva de los delitos abarcados por el Protocolo Facultativo, teniendo en cuenta los avances tecnológicos que permiten nuevos medios de violar los derechos del niño. El Comité recomienda que los Estados aseguren que sus respuestas legales y políticas sean adaptables a las realidades que cambian rápidamente, incluidas medidas legislativas de protección, para garantizar que los niños vícti-

89. Directrices del PF-CDN, párr. 15, pág. 5.
90. PF-CDN, art. 3(1). Para conocer el estado de ratificación del Protocolo Facultativo, consulte «Estado de los Tratados» en la Colección de Tratados de la ONU, https://treaties.un.org/pages/ViewDetails.aspx?src=TREATY&mtdsg_no=IV-11-c&chapter=4&clang=_en
91. PF-CDN, Preámbulo, art. 10(3).
92. Directrices del PF-CDN, párr. 72, pág. 14.
93. *Ibid.*, párr. 19, pág. 5.

mas tengan acceso a reparación, asesoramiento seguro y mecanismos para informar incidentes[94].

3. PROHIBICIONES INTERNACIONALES

En las décadas del siglo XX, antes de esta declaración universal, el concepto de esclavitud fue definido y prohibido por instrumentos clave del derecho internacional y a través de varios casos judiciales. Esta sección examinará estos instrumentos y casos para rastrear la evolución de la definición de esclavitud, la cual, como veremos, se aplica a las prácticas actuales de ciber trata de personas que deben ser consideradas en el contexto de la historia de los DDHH protegidos legalmente.

a. El Carácter Universal de la Prohibición de la Esclavitud

La prohibición de la esclavitud es un principio fundamental y universalmente reconocido en el derecho internacional, respaldado tanto por normas consuetudinarias como por tratados internacionales de DDHH. Los Estados tienen la obligación legal de respetar y proteger este derecho y de tomar medidas efectivas para prevenir y combatir cualquier forma de esclavitud en todas las circunstancias. En el derecho internacional consuetudinario, las prácticas de los Estados y su consentimiento evidencian de que la prohibición de la esclavitud es una obligación *erga omnes*. Por lo tanto, todos los Estados deben cumplir con esta norma, y todos los Estados tienen un interés legal en su protección[95]. Igualmente, esta regla es una norma de derecho internacional general imperativa (i.e., *jus cogens*). La naturaleza imperativa de este derecho fundamental, o *jus cogens*, significa que es una norma que tiene una jerarquía superior y no puede ser derogada o violada por ninguna disposición de derecho internacional inferior. Significa que es una norma:

Aceptada y reconocida por la comunidad internacional de Estados en su conjunto como norma que no admite acuerdo en contrario y que sólo puede ser modificada por una norma ulterior de derecho internacional general que tenga el mismo carácter[96].

---

94. P.ej., CRC, «Observaciones finales sobre los informes periódicos quinto y sexto combinados de El Salvador» CRC/C/SLV/CO/5-6, 29 Noviembre 2018, párr. 53, pág. 14. https://digitallibrary.un.org/record/1654237?ln=en
95. *Barcelona Traction, Light and Power Company, Limited* (España vs. Bélgica), Segunda Fase, CIJ 32, (5 de febrero de 1970), párr. 33-34, pág.33.
96. CVDT, art. 53 (*jus cogens*).

Por lo tanto, al pertenecer a esta categoría, esta norma de DDHH goza del más alto estatus en el derecho internacional. Por consiguiente, esta regla prevalece sobre cualquier otra disposición de tratado ordinario o norma consuetudinaria regular. Aunque no hay un consenso respecto a la definición de las normas consuetudinarias que califican como *jus cogens*[97], las normas imperativas generalmente aceptadas del derecho internacional, que generan una obligación *erga omnes*, son las siguientes:

La prohibición de la agresión, la prohibición del genocidio, la prohibición de los crímenes de lesa la humanidad, las normas básicas del derecho internacional humanitario, la prohibición de la discriminación racial y el apartheid, la prohibición de la esclavitud y la tortura, y el derecho a la autodeterminación[98].

De este modo, la prohibición de la esclavitud tiene un carácter universal. Sirve tanto como protección de los DDHH y como una obligación del Estado de tomar medidas positivas para hacer cumplir dicha prohibición. Los Estados deben respetar esta norma en todo momento, en tiempos normales y en tiempos de emergencia pública. Por ejemplo, la naturaleza no derogable de esta norma de DDHH está garantizada en forma de tratado en el PIDCP, por lo que los Estados no pueden derogar este derecho, incluso durante un estado de emergencia[99]. El PIDCP permite a los Estados parte ejercer su poder de derogación de ciertos derechos consagrados en la Convención temporal y excepcionalmente en situaciones de emergencia. Específicamente, el Artículo 4 permite a los gobiernos tomar medidas de derogación «en tiempo de emergencia pública que amenace la vida de la nación». Según el artículo, los Estados pueden hacerlo en la medida estrictamente requerida por las exigencias de la situación y siempre que tales medidas no impliquen discriminación únicamente por motivos de raza, color, sexo, idioma, religión u origen social[100]. Así, según el principio de legalidad y el estado de derecho, un gobierno de cualquier Estado parte que declare un estado de emergencia tiene poderes especiales y temporales que permiten la promulgación unilateral de una medida derogatoria de una obligación formalmente contraída en virtud del Pacto. El HRC, en sus comentarios

97. Es importante tener en cuenta que, bajo el derecho internacional, las normas de *jus cogens* implican obligaciones *erga omnes* hacia los Estados. Sin embargo, no todas las obligaciones *erga omnes* tienen el estatus de *jus cogens*.
98. AGNU, «Chapter V: Peremptory norms of general international law (jus cogens)», en *Report of the International Law Commission: Seventy-first session* (Nueva York: ONU, 2019), 147. https://legal.un.org/ilc/reports/2019/english/a_74_10_advance.pdf
99. PIDCP, art. 4(2).
100. PIDCP, art. 4(1).

autorizados sobre el Artículo 4, señala que cuando un Estado proclama un estado de emergencia, tiene la posibilidad de restringir ciertos derechos del Pacto que son estrictamente necesarios para superar el evento y restaurar la estabilidad (i.e., el principio de proporcionalidad). Sin embargo, en el Artículo 4, párrafo 2, la Convención explícitamente excluye ciertos derechos de tales derogaciones, incluso en tiempos de emergencia, incluido el derecho de las personas a estar libres de esclavitud y servidumbre[101]. Un Estado parte no puede legalmente restringir estas disposiciones bajo ninguna circunstancia[102]. Los Estados parte deben asegurar la protección de la libertad personal tanto de la esclavitud como de la servidumbre, de manera compatible con el objeto y propósito del tratado y otras obligaciones de DDHH de los Estados en el derecho internacional.

b. Una Breve Introducción a los Acuerdos Jurídicos Multilaterales

b.1. Acuerdo Internacional para la Represión de la Trata de Blancas de 1904

Este acuerdo internacional adoptado en 1904 fue una respuesta temprana en relación con la criminalización de actos de trata que tenía como objetivo condenar el «tráfico criminal» denominado trata de blancas de mujeres y niñas llevadas al extranjero con fines inmorales[103]. Centrado en la protección de las víctimas, específicamente, ordena a los Estados contratantes vigilar lugares como estaciones de ferrocarril y puertos de embarque, e instruir a las autoridades para obtener toda la información posible que conduzca al descubrimiento del tráfico criminal[104]. El acuerdo utilizó el término «trata de blanca» para referirse a la captación de mujeres blancas, generalmente europeas y americanas a través de las fronteras con fines de explotación en la prostitución. Su preámbulo ilustra este punto: «los representantes de los Estados parte expresaron el deseo de asegurar una protección adecuada contra la trata criminal de mujeres y niñas sometidas a engaño o control».

101. *Ibid.*, art. 4(2).
102. HRC, «Observación general N.º 29 Estados de emergencia (artículo 4)», CCPR/C/21/Rev.1/Add.11, 31 Agosto 2001, párr. 11, pág. 4.
103. AGNU, «Acuerdo internacional para asegurar una protección eficaz contra el tráfico criminal denominado trata de blancas», firmado en París, 18 mayo 1904, U.N.T.S. 92, art. 1.
104. *Ibid.*, art. 2.

b.2. Convención Internacional para la Represión de la Trata de Blancas de 1910

En 1910, este acuerdo temprano con respecto a la trata de blancas obligó a los Estados a castigar a «quien, para satisfacer las pasiones de otra persona, haya procurado, inducido o llevado, incluso con su consentimiento, a una mujer o niña menor de edad, con fines inmorales», de modo que el consentimiento de una mujer o niña menor de edad (refiriéndose a mujeres y niñas menores de 20 años cumplidos) parece ser irrelevante en tales actos. Adicionalmente, en lo que respecta a mujeres mayores de 20 años cumplidos, se requiere el uso de medios prohibidos como «fraude, violencia, amenazas, abuso de autoridad o cualquier otro método de coacción» para procurar, inducir o llevar a una mujer con fines inmorales. En ambas disposiciones, los perpetradores podrían ser responsables independientemente de si cometieron actos en el extranjero[105]. Sin embargo, los redactores consideraron este criterio como un estándar mínimo de protección. En consecuencia, dieron a los Estados la opción de castigar otras acciones, como la trata de mujeres o niñas, incluso si la víctima consintió, ya que estas personas sufren al ser «efectivamente entregadas a una vida inmoral»[106]. Estas disposiciones normativas guardan similitud con la definición legal de trata de personas establecida en el Protocolo de Palermo[107].

b.3. Convención Internacional para la Represión del Trata de Mujeres y Niños de 1921

Para avanzar en los esfuerzos de acuerdos legales anteriores (i.e., en 1904 y 1910), la SDN concluyó y adoptó un acuerdo internacional en 1921. La Convención de 1921 alentó a los Estados a ratificar los instrumentos anteriores si aún no eran parte. Sin embargo, reconoció «la trata de niños de ambos sexos» en el Artículo 2. Además, el Artículo 5 elevó el límite de edad para la protección a «21 años cumplidos»[108]. Aunque la Convención de 1921 no definió el término «trata», estuvo principalmente preocupada por el traslado de mujeres y niños al extranjero para su explotación en la prostitución. El Artículo 7 requiere que los Estados tomen medidas relacionadas

105. «Convenio Internacional para la Represión de la Trata de Blancas», firmado en París el 4 de mayo de 1910 y enmendado por el Protocolo firmado en Lake Success, Nueva York, el 4 de mayo de 1949. Lake Success, Nueva York, 4 de mayo 1949, art. 1-2.

106. *Ibid.*, «Anexo del Protocolo Final» (C).

107. Roza Pati, «States» «Positive Obligations with Respect to Human Trafficking: The European Court of Human Rights Breaks New Ground in Ransev v. Cyprus and Russia», *Boston University International Law Journal* 29, no. 5 (Spring 2011): 106.

108. SDN, «Convenio Internacional para la Represión de la Trata de Mujeres y Niños» concertado en Ginebra, 30 de Septiembre de 1921, U.N.T.S. 9.

con «la protección de mujeres y niños que viajan en barcos de emigrantes, no solo en los puntos de partida y llegada, sino también durante el viaje». Sumado a esto, esta disposición normativa obliga a los Estados a colocar avisos en estaciones de ferrocarril y puertos advirtiendo a las mujeres y niños sobre el peligro de la trata, y proporcionando información sobre lugares para encontrar alojamiento y asistencia.

b.4. Convención sobre la Esclavitud de 1926

La libertad de la esclavitud como propiedad fue uno de los primeros derechos que recibió reconocimiento bajo el derecho internacional público, con la esclavitud y el comercio de esclavos prohibidos a partir del siglo XIX[109]. Sin embargo, la Convención sobre la Esclavitud de 1926, bajo los auspicios de la SDN, articuló la definición legal de la esclavitud como «estado o condición de un individuo sobre el cual se ejercitan los atributos del derecho de propiedad o algunos de ellos»[110]. Por lo tanto, el ejercicio de uno o más atributos o facultades del derecho de propiedad es una parte fundamental de la definición de la esclavitud. Aunque la Convención sobre la Esclavitud no definió los «atributos del derecho de propiedad», parece que los redactores tuvieron la intención de referirse a las facultades de la autoridad del amo sobre el esclavo de índole absoluta, concepto conocido como *dominica potestas* en el derecho romano[111]. Según un informe de 1953 de la Secretaría General de las Naciones Unidas (SGNU), las características de las distintas facultades vinculadas al «derecho de propiedad» sobre un individuo son las siguientes:

1. El individuo... puede ser objeto de una compra;
2. El amo puede utilizar al individuo..., y, en particular, su capacidad de trabajo, de manera absoluta,
3. El producto del trabajo del individuo... pasa a ser propiedad del amo, sin ninguna compensación proporcionada al valor del trabajo;
4. La propiedad del individuo... puede ser transferido a otra persona;

109. Algunos de estos acuerdos jurídicos contra la esclavitud y el comercio de esclavos incluyen los Tratados de Paz de París (1814-1815); el Tratado para la Supresión del Tráfico de Esclavos Africanos firmado en Londres en 1841; y el Tratado entre EE. UU. y Gran Bretaña para la Supresión del Tráfico de Esclavos, también conocido como el Tratado Lyons-Seward de 1862.

110. «Convención sobre la Esclavitud», art. 1(1).

111. ECOSOC, «Esclavitud, Trata de Esclavos, y Otras Formas de Servidumbre», E/2357, 27 Enero 1953, párr. 36, pág. 30. https://digitallibrary.un.org/record/726037?ln=en

5. El estado de servidumbre es permanente, es decir, que no se puede terminar por decisión del individuo sometido a ella;

6. El estado... se transmite ipso facto a los descendientes del individuo que se halla en tal estado[112].

Por consiguiente, considerando las características de las distintas facultades del derecho de propiedad y la definición de la esclavitud como un «estado o condición», los parámetros de la esclavitud se extienden más allá del derecho legal de propiedad (i.e., esclavitud *de jure* [estado]). Más bien, la esclavitud también abarca situaciones en las que una persona ejerce una o más facultades que derivan del derecho de propiedad sobre otra persona (i.e., esclavitud *de facto* [condición])[113]. En consecuencia, los atributos del concepto original de esclavitud siguen siendo aplicables en la actualidad.

La definición de esclavitud de 1926 también se replica en el derecho penal internacional, específicamente en el Estatuto de Roma de la Corte Penal Internacional (CPI) de 1998. En el artículo 7(1)(c) del Estatuto de Roma, se identifica la esclavitud como un crimen de lesa humanidad «cuando se comete como parte de un ataque generalizado o sistemático dirigido contra una población civil, con conocimiento del ataque». La CPI define la esclavitud en los mismos términos que la Convención de Esclavitud de 1926, «en el tráfico de personas, en particular mujeres y niños» (Artículo 7(2)(c)). La referencia a la definición de esclavitud de 1926 en esta disposición puede ilustrar que el concepto tradicional de esclavitud ha evolucionado para incluir situaciones *de facto* en las que un individuo ataca directamente la esencia de la dignidad humana de otra persona[114]. En otras palabras, no solo se considera esclavitud a la condición legal de propiedad de una persona, sino también a las situaciones en las que alguien ejerce poder sobre otra persona, privándola de su libertad o autonomía personal y dignidad de manera similar a la esclavitud tradicional.

b.5. Convención Internacional para la Represión de la Trata de Mujeres mayores de Edad de 1933

Bajo los auspicios de la SDN, esta Convención de 1933 tenía como objetivo «asegurar de manera más completa la represión de la trata de mujeres

112. ECOSOC, «Esclavitud, Trata de Esclavos, y Otras Formas de Servidumbre», párr. 36, pág. 31.
113. Jean Allain, «The Definition of Slavery in International Law», *Howard Law Journal* 52, no. 2 (2009), 15-18.
114. Roza Pati, «Trading in Humans: A New Haven Perspective», *Asia Pacific Law Review* 20, no.2 (Fall 2012): 150.

y niños».[115]. Según el Artículo 1 de esta convención, los Estados podían castigar «Los intentos de cometer delitos y, dentro de los límites legales, actos preparatorios para los delitos en cuestión». Además, el término «país» incluía ampliamente las colonias y protectorados de los Estados parte, así como los territorios donde ejercían un mandato[116]. Esta interpretación del término puede indicar el reconocimiento de los Estados de que la prostitución de mujeres era generalizada más allá de las fronteras y requería regulación internacional, incluida la cooperación transfronteriza. A la vez, este acuerdo amplió el principio de la irrelevancia del consentimiento de mujeres y niñas que han alcanzado la mayoría de edad[117].

b.6. Convención para la Represión de la Trata de Personas y de la Explotación de la Prostitución Ajena de 1949

Esta convención afirma en su preámbulo que «la prostitución y el mal que acompaña a la trata de personas... son incompatibles con la dignidad y el valor de la persona humana». También señala que la trata representa un peligro para «el bienestar del individuo, la familia y la comunidad». Bajo estas premisas y teniendo en cuenta los instrumentos legales internacionales anteriores, este acuerdo obliga a los Estados parte a castigar a una persona que,

1) Concertare la prostitución de otra persona, aún con el consentimiento de tal persona;

2) Explotare la prostitución de otra persona, aún con el consentimiento de tal persona[118].

Estas disposiciones normativas se refieren tanto a mujeres como a hombres y confirman la irrelevancia del consentimiento de la víctima en tales prácticas. De igual manera, estas medidas legislativas abordan aspectos relacionados con el proceso de trata (p. ej., la procuración, inducción o el traslado) y el propósito del delito (p. ej., la trata con fines de prostitución).

115. SDN, «Convenio Internacional para la Represión de la Trata de Mujeres Mayores de Edad», firmado en Ginebra, 11 de octubre de 1933, entró en vigor 24 Agosto 1934, L.N.T.S. 150, Preámbulo.
116. SDN, «Convenio Internacional para la Represión de la Trata de Mujeres Mayores de Edad», art. 1.
117. *Ibid.* El anterior 116. SDN, "Convenio Internacional para la Represión de la Trata de Mujeres Mayores de Edad," art. 1.
118. AGNU, «Convenio para la Represión de la Trata de Personas y de la Explotación de la Prostitución Ajena»,, A/RES/317, adoptado 2 Diciembre 1949, art. 1(1), (2).

El enfoque innovador de la Convención de 1949 es evidente en su Artículo 2, que obliga a los Estados parte a castigar a cualquier persona que,

1) Mantuviere una casa de prostitución, la administrare o a sabiendas la sostuviere o participare en su financiamiento;

2) Diere o tomare a sabiendas en arriendo un edificio u otro local, o cualquier parte de los mismos, para explotar la prostitución ajena[119].

Así, la Convención de 1949 amplía su alcance a los burdeles[120] y parece adoptar un enfoque abolicionista hacia la prostitución[121]. Sin embargo, el Artículo 16 ordena a los Estados parte tomar medidas «para la prevención de la prostitución y para la rehabilitación y readaptación social de las víctimas de la prostitución»[122]. Por lo tanto, la Convención parece buscar lograr un consenso entre los Estados a favor de la prohibición de la prostitución y aquellos a favor de su regulación, con el fin de lograr una amplia ratificación del tratado. Sin embargo, hasta la fecha, este tratado solo cuenta con 82 Estados parte, lo que indica su naturaleza potencialmente problemática[123]. Asimismo, la adopción de un nuevo tratado[124] sobre el mismo tema de la trata puede ser relevante para implicar el consentimiento de los Estados sobre la aplicabilidad de ese instrumento posterior[125].

b.7. Convención Suplementaria sobre la Abolición de la Esclavitud, la Trata de Esclavos y las Instituciones y Prácticas Análogas a la esclavitud de 1956

Este tratado, conocido como la Convención Suplementaria sobre la Esclavitud de 1956 sobre la Esclavitud, amplió la aplicación de la ley a for-

119. AGNU, «Convenio para la Represión de la Trata de Personas y de la Explotación de la Prostitución Ajena», art. 2(1), (2).
120. *Ibid.*, art. 3-4.
121. *Ibid.*, art. 6.
122. *Ibid.*, art. 16.
123. Estado de ratificación: «Convenio para la Represión de la Trata de Personas y de la Explotación de la Prostitución Ajena», Colección de Tratados de la ONU, https://treaties.un.org/Pages/ViewDetails.aspx?src=IND&mtdsg_no=VII-11-a&chapter=7&clang=_en
124. Protocolo de Palermo, art. 3.
125. Anne T. Gallagher, *The International Law of Human Trafficking* (Cambridge: Cambridge University Press, 2012), 63-64.

mas *análogas a la esclavitud,*[126] específicamente la servidumbre por deudas, la servidumbre de la gleba, ciertos tipos de matrimonios serviles y la explotación de niños[127]. Por lo tanto, los Estados parte de esta Convención Suplementaria sobre la Esclavitud de 1956 están obligados a abolir estas instituciones o prácticas, ya sea que se ejerza un poder de propiedad o no, tal como se establece en la definición de esclavitud de la Convención de Esclavitud de 1926. Esta Convención Suplementaria sobre la Esclavitud de 1956 conservó la misma definición de esclavitud de la Convención de Esclavitud de 1926, pero agregó el nuevo concepto de «una persona de estatus servil». La Convención va más allá de construcciones jurídicas anteriores al definir también el término «esclavo» de la siguiente manera:

> La «esclavitud», tal como está definida en el Convenio sobre la Esclavitud de 1926, es el estado o condición de las personas sobre las que se ejercen todos o cualquiera de los poderes atribuidos al derecho de propiedad, y «esclavo» es toda persona en tal estado o condición[128].

A su vez, el Artículo 7(b) define a «una persona de condición servil» como «toda persona colocada en la condición o estado que resulta de alguna de las instituciones o prácticas mencionadas en el artículo 1 de esta Convención»[129]. Según este artículo, una persona puede ser víctima de esclavitud (i.e., un «esclavo»), o víctima de cualquiera de las instituciones y prácticas mencionadas y convertirse en una persona «similar a un esclavo» (una persona de condición servil)[130]. Estos estados son considerados diferentes en el DIDH; la servidumbre es más general que la esclavitud, que es la peor forma de dominio[131], donde la víctima es tratada como un «objeto» de otra persona. La servidumbre abarca, por ejemplo, la obligación del «siervo» de prestar cualquier servicio, sometido a explotación con la imposibilidad de

126. Convención Suplementaria sobre la Esclavitud de 1956, art.1, en los siguientes términos: «Cada uno de los Estados Partes en la Convención adoptará todas aquellas medidas legislativas o de cualquier otra índole que sean factibles y necesarias para lograr progresivamente y a la mayor brevedad posible la completa abolición o el abandono de las instituciones y prácticas que se indican a continuación, dondequiera que subsistan, les sea o no aplicable la definición de esclavitud que figura en el artículo 1 del Convenio sobre la Esclavitud, firmado en Ginebra en 25 de septiembre de 1926».
127. Convención Suplementaria sobre la Esclavitud de 1956, art. 1(a), (b), (c), (d).
128. *Ibid.*, art. 7(a).
129. *Ibid.*, art. 7(b).
130. Anne T. Gallagher, «Using International Human Rights Law to Better Protect Victims of Trafficking: The Prohibitions on Slavery, Servitude, Forced Labor and Debt Bondage», en *The Theory and Practice of International Criminal Law: Essays in Honour of M. Cherif Bassiouni*, ed. L. N. Sadat and M. P. Scarf (Leiden: Martinus Nijhoff, 2008), 7.
131. AGNU, «Draft International Covenants on Human Rights», párr. 18, pág. 92.

cambiar su condición[132]. No es posible que ninguna persona pueda someterse voluntariamente a la esclavitud o a la servidumbre[133].

b.8. Protocolo para Prevenir, Reprimir y Sancionar la Trata de Personas, especialmente Mujeres y Niños que complementa la Convención de la ONU contra la Delincuencia Organizada Transnacional

Este instrumento, conocido como el «Protocolo de Palermo», fue adoptado por la AGNU en el año 2000 como parte de la Convención de las Naciones Unidas contra la Delincuencia Organizada Transnacional (UNTOC), que tuvo lugar en Palermo, Italia. El Protocolo entró en vigor el 25 de diciembre de 2003 y, ha sido ratificado por 181 Estados[134]. El Protocolo de Palermo es considerado el pilar internacional que aborda el problema de la trata de personas. El Protocolo requiere que los Estados parte incorporen sus disposiciones en su legislación nacional para prevenir y penalizar de manera efectiva los delitos de trata y proteger y asistir a las víctimas. Además, el Protocolo promueve la cooperación entre los países para responder de manera integral a la trata de personas a través de medidas de justicia penal y establece un marco para la acción internacional[135]. Significativamente, la conexión entre la trata de personas y la esclavitud está confirmada en la ampliamente aceptada definición de trata, establecida en el Protocolo de Palermo de 2000, que hace referencia al término «esclavitud»[136]. (Esto se explora en detalle en el Capítulo 2).

4. TRATA DE PERSONAS COMO ESCLAVITUD MODERNA, SEGÚN LO ESTABLECIDO EN CASOS RELEVANTES

a. Derecho Penal Internacional: Tribunal Penal Internacional para la Ex-Yugoslavia

Fiscal vs. Kunarac, Vukovic y Kovac

La línea de interpretación jurídica que establece un claro vínculo entre la trata de personas y la esclavitud, y donde no necesariamente existe un

132. *Siliadin vs. France*, Sentencia de la Gran Sala, 26 Julio 2005, Aplicación núm. 73316/01, TEDH (2005), párr. 122-124, pág. 33.
133. AGNU, «Draft International Covenants on Human Rights», párr. 18, pág. 92.
134. Estado de Ratificación: «Protocolo para Prevenir, Reprimir y Sancionar la Trata de Personas, Especialmente Mujeres y Niños, que complementa la Convención de la ONU Naciones Unidas contra la Delincuencia Organizada Transnacional», Colección de Tratados de la ONU, https://treaties.un.org/Pages/ViewDetails.aspx?src=ind &mtdsg_no=XVIII-12-a&chapter=18&clang=_en
135. Protocolo de Palermo, art. 2(a), (b), (c).
136. *Ibid.*, art. 3(a).

«derecho de propiedad», sino la «presencia de uno o más de los poderes asociados a dicho derecho» sobre una persona, fue reconocida por el Tribunal Penal Internacional para la ex-Yugoslavia (TPIY) en un caso de precedente en 2001. Enfrentando las atrocidades en la ex-Yugoslavia, el Tribunal estableció un precedente jurisprudencial en el caso Fiscal vs. Kunarac, Vukovic y Kovac (2001; en adelante denominado «Kunarac et al».), un caso de gran importancia ya que estableció, entre otras cosas, una condena por esclavitud como crimen de lesa humanidad con fines de explotación sexual[137]. El Tribunal definió este concepto evolucionado de esclavitud, a menudo conocido como esclavitud *chattel* o tradicional, como que incluye diversas formas contemporáneas de esclavitud en las que los perpetradores no tienen a las víctimas como esclavos en el sentido tradicional. Sin embargo, se considera que las víctimas son esclavizadas si son sometidas al ejercicio de uno o varios de los poderes asociados a dicho derecho (i.e., la propiedad).

En este caso, Dragoljub Kunarac, comandante serbobosnio de una unidad de reconocimiento, y otros dos soldados serbios fueron considerados responsables y condenados por la tortura, violación y esclavización de mujeres y niñas bosnias musulmanas en la región de Foča[138]. En un importante desarrollo de la jurisprudencia, la Sala de Primera Instancia delineó factores específicos (i.e., indicios) que se deben considerar para determinar si un fenómeno en particular constituye esclavitud. Estos incluyen,

El control del movimiento de alguien, control del entorno físico, control psicológico, medidas tomadas para prevenir o disuadir la fuga, uso de la fuerza, amenaza de fuerza o coerción, detención, afirmación de exclusividad, sometimiento a tratos crueles y abusos, control de la sexualidad y trabajo forzado[139].

La Sala de Primera Instancia aclaró que la mera capacidad de realizar cualquiera de estos factores no es suficiente, ya que es necesario que ocurra realmente cualquiera de estas acciones para determinar si alguien ha sido sometido a esclavitud. Por lo tanto, la Sala de Primera Instancia interpretó el paradigma clásico de la esclavitud (vinculado al derecho de propiedad legal) para incluir una variedad de formas contemporáneas de esclavitud, abarcando formas sutiles de coerción, donde un individuo ejerce uno o más poderes asociados al derecho de propiedad. Además, bajo esta definición

137. *Fiscal vs. Dragoljub Kunarac et al.*, Sentencia de Sala de Primera Instancia del TPIY, párr. 539-541, pág. 192 (22 Febrero 2001), IT-96-23/1-T.
138. *Ibid.*, párr. 2-3, pág. 10.
139. *Fiscal vs. Dragoljub Kunarac et al.*, párr. 543, pág.194.

más amplia, el consentimiento de la víctima se vuelve imposible o irrelevante debido a la influencia de factores como «la amenaza o el uso de la fuerza o la coerción, el temor a la violencia, el engaño o las falsas promesas, el abuso de poder, la posición de vulnerabilidad de la víctima, la detención o el cautiverio, u opresión psicológica»[140]. El fallo reconoció que no es necesario ejercer todos los poderes asociados al derecho de propiedad; la existencia de uno solo de ellos es suficiente para cometer el delito.

Clave de mi argumento en este libro es que, bajo este significado evolucionado del concepto de esclavitud en el derecho internacional, los elementos de control y propiedad son matizados. Estas condiciones dejan espacio para la categoría de las actuales situaciones de trata de personas donde los tratantes mantienen a las víctimas bajo su control absoluto y efectivo a través de medios como la fuerza, el fraude, el engaño o la coerción con fines de explotación. Por lo tanto, esta interpretación de la esclavitud establece las bases para designar adecuadamente la trata de personas como esclavitud moderna[141]. Consideremos algunos detalles del caso *Kunarac et al.*, donde la Sala de Primera Instancia encontró que los siguientes hechos fueron probados más allá de toda duda razonable:

La Sala de Primera Instancia... acepta que los testigos no eran libres de ir donde quisieran, incluso si, como admitió [Testigo] FWS-191, en algún momento se les dio las llaves de la casa.... las chicas, tal como las describió FWS-191, no tenían a dónde ir y no tenían ningún lugar para esconderse de Dragoljub Kunarac y [el soldado con el seudónimo] DP 6, incluso si hubieran intentado abandonar la casa.... Kunarac y DP 6, ... eran plenamente conscientes de este hecho. (Párrafo 740)

La Sala de Primera Instancia está convencida de que FWS-191 y [Testigo] FWS-186 no tenían ningún control sobre sus vidas por parte de Dragoljub Kunarac y DP 6 durante su estancia allí. Ellas tenían que obedecer todas las órdenes, realizar tareas domésticas y no tenían ninguna opción realista para escapar de la casa en [el pueblo de] Trnova~e o huir de sus agresores. Fueron sometidas a otros maltratos, como cuando Kunarac invitó a un soldado a la casa para que violara a FWS-191 por 100 marcos alemanes si así lo deseaba. En otra ocasión, Kunarac intentó violar a FWS-191 mientras estaba en su cama de hospital, frente a otros soldados. Las dos mujeres fueron tratadas como propiedad personal de Kunarac y DP 6. La Sala de Primera Instancia

140. *Ibid.*, párr. 542, pág. 193.
141. Roza Pati, «Trafficking in Human Beings: The Convergence of Criminal Law and Human Rights», en *The SAGE Handbook of Human Trafficking and Modern Day Slavery*, ed. Jennifer B. Clark and Sasha Poucki (London: SAGE, 2019), 286.

está convencida de que Kunarac estableció estas condiciones de vida para las víctimas en complicidad con DP 6. Ambos hombres cometieron personalmente el acto de esclavitud[142]. (Párrafo 742)

Entre otras formas de maltrato, las mujeres víctimas fueron sometidas a detención coercitiva, condiciones de trabajo forzado, incluido cocinar y limpiar, y violadas. La Sala de Primera Instancia concluyó que la esclavitud como crimen de lesa humanidad en el derecho internacional consuetudinario involucra el «ejercicio de uno o varios de los poderes asociados al derecho de propiedad sobre una persona»[143]. Además, el «*actus reus* [i.e., el elemento material] del delito es el ejercicio de uno o varios de los poderes o facultades asociados al derecho de propiedad sobre una persona», mientras que «el *mens rea* [i.e., el elemento mental] del delito consiste en el ejercicio intencional de dichos poderes»[144]. La Sala de Primera Instancia reconoció que las prácticas contemporáneas de esclavitud se han extendido por todo el mundo, ejerciendo uno o varios de las facultades o atributos asociados a la propiedad sobre sus víctimas (i.e., esclavos modernos), estableciendo elementos de explotación y evidencia del control absoluto de los perpetradores sobre ellos.

Los acusados apelaron, entre otras cosas, porque las víctimas «tenían libertad de movimiento dentro y fuera del apartamento y, por lo tanto, podrían haber escapado o intentado cambiar su situación» y «las víctimas no fueron obligadas a hacer tareas domésticas, sino que las emprendieron de manera voluntaria»[145]. Sin embargo, la Sala de Apelaciones confirmó el caso *Kunarac et al.* en la apelación. La Sala de Apelaciones pronunció y respaldó la tesis principal de la Sala de Primera Instancia, afirmando que,

El concepto tradicional de esclavitud, tal como se define en la Convención de 1926 sobre la Esclavitud y a menudo conocido como esclavitud *chattel* o «esclavitud del bien mueble ha evolucionado para abarcar diversas formas contemporáneas de esclavitud, que también se basan en el ejercicio de uno o varios de los poderes o atributos relacionados al derecho de propiedad sobre las víctimas. Las formas contemporáneas de esclavitud son descritas por la Sala de Apelaciones de la siguiente manera: «en todos los casos, como resultado del ejercicio de uno o varios de los poderes asociados

142. *Fiscal vs. Dragoljub Kunarac et al.*, párr. 740, pág. 239; párr. 742, pág. 240.
143. *Ibid.*, párr. 539, pág. 192.
144. *Ibid.*, párr. 540, pág. 192.
145. *Fiscal vs. Dragoljub Kunarac, Radomir Kovac y Zoran Vukovic* (Sentencia de Apelación), 2002- Sala de Apelaciones del TPIY, párr. 108, pág. 33 (12 Junio 2002), IT-96-23 & IT-96-23/1-A.

al derecho de propiedad, se produce cierta destrucción de la personalidad jurídica»[146]. La Sala de Apelaciones confirmó que no es posible determinar de antemano todos los casos que se encuentran dentro de esta redefinición ampliada, ya que dependerá de la presencia de varios factores o indicios de esclavitud identificados por la Sala de Primera Instancia[147]. Por lo tanto, no es necesario que las víctimas estén en confinamiento físico persistente del mundo exterior para ser consideradas sujetas a una forma contemporánea de esclavitud, ya que estas situaciones se evalúan con base en diversos indicios de esclavitud. Sin embargo, todos los casos implican que el perpetrador ejerce uno o varios de los poderes o facultades asociados al derecho de propiedad sobre alguien, manteniendo así intactos los elementos definitorios fundamentales de la esclavitud de la Convención de Esclavitud de 1926.

b. Derecho Regional de los Derechos Humanos: Tribunal Europeo de Derechos Humanos

Rantsev vs. Chipre y Rusia, y Siliadin vs. Francia

Esta interpretación evolucionada de la esclavitud definida por el TPIY encontró confirmación en el DIDH por parte del Tribunal Europeo de Derechos Humanos (TEDH) en el caso *Rantsev vs. Chipre y Rusia* (2010). Este caso significativo trata sobre la trata de personas con fines de explotación sexual. Como antecedente de este fallo histórico, el demandante, un ciudadano ruso, presentó una demanda contra la República de Chipre y Rusia ante el TEDH por la muerte de su hija de 20 años, Oxana Rantsev. El TEDH se pronunció en relación con las obligaciones positivas de los Estados miembros para combatir el delito de la trata de personas en general y en casos individuales en virtud del Artículo 4 del Convenio Europeo de Derechos Humanos (CEDH)[148]. Es importante destacar que el TEDH subrayó que, en el contexto de la trata de personas, las investigaciones y enjuiciamientos penales constituyen solo un aspecto de las obligaciones generales de los Estados miembros para combatir el fenómeno. El Tribunal explicó que los Estados miembros también deben implementar medidas operativas para prevenir el delito y proteger a las víctimas o posibles víctimas en situaciones en las que «las autoridades estatales son conscientes, o deberían ser conscientes, de circunstancias que dan lugar a una sospecha creíble de que una

146. *Fiscal vs. Dragoljub Kunarac, Radomir Kovac y Zoran Vukovic* (Sentencia de Apelación), 2002- Sala de Apelaciones del TPIY, párr. 117, pág. 35-36.
147. *Ibid.*, párr. 119, pág. 36.
148. *Rantsev vs. Chipre y Rusia*, Sentencia de la Gran Sala, 7 Enero 2010, Aplicación No. 25965/04, TEDH (2010). párr. 285, pág. 69-70.

persona identificada ha sido o está en riesgo real e inmediato de ser objeto de trata o explotación», como en el caso *Rantsev*.

Con respecto a los deberes de los Estados de investigar eficazmente situaciones potenciales de trata de personas, el TEDH observó que esta obligación «debe ser independiente de las personas implicadas en los acontecimientos. También debe ser capaz de llevar a la identificación y sanción de los responsables, una obligación que no es de resultado sino de medios». Implícito en esto está el requerimiento de la exigencia de prontitud y rapidez razonable en todos los casos, pero especialmente urgente en aquellos casos «donde existe la posibilidad de sacar a la persona de la situación perjudicial»[149]. En consecuencia, el TEDH responsabilizó a la República de Chipre por no proporcionar a la Sra. Rantsev protección práctica y efectiva contra la trata en general, por no protegerla con medidas específicas y por no investigar si había sido víctima de trata. Además, el Tribunal encontró a la República de Chipre responsable de no llevar a cabo una investigación efectiva sobre su muerte. Por otro lado, el Tribunal determinó que la Federación de Rusia era responsable por no llevar a cabo una investigación sobre la fase de reclutamiento de la presunta trata de la Sra. Rantsev a Chipre, lo que, en palabras del Tribunal, «permitió que una parte importante de la cadena de la trata actuara con impunidad»[150]. En consecuencia, el TEDH consideró a Rusia y a Chipre responsables por no llevar a cabo una investigación efectiva sobre lo ocurrido. El Tribunal reiteró su postura con respecto al deber de las autoridades estatales de investigar minuciosa y eficazmente las denuncias de trata, desde el reclutamiento hasta la explotación. Esta obligación está en consonancia con el Preámbulo del Protocolo de Palermo, que expresamente requiere a los Estados la adopción de un enfoque internacional integral en los países de origen, tránsito y destino.

Esta decisión del TEDH en el ámbito de los DDHH es particularmente significativa, ya que el Tribunal siguió la tendencia internacional de considerar la esclavitud de acuerdo con la definición evolucionada en lugar del sentido tradicional del concepto. Específicamente, la interpretación jurídica del TPIY ayudó al TEDH a reconocer que «la trata de seres humanos, por su propia naturaleza y objetivo de explotación, se basa en el ejercicio de los poderes o atributos asociados al derecho de propiedad»[151]. Por ende, el Tribunal interpretó la disposición del Artículo 4, a la luz del objeto y propósito

149. *Ibid.*, párr. 288, pág. 70-71.
150. *Ibid.*, párr. 307, pág. 76.
151. *Ibid.*, párr. 281, pág. 68.

de la misma, yendo más allá de su significado ordinario. Siguiendo esta línea de razonamiento, el Tribunal destacó que:

> [La trata de personas] trata a los seres humanos como mercancías para ser compradas y vendidas y sometidas a trabajos forzados, a menudo con poco o ningún pago... Implica una estrecha vigilancia de las actividades de las víctimas, cuyos movimientos a menudo son limitados. Involucra el uso de violencia y amenazas contra las víctimas[152].

Aunque la esclavitud ha sido fuertemente condenada por varios instrumentos internacionales, el TEDH señala que la trata de personas es la «forma moderna del antiguo comercio mundial de esclavos».[153]. Por consiguiente, partiendo de la premisa de que la trata de personas es una forma *de facto* de esclavitud, el TEDH articuló las obligaciones positivas de los Estados miembros con respecto a la trata. Dentro del significado del Artículo 3(a) del Protocolo de Palermo y el Artículo 4(a) de la Convenio del Consejo de Europa sobre la lucha contra la trata de seres humanos, estas obligaciones entran dentro del ámbito del Artículo 4 del CEDH, que trata sobre la prohibición de la esclavitud y el trabajo forzado[154]. Esta afirmación del TEDH aclaró las principales obligaciones de los Estados con respecto a la trata.

A la luz de esta conexión entre la trata y la esclavitud, cabe destacarse que el fallo Rantsev no fue el primer caso en el que el Tribunal se pronunció sobre los «poderes asociados al derecho de propiedad» sobre alguien, en relación al Artículo 4 del CEDH. Podemos observar esta jurisprudencia internacional en el caso de Siliadin vs. Francia (2005), un caso que trató exclusivamente sobre el trabajo forzado o compulsivo en una situación de servidumbre doméstica que involucraba a un menor. En su sentencia, el Tribunal sostuvo que,

> Aunque la demandante fue... claramente fue privada de su autonomía personal, las pruebas no sugieren que estuviera sometida a esclavitud en el sentido propiamente dicho, es decir, que el Sr. y la Sra. B. ejercían un verdadero derecho de propiedad legal sobre ella, reduciéndola así a la condición de un «objeto»[155].

152. *Ibid.*, párr. 281, pág. 68. Anterior.
153. *Ibid.*, párr. 281, pág. 68
154. *Ibid.*, párr. 282, pág. 69.
155. *Siliadin vs. France*, párr. 122, pág. 33.

El TEDH se refirió a la definición tradicional de la esclavitud en el Artículo 1 de la Convención sobre la Esclavitud de 1926 y dictaminó por unanimidad que, aunque la demandante no fue víctima de esclavitud en su sentido tradicional, el Sr. y la Sra. B. la mantenían en servidumbre en el sentido del Artículo 4 del CEDH. En esta línea, el TEDH señaló que la servidumbre es «una forma particularmente grave de negación de la Libertad» e incluye «la obligación de prestar ciertos servicios a otros». Además, el TEDH afirma que, para los fines del CEDH, «servidumbre» significa una obligación de prestar servicios impuesta por el uso de la coerción y debe vincularse con el concepto de «esclavitud»[156].

En estos términos, con el fin de abordar las cuestiones de la responsabilidad de los Estados en virtud de la Convención Suplementaria sobre la Esclavitud de 1956, el TEDH instó a cada uno de los Estados parte a «adoptar todas las medidas legislativas y otras necesarias para lograr la abolición completa o el abandono de [esas] instituciones y prácticas»[157]. En consecuencia, el Tribunal estableció obligaciones positivas específicas por parte de los Estados miembros para implementar disposiciones adecuadas de derecho penal para prevenir de manera efectiva, tipificar como delito y enjuiciar cualquier acto dirigido a mantener a una persona en tales situaciones bajo el Artículo 4 del CEDH. En efecto, como describió el TEDH en los casos *Rantsev* y *Siliadin*, la esclavitud contemporánea y las prácticas similares a la esclavitud son incompatibles con la dignidad humana, amenazando así las libertades fundamentales de la persona humana y los valores básicos de las sociedades democráticas consagrados en el CEDH[158].

CONCLUSIÓN

Como esta revisión de instrumentos jurídicos de derecho internacional y su aplicación en varios casos trascendentales ha ilustrado, la comunidad internacional reconoce esta redefinición del concepto de esclavitud. Esta expansión de la definición abarca prácticas que requieren el ejercicio de uno o varios de los poderes o atributos asociados al derecho de propiedad sobre una persona. Esta definición más amplia representa una tendencia interna-

156. *Ibid.*, párr. 123-124, pág. 33.
157. *Ibid.*, párr. 125, pág. 31.
158. *Rantsev vs. Chipre y Rusia*, párr. 282, pág. 69. El TEDH menciona específicamente que «no puede haber duda de que la trata amenaza la dignidad humana y las libertades fundamentales de sus víctimas y no puede considerarse compatible con una sociedad democrática y los valores expuestos en el Convenio». Además, el TEDH considera que «junto con el artículo 2 y 3, el artículo 4 del Convenio consagra uno de los valores fundamentales de las sociedades democráticas que conforman el Consejo de Europa». Véase *Siliadin vs. Francia*, párr. 82, pág. 25.

cional que contempla esta interpretación a la luz de las condiciones actuales para la protección efectiva de los derechos y libertades fundamentales de aquellos que se encuentran «bajo el régimen de la esclavitud moderna». Adicionalmente, esta interpretación también es sostenida por el TEDH, evidenciando que el CEDH sirve como un documento viviente en armonía con las normas y principios relevantes del derecho internacional que evalúa firmemente las violaciones de los valores fundamentales de las sociedades democráticas, como los consagrados en el Artículo 4 del mismo.

Las prácticas históricas que involucran la autoridad absoluta de amos sobre esclavos, reflejando los derechos de propiedad de los unos sobre los otros y confiriendo un estado de esclavitud *de jure*, comparten características con las prácticas de la esclavitud moderna. Esto incluye el ejercicio de los atributos del derecho de propiedad, sometiendo a seres humanos a la condición de esclavitud *de facto*. La siguiente lista destaca varios ejemplos de esta superposición:

1. En el pasado, los derechos de propiedad sobre una persona que involucraban el ejercicio de un derecho legal de propiedad podían manifestarse como la capacidad de una persona para comprar, vender, transferir o heredar a otra persona. Hoy en día, situaciones de *facto* en las que «hay evidencia de que una persona ha sido comprada y vendida» con fines de explotación son un indicador de que puede haber ocurrido trata de personas[159]. Estos criterios constituyen un factor relevante para determinar la existencia del ejercicio de uno o más poderes o facultades del derecho de propiedad sobre alguien, y por lo tanto pueden revelar la existencia de la esclavitud en tiempos modernos.

2. En el pasado, las personas ejercían un control absoluto sobre la persona que legalmente poseían, privando así al esclavo de sus libertades fundamentales. En la actualidad, el ejercicio de los atributos del derecho de propiedad puede estar relacionado con el control sobre alguien con el objetivo de su explotación mediante el uso, la gestión, el beneficio, la transferencia o disposición de la persona en cuestión. Estas condiciones restringen o niegan considerablemente la libertad individual, tal como estableció la Corte Interamericana de DDHH en su sentencia de 2016 en el caso *Trabajadores de la Hacienda Brasil Verde vs. Brasil*. En este caso, la Corte

159. UNODC, *Anti-Human Trafficking Manual for Criminal Justice Practitioners: Indicators of Trafficking in Persons (Módulo 2)* (Nueva York: ONU, 2009), 11.

Interamericana hace referencia a situaciones de explotación en las que «el control equivalente a la posesión» sobre una persona puede indicar esclavitud[160]. La Corte Interamericana encontró que los trabajadores eran víctimas de trata y estaban sujetos a este control, lo que redujo sustancialmente su autonomía personal y representó un ataque directo a su integridad y dignidad humana[161].

3. En el pasado, un individuo podía poseer y utilizar a un esclavo. En la actualidad, un individuo ejerce elementos de control y explotación sobre otra persona, lo que puede implicar el uso de «tatuajes u otras marcas que indican "propiedad" por parte de sus explotadores», lo cual puede indicar una posible situación de trata y esclavitud[162]. Los tratantes obligan a las víctimas a cumplir con todas sus demandas y órdenes, estando las víctimas privadas del disfrute de sus libertades fundamentales.

4. Tanto históricamente como en la actualidad, la evidencia muestra que los métodos de captación de niños que se convierten en esclavos *de facto* incluyen la venta de niños por parte de padres, cuidadores o miembros de la familia, o el intercambio de niños para pagar deudas[163]. En muchas situaciones, los padres o familiares pueden ser el primer contacto de un niño víctima con un reclutador. Un reclutador suele engañar a los padres para que renuncien o entreguen a su hijo bajo el pretexto de que el niño tendrá una vida mejor y más oportunidades; en cambio, el niño es sometido a explotación.

5. Hoy en día, las niñas víctimas de trata pueden estar expuestas a embarazos tempranos, de modo que el niño generalmente tiene el mismo destino que la madre traficada. Estas circunstancias hacen eco del destino de aquellos nacidos en situaciones similares en el pasado, donde los hijos nacidos de una esclava eran también esclavos, perteneciendo al amo de la mujer, independientemente de si

160. Corte Interamericana de DDHH, *Trabajadores de la Hacienda Brasil Verde Vs. Brasil, Sentencia de 23 Noviembre 2016, Serie C No. 322,* párr. 271, pág. 71. *https://www.corteidh.or.cr/docs/casos/articulos/seriec_318_esp.pdf.*

161. Directrices Bellagio-Harvard sobre los Parámetros jurídicos de la Esclavitud, Directriz No. 2, https://www.monash.edu/__data/assets/pdf_file/0007/2263678/Bellagio-Harvard-Guidelines-Spanish.pdf

162. UNODC, *Anti-Human Trafficking Manual for Criminal Justice Practitioners,* 11.

163. CRC, Observación General N.º 6 (2005) Trato de los menores no acompañados y separados de su familia fuera de su país de origen, CRC/GC/2005/6, 1 September 2005, párr. 2, pág. 4.

el propio amo era el padre[164]. En general, los esclavos sometidos a la «esclavitud del bien mueble» o esclavitud clásica eran considerados propiedad que también podía ser heredada por otra persona. Hoy en día, el estado o condición de un «esclavo» moderno se refiere a indicios de «propiedad» por parte del esclavizador.

Si bien la lista de comparaciones entre la esclavitud del pasado y la actualidad puede continuar, el punto crucial es que, a lo largo de la historia, muchos seres humanos han sido vistos y tratados como «mercancías» y aún en la actualidad, los niños y adultos víctimas de trata pertenecen *de facto* a sus tratantes. Esta condición significa que, aunque los esclavos modernos no son objetos legales pertenecientes legalmente al esclavizador, están *de facto* esclavizados con fines de explotación, anulando la personalidad de la víctima, lo que se traduce en la restricción de su libertad individual y autonomía, y generalmente resulta en ganancias para los tratantes. Sumado a esto, los perpetradores no hacen distinciones entre seres humanos: niños, mujeres y hombres pueden convertirse en víctimas.

Ciertamente, la comprensión jurídica de lo que constituye la esclavitud ha evolucionado y está comúnmente asociada con la trata de personas. La trata de personas está potencialmente vinculada a la prohibición legal de la esclavitud y a nociones de propiedad, prácticas que continúan cada día en todo el mundo. Las situaciones de trata de personas niegan los atributos internos de la humanidad de las víctimas. Indudablemente, la esclavitud y prácticas análogas a la esclavitud amenazan la dignidad humana y las libertades fundamentales de los seres humanos y, por lo tanto, son incompatibles con una sociedad democrática. En el año 2000, la UE codificó la idea de que «la dignidad humana es inviolable, y debe ser respetada y protegida en cada ser humano»[165]. No obstante, una nueva ola de explotación que reduce o incluso elimina las libertades fundamentales y la integridad de las víctimas está volviéndose prevalente, infringiendo así la dignidad humana y los pilares fundamentales de las democracias modernas y el estado de derecho, afectando a naciones de todo el mundo. En consecuencia, considerando la tendencia internacional hacia el reconocimiento de la trata de personas como una forma de esclavitud *de facto*, surge la pregunta: ¿cómo aplicar este concepto evolucionado de la esclavitud a situaciones en el ciberespacio, específicamente, si los menores pueden ser tratados como mer-

164. Jennifer L. Morgan, «Partus sequitur ventrem: Law, Race, and Reproduction in Colonial Slavery», *Small Axe* 22, no. 1 (2018): 1-17, https://doi.org/10.1215/07990537-4378888

165. Esta idea está incorporada en la «Carta de los Derechos Fundamentales de la Unión Europea», (2000/C 364/01), 7 Diciembre 2000, Capítulo 1, art. 1.

cancía y vistos como objetos de explotación en lugar de personas reales en el entorno digital. En este sentido, ¿cómo las prácticas de explotación sexual de niños en línea representan trata de personas y pueden alcanzar el umbral requerido para dar indicio de la existencia de esclavitud? El siguiente capítulo aborda estas preguntas.

Capítulo 2

Trata con Fines de Explotación Sexual en Internet: Indicios de Esclavitud en el Ciberespacio

Generalmente, pensamos que la esclavitud ya no existe, con base en que la asociamos con su sentido «tradicional» de esclavitud de bienes y trabajo forzado. Sin embargo, la realidad no se delinea de manera tan clara en una era histórica de esclavitud y un presente posterior a la esclavitud. Todavía encontramos situaciones en las que algunas personas someten a otras a prácticas de explotación mediante medios como la coerción física, económica, emocional o psicológica, reduciendo su condición humana a la de un objeto e implícitamente deshumanizando a la persona al violar sus derechos a la integridad personal, a la libertad personal y a la dignidad. Las prácticas contemporáneas ilícitas relacionadas con la esclavitud, como la trata de personas, no solo continúan, sino que desde la década de 1990 han sido favorecidas por factores como la creciente globalización, los vastos cambios en la tecnología de la información y las comunicaciones (TIC), y el fácil movimiento de personas y bienes en todo el mundo.

Debido al ejercicio de uno o más poderes o atributos del derecho de propiedad sobre una persona, los actos de trata de personas pueden constituir un acto de esclavitud, como analizamos en el Capítulo 1 en los casos de referencia que sentaron precedentes en el DIDH y el derecho penal internacional. El presente capítulo explora la posibilidad —e incluso la importancia— de aplicar a las situaciones de trata en el ciberespacio el precedente del caso *Kunarac et al.*, así como la definición establecida en el Protocolo de Palermo, que considera un delito traficar personas «con fines de explotación»[1]. Antes de examinar detalladamente este protocolo, consideramos las

1. Protocolo de Palermo, art. 3(a).

consecuencias jurídicas de las conclusiones del TPIY en el caso de *Fiscal vs. Kunarac et al.* La Sala de Primera Instancia siguió la línea de la Convención sobre la Esclavitud de 1926, que define la esclavitud como situaciones en las que alguno o todos de los atributos o facultades del derecho de propiedad son ejercidas por una persona sobre otra, sentando así las bases para aplicar la prohibición de la esclavitud a la trata de personas[2]. Con sus conclusiones, la Sala de Primera Instancia delineó los elementos de un delito de trata de personas como una forma de esclavitud moderna en el que las víctimas son sometidas a explotación como resultado del ejercicio de los atributos del derecho de propiedad o alguno de ellos. Esta condición del ejercicio de alguno de los atributos del derecho de propiedad es una característica común que debe estar presente en todos los casos de esclavitud moderna.

En este capítulo, exploraré la pregunta de si, bajo este concepto jurídico evolucionado de la esclavitud, ciertas condiciones presentes en casos de explotación que ocurren en el ciberespacio pueden ser equiparadas al ejercicio de los atributos del derecho de propiedad. ¿Pueden considerarse esclavizados los menores que se encuentran en situaciones de explotación de las cuales no pueden negarse, escapar o abandonar, debido al ejercicio de atributos que normalmente están asociados al derecho de propiedad? Para responder a estas preguntas, debemos considerar cómo estos atributos son ejercitables y se ejercen en el ciberespacio. Nos referimos a atributos que, como en el pasado, representan *dominus* sobre una persona[3] y que hoy, bajo este concepto jurídico evolucionado de la esclavitud, abarcan condiciones en las que está presente el ejercicio de alguno de los atributos de propiedad sobre un niño equivalente a «posesión» negándole toda autonomía personal e integridad. Consideraremos formas de explotación que incluyen cuando una persona ejerce un control efectivo sobre la mente de un niño, generalmente a través de una coerción psicológica extrema y como tal, manifiestan un poder y control absoluto sobre su vida para inducirlo a prácticas de explotación. Este control lleva al niño a participar en prácticas de explota-

---

2. *Fiscal vs. Dragoljub Kunarac et al.*, Sentencia de Sala de Primera Instancia del TPIY, párr. 540, pág. 192 (22 Febrero 2001), IT-96-23-T & IT-96-23/1-PT; Roza Pati, «Trafficking in Human Beings: The Convergence of Criminal Law and Human Rights», en *The SAGE Handbook of Human Trafficking and Modern Day Slavery*, ed. Jennifer B. Clark y Sasha Poucki (Londres: SAGE, 2019), 286.
3. Según ECOSOC, «esclavitud, trata de esclavos, y otras formas de servidumbre», e/2357, 27 enero 1953, 48, podría considerarse que los redactores, al referirse al ejercicio de «las facultades vinculadas al derecho de propiedad o algunas de ellas» sobre un individuo tenían en mente la autoridad absoluta del amo sobre el esclavo en Derecho romano.

ción, que implican el uso, beneficio, transferencia, o disposición de ese niño y que acarrea la deshumanización del niño y lo reduce a un objeto sexual en línea[4]. La pregunta con importantes consecuencias jurídicas es si tales actos, incluso si no incluyen la presencia física del niño con el tratante o explotador, demuestran el ejercicio de atributos del derecho de propiedad en el ciberespacio, y así constituir un acto de esclavitud contemporáneo. Para responder a esto, consideramos los elementos normativos de la trata establecidos en el Protocolo de Palermo, reglas jurídicas que moldean el comportamiento de los Estados en sus respectivas jurisdicciones y a nivel global.

1. EL PROTOCOLO DE PALERMO

En el año 2000, la AGNU argumentó la necesidad de combatir la trata de personas a nivel internacional; tal como se establece en el Preámbulo del Protocolo de Palermo:

> Para prevenir y combatir eficazmente la trata de personas, especialmente mujeres y niños, se requiere un enfoque amplio e internacional en los países de origen, tránsito y destino que incluya medidas para prevenir dicha trata, sancionar a los traficantes y proteger a las víctimas de esa trata, en particular amparando sus derechos humanos internacionalmente reconocidos, ... [y] teniendo en cuenta que si bien existe una gran variedad de instrumentos jurídicos internacionales que contienen normas y medidas prácticas para combatir la explotación de las personas, especialmente las mujeres y los niños, no hay ningún instrumento universal que aborde todos los aspectos de la trata de personas, ... [y] porque en ausencia de dicho instrumento de esa naturaleza las personas vulnerables a la trata no estarán suficientemente protegidas.

El Protocolo de Palermo establece la siguiente definición de la trata de personas:

> «Trata de personas» se entenderá la captación, el transporte, el traslado, la acogida o la recepción de personas, recurriendo a la amenaza o al uso de la fuerza u otras formas de coacción, al rapto, al fraude, al engaño, al abuso de poder o de una situación de vulnerabilidad o a la concesión o recepción de pagos o beneficios para obtener el consentimiento de una persona que tenga autoridad sobre otra, con fines de explotación. Esa explotación incluirá, como mínimo, la explotación de la prostitución ajena u otras formas de explotación sexual, los trabajos o servicios forzados, la esclavitud o las prác-

4. Jean Allain et al., «directrices bellagio-harvard de 2012 sobre los parámetros jurídico de la esclavitud, » en *the law and slavery* (leiden, países bajos: brill | nijhoff, 2015), directriz 2, at 556.

ticas análogas a la esclavitud, la servidumbre o la extracción de órganos; b) El consentimiento dado por la víctima de la trata de personas a toda forma de explotación que se tenga la intención de realizar descrita en el apartado a) del presente artículo no se tendrá en cuenta cuando se haya recurrido a cualquiera de los medios enunciados en dicho apartado; c) La captación, el transporte, el traslado, la acogida o la recepción de un niño con fines de explotación se considerará «trata de personas» incluso cuando no se recurra a ninguno de los medios enunciados en el apartado a) del presente artículo; d) Por «niño» se entenderá toda persona menor de 18 años[5].

Por lo tanto, el Protocolo de Palermo establece que el objetivo final de la trata es la explotación y expresa que esta incluye «como mínimo, la explotación de la prostitución ajena u otras formas de explotación sexual, los trabajos o servicios forzados, la esclavitud o las prácticas análogas a la esclavitud, la servidumbre o la extracción de órganos»[6]. Además, el Protocolo de Palermo establece un aspecto clave dentro de la definición, que tiene que ver con el consentimiento de la víctima, el cual se considerará irrelevante en los casos en que se hayan utilizado cualquiera de los medios establecidos en la definición[7]. La importancia de esto radica en que queda claro que el consentimiento de una víctima es irrelevante en estas situaciones de trata: «una vez que se establezca que se utilizaron engaño, coerción, fuerza u otros medios prohibidos, el consentimiento es irrelevante y no puede ser utilizado como defensa»[8]. Esta estipulación reconoce que una vez que se ha privado a una persona de su libertad personal mediante el uso de medios prohibidos, como la fuerza, las amenazas, la coerción, el abuso de autoridad u otras formas de compulsión, no es posible consentir.

Con respecto específicamente a situaciones que involucran a niños (cualquier persona menor de dieciocho años), el Protocolo de Palermo ofrece una protección sólida al establecer que para considerar un delito como trata de niños, los demandantes solo deben demostrar un *acto* (p. ej., captación, transporte, traslado, acogida o recepción de un niño) con la *intención* específica de explotación. En pocas palabras, una vez que un menor es sometido a algún acto con el propósito de su explotación, la situación se considera una de trata, sin importar si se utilizaron los medios

5. Protocolo de Palermo, art. 3(a), (b), (c), (d).
6. *Ibid.*, art. 3(a).
7. *Ibid.*, art. 3(b).
8. UNODC, *guías legislativas para la aplicación de la convención de las naciones unidas contra la delincuencia organizada transnacional y sus protocolos. segunda parte: guía legislativa del protocolo para prevenir, reprimir y sancionar la trata de personas, especialmente mujeres y niños*, (Nueva York: ONU, 2004), 270.

prohibidos[9]. Por lo tanto, el elemento de los medios de la definición de la trata de personas es una consideración esencial solo en casos que involucran a adultos, no a niños. Esta protección especial reconoce a los niños como un grupo especialmente vulnerable a la explotación. Debido a su edad, la explotación sexual de los niños es una práctica relacionada con la trata prohibida por el DIDH.

2. CÓMO SE APLICA LA DEFINICIÓN DEL PROTOCOLO DE PALERMO EN EL CIBERESPACIO

Ahora que hemos visto cómo se estableció la definición internacionalmente aceptada de trata de personas, consideramos cómo este instrumento se aplica al contexto de la trata en el ciberespacio. Examinaremos cómo funcionan los elementos clave que constituyen el delito de trata de personas, aquellos incluidos en las categorías del *acto*, los *medios* y el *propósito*, así como la ausencia (o irrelevancia jurídica) de consentimiento, identificando y explorando su aplicación en el contexto del espacio digital. Por ejemplo: ¿cuál sería el elemento de acto en un delito de trata de personas en el ciberespacio? Un análisis contextual proporciona una visión de los posibles actos constitutivos y su significado, así como del proceso de trata en sí mismo en el ciberespacio.

a. Un Acto (Lo Que Se Hace)

De acuerdo con el Protocolo de Palermo, el delito de trata de niños ocurre cuando hay un *acto*, como la captación, el transporte, el traslado, la acogida o la recepción de un niño, realizado con el *propósito* de explotación. En otras palabras, debe existir un acto (*actus reus*) llevado a cabo con la intención de explotar a un niño (*dolus specialis*) para que sea considerado trata (incluso si el resultado final de la explotación no se produjo necesariamente)[10]. Por lo tanto, no es necesario demostrar el uso de ningún medio[11]. La pregunta es cómo se pueden traducir estas prácticas que comprenden el elemento de *acto* (captación, transporte, traslado, albergue o recepción de un niño) en el contexto en línea. Aunque no hay orientación dentro de los documentos preparatorios— *travaux préparatoires*— del Protocolo de Palermo sobre la intención de los redactores sobre esta cuestión, un estudio de 2009 sobre la trata de órganos realizado por el Consejo de Europa (CdE) y la ONU intentó proporcionar tal orientación. En el contexto

9. Protocolo de Palermo, art. 3(c).
10. UNODC, *anti-human trafficking manual for criminal justice practitioners: definition of trafficking in persons and smuggling of migrants (módulo 1)* (Nueva York: ONU, 2009), 4-6.
11. Protocolo de Palermo, art. 3(c).

de una discusión más general, este estudio exploró la amplitud potencial de actividades que pueden considerarse acciones neutrales que, cuando se llevan a cabo a través de ciertos medios o con la intención de explotar a una persona, adquieren un carácter diferente y se vuelven relevante penalmente.

Entendido en un sentido amplio, «captación» se refiere a «cualquier actividad que conduce del compromiso o involucramiento de otra persona a su explotación», independientemente de los «medios, y por lo tanto también incluye el uso de la TIC»[12]. Esto implica que la «captación se considera trata de seres humanos... sin importar cómo se realice la captación, ya sea a través de contacto personal o contacto a través de terceras personas, periódicos, anuncios o Internet»[13]. «Transporte» es similarmente independiente de los medios, refiriéndose al «acto de transportar a una persona de un lugar a otro»[14]. «Transferencia» se refiere a cualquier tipo de entrega o transmisión de una persona a otra.... donde el control sobre las personas... puede ser entregado a otras personas. Como el término y el alcance del delito son amplios, la oferta explícita o implícita de una persona para transferencia es suficiente; la oferta no tiene que ser aceptada para que el delito de trata de seres humanos se constituya si los otros elementos también están presentes[15]. «Albergar» se refiere a «alojar o albergar a personas de cualquier manera, ya sea durante su viaje a su destino final o en el lugar de la explotación», mientras que «recepción de personas» no se limita a recibirlos en el lugar donde tiene lugar la explotación, sino que también significa reunirse con las víctimas en lugares acordados en su viaje para proporcionarles más información sobre dónde ir o qué hacer»[16].

En el contexto de la amplia propagación del cibercrimen, es vital derivar interpretaciones de estos términos que resalten la variedad, ambigüedad y fluidez de las actividades que tienen lugar antes de las actividades de explotación propiamente dichas y que cumplen con el elemento de *acto* de la definición de trata del Protocolo de Palermo. Algunos de los términos se

12. CdE y ONU, *trafficking in organs, tissues and cells and trafficking in human beings for the purpose of the removal of organs,* (Estrasburgo: cde, 2009), 78.
13. CdE y ONU, *trafficking in organs, tissues and cells and trafficking in human beings for the purpose of the removal of organs,* 78·
14. *Ibid.*
15. *Ibid.* CdE y ONU, *trafficking in organs, tissues and cells and trafficking in human beings for the purpose of the removal of organs,* 78.
16. *Ibid.* CdE y ONU, *trafficking in organs, tissues and cells and trafficking in human beings for the purpose of the removal of organs,* 78.

aplican al contexto en línea de manera directa. Por ejemplo, las actividades de captación habilitadas por Internet, si se llevan a cabo con la intención de explotar a otros, cumplen con este requisito. De manera similar, la transferencia de una persona que incluye cualquier transmisión de control a otra o una «oferta» que pueda manifestar situaciones de «posesión» sobre una persona entran en esta categoría. Este tipo de transferencias pueden ejemplificarse en ciertos casos en línea, tales como en los casos de novias por correo, que están destinados a fines de explotación de la «novia» cuya «posesión» se negocia en línea. Adicionalmente, la recepción de un niño puede incluir situaciones de aceptación o adquisición o mantener a un niño para su servicio en una práctica de explotación. La variedad de actos especificados significa que la trata se refiere al proceso (p. ej., la captación para situaciones de explotación) así como aspectos del resultado (p. ej., mantener a un niño en una situación de explotación)[17]. Esta interpretación del alcance de los términos en el concepto de trata tiene el potencial de incluir a una variedad de explotadores dentro de la definición del delito, incluyendo a reclutadores en línea, intermediarios, compradores y controladores que tienen la intención de fomentar la explotación de un niño. En efecto, el Artículo 5 del Protocolo de Palermo obliga a los Estados parte a tipificar como delito cualquier grupo o individuo que intencionalmente explote a un menor, así como a cualquier persona que intente o dirija a otros a cometer un delito de trata, o participe en uno[18]. Los Estados parte del Protocolo de Palermo están obligados a aplicar este enfoque más amplio de criminalización, que incluye tanto actos preparatorios como intentos fallidos de cometer formas de trata que son punibles bajo sus leyes nacionales[19]. A la vez, esta disposición central obligatoria puede extenderse para responsabilizar legalmente a personas jurídicas, como actores del sector privado, tales como empresas de Internet, si están facilitando estos procesos o están involucradas en el inicio o sostenimiento de la explotación. Esto significa que las empresas de Internet, como PSI o plataformas en línea, pueden ser legalmente responsables si contribuyen o participan de alguna manera en actos relacionados con la trata de personas, y pueden enfrentar sanciones legales, civiles o administrativas. Sin embargo, es importante destacar que esta res-

17. Oacnudh, *los derechos humanos y la trata de personas: folleto informativo no. 36* (Nueva York, ginebra: 2014), 4. https://www.ohchr.org/sites/default/files/documents/publications/fs36_sp.pdf
18. Protocolo de Palermo, art. 5(s).
19. UNODC, *travaux préparatoires de las negociaciones para la elaboración de la convención de las naciones unidas contra la delincuencia organizada transnacional y sus protocolos* (Nueva York: ONU, 2006), 361, 364. https://www.unodc.org/documents/treaties/untoc/publications/travaux%20preparatoire/04-60077_ebook-s.pdf

ponsabilidad no afectaría la responsabilidad penal de las personas naturales que hayan cometido el delito[20].

En el contexto del ciberespacio, algunos ciberdelincuentes pueden seducir, captar, anunciar, ofrecer, proveer o proporcionar a menores; producir, distribuir o poseer imágenes o videos de niños en actividades sexuales; así como organizar, comunicar y expandir sus redes, todo con la intención de explotar a un menor o vender sus «servicios.» Adicionalmente, basándose en circunstancias fácticas objetivas en cada caso, los delincuentes pueden ser acusados de un delito por actos que implican preparar la comisión de un delito de trata en el ciberespacio, incluso si no se ha cometido un acto de explotación contra un menor. En otras palabras, los actos de los delincuentes cibernéticos pueden ser una manifestación real de su firme intención de explotar sexualmente a un menor. Por ejemplo, en el caso de los consumidores o espectadores de materiales de abuso sexual infantil, acceden a sabiendas a dichas imágenes o videos, una intención que se evidencia en su regreso a un sitio web donde se pueden encontrar estos materiales, demostrando así la intención de ingresar a dicho sitio, y en situaciones en las que se realiza un pago por una descarga o servicio[21].

Situaciones de trata ocurren cuando un menor es trasladado a una situación de explotación, por ejemplo, cuando el niño es captado o convertido en un objeto de compra, o cuando se transfiere la «posesión» del niño a otra persona. A la vez, casos de trata incluyen cuando un niño es mantenido en una situación de explotación como víctima. Por lo tanto, las niñas y los niños pueden ser considerados víctimas de la trata en Internet con fines sexuales cuando están sometidos a formas de control y posesión donde existe la

20. La disposición sobre la responsabilidad de las personas jurídicas en la convención contra la delincuencia organizada transnacional debería ser considerada al formular los delitos penales en virtud del Protocolo de Palermo. véase agnu, «convención de las naciones unidas contra la delincuencia organizada transnacional», entró en vigor 29 septiembre 2003, u.n.t.s. 2225, art. 10 [en lo sucesivo denominado como untoc]; UNODC, *guías legislativas para la aplicación de la convención de las naciones unidas contra la delincuencia organizada transnacional y sus protocolos. segunda parte: guía legislativa del protocolo para prevenir, reprimir y sancionar la trata de personas, especialmente mujeres y niños*, párr. 17(d), pág. 254, mencionando que «los delitos del protocolo también se considerarán delitos establecidos de conformidad con la convención».
21. Una posición que está en línea con los postulados de la directiva 2011/93/UE del parlamento europeo y del consejo, de 13 diciembre 2011, relativa a la lucha contra los abusos sexuales y la explotación sexual de los menores y la pornografía infantil y por la que se sustituye la decisión marco 2004/68/jai del consejo, sec. 18.
22. Jean Allain et al., «directrices bellagio-harvard de 2012 sobre los parámetros jurídico de la esclavitud» directriz 2, at 556.

intención de explotarlos[22]. Aunque tal situación puede no estar acompañada de daño físico, es necesario considerar la gravedad de la presión psicológica o control sobre un niño, que puede ir acompañada de engaño y amenazas, incluso hacia su familia, limitando su libertad personal y socavando sus derechos fundamentales e integridad, hasta el punto en que son tratados y vistos como una cosa en lugar de un ser humano o usados para fines de explotación en línea. En este sentido, el *actus reus* o acto material del delito va acompañado de la intención de explotar al niño (*mens rea*). Este requisito del elemento de intención se refiere al estado mental del delincuente que actúa con el propósito de explotación.

Como hemos visto anteriormente, el consentimiento de los niños en participación en actos de explotación sexual es jurídicamente irrelevante, ya que ninguna persona menor de 18 años puede dar un consentimiento legal para ser involucrada en explotación sexual, incluida la producción o distribución de material de abuso sexual infantil («pornografía infantil»). Esta noción es un postulado esencial para entender el delito de trata de menores con fines de explotación[23]. En consecuencia, al igual que en el mundo real, en el ciberespacio los niños no pueden dar un consentimiento válido para su propia explotación sexual. Bajo esta concepción, la trata de menores con fines de explotación sexual en línea es un término amplio que incluye tanto el acto como la intención, es decir, cualquier forma prohibida de proceso o trato con fines de explotación. En consecuencia, la trata de menores con fines de explotación sexual en el entorno digital incluye situaciones de explotación en las que un agresor somete a un niño al punto de tratarlo y verlo como un objeto para gratificación sexual o como una mercancía comercial.

En este contexto, la víctima menor de edad no puede dar su consentimiento, y su explotación se enmarca dentro del tercer elemento de la *finalidad* en la definición legal de trata de personas. En la discusión anterior, hemos visto conexiones con la definición de trata de personas en el Protocolo de Palermo, que no requiere la presencia de confinamiento físico, fuerza física o transporte para que estas situaciones de explotación en línea se consideren delitos de trata. Sin embargo, en el ciberespacio, la capacidad de explotar a un niño virtualmente, sin interacción física, permite a los tratantes encontrar muchas otras formas de delinquir contra víctimas menores de edad, al tiempo que evitan ser detectados.

23. UNODC, *documento temático: the role of «consent» in the trafficking in persons protocol* (Viena: ONU, 2014), 5-8.

El Internet permite que los niños participen en actividades sexuales de explotación en línea, como actuaciones y materiales pornográficos por webcam y plataformas de mensajería, sin la presencia física de su explotador, el agresor involucrado en la trata y explotación, quien no obstante causa daño grave y trauma al niño víctima. Cuando la víctima de trata tiene menos de 18 años, no es necesario establecer que el acto se haya obtenido a través de medios para declarar la trata como delito. No obstante, dado que algunos medios prohibidos también pueden ser utilizados en el contexto de Internet y pueden llevar a un menor a una situación de explotación sexual, la siguiente parte analiza ciertos componentes de este aspecto que son propensos a ocurrir en situaciones en el entorno digital que involucran a niños.

b. Los Medios (Cómo Se Hace)

La ausencia de medios ilícitos no mitiga los delitos de trata contra los niños, ya que el derecho internacional otorga una protección especial a los niños debido a su edad y otras vulnerabilidades[24]. Esta es una diferencia clave con los casos que involucran a víctimas adultas de trata, que requieren evidencia de medios que anulen el consentimiento. Sin embargo, aunque los medios solo son significativos en los casos de trata de adultos, esta referencia es importante, ya que algunos de estos medios se utilizan para establecer el *actus reus* de la trata de niños en línea. Además, la intención del perpetrador puede probarse de varias maneras y puede manifestarse con cualquiera de los medios enumerados con el fin de la explotación, específicamente:

> Amenaza o al uso de la fuerza u otras formas de coacción, al rapto, al fraude, al engaño, al abuso de poder o de una situación de vulnerabilidad o a la concesión o recepción de pagos o beneficios para obtener el consentimiento de una persona que tenga autoridad sobre otra[25].

Los delincuentes utilizan métodos directos e indirectos, como el fraude, el engaño y la coerción, para seducir, intimidar, chantajear, o mantener a un menor en una situación de explotación, incluida la producción de materiales pornográficos. Estos medios son mecanismos de control que varían; algunos se superponen y otros no requieren una explicación explícita (p. ej., la amenaza o el uso de la fuerza). Los tratantes los utilizan para ejercer control sobre las víctimas de diversas formas según sus vulnerabilidades y necesidades, el tipo de explotación, la etapa del proceso de trata y su ubi-

24. Protocolo de Palermo, art. 3(c).
25. Protocolo de Palermo, art. 3(a).

cación. Los tratantes no necesitan estar físicamente cerca de sus víctimas, pues, pueden controlarlas a distancia. Por lo tanto, algunos componentes del elemento de los medios pueden aplicarse al contexto de la trata en Internet. Por ejemplo, entre otros elementos, la coerción puede facilitar el control de los tratantes sobre un niño, incluso en el ciberespacio, con la firme intención de explotar al niño. La coerción es esencial para la idea de la trata de personas en línea, ya que los tratantes pueden utilizar una variedad de formas, tanto directas como indirectas, para someter a un niño a una situación de explotación, como amenazas, engaños y presiones psicológicas. Por ejemplo, al igual que en el mundo real, en la dinámica de la trata en el ciberespacio, las tácticas de control psicológico de los tratantes crean situaciones en las que una persona se somete a la explotación debido al miedo a las consecuencias de no hacerlo. La coerción psicológica puede ser un medio sutil pero formidable para ejercer un control efectivo sobre una persona en línea. En consecuencia, la compulsión psicológica puede ser tan significativa como, o incluso más poderosa que, la violencia física y, como tal, se considera un medio válido para inducir a alguien a la explotación tanto en el Protocolo de Palermo como en la Ley de Protección a las Víctimas de Trata de Personas de EE. UU[26].

En el ciberespacio, existen circunstancias en las cuales los tratantes aseguran la explotación a largo plazo de los niños sin necesidad de encontrarse con ellos en persona o ejercer fuerza física contra ellos. Este postulado se alinea con el Comentario General No. 13 del CRC, que establece claramente que la victimización sexual de los niños debido al abuso y la explotación no requiere estar acompañada de «la fuerza o la coerción físicas» para ser «psicológicamente intrusiva, opresiva y traumática»[27].

Por lo tanto, inducir o coaccionar a un niño en el ciberespacio para que realice actos sexuales de explotación o abuso es ilegal. En las palabras del CRC en el Comentario General No. 13, la violencia contra los niños se entiende en términos amplios, abarcando todas las formas de daño en su contra, tanto físicas como mentales, e incluye formas de abuso, negligencia, explotación y maltrato psicológico[28].

26. UNODC, *model law against trafficking in persons*, v.09-81990 (e), (UNODC, 2009), 11; ley de protección a las víctimas de trata de personas, título 18 del usc, artículos 1589 a 1594; noël b. busch-armendariz, maura nsonwu, y laurie c. heffron, *human trafficking: applying research, theory and case studies* (london: sage, 2018), 27.
27. Crc, «observación general n.º 13 (2011): derecho del niño a no ser objeto de ninguna forma de violencia», crc/c/gc/13, 18 abril 2011, párr. 25, pág. 10.
28. Crc, «observación general no. 13 (2011)», párr. 4, pág. 4.

Igualmente, importante, el fraude y la decepción están estrechamente relacionados con este problema, ya que son formas menos directas de control y también representan elementos de los medios que los tratantes en línea suelen utilizar para llevar a los niños al punto de explotación previsto. Estos elementos se relacionan frecuentemente con el control emocional dentro de las relaciones. Por ejemplo, los explotadores pueden hacer que las víctimas crean que están involucradas en una relación de novio-novia, y utilizan esta creencia para coaccionar a los niños a participar en actividades sexuales que luego pueden ser utilizadas para forzar una mayor explotación (p. ej., a través de amenazas de chantaje). La trata puede surgir de situaciones en las que los niños son inducidos a establecer esa relación, y luego son engañados y manipulados para quedar en posiciones en las que el tratante ejerce control sobre ellos. En consecuencia, estos medios pueden constituirse de varias formas en línea y pueden estar vinculados a una remuneración o beneficios prometidos o entregados por el tratante (p. ej., amor, trabajo o estudios en el extranjero). Los medios también pueden implicar el intercambio de regalos en línea.

El abuso de una posición de vulnerabilidad (APV) es otro medio a través del cual los menores pueden ser inducidos a situaciones de trata en el ciberespacio. Aunque el Protocolo de Palermo no define el término «abuso de poder», la evidencia sugiere que originalmente se concibió como «abuso de autoridad», como por ejemplo «el poder que los familiares masculinos puedan tener respecto de los familiares de sexo femenino en algunos ordenamientos jurídicos y el poder que los padres pueden tener respecto de sus hijos»[29]. Al aplicarlo al contexto del ciberespacio, esta formulación demuestra que esta forma de control puede ser especialmente relevante en relaciones basadas en la familia, tutores y cuidadores. Por ejemplo, en situaciones donde los padres tienen el poder de tomar decisiones en nombre del niño (como «vender» a los niños para abusos transmitidos en vivo a distancia a través de teléfonos móviles o computadoras con webcam en Filipinas, como se identificó en un Informe del Departamento de Estado de EE. UU. sobre Trata de Personas[30]. Los casos de «novias por correo» pueden representar un ejemplo similar, donde una niña puede confiar en sus padres u otros familiares con autoridad y es ofrecida como novia en línea a una tercera

29. UNODC, *travaux préparatoires de las negociaciones para la elaboración de la convención de las naciones unidas contra la delincuencia organizada transnacional y sus protocolos*, 362, nota 20.
30. Departamento de estado de EE. UU., informe sobre la trata de personas (publicación del departamento de estado de EE. UU., 2017), 32.

persona con la intención de su explotación. Los padres o familiares pueden tener la ilusión de que esto le dará una vida mejor y oportunidades para tener éxito, pero en última instancia, estas figuras de autoridad están involucradas en la trata de menores.

APV se refiere a cualquier situación en la que la persona involucrada no puede renunciar válidamente al abuso. La vulnerabilidad puede ser de cualquier tipo: física, psicológica, económica, social o legal (p. ej., residencia ilegal en un país). En general, la vulnerabilidad del niño en cuestión debe ser de tal naturaleza que prácticamente no tenga otra opción que aceptar ser explotado. La vulnerabilidad puede ser psicológica, emocional, relacionada con la familia o con condiciones sociales o económicas[31]. Las situaciones de explotación en Internet claramente demuestran que alguien está aprovechando la falta de poder de un niño. En tales casos, la Nota de Orientación sobre APV de UNODC reconoce la edad de un niño como una vulnerabilidad preexistente que los delincuentes pueden aprovechar para cometer un delito de trata[32]. Más específicamente, la edad, al igual que «la enfermedad, el género y la pobreza», se considera una vulnerabilidad preexistente que es intrínseca a la víctima, en lugar de ser creada por los tratantes, como en el caso de factores como «el aislamiento, la dependencia y, a veces, el estatus migratorio legal irregular»[33]. En cualquier caso, los delincuentes pueden abusar de ambos tipos de factores de vulnerabilidad para manipular a un niño, incluso a distancia. En resumen, los niños son inherentemente vulnerables a la trata.

Una Nota Interpretativa en los *travaux préparatoires* del Protocolo de Palermo define «abuso de una situación de vulnerabilidad» como «toda situación en que la persona interesada no tiene más opción verdadera ni aceptable que someterse al abuso de que se trata»[34], lo cual es una característica presente en la mayoría, si no en todos, los casos de trata de perso-

31. P. ej., orientación sobre el concepto de apv en el cde, «explanatory report to the council of europe convention on action against trafficking in human beings», 16 mayo 2005, c.e.t.s. 197, párr. 83, pág. 15.
32. UNODC, *guidance note on «abuse of a position of vulnerability» as a means of trafficking in persons in article 3 of the protocol to prevent, suppress and punish trafficking in persons, especially women and children, supplementing the united nations convention against transnational organized crime* (UNODC, 2012), párr. 2.3. pág. 2.
33. UNODC, *abuse of a position of vulnerability and other «means» within the definition of trafficking in persons: documento temático* (Nueva York: ONU, 2013), 3.
34. UNODC, *travaux préparatoires de las negociaciones para la elaboración de la convención de las naciones unidas contra la delincuencia organizada transnacional y sus protocolos,* nota interpretativa c(a) sobre el art. 3, 366.

nas[35]. Por lo tanto, el APV generalmente aparece junto con otros medios de trata de personas, y algunos de ellos pueden superponerse. De hecho, parece que los redactores incluyeron el APV dentro del elemento de medios de la definición de trata de personas, para asegurarse que el Protocolo cubriera todos los diferentes y sutiles medios que los delincuentes pueden usar para llevar a una persona a una situación de explotación y mantenerla allí. En la práctica, el APV puede aparecer como un medio subsidiario para corroborar otros medios de trata de personas. Por ejemplo, el APV puede ayudar a demostrar que los niños son más fáciles de manipulación psicológica en Internet a través del abuso de su situación de vulnerabilidad[36]. En tales situaciones, los tratantes pueden usar el APV junto con otros medios, como amenazas y otras formas de coerción, incluida la manipulación psicológica, para lograr sus objetivos de explotación sobre el niño. Al igual que en los casos fuera de línea, en el ciberespacio, la trata de personas es sin duda un delito con una intención específica-con fines de explotación— y los delincuentes abusan de la posición de vulnerabilidad de los menores.

En relación al elemento de «la concesión o recepción de pagos o beneficios para obtener el consentimiento de una persona que tenga autoridad sobre otra», ni los *travaux préparatoires* ni los documentos interpretativos como la Guía Legislativa o la Ley Modelo de Trata de Personas de la UNODC de 2009 ofrecen una guía clara. Este aspecto parece referirse a situaciones en las que, en el curso de la trata, se prometen o conceden pagos u otros beneficios a una persona con autoridad sobre el niño para inducirlos a actuar en contra de los mejores intereses, DDHH e integridad humana del niño[37]. Esto puede incluir situaciones de trueque que pueden ser un indicio del acto de transferir «posesión» de un niño, especialmente niñas, en las cuales los padres o tutores abusan de su poder al acordar ofrecer a sus hijas a un postor en línea o en matrimonio, donde la intención del esposo es la explotación sexual del niño.

En general, dado que no es necesario establecer ningún medio en los delitos de trata de niños, uno podría suponer que establecer casos de trata de menores sería simple. Sin embargo, dada la naturaleza de Internet y la definición amplia de lo que puede considerarse trata de niños en el ciberespacio, definir los delitos relacionados con el proceso y el resultado «con fines de explotación puede plantear desafíos jurídicos adicionales. El asunto

35. UNODC, *abuse of a position of vulnerability and other «means» within the definition of trafficking in persons*, 3.
36. *Ibid.*, pág. 73.
37. UNODC, *model law against trafficking in persons*, 25.

se complica aún más por el hecho de que los niños no siempre se identifican como víctimas o denuncian los delitos, o incluso pueden no ser conscientes de la posibilidad de ser «objetivado» o tratado como una mercancía. En el ciberespacio, el uso de medios como la coerción, el fraude, el engaño y el abuso de una posición de vulnerabilidad demuestra que la trata puede ocurrir sin el uso de ninguna violencia física[38].

c. Fines de Explotación (Por Qué Se Hace)

La actividad cibernética relacionada con la trata de personas se conecta con el propósito de explotación. La referencia en la definición del Protocolo de Palermo de «con fines de explotación» establece como requisito la *mens rea* o intención criminal del delincuente para cometer el acto material (acción) contra un niño, con el propósito de obtener el resultado específico de la explotación (*dolus specialis*). Por consiguiente, se requiere el elemento mental de la trata de personas para encontrar al perpetrador culpable del delito. Como se mencionó anteriormente, una situación de trata de personas en el ciberespacio puede surgir cuando un tratante realiza intencionalmente cualquiera de los actos estipulados, independientemente de si se logra el resultado final (explotación). A nivel práctico, esto facilitaría el enjuiciamiento de sospechosos de trata en el espacio virtual involucrados como reclutadores e intermediarios (inicio de la cadena) que tienen conocimiento del propósito final del acto cometido contra un niño, así como aquellos al final de la cadena como compradores en línea que se benefician conscientemente de «recibir», «comprar» o «transferir» un niño para su uso de explotación (gratificaciones sexuales o usado para proporcionar un servicio sexual).

Ahora, ¿qué se considera «explotación»? Aunque no existe una definición jurídica internacional del término «explotación» en el contexto de la trata de personas, el Protocolo de Palermo proporciona una lista no exhaustiva de ejemplos donde se puede encontrar el propósito de explotación para el delito de trata de personas. Específicamente, el Protocolo menciona: «como mínimo, la explotación de la prostitución ajena u otras formas de explotación sexual, los trabajos o servicios forzados, la esclavitud o las prácticas análogas a la esclavitud, la servidumbre o la extracción de órganos»[39]. La expresión «como mínimo» deja abierta la definición y, por lo tanto, la posibilidad para los Estados parte del Protocolo de ampliar los fines de la trata para incluir otras prácticas de explotación en sus leyes domésti-

38. UNODC, *model law against trafficking in persons*, 24.
39. Protocolo de Palermo, art. 3(a).

cas. Por ende, el Protocolo adopta una perspectiva abiertamente flexible al referirse a «con fines de explotación» como se señala en sus *travaux préparatoires*, afirmando que la estipulación «con fines de explotación sexual o trabajo forzado» fue ignorada para evitar restringir el elemento de explotación del delito de trata y así abordar una amplia gama de propósitos de explotación[40]. Así, el Protocolo de Palermo fue diseñado para abordar un amplio espectro de formas de explotación que se refieren a «el acto de tomar ventaja injusta de otra persona en beneficio propio», según lo define la Organización Internacional para las Migraciones en su Glosario sobre Migración[41]. La lista no exhaustiva de ejemplos en el Protocolo de Palermo ayuda a determinar qué constituye la explotación caso por caso.

Es relevante para nuestros propósitos la inclusión de «prácticas análogas a la esclavitud» en la comprensión jurídica de lo que constituye la explotación. Con esto, el Protocolo de Palermo incorpora la explotación de niños mencionada en la Convención Suplementaria sobre la Esclavitud de 1956 como parte de la definición legal, de la siguiente manera:

> Toda institución o práctica en virtud de la cual un niño o un joven menor de dieciocho años es entregado por sus padres, o uno de ellos, o por su tutor, a otra persona, mediante remuneración o sin ella, con el propósito de que se explote la persona o el trabajo del niño o del joven[42].

Esta disposición sobre la intención de utilizar a un niño con fines de explotación se refiere a un niño víctima como una persona similar a un esclavo. Esta inclusión permite la posibilidad de que las prácticas en las que un niño es traído o mantenido en una «condición de servidumbre» con el resultado previsto de su explotación se incluyan dentro del elemento de propósito de la definición de trata. Cabe destacar que según los *Travaux Préparatoires* del Protocolo, las prácticas de adopción ilícita pueden considerarse una práctica análoga a la esclavitud cuando involucra la explotación de un niño[43]. La esclavitud y prácticas análogas a la esclavitud son los fines

40. UNODC, *travaux préparatoires de las negociaciones para la elaboración de la convención de las naciones unidas contra la delincuencia organizada transnacional y sus protocolos,* 354.
41. Organización internacional para las migraciones, *no. 34 glossary on migration*, 2nd ed, (ginebra: oim, 2019), 68.
42. Convención suplementaria sobre la esclavitud de 1956, art. 1(d).
43. UNODC, *travaux préparatoires de las negociaciones para la elaboración de la convención de las naciones unidas contra la delincuencia organizada transnacional y sus protocolos,* nota interpretativa c (d) on art. 3, 366: «cuando la adopción ilegal equivaliera a una práctica análoga a la esclavitud, tal como se enuncia en el párr. d) del artículo 1 de la convención suplementaria sobre la abolición de la esclavitud, la trata de esclavos y las instituciones y prácticas análogas a la esclavitud, correspondería también al ámbito de aplicación del protocolo».

de la trata. En la práctica, los usos de explotación sobre los niños pueden variar en cuanto al grado de control y si se ejerce o no alguno o todos los atributos del derecho de propiedad sobre el niño.

La UNODC ve una posible relación entre la condición servil de un niño y el ejercicio de los atributos del derecho de propiedad. Por ejemplo, la UNODC afirma con respecto a las prácticas de adopción ilícita que «pueden ser procesadas bajo el paraguas de los delitos de trata» y que «el acto puede consistir en transportar o recibir a un niño y el propósito puede ser la esclavitud o la explotación sexual»[44]. Esta consideración implica que los niños explotados sometidos a prácticas similares a la esclavitud pueden ser considerados bajo situaciones de «propiedad» que los reducen a un «objeto» a disposición de otra persona. Esta posición está en línea con el Informe de 2018 del Relator Especial sobre formas contemporáneas de esclavitud, Urmila Bhoola, quien señaló que la venta de niños con fines de explotación como una práctica similar a la esclavitud (Convención Suplementaria sobre la Esclavitud de 1956) es una forma contemporánea de esclavitud: aunque no existe un derecho legal de propiedad sobre un niño, constituye esclavitud en el contexto del ejercicio de poderes equivalentes a la propiedad, reduciendo al niño a una mercancía[45]. En consecuencia, un perpetrador puede ejercer el elemento material de la trata sobre un niño en venta con fines de adopción ilícita en línea con la intención de explotación (p. ej., pueden comprar a un niño; pueden transferir la propiedad a otra persona; o el niño puede estar en una condición permanente en la que no puede poner fin a la relación en cuestión, aunque lo desee), estaría dentro del elemento de propósito de la definición de trata y puede ser indicio de reducir su condición humana a una de esclavitud.

En términos generales, la ONU reconoce que el término «explotación sexual» se refiere a «fines sexuales», con motivos que incluyen «pero no se limitan a obtener beneficios monetarios, sociales o políticos»[46]. Este enfoque amplio en la definición de los motivos fue claramente establecido en el Protocolo de Palermo, ya que reconoce que algunos individuos pueden tener motivos distintos al lucro económico al cometer delitos de trata con fines de explotación sexual. Por ejemplo, según los *Travaux Préparatoires* del Protocolo, durante el proceso de redacción, algunas delegaciones propusieron un elemento de «beneficio» para describir actos criminales que constituyen

44. UNODC, *anti-human trafficking manual for criminal justice practitioner (módulo 1)*, 7.
45. Cdh, «las formas contemporáneas de la esclavitud, incluidas sus causas y consecuencias, urmila bhoola», a/73/139, 10 julio 2018, párr. 13, pág. 6.
46. Secretaría general ONU, «secretary-general's bulletin: special measures for protection from sexual exploitation and sexual abuse», st/sgb/2003/13, 9 octubre 2003, 1.

trata de personas con fines de explotación sexual. Sin embargo, los redactores no aceptaron la propuesta porque se argumentó que una referencia explícita al lucro sería una condición innecesariamente restrictiva[47]. En el contexto del ciberespacio, desde el punto de vista de un tratante, es posible obtener beneficios económicos (explotación sexual comercial) así como gratificación sexual (explotación no comercial) en el mismo acto, difuminando cualquier distinción entre estas formas de abuso[48]. Esto puede demostrarse en situaciones donde un delincuente puede vender shows sexuales en vivo de un niño, obteniendo ganancias financieras, además de distribuir el material en comunidades en línea para acceder a más materiales (intercambio de material pornográfico infantil sin obtener ganancias comerciales).

Así como la amplia definición de los motivos de explotación y de la explotación misma en este instrumento internacional vinculante les otorga utilidad en casos de trata de personas en el ciberespacio, como yo sostengo, también lo hace la irrelevancia legal del consentimiento de las víctimas menores de edad. La trata con fines sexuales de niños en el ciberespacio involucra a menores de edad que no pueden consentir a su propia explotación sexual, que es cometida o facilitada a través de tecnología informática o Internet. En otras palabras, hay una persona explotando la vulnerabilidad de un niño en línea. Por consiguiente, cualquier forma de consentimiento o conducta aparentemente «voluntaria» es legalmente irrelevante en lo que respecta a proteger a los niños menores de 18 años de formas de explotación sexual y abuso sexual. No hay excepción a esta regla. El Relator Especial sobre la Venta de Niños, la Prostitución Infantil y la Utilización de Niños en la Pornografía, Ofelia Calcetas-Santos, resaltó esta posición al explicar que el acto de involucrar u ofrecer los servicios de un niño es cometido por la otra parte y no por el niño mismo[49]. En consecuencia, al considerar que un elemento esencial de un delito de trata de personas es su propósito, el fenómeno de los delincuentes que explotan la inocencia y vulnerabilidad de los niños para involucrarlos en actividades de explotación sexual en el ciberespacio estaría dentro de la definición de trata y podría constituir un acto de esclavitud, siempre y cuando exista un indicio de control efectivo

47. UNODC, *the concept of «exploitation» in the trafficking in persons protocol: documento temático* (Viena: ONU, 2015), 26.
48. UNODC, *study on the effects of new information technologies on the abuse and exploitation of children* (Nueva York: ONU, 2015), 7.
49. ECOSOC, «informe del relator especial sobre la venta de niños, la prostitución infantil y la utilización de niños en la pornografía, ofelia calcetas-santos», e/cn.4/1996/100, 17 enero 1996, párr. 7, pág. 3.

equivalente a posesión u otro atributo del derecho de propiedad sobre el niño[50].

c.1. Definiendo la Explotación y el Propósito en otros Instrumentos Internacionales

La explotación sexual se refiere a la utilización de niños con fines sexuales a cambio de cualquier beneficio o lucro para el delincuente e incluye cualquier actividad sexual comercial, tales como la prostitución infantil y materiales de abuso sexual infantil (pornografía infantil)[51]. De manera más explícita, el PF-CDN obliga a los Estados parte a abarcar por completo, en su legislación penal, la prohibición de actos y actividades relacionados con la venta de niños. Están obligados a incluir prácticas en las cuales el niño es víctima de una transacción para su explotación sexual. Estos actos incluyen ofrecer, entregar o aceptar a un niño en beneficio del delincuente, ya sea para obtener beneficios económicos o para satisfacer deseos sexuales con el propósito de explotación sexual[52]. Los Estados parte del PF-CDN están obligados a establecer un marco jurídico a nivel nacional para prohibir estos actos y criminalizar a las personas que compran, comercian o venden actos sexuales con un niño. Estos delitos son punibles por la ley, independientemente de si se cometen a nivel nacional o transnacional, individualmente o en grupo, o en el entorno digital o fuera de él.

La explotación sexual de niños en el ciberespacio puede involucrar una transacción comercial o cualquier otra forma de consideración (un elemento de intercambio) que pone al niño a disposición para fines sexuales. UNICEF explica que, en situaciones de explotación sexual, una segunda parte se beneficia, ya sea a través de ganancias o *quid pro quo* refiriendo a algún tipo de contraprestación, de la actividad sexual que involucra a un niño. En estos términos, la compra o venta de servicios de un menor en línea a cambio de remuneración u otra compensación puede demostrar que, debido a ese trato, el niño es esencialmente una mercancía para fines sexuales. Además de formas de explotación sexual de niños en la prostitución y la utilización de niños en espectáculos y materiales pornográficos, esto puede incluir situaciones como las que involucran la venta de niñas para explotación en el contexto de matrimonio infantil, como se exploró anteriormente. Esto proporciona evidencia de un concepto expandido y evolucionado de la

50. Jean Allain et al., «directrices bellagio-harvard de 2012 sobre los parámetros jurídico de la esclavitud», 556.
51. Cdn, art. 34(b), (c).
52. Pf-cdn, art. 3(1)(a)(i)(a).

explotación sexual comercial de los niños (ESCN) para abarcar situaciones que pueden ir más allá del uso de explotación sexual de niños como «mercancía» con fines de lucro y que engloba situaciones en las que los delincuentes pueden obtener beneficios económicos u otros beneficios personales[53].

De manera similar, la Declaración de Estocolmo y Programa de Acción (la Declaración de Estocolmo) adoptada en el Primer Congreso Mundial Contra la Explotación Sexual Comercial de Niños en 1996, reconoce que la ESCN es una forma de abuso en la cual los niños son tratados y vistos como mercancías. La Declaración de Estocolmo describe la ESCN como:

> Abuso sexual por adultos y la remuneración en metálico o en especie al niño o niña y a una tercera persona o varias. El niño es tratado como un objeto sexual y una mercancía [lo cual] constituye una forma de coerción y violencia contra los niños, que puede implicar el trabajo forzoso y formas contemporáneas de esclavitud[54].

Estas son situaciones en las cuales un niño es utilizado con fines sexuales a cambio de dinero, bienes, favores, afecto o protección que son entregados al niño o a un intermediario o terceros que se beneficia de la explotación sexual del niño (p. ej., mediante pagos en línea dados, recibidos o prometidos). Asimismo, en un entorno digital, existen ciertos casos en los cuales un niño puede ser persuadido a participar en una actividad de explotación sexual comercial a cambio de recibir algún objeto de intercambio, principalmente para satisfacer algunas necesidades esenciales. El elemento de intercambio en prácticas de explotación en Internet contra niños no siempre es tangible: mientras puede consistir en dinero o artículos materiales, también puede adoptar la forma de amor, protección u otros bienes intangibles. De cualquier manera, el explotador llega a ver al niño o tratarlo como un objeto sexual o mercancía en Internet. Aunque no hay una apropiación de la personalidad legal de un niño, como en ejemplos de esclavitud en el pasado, aún hay una restricción sustancial de la personalidad del niño debido a una apropiación de la misma humanidad del niño inherente a su mercantilización.

53. Subgroup against the sexual exploitation of children ngo group for the uncrc, *semantics or substance? towards a shared understanding of terminology referring to the sexual abuse and exploitation of children* (subgroup against the sexual exploitation of children, 2005), 57-58.
54. Ecpat international, *declaración y programa de acción de estocolmo, primer congreso mundial contra la explotación sexual comercial de los niños*, (ecpat, 1996), párr. 5, pág. 1.

El enfoque más amplio sobre la ESCN también se refleja en el Compromiso Global de Yokohama de 2001, en el Segundo Congreso Mundial contra la Explotación Sexual Comercial de los Niños, donde representantes y líderes de todo el mundo declararon su compromiso de promover la cooperación y unir esfuerzos «para eliminar todas las formas de explotación sexual y abuso sexual de niños en todo el mundo», sin enfatizar el aspecto «comercial». En cambio, se implementó un enfoque más amplio en el contexto de la explotación sexual, reconociendo la variedad de motivos que los explotadores pueden tener (además de los meramente monetarios)[55]. Tanto en el Compromiso Global de Yokohama como en la Declaración de Río de 2008, los participantes afirmaron su compromiso de acabar con la trata de niños, incluyendo el uso de Internet y nuevas tecnologías para acciones relacionadas con la pornografía infantil y la seducción de niños que pueden dar lugar a formas de abuso en línea y fuera de línea[56]. En general, condenaron la explotación sexual comercial de niños como una violación fundamental de los derechos y la dignidad de los niños, a quienes se trata y ve como meros objetos.

Adicionalmente, el Artículo 3 del Convenio sobre las Peores Formas de Trabajo Infantil, 1999 (N.º 182) de la OIT, se refiere específicamente a «la utilización, el reclutamiento o la oferta de niños para la prostitución, la producción de pornografía o actuaciones pornográficas» y cualquier «trabajo que, por su naturaleza o por las condiciones en que se lleva a cabo, es probable que dañe la salud, la seguridad o la moralidad de los niños»[57] como las peores formas de trabajo infantil. Este Convenio obliga a los Estados parte a prohibir y eliminar estas prácticas a nivel nacional con carácter de urgencia y a brindar a los niños víctimas asistencia directa, rehabilitación y reintegración social[58].

También, la OIT articuló un enfoque ampliado para definir el uso de niños en la explotación sexual comercial, inclusive a formas vinculadas a Internet, de la siguiente manera:

55. Segundo congreso mundial contra la explotación sexual comercial de los niños, «compromiso global de yokohama 2001», adoptado 20 diciembre 2001.
56. Tercer congreso mundial contra la explotación sexual de niños, niñas y adolescentes, *declaración de río de janeiro y llamado a la acción para prevenir y detener la explotación sexual de niños, niñas y adolescentes* (UNICEF, 2008), 12; segundo congreso mundial contra la explotación sexual comercial de los niños, «compromiso global de yokohama 2001».
57. OIT, «convenio sobre las peores formas de trabajo infantil, 1999 (n.º 182)», art. 3(b), (d).
58. *Ibid.*, art. 7(2)(b).

- La utilización de niños y adolescentes en actividades del comercio sexual remuneradas, en efectivo o en especie;
- Trata de niños y adolescentes con fines de explotación sexual;
- Turismo sexual infantil;
- La producción, promoción y distribución de pornografía que involucra niños y adolescentes, y
- El empleo de niños y adolescentes en espectáculos sexuales (públicos o privados)[59].

Estos son delitos relacionados con la venta y la explotación sexual de un niño menor de 18 años, facilitados por un control efectivo sobre un niño y pueden implicar la posesión del niño, lo cual también puede llevarse a cabo a través de Internet. Estos casos incluyen situaciones en las que un tercero se beneficia de la explotación de un niño, así como cuando se hace una «oferta» a un niño para persuadirlo a «aceptar» realizar una actividad sexual en línea con un elemento de remuneración o intercambio involucrado.

3. CONTEXTO EN EL CIBERESPACIO QUE VINCULA LAS LEYES DE EXPLOTACIÓN SEXUAL INFANTIL Y TRATA DE PERSONAS

Como se desprende de lo anterior, el Protocolo de Palermo es un instrumento jurídicamente vinculante del DIDH que reviste una importancia suprema, ya que establece el marco jurídico en relación con la trata de personas, incluida la trata de niños. El Protocolo define qué conducta debe identificarse como trata en la legislación nacional, ofreciendo así orientación sobre las obligaciones de los Estados parte para responder a la trata de acuerdo con las normas internacionales del Protocolo. En este sentido, es importante señalar que en el momento en que se adoptó el Protocolo en el año 2000, la naturaleza y la magnitud del problema de la trata no tenían la vinculación con el ciberespacio que presenta en la actualidad[60]. La realidad hoy en día es que los delincuentes cometen actos contra los niños con la intención de explotarlos en Internet, lo que plantea nuevos desafíos a los

59. OIT y programa internacional para la erradicación del trabajo infantil, *la explotación sexual comercial de niños y adolescents: la respuesta de la oit* (genebra: ilo, ipec, 2008), 1.
60. V. greiman y c. bain, «the emergence of cyber activity as a gateway to human trafficking», *journal of information warfare* 12, no. 2 (2013): 41-49.

Estados, especialmente en lo que respecta al marco de protección infantil[61]. La explotación de niños en el ciberespacio complica la interpretación del Protocolo de Palermo específicamente porque no fue diseñado para abordar el ciberespacio. El marco conceptual de la definición jurídica internacional de la trata de niños del Protocolo de Palermo, analizado anteriormente, puede elucidar los aspectos jurídicos y las consideraciones prácticas en relación con estas prácticas cibernéticas en las que un niño es sometido a un *acto* con la intención de explotación sexual de ese niño (*propósito*), cometido en el ciberespacio.

«Trata de niños con fines de explotación sexual en el ciberespacio» se puede entender como:

> El uso de sistemas informáticos, redes y datos informáticos para la captación, la seducción, la oferta, la publicidad, el transporte, la compra, la venta, la transferencia, la acogida o la recepción de un niño con fines de explotación sexual, sin tenerse en cuenta el consentimiento del niño. La explotación sexual incluirá, como mínimo, la explotación sexual de niños en prostitución u otras formas de explotación sexual, servicios sexuales, la esclavitud o las prácticas análogas a la esclavitud y la servidumbre sexual.
>
> Será considerado trata de niños con fines de explotación sexual en el ciberespacio, con o sin el uso de medios de la amenaza o el uso de coerción, el fraude, el engaño, el abuso de poder o de una situación de vulnerabilidad, o la concesión o recepción de pagos o beneficios para obtener el consentimiento de una persona que tenga autoridad sobre un niño, con fines de explotación sexual.
>
> Por «niño» se entenderá toda persona menor de 18 años[62].

En consecuencia, la trata de niños con fines de explotación sexual en el ciberespacio existe en situaciones donde un niño ha sido víctima de un *acto* con el propósito de explotar sexualmente a ese niño. Esta comprensión jurídica también está alineada con la Directiva 2011/36/UE de la UE contra la Trata de Personas, que en su Artículo 2(1) establece legislación vinculante para los Estados miembros, indicando que un «intercambio o la transferen-

61. «El comité alienta a los estados parte a que introduzcan nuevas disposiciones en su legislación penal para garantizar que también puedan hacer frente adecuadamente a los delitos sexuales cometidos contra niños cuando se utilicen nuevos medios y modalidades para cometerlos». directrices del pf-cdn, párr. 44, pág. 10.
62. Definición del autor sobre la «trata de niños con fines de explotación sexual en el ciberespacio».

cia de control sobre estas personas»[63] constituye un acto de trata, y que la trata no siempre requiere el transporte o movimiento de la persona involucrada. En estos casos, el acto cometido en línea tiene la intención de explotar a un niño.

A través del uso indebido del Internet, los perpetradores se enfocan en los niños y aprovechan sus vulnerabilidades con el objetivo de inducirlos a la esclavitud o la explotación sexual y atraparlos en la cadena de la trata. Ha quedado claramente demostrado que elementos de la definición de trata en el Protocolo de Palermo, incluido el *actus reus* de la violación y el elemento de explotación, pueden ser capturados tanto en el mundo real como en el ciberespacio.

En resumen, he argumentado que podría existir un vínculo directo entre la trata de personas con fines de explotación sexual en el ciberespacio y la esclavitud moderna. Debido al ejercicio de alguno o de todos los atributos del derecho de propiedad, los actos de explotación sobre un niño en el ciberespacio pueden considerarse una forma de esclavitud. Los niños víctimas no pueden consentir legalmente a tales prácticas de su propia explotación sexual, y las acciones de los perpetradores pueden representar la mercantilización del niño ya que su valor se reduce a su capacidad de ser objeto de explotación o de generar ganancias para los delincuentes en línea. Después de analizar los elementos definitorios centrales de la trata para comprender los actos y actividades que representan la trata de personas en el ciberespacio, es importante examinar en detalle la explotación infantil mediada por la tecnología como posibles delitos cibernéticos vinculados a la trata de personas con fines de explotación sexual en el ciberespacio. Sin embargo, antes de examinar estos casos, la siguiente sección examina detenidamente el fundamento jurídico de la *Sociedad de la Información*, reconociendo el potencial que la TIC brinda para mejorar enormemente nuestras vidas. Hoy en día, especialmente en relación con los niños y los jóvenes, Internet se ha convertido en un medio a través del cual pueden expresar sus opiniones libremente y pensar críticamente, de acuerdo con su edad y madurez. Sostengo que la apertura y las libertades que ofrece Internet también posibilitan la comisión de delitos, incluida la explotación sexual infantil en línea. Debido a la naturaleza global y conec-

63. UE, «directiva 2011/36/UE del parlamento europeo y del consejo de 5 abril de 2011 relativa a la prevención y lucha contra la trata de seres humanos y a la protección de las víctimas y por la que se sustituye la decisión marco 2002/629/jai del consejo» 5 abril 2011, art. 2(1).

tividad masiva de Internet, los tratantes pueden multiplicar rápidamente y de manera automática sus actividades en línea, llegando a un gran número de niños y a un mercado global.

Capítulo 3

Derechos Humanos en el Ámbito Digital

Internet ofrece un nuevo espacio social en el cual los actores en línea, desde gobiernos hasta la sociedad civil, pueden interactuar entre sí. La tecnología de computación personal ha revolucionado el intercambio de información y la interacción social[1]. Estos avances tienen implicaciones para los DDHH, como destacó el Relator Especial de la ONU, Frank La Rue, en un informe a la AGNU. Esto se debe a la naturaleza única y transformadora de Internet, que permite a las personas ejercer su derecho a la libertad de opinión y de expresión y realizar una serie de otros DDHH, incluido el derecho a la educación[2]. De hecho, Internet se ha convertido en una de las herramientas más poderosas del siglo XXI, con el potencial de promover el desarrollo económico y el progreso humano en una sociedad global.

La ONU ha argumentado que Internet es una herramienta de desarrollo humano[3] que puede promover los 17 Objetivos de Desarrollo Sostenible (ODS) de la Agenda 2030 para el Desarrollo Sostenible[4]. Internet ha impactado en el comportamiento humano y forma ahora parte de prácticamente todos los aspectos de la vida moderna. Los avances tecnológicos en infor-

1. Daniel J. Solove y Paul Schwartz, «Introduction», en *Privacy Information and Technology*, 3rd ed. (Nueva York: Aspen, 2011).
2. CDH, «Informe del Relator Especial sobre la promoción y protección del derecho a la libertad de opinión y de expresión, Frank La Rue*», A/HRC/17/27, 16 Mayo 2011, párr. 22, pág. 7.
3. P. ej.., CDH, Resolución 32/13, Promoción, protección y disfrute de los derechos humanos en Internet, A/HRC/RES/32/13 (18 Julio 18, 2016), párr. 2, pág. 3; CDH, Resolución 26/13, Promoción, protección y disfrute de los derechos humanos en Internet, A/HRC/RES/26/13 (14 Julio 2014), párr. 2, pág. 2; CDH, Resolución 20/8, Promoción, protección y disfrute de los derechos humanos en Internet, A/HRC/RES/20/8 (16 Julio 2012), párr. 2, pág. 2;
4. CDH, Resolución 32/13, párr. 2, pág. 3; AGNU, Resolución 70/1, Transformar nuestro mundo: la Agenda 2030 para el Desarrollo Sostenible, A/RES/70/1 (21 Oct. 2015), Meta 16.10, pág. 29.

mática de las últimas décadas, en particular Internet, han facilitado la transferencia y el intercambio de información, conectado a individuos en línea en todo el mundo a través de procesos potentes y eficientes, y han desempeñado un papel importante en la globalización, así como en la expansión de las libertades personales en todo el mundo. Después de haber examinado los elementos definitorios fundamentales de la trata y su posible aplicabilidad en el contexto de Internet, este capítulo se adentra en la evolución de la promoción de los DDHH en Internet, especialmente en lo que respecta al establecimiento de una sociedad de la información para todos, haciendo referencia a la DUDH y delineando estándares globales de gobernanza de Internet. No obstante, si bien el ciberespacio ofrece un gran potencial para el desarrollo humano y social, también permite el uso indebido de la tecnología con fines delictivos, incluida la trata de niños en línea con fines sexuales.

1. LA RELACIÓN ENTRE LOS DERECHOS HUMANOS Y EL INTERNET

El desarrollo y la difusión de la TIC tienen el potencial de permitir a las personas acceder a la información y al conocimiento, promoviendo así el progreso humano y reduciendo las desigualdades[5]. En 2003, en la Cumbre Mundial sobre la Sociedad de la Información (CMSI) en Ginebra, los líderes mundiales declararon un «deseo y compromiso común de construir una Sociedad de la Información centrada en la persona, integradora y orientada al desarrollo» en la que cada individuo pueda acceder, crear, utilizar y compartir información y conocimiento para alcanzar su máximo potencial y mejorar su calidad de vida[6]. Esta visión común de la sociedad de la información se basa en los propósitos y principios de la Carta de la ONU y en el pleno respeto y defensa de la DUDH. En esencia, esta visión reconoce que los seres humanos están en el centro de lo que la ONU llama la «Sociedad de la Información» y que la tecnología desempeña un papel esencial en su servicio al facilitar la promoción del desarrollo social y económico y mejorar la calidad de vida para todos[7].

Además, la visión compartida de que la tecnología puede promover un mundo más equitativo y sostenible también incluye a los niños, como lo

5. CDH, «Informe del Relator Especial sobre la promoción y protección del derecho a la libertad de opinión y de expresión, Frank La Rue*», A/HRC/17/27, párr. 85, pág. 22.
6. CMSI, «Declaración de Principios: Construir la Sociedad de la Información: un Desafío Global para el Nuevo Milenio», WSIS-03/GENEVA/4-S, 12 Mayo 2004, sec. A, párr. 1.
7. CMSI, « ¿Qué es la Sociedad de la Información?», UIT, https://www.itu.int/net/wsis/basic/faqs.asp?lang=es&text=f

demuestra la Declaración de Principios. La sección A, párr. 11 de «Nuestra Visión Común de la Sociedad de la Información» establece el compromiso de la CMSI de garantizar que el desarrollo y funcionamiento de la TIC, así como las aplicaciones y servicios asociados a ellas, respeten los derechos de los niños, así como su protección y bienestar[8]. Esta declaración demuestra que los niños también pueden beneficiarse de las oportunidades proporcionadas por la TIC.

Más de 11,000 participantes de 175 países que habían asistido a la CMSI y eventos relacionados respaldaron la primera fase del CMSI, es decir, la fase de Ginebra[9]. La Declaración de Principios es similar a una hoja de ruta para la Sociedad de la Información. La Sección B, titulada «Una Sociedad de la Información para todos: principios fundamentales», hace varias afirmaciones esenciales. Por ejemplo, la Sección B2 («Infraestructura de la información y las comunicaciones: fundamento básico de una Sociedad de la Información integradora») establece lo siguiente:

> La conectividad es un factor habilitador indispensable en la creación de la Sociedad de la Información. El acceso universal, ubicuo, equitativo y asequible a la infraestructura y los servicios de las TIC constituye uno de los retos de la Sociedad de la Información y debe ser un objetivo de todas las partes interesadas que participan en su creación. La conectividad también abarca el acceso a la energía y a los servicios postales, que debe garantizarse de conformidad con la legislación nacional de cada país[10].

La Sección B10, titulada «Dimensiones éticas de la Sociedad de la Información», contiene el siguiente pasaje:

> Todos los actores de la Sociedad de la Información deben adoptar las acciones y medidas preventivas apropiadas, con arreglo al derecho, para impedir la utilización abusiva de las TIC, tales como... todo tipo de maltrato de niños, incluidas la pedofilia y la pornografía infantil, así como la trata y la explotación de seres humanos[11].

Asegurar el acceso a la información parece ser una condición previa para alcanzar la visión de una Sociedad de la Información inclusiva presentada en la Declaración de Principios. Así pues, la Sociedad de la Información aboga por el libre flujo de información para toda la humanidad. Por otro

8. CMSI, «Declaración de Principios», sec. A, párr. 11.
9. CMSI, «Información básica: Acerca de la CMSI», UIT, https://www.itu.int/net/wsis/basic/about.html
10. CMSI, «Declaración de Principios», sec. B8, 21.
11. Ibid., sec. B10, 59.

lado, sin embargo, dicha apertura presenta riesgos de los cuales se necesita proteger a las poblaciones vulnerables, como son los niños.

Además de la Declaración de Principios, el otro documento más importante en la fase de Ginebra de la CMSI es el Plan de Acción, que presenta un compromiso claro de trasladar la Declaración de Principios en práctica al cumplir con objetivos concretos elaborados durante la segunda fase de la CMSI en Túnez en 2005[12]. Por consiguiente, la primera fase de la CMSI creó un marco para construir una Sociedad de la Información global e inclusiva, basada en el uso de la TIC como herramientas con el potencial de mejorar la vida social, económica y cultural de las personas, y contribuir a los objetivos consagrados en la Declaración del Milenio[13]. La fase de Ginebra de la CMSI aumentó la conciencia sobre la importancia de la TIC en la configuración del futuro y condujo a la segunda fase de la CMSI, que se centró en «las cuestiones altamente políticas de la gobernanza de Internet y la financiación para reducir la brecha digital, así como en la definición del proceso de implementación y seguimiento para allanar el camino a seguir»[14] para la realización del Foro para la Gobernanza de Internet (IGF).

La idea de trasladar los DDHH a la gobernanza de Internet fue propuesta y ampliamente respaldada en la Cumbre de Túnez en 2005[15]. Es importante destacar que uno de los documentos resultantes adoptados durante la segunda fase de la CMSI, el Compromiso de Túnez, resaltó la importancia de la Carta de la ONU. El Compromiso de Túnez cita la Carta de la ONU como su fundamento. En él, los Estados reafirmaron su apoyo a la Declaración de Principios y al Plan de Acción adoptados en la primera fase de la cumbre en Ginebra en 2003[16]. Adicionalmente, el Compromiso de Túnez confirmó que los principios de la Carta de la ONU son el fundamento para el acceso universal y el intercambio de información. La Sociedad de la Información ofrece igualdad de acceso a la información y permite a todas

12. CMSI, «Plan de Acción», WSIS-03/GENEVA/DOC/5-S, 12 Mayo 2004.
13. AGNU, Resolución 55/2, Declaración del Milenio, A/RES/55/2, (13 Septiembre 2000); CMSI, «Declaración de Principios».
14. CMSI, «Tunis phase of the World Summit on the Information Society (WSIS), Tunis, 16-18 November 2005», DM-05/1205, 7 Julio 2005, https://view.officeapps.live.com/op/view.aspx?src=https%3A%2F%2Fwww.itu.int%2Fnet%2Fwsis%2Fdocs2%2Ftunis%2FDM05-1205.doc&wdOrigin=BROWSELINK
15. IGF y Internet Rights and Principles Dynamic Coalition, *The Charter of Human Rights and Principles for the Internet*, 4th ed. (IGF, Internet Rights and Principles Dynamic Coalition, 2014), 5, https://www.ohchr.org/sites/default/files/Documents/Issues/Opinion/Communications/InternetPrinciplesAndRightsCoalition.pdf
16. CMSI, «Compromiso de Túnez», WSIS-05/TUNIS/DOC/7-S, 28 Junio 2006.

las personas alcanzar su máximo potencial y beneficiarse de todo el valor que la TIC aportan a la humanidad. En consecuencia, el Compromiso de Túnez reflejó avances hacia la garantía de que todos tengan acceso a Internet, en consonancia con la DUDH y la Declaración de Principios. El documento es particularmente relevante para los niños, ya que reconoce la necesidad de proteger a los niños y sus derechos en el contexto de la TIC. Enfatiza que el interés superior de los niños es una consideración primordial y que esos intereses deben guiar los estándares de gobernanza de Internet. El párrafo 24 del Compromiso de Túnez también reconoce el papel de la TIC en la protección de los niños y el fomento de su desarrollo.

En el mismo espíritu, la Agenda de Túnez para la Sociedad de la Información-el segundo producto de la fase de Túnez de la CMSI-se derivó de la Declaración de Principios y hace referencia a la evolución de la DUDH hasta convertirse en una hoja de ruta para la gobernanza de Internet. En los párrs. 29 y 30, reconoce que la gestión de Internet debe ser multilateral, transparente y democrática, con la plena participación de todas las partes interesadas[17]. La Agenda de Túnez ahora delinea estándares globales de gobernanza de Internet al respaldar los derechos de todos a disfrutar de los beneficios del acceso a la tecnología y la información, lo cual requiere principios fundamentales en consonancia con los establecidos en la DUDH[18]. Asimismo, la Agenda de Túnez catalizó la formación del IGF, a través de la solicitud formal al Secretario General de la ONU que «convoque para el segundo trimestre de 2006 una reunión del nuevo foro para diálogo sobre políticas de las múltiples partes interesadas (*Foro para la Gobernanza de Internet* – IGF)»[19].

En consecuencia, los resultados de la CMSI reflejaron un sólido compromiso internacional con la protección de los niños en línea. El trabajo formativo y pionero que tuvo lugar durante el período de la CMSI incorporó orientación de la DUDH y, por lo tanto, defendió la idea de que la dignidad humana debe ser respetada y protegida en todos los entornos, incluido el ciberespacio[20]. El sucesor de la CMSI, materializado en 2006 en forma del IGF, ahora ofrece un diálogo de múltiples partes interesadas sobre cuestio-

17. CMSI, «Agenda de Túnez para la Sociedad de la Información», WSIS-05/TUNIS/DOC/6(Rev.1)-S, 28 Junio 2006, párr. 29-30.
18. CMSI, «Agenda de Túnez para la Sociedad de la Información», párr. 42.
19. Ibid., párr. 72.
20. CMSI, «Declaración de Principios»; David P. Fidler, «Cyberspace and Human Rights», en *Research Handbook on International Law and Cyberspace*, ed. Nicholas Tsagourias y Russell Buchan (Camberley: Edward Elgar, 2015), 94.

nes de política pública relacionadas con la gobernanza de Internet[21]. En 2010, el mandato del IGF, que fue establecido en los párrafos 72 a 78 de la Agenda de Túnez, fue renovado por cinco años (2011-2015); en la Resolución 70/125 de la AGNU en 2015, recibió una extensión por otros 10 años (2016-2025)[22]. Como parte de los impactos significativos del IGF (particularmente con respecto a la protección infantil en línea), la Coalición Dinámica del IGF sobre los derechos de los niños en el entorno digital proporciona una plataforma abierta de múltiples partes interesadas para abordar cuestiones fundamentales que afectan a los niños en el entorno virtual.

A la vez, el secretario general de la UIT lanzó la Agenda de Ciberseguridad Global (GCA) en 2007 como un marco para la cooperación internacional entre partes relevantes pertinentes para mejorar la confianza y la seguridad en la Sociedad de la Información[23]. Así, el desarrollo de las capacidades de ciberseguridad de los países puede incluir la respuesta a amenazas como la disuasión de la ciberdelincuencia. La GCA ha lanzado la Iniciativa de Protección de la Infancia en Línea (COP) como parte de los esfuerzos continuos para mejorar la seguridad de los niños en línea a nivel global, e incluye abordar los riesgos y daños que pueden afectar a los menores en el espacio virtual, como la explotación[24]. La Iniciativa COP busca crear una red colaborativa internacional y representa un esfuerzo multisectorial entre los miembros de la UIT para fomentar el desarrollo de herramientas y recursos que mitiguen los riesgos.

Así pues, la integración de la concientización sobre ciberdelitos dentro de un programa más amplio de ciberseguridad requiere el fortalecimiento de la legislación que protege a los usuarios de Internet. Esta consideración es una parte integral para hacer que Internet sea más seguro, incluyendo para los niños, que deberían poder utilizar la tecnología con confianza. También, el Grupo de Trabajo del Consejo sobre Protección de la Infancia en Línea de la UIT es una plataforma para que los Estados miembros generen conciencia sobre cuestiones de seguridad de los niños en línea e intercambien opiniones sobre el avance de la protección de los niños en Internet. Ofrece apoyo en la implementación de hojas de ruta para la Iniciativa COP

21. «About IGF FAQs», IGF, http://www.intgovforum.org/multilingual/content/about-igf-faqs
22. AGNU, Resolución 70/125, A/RES/70/125 (1 Feb. 2016), párr. 63, pág. 14.
23. «Global Cybersecurity Agenda», ITU, http://www.itu.int/en/action/cybersecurity/Pages/gca.aspx
24. «Child Online Protection», ITU, http://www.itu.int/en/cop/Pages/default.aspx

y coordina entre las partes interesadas[25]. La importancia de fortalecer la cooperación internacional para combatir la ciberdelincuencia, incluido el uso de la TIC para abusar y explotar a los niños, también se ha abordado en Resoluciones de la Comisión de Prevención del Delito y Justicia Penal (CCPCJ) de la ONU[26].

2. ACCESO UNIVERSAL A INTERNET

El Internet es tanto una causa como un resultado de la globalización y del desarrollo. El Relator Especial de la ONU sobre la Promoción y Protección del Derecho a la Libertad de Opinión y de Expresión, David Kaye, destaca en su informe anual al CDH que,

> [Internet] amplía la voz y multiplica la información al alcance de todo el que pueda acceder a la red. En muy poco tiempo se ha convertido en el principal foro mundial público. Por este motivo, un Internet abierto y seguro debería figurar entre los principales requisitos para el disfrute de la libertad de expresión en la actualidad[27].

Además del valor significativo que tiene el Internet para la libertad de opinión y de expresión, el Relator Especial Kaye destacó que también permite a las personas ejercer la gama completa de otros derechos. Estos derechos incluyen «el derecho a la vida privada, a las creencias religiosas, el derecho de asociación y de reunión pacífica, el derecho a la educación, a la cultura y el derecho a no ser objeto de discriminación»[28]. De hecho, el CDH, la AGNU y los Estados han afirmado que «los derechos de las personas también deben estar protegidos en Internet»[29]. Así pues, los DDHH y las libertades fundamentales se aplican de igual manera en línea. Los Estados tienen la obligación de garantizar que las personas puedan ejercer libre-

25. «Grupo de Trabajo del Consejo sobre Protección de la Infancia en Línea», UIT, https://www.itu.int/en/council/cwg-cop/Pages/default.aspx#/es
26. P. ej.., CCPCJ, Resolución 22/7, Fortalecimiento de la cooperación internacional para combatir el delito cibernético, RES 22/7 (26 Apr., 2013); CCPCJ, Resolución 22/8, Fomento de la asistencia técnica y la creación de capacidad para fortalecer las medidas nacionales y la cooperación internacional contra el delito cibernético, RES 22/8 (26 Apr. 26, 2013).
27. CDH, «Informe del Relator Especial sobre la promoción y protección del derecho a la libertad de opinión y de expresión, David Kaye*», A/HRC/29/32, 22 Mayo 2015, párr. 11, pág. 5.
28. CDH, «Informe del Relator Especial sobre la promoción y protección del derecho a la libertad de opinión y de expresión, David Kaye», A/HRC/32/38, 11 Mayo 2016, párr. 8, pág. 5.
29. CDH, Resolución 20/8, párr. 1, pág. 2; CDH, Resolución 26/13, párr. 1, pág. 2; CDH, Resolución 32/13, párr. 1, pág. 3; AGNU, Resolución 68/167, El derecho a la privacidad en la era digital, A/RES/68/167 (21 Enero 2014), párr. 3, pág. 2.

mente sus derechos en línea, como la libertad de expresión. El papel beneficioso y empoderador de Internet se aplica tanto a los niños como a los adultos, ya que los niños también son seres humanos con derechos destacados por la CDN. Esta interpretación se alinea con los sentimientos expresados por el predecesor de Kaye, La Rue, quien destacó el papel beneficioso y empoderador de Internet en la vida de los niños y jóvenes. También señaló la importancia de Internet como un medio «para que los niños ejerzan su derecho a la libertad de expresión y puede servir para ayudarlos a reclamar sus demás derechos, incluidos el derecho a la educación, la libertad de asociación y la plena participación en la vida social, cultural y política»[30].

Este reconocimiento abarca el principio de las «capacidades en evolución» de los niños, que está consagrado en el Artículo 5 de la CDN e implica que los niños tienen derecho a acceder a Internet y a estar protegidos de daños. De hecho, los padres y cuidadores tienen el deber de guiar a los niños teniendo en cuenta su proceso gradual de maduración[31]. Como tal, el principio del interés superior del niño está en primer plano de todas las acciones y procesos de toma de decisiones que afectan la vida de los niños y se aplica de igual manera en el ciberespacio. A la luz de este principio, la familia del niño asume la responsabilidad principal de facilitar el desarrollo del niño, escuchar sus opiniones y tomar en serio sus puntos de vista. Los niños deben aprender las habilidades necesarias para convertirse en participantes activos en la sociedad, incluido el conocimiento sobre su libertad de expresión (Artículo 12, párr. 1 de la CDN)[32]. En el mismo espíritu, la consideración principal del interés superior del niño también implica que el Estado asume una obligación positiva de respetar el derecho de los niños a acceder a la información y protegerlos cuando surjan preocupaciones legítimas sobre su seguridad y bienestar en línea.

A nivel mundial, la importancia de la tecnología para el desarrollo sostenible en la Agenda Post-2015 (2015-2030) guarda relación con el ODS 17, que reconoce las alianzas con la sociedad civil como una acción crítica para

30. CDH, «Informe del Relator Especial sobre la promoción y protección del derecho a la libertad de opinión y de expresión, Frank La Rue», A/69/335, 21 Agosto 2014, párr. 65, pág. 17.
31. Ibid., párr. 13, pág. 5.
32. CRC, «Informe sobre el 43º período de sesiones», CRC/C/43/3, 16 Julio 2007, párr. 1002, pág. 219; CRC, «Observación general n.º 12: El derecho del niño a ser escuchado», CRC/C/GC/12, 20 Julio 2009, párr. 2, pág. 5.
33. ODS Objetivo 17 Metas 17.6-17.8, «Objetivos de Desarrollo Sostenible, Objetivo 17: Revitalizar la Alianza Mundial para el Desarrollo Sostenible», ONU, https://www.un.org/sustainabledevelopment/globalpartnerships/

lograr un acceso rápido, universal y asequible a Internet para todos[33]. En cuanto a la participación de los usuarios de Internet en plataformas digitales, La Rue señaló que los individuos «han dejado de ser receptores pasivos para convertirse en generadores activos de información», lo que también ha contribuido «al descubrimiento de la verdad y al progreso de la sociedad en su conjunto»[34]. Internet continúa permitiendo el acceso a información que de otra manera podría no estar disponible. Por lo tanto, Internet desempeña un papel fundamental como facilitador del derecho a la libertad de opinión y de expresión y para el ejercicio de otros DDHH[35]. Aunque el acceso a Internet aún no ha recibido un reconocimiento universal como un derecho humano, varios países han adoptado diversos enfoques jurídicos y políticas nacionales, y algunos han promovido el acceso a Internet como un derecho. Algunos ejemplos destacados son:

- El parlamento de Estonia aprobó una ley en el año 2000 que declaró el acceso a Internet como un derecho humano básico.
- El Consejo Constitucional de Francia declaró el acceso a Internet como un derecho fundamental en 2009.
- La Corte Constitucional de Costa Rica llegó a una decisión similar en 2010.
- Finlandia promulgó un decreto en 2009 que requería una velocidad mínima de 1 megabyte por segundo para todas las conexiones de Internet de banda ancha[36].

Asimismo, el Artículo 5A (2) de la Constitución de Grecia afirma que el derecho a la participación en la sociedad de la información es universal: «Facilitar el acceso a la información transmitida electrónicamente, así como la producción, el intercambio y la difusión de la misma, constituye una obligación del Estado»[37]. Esta postura se alinea con una decisión del Tribunal Superior del estado de Kerala en la India, que en 2019 determinó que el derecho al acceso a Internet se había convertido en parte del derecho a la educación y al derecho a la privacidad bajo el Artículo 21 de la Constitución

34. CDH, «Informe del Relator Especial sobre la promoción y protección del derecho a la libertad de opinión y de expresión, Frank La Rue*», A/HRC/17/27, párr. 19, pág. 7.
35. Ibid., párr. 22, pág. 7.
36. Ibid., párr. 65, pág. 18.
37. Kostas Mavrias y Epaminondas Spiliotopoulos eds, *Constitution of Greece*, trans. Xenophon Paparrigopoulos y Stavroula Vassilouni (Atenas: Departamento de Publicaciones del Parlamento Helénico, 2008), art. 5 a (2).

de la India[38]. En España, a partir del 1 de enero de 2020, Telefónica de España S.A.U. (Movistar) está obligada a garantizar el acceso a Internet de banda ancha a una velocidad de al menos 1 megabyte por segundo a precios asequibles para los usuarios en todo el país[39].

Aunque esta obligación positiva de los Estados de promover el disfrute de los derechos y los medios necesarios para que las personas ejerzan sus derechos en línea debería ser una prioridad, los Estados no pueden lograr este objetivo instantáneamente. Por ejemplo, en muchos países en desarrollo, el acceso a servicios esenciales como la electricidad es difícil; por ende, los esfuerzos de los Estados para facilitar el acceso a Internet deben estar alineados con su infraestructura o posibilidades tecnológicas[40]. Los esfuerzos encaminados al progreso digital pueden ayudar a cerrar la «brecha digital» entre las personas con acceso efectivo a las tecnologías digitales y de la información y con acceso muy limitado o nulo, a fin de facilitar el desarrollo económico y el disfrute de una amplia gama de DDHH. El acceso a Internet puede reducir algunas desigualdades, creando oportunidades para personas que antes no existían.

CONCLUSIÓN

Los esfuerzos generales desde finales de la década de 1990 han sentado las bases para considerar Internet como una poderosa tecnología con un gran potencial para promover el progreso humano, el desarrollo y el disfrute de los derechos que la DUDH delinea. Desde la conclusión de la primera fase de la CMSI en 2003, Internet ha continuado desempeñando un papel clave en la sociedad. Hoy en día, Internet puede desempeñar un papel esencial en la promoción del desarrollo civil, político, económico, social y cultural. En consecuencia, garantizar que todos tengan acceso a Internet debería ser una prioridad para todos los Estados[41]. A medida que el acceso a Internet crece rápidamente en todo el mundo (incluyendo entre los niños)[42], los delincuentes, como los tratantes de personas, encuentran más

38. *Shirin R.K. vs. Estado de Kerala,* 2019, Tribunal Superior de Kerala en Ernakulam (19 Septiembre 2019), W. P(C).No.19716/2019-L.

39. «Conexión a la red, con capacidad de banda ancha a 1Mbps,+ servicio telefónico fijo», Gobierno de España: Ministerio de Asuntos Económicos y Transformación Digital, https://avancedigital.gob.es/en-us/Servicios/InformeUniversal/Paginas/ConexServ-TelefyBA.aspx

40. CDH, «Informe del Relator Especial sobre la promoción y protección del derecho a la libertad de opinión y de expresión, Frank La Rue*», A/HRC/17/27, párr. 66, pág. 20.

41. Ibid., párr. 85, pág. 24.

42. UNICEF, *Estado Mundial de la Infancia 2017: Niños en un Mundo Digital* (Nueva York: UNICEF, 2017), 1.

oportunidades para acceder, seducir y manipular a nuevas poblaciones de niños víctimas con fines de explotación sexual y cometer una variedad de ciberdelitos como parte de un proceso de explotación sexual de menores.

Internet amplía las oportunidades para que los delincuentes cometan delitos en los que los niños están en mayor riesgo de sufrir un trato de explotación o ser comprados y vendidos como mercancías, como también lo observamos durante la pandemia de COVID-19[43]. En adición, basado en datos, se desprende que, en un momento dado, se estima que 750.000 personas buscan conectarse con niños con fines sexuales en línea. Asimismo, aproximadamente 1.8 millones de hombres con interés sexual en niños se incorporaron como nuevos usuarios de Internet[44]. A la luz de estos hallazgos, el próximo capítulo detalla los delitos de trata con fines de explotación sexual de niños facilitados o cometidos por Internet, en los cuales los niños son explotados o tratados como productos en lugar de seres humanos.

43. UNODC, «Uso de Internet por Tratantes», en *Informe Global sobre Trata de Personas 2020* (Nueva York: ONU 2020).
44. Alianza Mundial WeProtect, *Evaluación de la Amenaza Global 2019* (Londres: Crown Copyright, 2019), 10.

Capítulo 4

Ciberespacio, Nexo de Esclavitud Sexual Infantil

En nuestro mundo globalizado, los niños están utilizando cada vez más Internet y la tecnología móvil, incluso a edades muy tempranas. Internet puede ser una herramienta extraordinaria para que los niños ejerzan sus derechos, como la libertad de expresión y la educación, ya que todos los aspectos de la Declaración Internacional de Derechos se aplican al entorno digital. Sin embargo, Internet también puede exponer a los niños a diversos riesgos, incluidas prácticas que buscan explotarlos. Este capítulo detalla la explotación infantil mediada por la tecnología como ciberdelitos posiblemente relacionados con la trata con fines sexuales en Internet. Tales situaciones pueden considerarse esclavitud si alguno o todos los atributos del derecho de propiedad se ejercen sobre el niño. Argumentaré que la trata con fines de explotación sexual en el espacio virtual es una amenaza directa para cualquier niño y también causa un daño directo a la sociedad. Para prevenir la proliferación de estos delitos, debemos comprender los aspectos únicos de la dinámica de la trata en el ciberespacio, incluidas las nuevas modalidades que aún están emergiendo, y la posibilidad de otras formas que puedan surgir en cualquier momento y convertirse en tendencias.

1. CIBERDELITOS CONTRA MENORES

Internet ha creado un nuevo tipo de región o espacio que requiere gobernanza: el ciberespacio, un medio único ubicado en ninguna ubicación geográfica en particular, pero disponible para cualquier persona en cualquier lugar del mundo que tenga acceso a Internet. Debido a que «Internet es tan vasto y complejo que desafía las definiciones del mundo físico basadas en el territorio», ha efectivamente «difuminado la línea entre el ciberespacio y el espacio real»[1]. El ciberespacio puede considerarse un dominio electrónico y operativo de infraestructuras de información y tecnología, incluyendo Internet, que facilita las comunicaciones y los intercambios en línea, con nuevas oportunidades, desafíos, riesgos y amenazas.

Además, la naturaleza globalmente interconectada de las comunicaciones modernas plantea desafíos para la detección y persecución de los delincuentes. El término *ciberdelito* es ahora reconocido internacionalmente y adoptado por la ONU y el Convenio del CdE sobre Ciberdelincuencia[2]. Aunque no existe una definición universalmente aceptada, el ciberdelito, en lugar de ser una sola actividad, abarca una serie de actividades ilícitas realizadas en el ciberespacio. Específicamente, el ciberdelito implica lo siguiente:

- El uso de computadoras, redes informáticas u otras TIC para facilitar delitos tradicionales que pueden ocurrir en el mundo físico. Este tipo de delito relacionado con Internet también puede considerarse un *delito cibernético habilitado por la tecnología,* ya que la tecnología desempeña un papel crucial al permitir la comisión del delito al aumentar su escala o alcance[3]. Por ejemplo, Internet puede ser utilizado para cometer fraude y robo, comprar drogas, lavar dinero y acceder a registros sensibles de empresas o información restringida para facilitar la extorsión en el mundo físico.
- El uso de Internet o una infraestructura de TIC como objetivo y medio de ataque. En este sentido, el ciberdelito puede tener la naturaleza de *delitos cibernéticos dependientes*. El Internet ha creado un nuevo entorno en el cual se cometen nuevas formas de crímenes. Estos actos pueden incluir la creación y difusión de virus u otro malware, ransomware, ataques de denegación de servicio distribuido, formas de violencia y vandalismo en línea, y redes de bots. [4]. Por lo tanto, estos ciberdelitos dependen de la existencia y el uso de la tecnología para ser perpetrados.

1. Roy Balleste, «In Harm's Way: Harmonizing Security and Human Rights in the Internet Age», en *Cybersecurity and Human Rights in the Age of Cyberveillance*, ed. Joanna Kulesza & Roy Balleste (Rowman & Littlefield, 2015), 42.
2. CdE, «Convenio sobre la Ciberdelincuencia», firmado 23 Noviembre 2001, S.T.E. 185; UNODC, *Comprehensive Study on Cybercrime* (Nueva York: ONU, 2013).
3. Jonathan Clough, *Principles of Cybercrime*, 2nd ed. (Cambridge: Cambridge University Press, 2015), 5-11.
4. Fiona Brookman et al., *Handbook on Crime*, 1st ed. (London: Willan, 2010), 194.

- Un *tipo específico de delito*, el abuso de las ventajas de sistemas informáticos, incluido Internet, para cometer delitos cibernéticos relacionados con la explotación y abuso sexuales de niños[5]. Existen diversas actividades ilícitas de explotación que se perpetran mediante sistemas o datos informáticos y que pueden causar daño personal a la persona humana del niño, incluyendo tanto actos relacionados con la computadora (como la seducción de niños o la captación de niños con fines sexuales) como actos relacionados con el contenido informático (como la producción, distribución o posesión de pornografía infantil). Adicionalmente, los actos relacionados con la computadora con la intención de traficar personas pueden encajar en la amplia categoría de actos cibernéticos relacionados con la computadora[6]. Estas acciones de trata de personas que utilizan medios informáticos pueden ser consideradas como formas específicas de delitos cibernéticos. Los delitos cibernéticos con fines de explotación sexual a niños ocurren en Internet y a través del uso de la web oscura y atentan contra su dignidad, ya que estos delitos amenazan inherentemente su humanidad. Los tipos de conductas delictivos a través de los cuales los niños son tratados como objetos sexuales con fines de explotación pueden considerarse violencia digital, ya que pueden causar daños psicológicos o facilitar daños físicos[7].

- El uso de sistemas informáticos para almacenar información relevante en computadoras (por ejemplo, registros de mensajes enviados y recibidos, materiales de abuso sexual infantil, una base de datos de clientes e información sobre operaciones por ciudades) puede implicar el uso incidental de una computadora. Esta actividad se relaciona con los *delitos apoyados por computadora*, y dicha información puede constituir pruebas digitales de un delito[8].

El enfoque de este libro se centra en la novedad de las interacciones sociales en entornos virtuales, combinado con esta «carencia de ubicación» del ciberespacio. Esta característica permite nuevas formas de criminalidad y actos ilegales, en particular la trata de niños con fines de explotación

5. «Global Programme on Cybercrime» UNODC, https://www.unodc.org/unodc/en/cybercrime/global-programme-cybercrime.html
6. UNODC, *Comprehensive Study on Cybercrime,* 16-18.
7. Majid Yar y Kevin F. Steinmetz, *Cybercrime and Society,* 3rd ed. (London: SAGE, 2019), 13.
8. Adam M. Bossler, Kathryn Seigfried-Spellar y Thomas J. Holt, *Cybercrime and Digital Forensics: An Introduction,* 2nd ed. (Abingdon: Routledge, 2017), 15.

sexual, y en la necesidad de un instrumento legal que se aplique internacionalmente al ciberespacio. En la era de Internet, ya no es necesario que los perpetradores y las víctimas estén en proximidad cercana para que ocurran delitos. Ahora los criminales tienen la opción de cometer delitos en el mundo virtual. Así, Internet —como la conexión entre el mundo virtual y el mundo físico— actúa como un instrumento para la trata de niños con fines de explotación sexual.

En resumen, el entorno relativamente no regulado del mundo digitalmente interconectado puede fomentar el delito digital y crear nuevas oportunidades para los delincuentes. Varios delitos se vuelven posibles porque los perpetradores aprovechan la naturaleza difusa, diversa y sin fronteras geográficas del ciberespacio, así como sus múltiples formas de ocultamiento. Los delincuentes en línea pueden ocultar su identidad y actividades aprovechando las tecnologías de cifrado que dificultan la detección y el rastreo de pruebas. De hecho, el riesgo de ser detectado en entornos en línea es menor que en el mundo físico, lo cual es una ventaja para los delincuentes[9]. Esto se debe en gran medida a la falta de un organismo centralizado y global que supervise Internet en combinación con diferentes leyes y niveles de control en diferentes países.

En efecto, los perpetradores de la trata de niños con fines sexuales se han vuelto creativos y astutos al aprovechar los medios contemporáneos, como la falta de ubicación física en el ciberespacio, para la comisión de delitos. En algunos casos, los perpetradores pueden seleccionar a víctimas menores en países con leyes débiles o inexistentes o con escasa aplicación en relación a este ciberdelito, convirtiendo estos lugares en «refugios seguros», ya que podría no haber consecuencias legales (por ejemplo, investigación y enjuiciamiento) por sus conductas delictivas. Los casos de explotación demuestran cómo los tratantes innovan y aprovechan las nuevas tecnologías para trabajar de manera flexible, incluso extendiendo sus operaciones más allá de las fronteras. El uso de aplicaciones basadas en Internet ha facilitado el proceso de identificación y contacto con las víctimas, la logística de transferir dinero y la coordinación entre diferentes grupos. Además, el uso de niveles de anonimato y mensajes cifrados facilita que los delincuentes se conecten entre sí, compartan información cifrada, y la creación y distribución de imágenes y videos de abuso sexual infantil, todo lo cual está planteando nuevos retos a la aplicación de la ley.

9. Bossler, Seigfried-Spellar y Holt, *Cybercrime and Digital Forensics*, 16.

Según los datos de la Agencia de la Unión Europea para la Cooperación Policial (Europol), la explotación sexual infantil en Internet continúa aumentando en términos de cantidad y severidad en el abuso a los niños víctimas en 2023[10]. Este incremento ha sido observado en años anteriores. Por ejemplo, de acuerdo con Europol, las remisiones de EE. UU. a 18 Estados miembros aumentaron de 44,000 en 2017 a 190,000 en 2018. Para junio de 2019, las remisiones para ese año calendario ya habían alcanzado las 170,000. Además, una tendencia similar de aumento se observó en las remisiones desde Canadá, que (con respecto a todos los Estados miembros de la UE) aumentaron de 6,000 en 2018 a aproximadamente 24,000 en 2019[11]. El Departamento de Estado de EE. UU. ha llamado la atención sobre este delito y, en el Informe sobre Trata de Personas de 2017, identificó la explotación sexual de niños en línea como una alarmante tendencia en la trata de personas, en uno de los temas de interés especial[12]. El informe explícitamente aborda cómo, en este proceso de trata en línea, los delincuentes inducen a los menores a través de la manipulación psicológica y la coerción para la explotación sexual. El informe identificó las modalidades de transmisión en vivo de abuso sexual infantil y «sextorsión» como tendencias en crecimiento, y enfatizó que cualquier niño puede ser víctima de explotación en línea, incluso a edades muy tempranas. Además, este reconocimiento de la estrecha relación entre la explotación sexual de niños en Internet y la trata de personas se reflejó en el Informe del Grupo de Trabajo Interinstitucional del Presidente de 2019 sobre los Esfuerzos del Gobierno de EE. UU. para Combatir la Trata de Personas[13].

El gobierno del Reino Unido identificó daños en línea-incluyendo tanto contenido como actividades-que pueden estar vinculados a la esclavitud moderna[14]. La preocupación internacional sobre este tipo de delito se articula a través de la Alianza Mundial WeProtect, que incluye a 102 gobiernos, 66 empresas de tecnología y 101 organizaciones internacionales y no gubernamentales líderes, en su Informe de Evaluación de la Amenaza Global de 2018, afirma que «la trata en línea con fines sexuales ha surgido como una

10. Europol, *Internet Organised Crime Threat Assessment* (IOCTA) 2023, (Europol: 2023), 5.
11. Europol, *Internet Organised Crime Threat Assessment* (IOCTA) 2019, (Europol: 2019), 30.
12. Departamento de Estado de EE. UU., Informe sobre la Trata de Personas (Departamento de Estado de EE. UU., 2017), 32.
13. President's Interagency Task Force, *Report on US Government Efforts to Combat Trafficking in Persons* (Departamento de Estado, 2019), 8.
14. Department for Digital, Culture, Media & Sport and Home Office, *Online Harms White Paper* (CP57) (London: Crown Copyright, 2019), 31.

nueva y brutal forma de esclavitud moderna»[15]. Con la facilidad de compartir e intercambiar información en Internet, los tratantes cibernéticos pueden tratar y ver a los niños como «mercancías» sexuales en línea que se pueden encontrar y pagar en línea. Este tipo de victimización puede facilitarse a través de cámaras web desde cualquier lugar del mundo. Como tal, los delincuentes pueden reunir a un gran número de compradores y consumidores de abusos transmitidos en directo, otros delincuentes y posibles niños víctimas. Complicando el asunto está el hecho de que, con el continuo Desarrollo de la TIC y la creciente sofisticación de la actividad criminal en línea, la trata cibernética es un delito en evolución.

Como argumenté en los dos primeros capítulos, si bien la esclavitud fue condenada oficialmente por la SDN a principios del siglo XX con la adopción de la Convención sobre la Esclavitud de 1926, esta sigue existiendo hoy en formas de explotación que involucran el ejercicio de cualquier poder o atributo del derecho de propiedad sobre una persona. En el mundo sin fronteras del ciberespacio, es posible someter a un niño a la esclavitud o la explotación sexual, incluso sin que la proximidad física desempeñe un papel. Este capítulo presenta prácticas que probablemente serían definidas como trata de personas con fines de explotación sexual en el ciberespacio, ya que son cometidas contra niños por tratantes cibernéticos que realizan el componente material de la trata contra un niño con la intención de explotarlo sexualmente, violando así sus derechos fundamentales. En detalle, este capítulo ilustra situaciones en las cuales un niño puede ser considerado como un «producto» sexual en línea, inducido a participar en actividades sexuales o transferido a otra persona (p. ej., ofrecido, comprado o vendido) para fines de explotación a cambio de pagos en dinero, bienes o beneficios. Situaciones de naturaleza de explotación a un niño y que encajarían en el fin de la trata en la definición de trata de personas establecida en el Protocolo de Palermo. Debido a que la magnitud y alcance de este fenómeno en línea continúa creciendo junto con la evolución de nuevas tecnologías, es necesario examinar las tendencias emergentes y realidades establecidas asociadas con la explotación sexual infantil como una forma de ciberdelito. Actos que pueden reflejar uno o más atributos del derecho de propiedad sobre un niño, y que darían indicios de esclavitud. En ese orden de ideas, este capítulo considera los dos siguientes tipos principales de ciberdelito perpetrado contra niños y caracterizado por la explotación sexual:

15. Alianza Mundial WeProtect, *Evaluación de la Amenaza Global de 2018* (London: Crown Copyright, 2018), 12.

1. Explotación sin contacto facilitada por Internet
   a. «Relaciones» mercantilizadas
   b. Material de abuso sexual infantil en línea
   c. Extorsión sexual de niños o «sextorsión» y sextorsión financiera
   d. Transmisión en directo de abuso y Explotación sexual de menores
   e. «Sexteo», un área de preocupación
2. Explotación con contacto facilitada por Internet
   a. La utilización de niños en la prostitución
   b. Novias por correo y matrimonios infantiles con fines de explotación
   c. Adopción ilegal de niños con fines de explotación

2. EXPLOTACIÓN SIN CONTACTO FACILITADA POR INTERNET

Bajo la definición evolucionada de esclavitud discutida en el Capítulo 1, el ejercicio de un control efectivo sobre un niño en el contexto del ejercicio de atributos del derecho de propiedad sería considerado esclavitud[16]. Las situaciones de propiedad incluyen este ejercicio de control equivalente a dominio sobre un niño con el propósito de explotación, y que lo priva significativamente de su libertad personal. Con este tipo de delito en el ciberespacio, un niño puede ser explotado sexualmente sin un encuentro en persona o físico con el delincuente. La actividad sexual suele ser ofrecida a cambio de algo de valor para el niño o una tercera persona. Los actos de explotación incluyen la producción, distribución o posesión de material de abuso sexual infantil, ya que se utiliza a un niño existente o se representa a un niño inexistente como parte de en un proceso de explotación sexual de los niños[17]. Estos delitos se describen en las secciones siguientes.

16. Jean Allain et al., «Directrices Bellagio-Harvard de 2012 sobre los Parámetros Jurídico de la Esclavitud», en *The Law and Slavery* (Leiden, Países Bajos: Brill | Nijhoff, 2015), Directriz 2, at 556.
17. Directrices del PF-CDN, párr. 48, pág. 11; párr. 63, pág. 13.

a. «Relaciones» Mercantilizadas

Esta práctica en línea es una forma relativamente nueva de ciberdelito que puede estar relacionada con la explotación sexual de niños en la prostitución[18]. Según el PF-CDN, se entiende por prostitución infantil «la utilización de un niño en actividades sexuales a cambio de remuneración o de cualquier otra retribución»[19]. De acuerdo con el Artículo 3(1)(b) del PF-CDN, los Estados deben penalizar los actos de «ofrecer, obtener, facilitar o proporcionar un niño con fines de prostitución». Incluso cuando la participación del niño sea presuntamente voluntaria, el análisis previo de los instrumentos jurídicos internacionales (en particular el Protocolo de Palermo) muestra que el consentimiento de estos niños, es decir, cualquier persona menor de 18 años, es legalmente irrelevante para consideraciones de explotación o esclavitud. En el ciberespacio, los niños pueden ser inducidos a participar en «relaciones» usualmente llamadas de manera inadecuada «relaciones sexuales transaccionales» al intercambiarse el acto por dinero, bienes o beneficios, o la promesa de los mismos.

Los delincuentes abusan de su posición de poder y de las vulnerabilidades de los niños para inducir, coaccionar y controlarlos para participar en actividades sexuales comerciales o mercantilizadas. Esta práctica puede incluir hacer que los niños presencien abuso o actividades sexuales, incluso sin participar en los actos sexuales (Corrupción de niños, Artículo 22 del Convenio para la Protección de los Niños contra la Explotación y el Abuso Sexual del CdE (Convenio de Lanzarote)[20]. Aunque este delito puede causar daño psicológico y afectar la personalidad del niño, los Estados parte en el Convenio de Lanzarote pueden decidir no penalizar tales actos si el menor está por encima de la edad de consentimiento sexual establecida en la legislación nacional[21]. Los tratantes también pueden aprovechar estas relaciones mercantilizadas para la captación de menores para su explotación en el comercio sexual[22].

18. *Ibid.*, párr. 58, pág. 12.
19. PF-CDN, art. 2(b).
20. CdE, «Convenio para la Protección de los Niños contra la Explotación Sexual y el Abuso Sexual», entró en vigor 25 Octubre 2007, C.E.T.S. 201, art. 22 [en lo sucesivo denominado como Convenio de Lanzarote].
21. CdE, «Explanatory Report to the Council of Europe Convention on the Protection of Children Against Sexual Exploitation and Sexual Abuse» C.E.T.S. 201, párr. 151-154, pág. 22. [En lo sucesivo denominado como Informe Explicativo del Convenio de Lanzarote].
22. Polaris Project, *The Typology of Modern Slavery, Defining Sex and Labor Trafficking in the United States* (Polaris Project, 2017), 58.

Las relaciones mercantilizadas pueden conectarse con la seducción o la captación de niños con fines sexuales en línea y son una forma de ciberdepredación que ocurre en tiempo real a través de una cámara o webcam y chats basados en texto. Su uso de Internet hace que su vinculación con la trata sea altamente plausible, ya que, bajo estos modelos de negocio de explotación, los delincuentes o compradores de niños en línea explotan sexualmente a un niño para su gratificación sexual o también pueden generar ganancias al grabar, distribuir y vender materiales sexuales explícitos (como imágenes y videos) a través de la web sin el conocimiento del niño.

b. Material de Abuso Sexual Infantil En Línea

La categoría de material de abuso sexual infantil (pornografía infantil) es una forma de explotación sexual infantil que incluye la producción y distribución de material de abuso sexual explícito de personas menores de edad. El PF-CDN define la «pornografía infantil» como «toda representación, por cualquier medio, de un niño dedicado a actividades sexuales explícitas, reales o simuladas, o toda representación de las partes genitales de un niño con fines primordialmente sexuales»[23]. Esta es una definición amplia, ya que la frase «toda representación» puede incluir representaciones no visuales, como en escritos y archivos de audio[24]. Al mismo tiempo, esta disposición obligatoria insta a los Estados parte a tomar todas las medidas necesarias para prohibir formas de delitos relacionados con la pornografía infantil «por cualquier medio», abarcando así formas de material disponible tanto en el ciberespacio como en el mundo físico[25]. Además, la referencia a «actividades sexuales explícitas simuladas» incluye cualquier material que muestre o represente de alguna otra manera a un niño involucrado en conductas sexualmente explícitas[26].

Las actividades sexuales explícitas, reales o simuladas incluyen, como mínimo, «relaciones sexuales y de contacto sexual intencionado en que participe un niño, independientemente del sexo de todas las personas implicadas, así como toda exhibición lasciva de los genitales o de la zona púbica de un niño»[27]. En consecuencia, no se requiere establecer contacto físico entre un delincuente y un niño víctima en relación con un acto en forma de

23. PF-CDN, art. 2(c).
24. CDH, «Informe del Relator Especial sobre la venta de niños, la prostitución infantil y la utilización de niños en la pornografía, Maud de Boer-Buquicchio», A/HRC/28/56, 22 Diciembre 2014, párr. 26, pág. 8.
25. Directrices del PF-CDN, párr. 61, pág. 14.
26. *Ibid.*, párr. 62, pág. 14.
27. *Ibid.*, párr. 53, pág. 13.

actividad sexual[28]. Las actividades sexuales pueden ser cometidas a través de otras formas de contacto, como la conexión visual, y pueden constituir un grave daño a la integridad sexual de los niños y causarles un trauma severo. Adicionalmente, este delito abarca «toda representación de las partes genitales de un niño con fines primordialmente sexuales». En estas situaciones, es necesario analizar si la representación se utiliza en un contexto con fines sexuales.

Asimismo, el PF-CDN exige a los Estados parte penalizar producir, distribuir, divulgar, importar, exportar, ofrecer, vender o poseer material pornográfico en que se utilicen niños[29]. El CRC ha recomendado enérgicamente que los Estados parte, al interpretar e implementar el PF-CDN, adopten un «enfoque protector» hacia la explotación sexual infantil. Por lo tanto, el Comité ha instado a los Estados parte a tipificar como delito la simple posesión de tales materiales en un sistema informático o en un medio de almacenamiento de datos informáticos[30]. Sin embargo, los avances en las tecnologías de la TIC ahora permiten que el material no necesite ser descargado, sino que se puede ver en línea, lo que plantea desafíos a las nociones de lo que constituye «posesión» de dicho material[31]. Estas situaciones demuestran nuevos desafíos para los Estados y pueden evidenciar la necesidad urgente para que se adopten legislación y prácticas concretas para proteger a los niños de las formas emergentes de explotación sexual.

En 2022, International Association of Internet Hotlines (INHOPE), una organización internacional que está compuesta por líneas directas de denuncia y reporte que operan en estados miembros de la UE y alrededor del mundo, encontró que la mayoría de los niños víctimas tenían entre 3 y 12 años. Adicionalmente, se observó que el 91% de las víctimas eran niñas, y el 7% eran niños, mientras que el restante 2% incluía casos de varios niños y niñas en la imagen o video reportado[32]. La Organización Internacional de Policía Criminal (Interpol) en colaboración con ECPAT International llevó a cabo un estudio conjunto y descubrió que los hombres representan el 92% de los infractores visibles, y brindó una mayor comprensión sobre la natu-

28. «El Comité de Lanzarote: Invita a las Partes a revisar su legislación para abordar todo daño grave a la integridad sexual de los niños, sin limitar sus delitos penales únicamente a relaciones sexuales o actos equivalentes (R9)». En Comité de Lanzarote, *1st implementation report: Protection of children against sexual abuse in the circle of trust: The framework* (Estrasburgo: CdE, 2015), 1.2., pág. 17.
29. PF-CDN, art. 3(1)(C).
30. Directrices del PF-CDN, párr. 65, pág. 14.
31. CDH, «Informe del Relator Especial sobre la venta de niños, la prostitución infantil y la utilización de niños en la pornografía, Maud de Boer-Buquicchio», párr. 27, pág. 8.
32. INHOPE, *Informe Anual 2022,* (Países Bajos: INHOPE, 2022), 47.

raleza de dicha explotación[33]. Este informe identificó una correlación entre la edad del niño y la gravedad del abuso, donde los niños más pequeños sufren abusos más graves; además, los niños varones fueron representados en el contenido más severo[34]. Esta correlación demuestra la gravedad del delito, que probablemente involucra a menores a edades cada vez más en edades más tempranas, incluso bebés y niños pequeños en las imágenes y videos más sádicos. Como consecuencia, el material de abuso sexual infantil en línea puede plantear mayores desafíos para las autoridades judiciales y agentes del orden, ya que la autodenuncia es limitada debido a la corta edad de las víctimas, muchas de las cuales son preverbales o mantienen una dependencia con los perpetradores que las inhibe de revelar la victimización.

b.1. Definiendo Pornografía Infantil en el Convenio sobre la Ciberdelincuencia del Consejo de Europa

El Convenio sobre la Ciberdelincuencia fue adoptada por el CdE y entró en vigor el 7 de enero de 2004. Desde entonces, ha estado abierta para la ratificación de Estados miembros y no miembros del CdE. Actualmente, el Convenio cuenta con 68 Estados parte, incluidos 23 no miembros del CdE[35], lo que refleja una amplia aceptación internacional. Este tratado internacional, también conocido como Convenio de Budapest sobre Ciberdelincuencia o Convenio de Budapest, es un pilar fundamental en la lucha contra la ciberdelincuencia, enfocada principalmente en sistemas, redes y datos informáticos. De esta manera, el Convenio sobre la Ciberdelincuencia del CdE es un instrumento regional que ha logrado importantes avances a nivel internacional al establecer un consenso sobre las obligaciones de los Estados en relación con los delitos cometidos a través de Internet y otras redes informáticas. El objetivo del Convenio es identificar, para la legislación penal doméstica, elementos de los delitos cometidos a través de Internet y otras redes informáticas, estableciendo un estándar mínimo común de aquellos delitos significativos. Parte de este estándar es la salvaguardia del principio de proporcionalidad, como se establece en el Artículo 15, que requiere que los Estados parte aseguren un equilibrio adecuado entre el interés de la aplicación de la ley y la protección de los DDHH fundamen-

33. ECPAT International, *Trends in Online Child Sexual Abuse Material* (Bangkok: ECPAT International, 2018).
34. ECPAT International, *Trends in Online Child Sexual Abuse Material*, 13.
35. «Chart of Signatures and Ratifications of Treaty 185», CdE, http://www.coe.int/en/web/conventions/full-list/-/conventions/treaty/185/signatures

tales, incluido el derecho a la libertad de expresión y los derechos relacionados con el respeto a la privacidad[36].

El Convenio sobre la Ciberdelincuencia establece una política criminal común para prevenir delitos relacionados con la informática e incluye disposiciones que abordan la penalización de la pornografía infantil. Conforme al Informe Explicativo que acompaña al Convenio, y teniendo en cuenta que las conductas ciberdelictivas no están limitadas por fronteras geográficas ni límites nacionales, los redactores del Convenio reconocieron la importancia de implementar medidas técnicas para proteger los sistemas informáticos de manera simultánea con medidas legales para prevenir y desalentar conductas delictivas en línea, basado en el respeto de los DDHH en la Sociedad de la Información[37]. En ese contexto, con el objetivo de abordar el cibercrimen contra los niños, el Preámbulo del Convenio sobre la Ciberdelincuencia afirma que el Convenio se elaboró sobre la base de la CDN de 1989 y Convenio sobre las Peores Formas de Trabajo Infantil, 1999 (N.º 182) de la OIT[38]. Por lo tanto, el Convenio reconoce estándares de DDHH para promover e incrementar el bienestar de los niños y usuarios de Internet en la era digital. Esta premisa ayuda a explicar la inclusión de delitos relacionados con la pornografía infantil en sus disposiciones (Artículo 9). Al penalizar varios aspectos de la pornografía infantil electrónica, el Convenio combate la explotación sexual de los niños y tiene como objetivo fortalecer y modernizar las medidas de protección de los niños en el ciberespacio a nivel nacional[39].

En consecuencia, dado que la pornografía infantil es una preocupación global en el ámbito cibernético sin una solución fácil, este tratado insta a los Estados parte a adoptar legislaciones y regulaciones adecuadas para erradicar la pornografía infantil. De acuerdo con el Convenio sobre la Ciberdelincuencia, es esencial que los Estados tomen medidas holísticas efectivas para combatir la pornografía infantil y sus causas subyacentes, al tiempo que contribuyen a fortalecer la cooperación internacional. La cooperación transfronteriza es especialmente importante, dada la naturaleza del ciberespacio que no está atado a una ubicación geográfica específica explorada anteriormente.

36. CdE, «Convenio sobre la Ciberdelincuencia», art. 15.
37. CdE, «Informe Explicativo Convenio sobre la Ciberdelincuencia», S.T.E. 185, párr. 6, pág. 2, https://rm.coe.int/16802fa403.
38. CdE, «Convenio sobre la Ciberdelincuencia», Preámbulo.
39. CdE, «Informe Explicativo Convenio sobre la Ciberdelincuencia», párr. 91, pág. 24.

El Convenio define la pornografía infantil como:

> ... material que contenga la representación visual de: a. un menor adoptando un comportamiento sexualmente explícito; b. una persona que parezca un menor adoptando un comportamiento sexualmente explícito; c. imágenes realistas que representen a un menor adoptando un comportamiento sexualmente explícito[40].

El uso del término «representación visual» denota una referencia a material o representación visuales, y, por lo tanto, podría excluir la criminalización de material de sonido o audio a nivel nacional. Además, con la frase «comportamiento sexualmente explícito» este instrumento jurídico prohíbe los materiales pornográficos de niños en los que ellos son explícitamente explotados sexualmente, ya sea entre menores, o entre un adulto y un menor. Adicionalmente, los actos de abuso en un contexto sexual pueden involucrar aquellos relacionados con la bestialidad, la masturbación, el sadismo o el masoquismo, y las exhibiciones lascivas[41].

Igualmente, el inciso (c) de esta definición prohíbe una práctica conocida como «pornografía infantil virtual» o «pseudo pornografía infantil» al mencionar las palabras «imágenes realistas que representen a un menor adoptando un comportamiento sexualmente explícito». Esta cláusula significa que los materiales pornográficos pueden incluir imágenes sexualizadas de niños creadas artificial o digitalmente. La pornografía infantil virtual puede abarcar material completamente generado por computadora que no representa a niños reales y pornografía infantil alterada, que implica imágenes de personas reales alteradas más allá del reconocimiento y que potencialmente no se asemejan a ningún individuo real. También, de acuerdo con el inciso (b) de esta disposición, las representaciones sexualmente explícitas de personas que «parecen ser» menores también son ilegales, ya que este tipo de pornografía y el inciso (c) (pornografía infantil virtual) pueden tener el mismo efecto en los espectadores como si estuvieran viendo a niños reales, facilitando así una subcultura de abuso infantil. Sin embargo, de acuerdo con el Artículo 9(4), los Estados parte pueden reservarse el derecho de no aplicar estas definiciones (Artículo 9(2), incisos b y c). En general, esta disposición legal puede presentar discrepancias en la definición de la pornografía infantil en enfoques legislativos nacionales.

En la práctica, la tecnología moderna, y en particular Internet, han facilitado la creación de imágenes de explotación infantil generadas por com-

40. CdE, «Convenio sobre la Ciberdelincuencia», art. 9(2).
41. CdE, «Informe Explicativo Convenio sobre la Ciberdelincuencia», párr. 100, pág. 26.

putadora de tal manera que a veces puede ser difícil distinguirlas de imágenes de niños reales involucrados en actividades sexuales. La pornografía infantil virtual incluye representaciones explícitas o de explotación de menores, que van desde avatares caricaturescos hasta simulaciones altamente realistas. Los «mundos virtuales» presentan una dinámica particular, donde los entornos simulados basados en avatares en red muestran un realismo e interactividad cada vez mayores. Con la tecnología cada vez más accesible, la participación en estos mundos virtuales está en aumento. Sin embargo, esto conlleva riesgos virtuales, como el «age-play» en avatares y la exposición a contenidos explotativos, especialmente preocupante si involucra o tiene como objetivo a menores reales. El impacto de los mundos virtuales puede ser perjudicial para los niños, ya que están expuestos a ser seducidos por delincuentes y al abuso simulado. Además, los materiales de abuso sexual infantil, incluidos dibujos y representaciones virtuales, que representan a niños inexistentes o a personas que parecen ser niños, pueden contribuir a la tolerancia del abuso sexual infantil, la satisfacción de las fantasías sexuales de los delincuentes cibernéticos y la incitación de la demanda para victimizar a más niños en formas de explotación sexual en el espacio digital como en el mundo físico[42]. Por su parte, el Convenio de Lanzarote incluye disposiciones que criminalizan actos relacionados con la pornografía infantil y adopta un enfoque similar al Convenio sobre la Ciberdelincuencia en cuanto a la criminalización de «representaciones simuladas o imágenes realistas de un niño no existente», permitiendo a los Estados parte hacer reservas total o parcialmente[43].

Al definir la pornografía infantil, el Convenio sobre la Ciberdelincuencia describe el término «menor» como todas las personas menores de 18 años y permite a los Estados parte establecer un límite de edad más bajo que no sea inferior a 16 años[44]. Esta disposición penal permisible indica que la edad del niño protegido podría ser de 16 años en ciertas jurisdicciones, reflejando la divergencia en las definiciones de pornografía infantil a nivel nacional. El CRC ha expresado una preocupación particular a los Estados parte sobre límites de edad inferiores a 18 años. Por lo tanto, el Comité recomienda que las leyes penales se apliquen a todos los niños, personas menores de 18 años, ya que ellos nunca pueden consentir legalmente a ninguna forma de su propia explotación o abuso sexuales[45].

---

42. Directrices del PF-CDN, párr. 63, pág. 14.
43. Convenio de Lanzarote, art. 20(3); CdE, «Informe Explicativo del Convenio de Lanzarote», párr. 144, pág. 21.
44. CdE, «Convenio sobre la Ciberdelincuencia», art. 9(3).
45. Directrices del PF-CDN, párr. 72 pág. 15.

Este tratado obliga a los Estados parte a penalizar la «producción», «oferta» o «puesta a disposición», «difusión» o «transmisión», «adquisición» («para uno mismo o para otros»), y «posesión» de pornografía infantil a través de un sistema informático[46]. Con la penalización de estos delitos, los redactores buscaron fortalecer las medidas de protección para los niños en línea al penalizar varios aspectos del suministro y distribución electrónica de pornografía infantil. Sin embargo, el Convenio sobre la Ciberdelincuencia afirma que «las Partes podrán reservarse el derecho a no aplicar, en todo o en parte» la criminalización de la adquisición y posesión de material pornográfico que involucre a niños[47]. Esta disposición puede evidenciar la diversidad en la legislación penal nacional de los países y la posibilidad de que no todos estén abordando la posesión de pornografía infantil en sus jurisdicciones nacionales.

Por su parte, el Convenio de Lanzarote abarca una amplia gama de acciones relacionadas con la «producción», «oferta» o «puesta a disposición», «difusión» o «transmisión», «adquisición» («para sí o para otro»), «posesión» y «acceso» con conocimiento de causa a la pornografía infantil a través de la TIC[48]. Por lo tanto, el Convenio de Lanzarote va un poco más allá al penalizar la visualización en línea (no solo la descarga) de pornografía infantil. Este nuevo elemento del delito establece el requisito de que «para ser considerado responsable, la persona debe tener la intención de acceder a un sitio donde esté disponible la pornografía infantil y saber que se pueden encontrar allí tales imágenes»[49]. Esta condición significa que, para demostrar la responsabilidad por el acceso a dicho contenido, la intención del infractor puede deducirse por el acceso recurrente al sitio o por realizar un pago por un servicio. Sin embargo, esta disposición legal sigue siendo opcional, ya que el Convenio de Lanzarote permite que «cada Parte podrá reservarse el derecho de no aplicar, en todo o en parte» esta definición[50]. En conjunto, sin embargo, estos instrumentos multilaterales del CdE (Convenio sobre la Ciberdelincuencia y Convenio de Lanzarote) promueven conceptos de DDHH hacia un bien común: la protección del bienestar, los intereses superiores y las libertades fundamentales de los niños, y fomentan respuestas integrales que abordan la persecución de los perpetradores, la protección de los niños víctimas y la prevención del delito.

46. CdE, «Convenio sobre la Ciberdelincuencia», art. 9(1).
47. *Ibid.*, art. 9(4); CdE, «Informe Explicativo Convenio sobre la Ciberdelincuencia», párr. 106, pág. 27.
48. Convenio de Lanzarote, art. 20(1).
49. CdE, «Informe Explicativo del Convenio de Lanzarote», párr. 140, pág. 21.
50. Convenio de Lanzarote, art. 20(4).

Clave para mi argumento en este libro es que los redactores del Convenio sobre la Ciberdelincuencia reconocieron la importancia del uso de Internet para la pornografía infantil y para nuevas formas de explotación sexual y peligro para los niños. Específicamente, notaron lo siguiente: «La opinión generalizada es que los materiales [pornografía infantil] y prácticas en línea tales como el intercambio de ideas, fantasías y consejos entre los pedófilos, desempeñan un papel para apoyar, alentar o facilitar los delitos de índole sexual contra los menores»[51]. Por lo tanto, los redactores también se dieron cuenta de que los delitos relacionados con contenido (pornografía infantil) no son la única forma de explotación sexual de niños, ya que los delincuentes también pueden desarrollar prácticas en el espacio virtual para promover o conducir a otras formas de explotación y abuso sexuales de niños. No obstante, el Convenio no va más allá del ámbito de la pornografía infantil. Por consiguiente, no penaliza ningún otro tipo de ciberdelitos relacionados con la explotación sexual de niños a través de sistemas, redes y datos informáticos.

Como se puede apreciar, el Convenio sobre la Ciberdelincuencia refleja una comprensión de los desafíos y peligros de vivir en la era de la digitalización y la TIC. Este Convenio es un símbolo del progreso internacional en la lucha global contra los ciberdelitos al proporcionar respuestas de política criminal comunes. Además, este Convenio, como base para facilitar una cooperación internacional rápida y efectiva, es un pilar fundamental en la lucha contra la ciberdelincuencia, protegiendo los intereses legítimos de los Estados y la sociedad, y contribuyendo a la modernización de las leyes nacionales. Específicamente, en relación con el problema en cuestión, debido a que este Convenio está diseñado para proteger a la sociedad contra la ciberdelincuencia con un debido respeto a los DDHH, el cumplimiento de sus principios por parte de los Estados promoverá la armonización de las leyes nacionales sobre ciberdelincuencia y fortalecerá la cooperación internacional entre ellos, representando así un sólido primer paso hacia la eliminación de los ciberdelitos contra los niños.

b.2. Material de Abuso Sexual Infantil: Acto y Propósito de Explotación

Material de abuso sexual infantil en línea es un acto con un fin de explotación, en el cual los niños participan en actividades sexuales explícitas o explotativas para la excitación sexual. En este sentido, un niño está siendo utilizado, adquirido u ofrecido para la producción y difusión de materiales

51. CdE, «Informe Explicativo Convenio sobre la Ciberdelincuencia», párr. 93, pág. 25.

de abuso sexual o para llevar a cabo espectáculos sexuales en el ciberespacio. En efecto, el material de abuso sexual infantil implica representaciones de explotación de niños (p. ej., texto y sonido), evidenciando una objetivización sexual del niño para satisfacer fantasías y deseos sexuales de los espectadores en línea[52]. Por ende, el uso de términos como «utilización de niños en espectáculos y materiales pornográficos» o «material de abuso sexual infantil» en lugar de «pornografía infantil» es más apropiado al referirse a esta forma de delito, ya que los menores están siendo sexualmente explotados y sometidos a un trauma continúo debido a la circulación indefinida de sus imágenes y videos en Internet.

Internet permite a los perpetradores simplificar el proceso de que se perciba al niño como un objeto para fines de explotación sexual, al tiempo que acumulan rápidamente una cantidad significativa de materiales delictivos y gráficos como pruebas. Por ejemplo, en un caso del Informe Global sobre Trata de Personas de la UNODC en Tailandia, las investigaciones forenses digitales encontraron más de 500,000 imágenes de explotación de niños menores de 10 años[53]. Este caso de explotación infantil fue inicialmente procesado bajo legislación de ciberdelitos y luego se amplió para incluir cargos por trata con fines de explotación sexual. European Unión Agency for Law Enforcement Cooperation (Europol) informó que su repositorio contiene más de 4.6 millones de imágenes o videos únicos relacionados con material de abuso y explotación sexual infantil[54]. Es importante destacar que, en 2019, IWF encontró un total de 132,676 sitios web confirmados que alojan o enlazan material de abuso sexual infantil. Este número refleja un aumento del 25% de tales sitios desde 2018. Además, según las cifras de la IWF, el número de dominios de Internet con imágenes de abuso sexual infantil aumentó un 130% de 2014 a 2018, pasando de 1,694 a 3,899 dominios[55]. IWF en su informe de 2022 encontró que las imágenes de abuso sexual infantil que involucran a niños varones aumentaron en un 137% desde 2021. Además, las imágenes de niños varones representan un mayor porcentaje en la categoría de abuso más grave en comparación con las niñas (31% para niños varones frente a 19% para niñas)[56]. Los Estados miembros de la UE es donde se alojan la mayoría de las imágenes de abuso sexual

52. Suzanne Ost, *Child Pornography and Sexual Grooming, Legal and Societal Responses* (Cambridge: Cambridge University Press, 2009), 105.
53. Se hace referencia a Tailandia, Región Corte 5. UNODC, *Global Report on Trafficking in Persons 2018* (Nueva York: ONU, 2018), 39.
54. IOCTA 2019, 30.
55. IWF, *Annual Report 2018*, 30; IWF, *Annual Report 2019*, 46.
56. IWF, *Annual Report 2022*, 47.

infantil (59%)[57]. En ese orden de ideas, el material de abuso sexual infantil por encargo se ha convertido en una amenaza cibernética emergente que puede estar asociada con grupos criminales organizados y es cada vez más demandada por los delincuentes[58].

Igualmente, importante, los entornos digitales permiten el almacenamiento y distribución dinámicos de estos materiales, incluidos anuncios de pago por clic en plataformas que alojan material de explotación sexual infantil. Europol evidencia el uso indebido de «cyberlockers» o sitios de alojamiento de archivos para almacenar remotamente los archivos de los delincuentes, es decir, colecciones de material pornográfico o de explotación sexual de niños, en servidores separados en lugar de en sus computadoras personales[59]. IWF sugiere que estos cyberlockers contienen una alta proporción de contenido de la categoría de explotación sexual infantil más grave, incluida la violación y tortura sexual de bebés y niños pequeños (de 0 a 2 años)[60].

Sumado a esto, las redes de intercambio de archivos entre pares o peer-to-peer (P2P) son también un método significativo de distribución en línea de materiales pornográficos de niños. De hecho, Europol identificó las redes P2P como el método más popular para la distribución de materiales de explotación sexual de niños, y comúnmente asociado con plataformas en la web oscura[61]. Esta popularidad se debe aparentemente al mayor nivel de anonimato que los delincuentes tienen en la web oscura, lo que les brinda mayor libertad para conectarse y discutir sus intereses y deseos sexuales ya sea en comunicaciones individuales o en grupos más grandes. Plataformas P2P, como Gnutella, eDonkey y eMule, han presentado un alto volumen de este tipo de delitos[62]. Así, las redes de intercambio de archivos de P2P se han convertido en una herramienta para que los delincuentes se dediquen a la distribución y almacenamiento de imágenes y videos de explotación de niños.

57. IWF, *Annual Report 2022,* 70.
58. Europol, *Internet Organised Crime Threat Assessment* (IOCTA) 2021, (Europol: 2021), 26.
59. IOCTA 2021, 26.
60. IWF, *Annual Report 2022,* 83; IWF, *Annual Report 2019* (Cambridge: IWF, 2019), 58.
61. IOCTA 2021, 25.
62. ECPAT International, *Online Child Sexual Exploitation: An Analysis of Emerging and Selected Issues* (ECPAT International, 2017), 34; European Financial Coalition (EFC), *Commercial Sexual Exploitation of Children Online: A Strategic Assessment* (EFC, 2015), 11.

Por ejemplo, cuando un delincuente sofisticado pierde o tiene sus colecciones incautadas, puede recurrir a este tipo de plataformas para reconstruir sus materiales más rápidamente. Por lo general, al usar plataformas P2P privadas, los delincuentes de nivel medio operan en grupos pequeños y cerrados que les permiten establecer relaciones directas con otros usuarios, con el objetivo de acceder y compartir material de abuso sexual de niños. Las plataformas de intercambio de archivos de P2P se pueden utilizar legítimamente en Internet superficial («surface web» o «clear web», parte de la web que es accesible para el público en general a través de los motores de búsqueda convencionales) así como en redes de contactos anónimos en la web oscura, a través de mensajes encriptados mediante los cuales los ciberdelincuentes ocultan sus operaciones al mejorar su seguridad y privacidad. Por ejemplo, el uso de herramientas de anonimato como Tor y Virtual Private Networks (VPN) les permite crear y compartir material de abuso sexual infantil, especialmente el de naturaleza extrema, fue identificado como una amenaza clave de Europol en 2023[63]. Además, Europol reveló sobre un incremento en el uso de redes de intercambio de archivos P2P para distribuir y almacenar imágenes y vídeos de explotación infantil, un aumento que también se atribuye a la pandemia de Covid-19[64]. También la creciente capacidad de los perpetradores para almacenar contenido en línea rápidamente a través del uso de almacenamiento en la nube puede dificultar que las fuerzas del orden identifiquen la ubicación física de los perpetradores u obtengan pruebas digitales[65].

Mientras que el uso de compartir archivos por sistemas informáticos para explotar a niños ocurre en el espacio virtual, la producción del material pornográfico suele comenzar con la fuerza física, el abuso sexual o la coerción de los niños en el mundo real. Dado que una parte considerable de los materiales pornográficos de niños está disponible y se distribuye a través de redes P2P y servicios ocultos en la web oscura, es difícil estimar la ubicación de los niños víctimas, así como cuantificar la cantidad de imágenes que están circulando. En general, la distribución en el ciberespacio de estos materiales puede incluir imágenes nuevas y otras históricas o recicladas[66]. También es importante recordar que los delincuentes en posesión de imágenes de explotación sexual de niños también pueden abusar y explotar

63. Europol, *Internet Organised Crime Threat Assessment* (IOCTA) 2023, (Europol: 2023), 11.
64. IOCTA 2021, 26.
65. Alianza Mundial WeProtect, *Evaluación de la Amenaza Global de 2021* (Alianza Mundial WeProtect: 2021), 49.
66. Justė Neverauskaitė, *Child Sexual Abuse Material and the Internet (Part 2): Challenges for the Law Enforcement Agencies* (Brussels: ECPAT Belgium, 2015), 3.

sexualmente a los niños fotografiados u otros si tienen un contacto directo con ellos[67].

b.3. Material Erótico Infantil

Otra preocupación relacionada con la pornografía infantil es el material erótico infantil. Esta práctica consiste en imágenes eróticas de niños que no los muestran explícitamente en actividades sexuales, pero aun así los sexualizan de alguna manera. Son imágenes de niños semidesnudos o en poses eróticas que, en algunos casos, pueden llegar a considerarse como una forma de material de abuso sexual infantil («pornografía infantil»). Aunque estas imágenes no siempre son de explotación *per se*, el hecho de que se muestren en el contexto de sitios de orientación sexual es relevante para determinar la intención de explotación.

El material erótico infantil es una forma de abuso sexual que puede promover actitudes perjudiciales hacia los niños, y que puede implicar que un niño sea persuadido por adultos conocidos (como familiares o conocidos) para posar de ciertas maneras, a menudo a cambio de remuneración o retribución (p. ej., para satisfacer necesidades básicas para la supervivencia, como alimentos o refugio). Estas situaciones sexualizadas evidencian a los adultos aprovechándose de la inocencia, vulnerabilidades y la falta de poder de los niños en la producción de tales imágenes, con el riesgo potencial de que los adultos utilicen aún más estas imágenes para intercambio o distribución comercial en el ciberespacio. Las imágenes provocativas que pueden tener un valor erótico y servir un propósito sexual deben considerarse material de explotación sexual de niños, y esta categoría abarca más que el material de abuso sexual infantil. Un ejemplo es el caso australiano en el que el tribunal declaró culpable al acusado de poseer miles de imágenes de pornografía infantil y más de 500,000 imágenes de niños pequeños en poses no sexuales en computadoras[68].

La base de datos Internacional de Explotación Sexual Infantil (ICSE) de la Organización Internacional de Policía Criminal (Interpol) ha contribuido a identificar víctimas de distintas escalas de abuso sexual infantil en todo

---

67. Se estima que el número de agresores de material de abuso sexual infantil que también cometen delitos sexuales con contacto contra niños varía entre el 60% y el 85%. Véase Michael L. Bourke, «The Myth of the Harmless Hands-off Offender», en *The NetClean Report 2016* (NetClean, 2016), 35.
68. R v. Hill, [2011] 110 SASR 588, pág. 590.

el mundo, e incluye imágenes de niños en poses desnudas o eróticas[69]. En algunos países, las imágenes sexualizadas pueden ser legales, generalmente argumentando que el niño no está involucrado en una actividad sexual explícita, lo que permite su distribución o intercambio con facilidad[70]. Las imágenes en las que los niños posan de manera sexualizada vulneran la integridad sexual del niño, tienen el propósito de explotar al niño y pueden alimentar fantasías reales de depredadores sexuales en línea (con fines de gratificación sexual). Además, estas imágenes sexualizadas de niños tienen el potencial de ser utilizadas en sitios para encubrir la explotación sexual de niños y como un primer paso en el proceso de seducción o la captación de niños con fines sexuales en línea[71].

c. Extorsión Sexual de Niños o «Sextorsión» y Sextorsión Financiera

Sextorsión implica un intercambio o *quid pro quo* (una reciprocidad). En esta práctica, los ciberdelincuentes inducen a los niños a proporcionar imágenes y videos en el que se muestran ellos mismos, y una vez obtienen material comprometedor de un niño víctima en línea, lo utilizan para extraer un beneficio sexual o ventaja. Los explotadores emplean formas no físicas de coerción, como el chantaje, para obtener contenido sexual más explícito del niño, obtener dinero u otros beneficios del niño, o encontrarse con el niño en persona para una actividad sexual (más comúnmente cuando el ciberdelincuente y la víctima ya se conocen en la vida real) a cambio de no divulgar el material sexual en el que el niño aparece, por ejemplo, en redes sociales. En otras palabras, los delincuentes amenazan con exponer el contenido comprometedor, incluyendo compartir las imágenes con amigos, familiares o la escuela del niño, a menos que la víctima acceda a sus demandas. Cabe señalar que mientras que un delincuente involucrado en la producción de material de abuso sexual infantil generalmente puede tener un rango de 1 a 15 víctimas, los perpetradores de sextorsión generalmente tienen un número de víctimas en el rango de 1 a 250 víctimas[72]. Además, los delincuentes pueden usar el material de explotación obtenido en

69. «ICSE base de datos», Interpol, https://www.interpol.int/Crimes/Crimes-against-children/International-Child-Sexual-Exploitation-database
70. ECPAT International, *Orientaciones Terminológicos para la Protección de Niñas, Niños y Adolescentes contra la Explotación y el Abuso Sexuales* (Bangkok: ECPAT International, 2016), 43.
71. ECPAT International, *Orientaciones Terminológicos para la Protección de Niñas, Niños y Adolescentes contra la Explotación y el Abuso Sexuales*, 48.
72. Departamento de Justicia de EE. UU., *Extortion, Crowdsourcing, Enticement, and Coercion*, (Departamento de Justicia de EE. UU., 2023), 3.

la sextorsión para su distribución comercial y no comercial en el ciberespacio.

En el contexto de delitos cibernéticos que explotan a sus víctimas solamente en línea, solo un pequeño porcentaje de perpetradores solicita encontrarse con el menor en persona para actividades sexuales, posiblemente debido a la distancia entre los delincuentes y las víctimas. Sin embargo, esto podría ser más representativo de una característica única de sextorsión, como se demostró en un estudio en la República Checa, el cual reveló que, a pesar de estar en cercana proximidad física, ninguno de los delincuentes cibernéticos estudiados intentó reunirse en persona con sus víctimas cibernéticas[73].

El Departamento de Justicia de EE. UU. encontró que la mayoría de las imágenes comprometedoras autogeneradas en casos de sextorsión representaban entornos domésticos, como dormitorios y baños, y que el acceso a Internet puede ser facilitado por un teléfono móvil[74]. El aumento del acceso de los niños a Internet, que en muchos casos se está volviendo más personal, más privado y menos supervisado[75], puede exponerlos al riesgo de sextorsión. Sextorsión ha sido consistentemente señalada como la amenaza en constante crecimiento más significativa para los niños en el entorno digital, según los hallazgos recopilados de la encuesta de la Estrategia Nacional del Departamento de Justicia de EE. UU., realizada en 2023 y 2016[76]. Según el NCMEC, los niños víctimas de sextorsión con fines sexuales tienen edades que van desde los 8 hasta los 17 años, con una edad promedio de 15 años. Además, el NCMEC encontró que, según los informes de CyberTipline, la mayoría de las víctimas de este tipo de sextorsión son niñas[77]. Esto difiere de la sextorsión financiera a menores, en la que la mayoría de las víctimas suelen ser varones en un 93%, y usualmente los niños víctimas tienen entre 15 y 17 años[78]. Esto podría atribuirse al hecho de que los niños

73. Kemal Veli Açar, «Sexual Extortion of Children in Cyberspace», *International Journal of Cyber Criminology* 10, no. 2 (2016): 114, https://doi.org/10.5281/zenodo.163398.
74. Departamento de Justicia de EE. UU., *National Strategy for Child Exploitation Prevention and Interdiction* (Un informe al Congreso) (Departamento de Justicia de EE. UU., 2023), 17; Departamento de Justicia de EE. UU., *Extortion, Crowdsourcing, Enticement, and Coercion*, 4.
75. UNICEF, *The State of the World's Children 2017: Children in a Digital World* (Nueva York: UNICEF, 2017), 64.
76. Departamento de Justicia de EE. UU., *Extortion, Crowdsourcing, Enticement, and Coercion*, 1.
77. NCMEC, *Trends Identified in Cybertipline Sextortion Report* (NCMEC, 2016), 1.

mayores tienen más posibilidades de cumplir con las solicitudes financieras de los delincuentes. Según CyberTipline, en 2023, los montos más comunes oscilan entre un promedio de $500 a $1,954[79]. Cabe destacar que la sextorsión financiera está en aumento, como lo demuestran los informes de Cybertipline. Con un marcado contraste, se pasó de 1 caso reportado en 2019 a la alarmante cifra de 7,777 casos reportados por los PSI en el año 2022[80].

En las etapas iniciales de sextorsión, los delincuentes no inician la interacción desde una posición de poder o abuso. En su lugar, generalmente comienzan haciéndose pasar por alguien en quien el niño puede confiar para desarrollar una amistad o una relación romántica, para luego obtener imágenes o videos sexuales del niño. Así, esta práctica puede estar relacionada con la captación de niños con fines sexuales y el sexteo. Los delincuentes luego utilizan estos materiales para extorsionar a sus víctimas y obligarlas a producir y transmitir contenido de naturaleza sexualmente explícita, generalmente varias veces al día, y con demandas que son cada vez más extremas, violentas, sádicas y degradantes para los niños[81]. A través de la extorsión sexual de niños, los perpetradores ejercen un control efectivo sobre un niño que puede generar un trauma psicológico perjudicial y de naturaleza continua, lo que provoca que algunas víctimas se involucren en autolesiones o incluso el suicidio.

Una encuesta en línea que abarcó a 2,097 víctimas de sextorsión (de 13 a 25 años) encontró que 1 de cada 4 víctimas tenía 13 años o menos en el momento del abuso[82]. Los extorsionadores utilizan estrategias como ofrecer a las víctimas la posibilidad de trabajar para agencias de modelaje o actuación. Por ejemplo, una víctima relató su experiencia con una de estas oportunidades: lo que parecía una entrevista en línea rutinaria para un trabajo de modelaje se convirtió rápidamente en algo engañoso y explotador cuando el agresor le pidió a la víctima que mostrara sus senos. Una vez que lo hizo, el agresor admitió que en realidad no era un agente de modelaje y

78. Fallon McNulty, «NCMEC's Cybertipline: Response to Financial Sextortion», presentación en el Grupo de Referencia de la Sociedad Civil de la Alianza Mundial WeProtect, 28 Junio 2023, 4.
79. Fallon McNulty, «NCMEC's Cybertipline: Response to Financial Sextortion», 4.
80. *Ibid.*, 6. En 2019, se registró 1 caso; en 2020, aumentó a 8 casos; en 2021, se reportaron 151 casos, y finalmente, en 2022, se alcanzó un alarmante total de 7,777 casos de sextorsión financiera reportados por los PSI.
81. Directrices del PF-CDN, párr. 69, pág. 15.
82. Thorn, Sextortion Summary findings from a 2017 survey of 2,097 survivors (Thorn: 2017), 6.

que ahora tenía material que podría «arruinar» la vida de la víctima[83]. Es relevante señalar que los investigadores han descubierto que la mayoría de los sitios web o aplicaciones utilizados por los perpetradores para el primer contacto con las víctimas eran plataformas de redes sociales, como Facebook, Tagged e Instagram (54%), así como plataformas de mensajería o mensajería de fotos, como Kik y Snapchat (41%) y plataformas de videoconferencia (23%). Además, se encontró que las víctimas fueron contactadas por el agresor en múltiples plataformas[84].

Mientras que 1 de cada 3 víctimas permaneció en silencio en relación con la victimización[85], los encuestados de uno de los estudios también describieron diversas barreras para obtener asistencia policial, como la «falta de leyes penales que aborden la sextorsión, falta de jurisdicción cuando los perpetradores vivían en otros estados o países y dificultades para probar la identidad de los perpetradores»[86]. Estas circunstancias demuestran la necesidad de una comprensión más profunda sobre las amenazas actuales de la explotación sexual de niños en el entorno virtual y que estas deberían estar adecuadamente cubiertas por disposiciones legales nacionales, contar con una sólida respuesta policial e involucrar un papel mejorado de la industria de tecnología en la prevención de estos delitos, incluyendo mecanismos efectivos de denuncia, programas educativos y apoyo a los niños víctimas.

En un caso significativo de sextorsión como delito cibernético en Suecia, un tribunal declaró culpable a un hombre de obligar a niños en Canadá, Estados Unidos y el Reino Unido, todos menores de 15 años, a participar en actos sexuales frente a una cámara web mientras él miraba. Los coaccionó bajo la amenaza de distribuir los materiales que ya tenía o de matar a sus familiares si no cumplían, dejándolos sin otra alternativa real o aceptable que someterse al abuso. A pesar de que el delincuente nunca conoció a ninguno de los niños en persona, el tribunal lo condenó a 10 años de prisión como delincuente con contacto físico o interacción directa en la comisión del delito sobre la base del concepto de «violación virtual»[87]. Este fue sin

83. Janis Wolak y David Finkelhor, *Sextortion: Keys Findings from an Online Survey of 1,631 Victims* (Crimes Against Children Research Center y Thorn, 2016), resumen de la autora de la descripción de una encuestada, 15.
84. Departamento de Justicia de EE. UU., *Extortion, Crowdsourcing, Enticement, and Coercion*, 4.
85. *Ibid.*, 3.
86. Janis Wolak y David Finkelhor, *Sextortion: Keys Findings from an Online Survey of 1,631 Victims*, 6.
87. IOCTA 2019, 31.

duda un fallo progresista que sentó un precedente en Suecia, y es probablemente el primero de su tipo en el mundo donde un perpetrador en el espacio virtual fue condenado como abusador con contacto físico directo con la víctima. Una condena por violación en el ciberespacio puede, y sostengo, debería, alentar a los Estados a pensar en cómo abordar el nuevo fenómeno de las diferentes formas de explotación conectadas al espacio virtual en los sistemas judiciales actuales o en la legislación nacional.

d. Transmisión en Directo de Abuso y Explotación Sexual de Menores

La transmisión en vivo de abuso y explotación sexual de niños es un delito que conecta el mundo físico y digital. Implica que el abuso infantil se filma, generalmente en un entorno doméstico (como habitaciones o baños), y se hace disponible en tiempo real en línea, por lo general a pedido de clientes de países occidentales (P.ej., regiones como Europa, América del Norte y Oceanía). Según los datos de IWF, en este tipo de videos suele haber una tendencia a no mostrar la presencia de un adulto, que generalmente parece estar fuera de la habitación[88]. IWF indica que la duración de los videos varía desde unos minutos hasta más de una hora y la mayoría de las imágenes involucran a niños de 11 a 13 años, predominantemente niñas[89].

Aunque esta forma de explotación no requiere un contacto físico directo entre los espectadores y los niños víctimas, el abuso que sufren estos niños a menudo se intensifica y puede llevar a una explotación sexual fuera del entorno digital. Por ejemplo, en algunos casos, la transmisión en vivo es un precursor de que los espectadores cibernéticos viajen al país de destino para explotar sexualmente niños en el mundo físico[90]. Sin embargo, esto no es necesario para que ocurra este delito cibernético sexual contra niños. Más bien, ocurre cuando un abusador cibernético (p. ej., un espectador) observa a niños en espectáculos sexuales en vivo en línea en cualquier parte del mundo desde su propia computadora o dispositivo móvil.

Esta tendencia de depredación sexual cibernética suele tener un componente comercial, ya que el espectador a menudo paga a la persona que obliga al menor a participar en espectáculos pornográficos en directo y que vende el abuso del menor en línea. Aunque algunos casos recientes han

88. IWF, *Trends in Online Child Sexual Exploitation: Examining the Distribution of Captures of Live-streamed Child Sexual Abuse* (Cambridge: IWF, 2018), 11.
89. *Ibid.*, 10-11.
90. Europol, *Internet Organised Crime Threat Assessment* (IOCTA) 2018, (Europol: 2018), 35.

involucrado a niños de países desarrollados[91], esta forma de cibercrimen se presenta con frecuencia como una forma transnacional de abuso, ya que principalmente implica a espectadores a menudo de países desarrollados que compran material a intermediarios o facilitadores del abuso en países en desarrollo. Estas desigualdades económicas globales contribuyen a una situación en la que individuos en países en desarrollo, incluyendo en algunos casos a padres y miembros de la familia, utilizan el acceso a Internet para vender en directo el abuso sexual de los niños; mientras que los espectadores, que pueden incluir una elite de clientes en países desarrollados, aprovechan su relativo poder económico para ver u ordenar la transmisión del abuso[92]. El pago se realiza a menudo a través de una agencia de transferencia de dinero y puede oscilar entre USD$10 y $40; en algunos casos, los delincuentes no cumplen su promesa de transferir dinero, por lo que el pago no se recibe en absoluto.

Las Filipinas es el país donde se han encontrado la mayoría de los niños víctimas. Un caso de Europol demuestra las vulnerabilidades de los niños y algunas causas fundamentales del problema en el país: Un hombre británico envió dinero a una madre de dos niñas (de siete y once años) y un niño de cinco años en Filipinas. La madre utilizó ese dinero para comprar comida para los niños y le permitió a él solicitar materiales y tener una conversación directa con los niños a cambio[93]. Esta forma de venta en línea y explotación sexual de niños a menudo están estrechamente vinculadas con la extrema pobreza y la falta de oportunidades, incluidos los altos niveles de desempleo dentro de los países. Los delincuentes aprovechan estas condiciones socioeconómicas y persuaden a los padres o parientes cercanos del niño para negociar su acceso a ver actuaciones pornográficas o sexuales del niño frente a una cámara, a menudo a través de aplicaciones de redes sociales, sitios de chat en línea y aplicaciones de videochat, incluso con cifrado de extremo a extremo. De esta manera, los delincuentes pueden aprovechar las comunicaciones encriptadas que algunas plataformas privadas pueden ofrecer para fines legítimos y acceder a material sexual de niños, visualizando el acto en vivo sin descargar el archivo, lo que minimiza las huellas forenses para identificar y castigar a los delincuentes.

---

91. P. ej., casos que involucran la transmisión en vivo de abuso sexual infantil desde Estados Unidos hacia el Reino Unido y desde Rumania hacia Estados Unidos. Véase, IOCTA 2018, 35.
92. Alianza Mundial WeProtect, *Evaluación de la Amenaza Global de 2021*, 60.
93. Resumen de la autora de la referencia del caso en IOCTA 2019, 33.

En algunos casos, la coerción al niño para participar en dicho acto puede reflejarse en la obtención de «me gusta» y comentarios de validación por parte de los espectadores. Esta situación se muestra en el siguiente caso:

Una niña, que afirmó tener 14 años (aunque parecía tener entre 12 o 13 años), después de exponerse repetidamente ante la cámara web, declaró que detendría la transmisión si no tenía un mayor número de espectadores y las personas no comenzaban a comentar o a darle «me gusta» a la transmisión, ya que consideraba que «no tendría sentido» que continuara[94].

Ejemplos como este demuestran la falta o limitada comprensión de los padres o familiares sobre los riesgos y los graves impactos psicológicos y de desarrollo para el niño asociados con las interacciones en vivo a través de una cámara web o teléfono celular. Ellos pueden percibir que el acto no causa daño a sus hijos porque se transmite a los delincuentes de manera remota, como se demostró en un informe de la Alianza Mundial WeProtect[95]. Como resultado, esta comprensión limitada puede llevarlos a ser cómplices en la explotación de sus propios hijos.

La transmisión en vivo de abuso sexual de niños requiere la cooperación policial transfronteriza y puede presentar nuevos desafíos para detectar e investigar a los infractores, en especial debido a la dificultad de obtener pruebas del abuso para presentar cargos por posesión, producción o difusión de material de abuso o explotación sexual de niños. Estos desafíos pueden estar relacionados con bajos niveles de denuncia; dificultades para obtener la cooperación de padres, familiares y amigos cercanos que facilitan la explotación del niño; y el uso de herramientas de cifrado y plataformas en la web oscura que permiten a los usuarios anónimos perpetuar el abuso. Adicionalmente, el pago por el abuso se transmite comúnmente a los individuos implicados en pequeñas cantidades a través de servicios de transferencia de dinero, lo que puede ayudar a reducir los niveles de actividad sospechosa. Estos desafíos demuestran la necesidad de que los países colaboren con actores clave, incluida la industria de tecnología y la sociedad civil, para fortalecer las estrategias de prevención e iniciativas educativas. Por ejemplo, campañas de sensibilización podrían ayudar a educar a la comunidad sobre el delito, en particular sobre las implicaciones y el daño de la producción y distribución por medios electrónicos de datos de audio y video transmitidos, las dificultades para eliminar la transmisión y la pérdida de control en su posterior distribución a través de redes.

94. IWF, *Annual Report 2022*, 120.
95. Alianza Mundial WeProtect, *Evaluación de la Amenaza Global de 2019*, 33.

Este ciberdelito no se limita a ninguna región y está en aumento en países de América Latina, África y Medio Oriente, lo cual puede evidenciarse en el siguiente caso de 2023 que fue resultado de la cooperación internacional entre las autoridades australianas, Interpol, el FBI y las autoridades colombianas, y que llevó a la identificación de víctimas de 19 meses, 7 y 9 años de edad involucradas en la transmisión en vivo de abuso sexual infantil, así como a la captura de dos delincuentes que facilitaron el abuso, la madre y una tía de los niños[96].

Si bien la transmisión en vivo de abuso sexual de niños no está definida explícitamente en los instrumentos jurídicos internacionales previamente analizados, se pueden encontrar componentes de este delito y obligaciones de los Estados en algunos de estos textos. En particular, la CDN ordena a los Estados parte tomar todas las medidas apropiadas para prevenir «la explotación del niño en espectáculos y materiales pornográficos»[97]. Más específicamente, el PF-CDN obliga a los Estados parte a prohibir como mínimo: actos y actividades relacionados con «ofrecer, entregar o aceptar, por cualquier medio, un niño con fines de explotación sexual del niño»[98], así como la producción, distribución, divulgación, oferta, venta o posesión de pornografía infantil[99]. El término pornografía infantil incluye «actuaciones en vivo, fotografías, películas en movimiento, grabaciones de video y la grabación o transmisión de imágenes digitales»[100]. Este entendimiento implica que los Estados parte están legalmente obligados a tipificar como delito las conductas de los involucrados en la transmisión en vivo de abuso sexual, ya sean facilitadores o espectadores que presencien u ordenen el abuso de un niño víctima en otro país, dentro del derecho penal nacional.

Asimismo, el Convenio sobre las Peores Formas de Trabajo Infantil, 1999 (N.º 182) de la OIT exige a los Estados prohibir y eliminar de manera urgente «la utilización, el reclutamiento o la oferta de niños para la prostitución, la producción de pornografía o actuaciones pornográficas». En adición, según el Convenio de Lanzarote, en virtud del Artículo 21, si una persona recluta o coacciona intencionalmente a un niño para participar en espectáculos

96. «Authorities have safeguarded victims aged 19 months, 7 and 9» Interpol, https://www.interpol.int/en/News-and-Events/News/2023/Colombia-Two-arrested-for-live-streaming-child-sexual-abuse#:~:text=Authorities%20have%20safeguarded%20victims%20aged,children%27s%20sexual%20abuse%20for%20profit.
97. CDN, art. 34(c).
98. PF-CDN, art. 3(1)(a)(i)(a).
99. *Ibid.*, art. 3(1)(c).
100. UNICEF Innocenti Research Centre, *Handbook on the Optional Protocol on the Sale of Children, Child Prostitution and Child Pornography* (Florencia: UNICEF, 2009), 12.

pornográficos o se beneficia o de alguna manera explota a un niño con esos fines, esta persona debe ser penalizada[101]. Esta disposición busca sancionar tanto la oferta como la demanda, ya que también se extiende a espectadores cuando tienen la intención de asistir a tales espectáculos pornográficos en los que participen niños[102]. Sin embargo, el párr. 2 de la disposición permite a los Estados parte reservarse el derecho de limitar la aplicación del párr. 1 (c) (espectadores) a casos en los que los niños involucrados en los espectáculos pornográficos hayan sido reclutados o coaccionados para participar en tales espectáculos[103].

En este tipo de ciberdelito, el niño es tratado como una mercancía u objeto de explotación (para fines de gratificación sexual de los espectadores) en el entorno digital, sin implicar un contacto «directo» entre los delincuentes y los niños. Los perpetradores cibernéticos abusan de los métodos de transmisión de video en directo para organizar videoconferencias para miembros de redes cerradas para ver el abuso y la explotación de niños en otro país en tiempo real. El acceso a estas sesiones cuesta a los espectadores entre USD$30 y $3,000 por ocasión[104]. Añadido a esto, cuando el video de transmisión en vivo de un niño tiene una naturaleza extrema, como representar la tortura de niños, especialmente bebés y niños pequeños, una comunidad en línea de delincuentes puede pagar hasta USD$10,000 por dicho material, a menudo transmitido a través de un sitio en la web oscura[105]. Esta forma de explotación y abuso sexual infantil en el ciberespacio se puede encargar y personalizar para satisfacer los deseos específicos de delincuentes sexuales. Por ejemplo, pueden solicitar la participación de un niño en actos sexuales específicos frente a una cámara web o cámara en un teléfono móvil, que pueden incluir violaciones de niños en vivo. Además, los clientes de Internet pueden exigir que el niño diga un nombre específico o vista un atuendo específico; esto puede incluir vestir a los niños como niñas pequeñas durante el tiempo de abuso[106].

Esta forma de abuso de niños en el ciberespacio es un delito de ESCN que puede ocurrir conjuntamente con otras formas de explotación, como el

101. Convenio de Lanzarote, art. 21(1)(a), (b).
102. Convenio de Lanzarote, art. 21(1)(c); CdE, «Informe Explicativo del Convenio de Lanzarote» párr. 147-149, pág. 22.
103. Convenio de Lanzarote, art. 21(2); CdE, «Informe Explicativo del Convenio de Lanzarote» párr. 150, pág. 22.
104. Europol, *Internet Organised Crime Threat Assessment* (IOCTA) 2014, (Europol: 2014), 32.
105. Alianza Mundial WeProtect, *Evaluación de la Amenaza Global de 2018,* 17.
106. UNODC, *Study on the Effects of New Information Technologies on the Abuse and Exploitation of Children,* Nueva York: ONU, 2015, 21.

material de abuso o explotación sexual infantil, ya que el abuso del niño en línea a distancia puede ser la fuente generadora de tales materiales. IWF encontró que el 100% de estas imágenes se redistribuyeron desde la ubicación original de carga a sitios web de terceros, y el 73% apareció en foros en línea dedicados a videos de abuso sexual infantil por webcam de pago por visión[107]. Algunos delincuentes utilizan *software* de «capping» para evitar que se envíe una notificación de captura de pantalla a la víctima que realiza actos sexuales transmitidos en vivo, y así sin el conocimiento de la víctima, el delincuente produce material nuevo de explotación sexual de niños que a menudo se intercambia en foros en la web oscura[108]. De igual manera, los facilitadores del abuso de un niño pueden vender al niño para delitos sexuales con fines de la explotación en el mundo real.

La transmisión de videos en directo y las transmisiones grabadas en vivo representan un delito relativamente nuevo que la nueva tecnología facilita. Hay foros en el ciberespacio con el propósito de distribuir las capturas de material que muestra abusos sexuales de niños transmitido en vivo, lo que permite a los cargadores utilizarlos comercialmente, obteniendo pago cada vez que se descarga cada video. Algunos infractores ofrecen una descarga de prueba gratuita o hacen que el video esté disponible solo para miembros «premium»[109]. En tales casos, los infractores pueden obtener ganancias financieras o impulsar la industria al hacer que el video sea accesible para los miembros de la comunidad en línea. Este ciberdelito es una tendencia delictiva que Europol identificó como una amenaza clave en su Ciclo de Política de la UE – European Multidisciplinary Platform Against Criminal Threats (EMPACT) 2022-2025[110]. Como efecto de la pandemia de Covid-19, el Informe sobre Trata de Personas del Departamento de Estado de EE. UU. en 2020 encontró, junto con un aumento en el número de personas vulnerables a la trata de personas, el uso de Internet para la transmisión en directo de abuso sexual infantil como una tendencia de la trata[111].

e. «Sexteo», un Área de Preocupación

El fenómeno del sexteo abarca el intercambio de mensajes de texto o correos electrónicos de naturaleza sexualmente sugerente, que pueden

107. IWF, *Trends in Online Child Sexual Exploitation,* 3.
108. IOCTA 2021, 26.
109. *Ibid.*, 12, 15.
110. «EU Policy Cycle – EMPACT» Europol, https://www.europol.europa.eu/crime-areas-and-trends/eu-policy-cycle-empact.
111. Departamento de Estado de EE. UU., Informe sobre la Trata de Personas (Departamento de Estado de EE. UU., 2020), 28.

incluir imágenes desnudas o casi desnudas; en cualquier escenario, los receptores de estos mensajes pueden potencialmente compartir las imágenes sexualizadas con otros. De manera alarmante, «uno de cada diez remitentes de sexteo dice haber enviado estos mensajes a personas que ni siquiera conocen»[112], lo que plantea el riesgo de la seducción o la captación de niños con fines sexuales y de las formas de sextorsión discutidas en secciones anteriores. Aunque los jóvenes usuarios pueden eliminar una publicación o mensaje después de enviar una imagen digital, es imposible evitar que sea recibida, copiada o reenviada por otros en línea. Las imágenes íntimas pueden ser compartidas voluntaria o involuntariamente (p. ej., si se pierde o roba el teléfono del receptor y la seguridad de los archivos se ve comprometida). De cualquier manera, estas imágenes pueden terminar en el ciberespacio y posiblemente en posesión de delincuentes sexuales de niños en línea. Por lo tanto, después de que una imagen indecente se comparte, los niños pueden sentir miedo y una falta de control, ya que no saben quién podría ser el destinatario final.

Un estudio que abordó la cuestión del sexteo señaló que la mayoría de los niños no participa en esta práctica. En EE. UU., tan solo un 17% de los niños se involucran en el sexteo[113]. Sin embargo, aquellos que lo hacen suelen hacerlo en el contexto de desarrollar relaciones íntimas o románticas durante la adolescencia. Además, a medida que los niños crecen, es más probable que tengan interés en compartir imágenes de sí mismos (p. ej., el 26% de los jóvenes de 14 años en comparación con el 48% de los jóvenes de 16 años)[114]. El hecho de que el uso y las actividades de los niños en Internet cambien rápidamente y se vuelvan más privados a medida que crecen, incluido el hecho de navegar desde la privacidad de su propia habitación, puede facilitar un mayor riesgo, especialmente en enviar contenido sexual autogenerado a otras personas a través del teléfono móvil. Los estudios indican que solo el 36% de las adolescentes niñas y el 39% de los adolescentes niños son conscientes de que los destinatarios a menudo comparten imágenes desnudas o semidesnudas con terceros[115]. Por lo tanto, el contenido sexual obtenido a través del sexteo puede ser utilizado con fines de abuso y explotación.

112. «Teenage Sexting Statistics» GuardChild, https://www.guardchild.com/teenage-sexting-statistics/.
113. «Sexting» NCMEC, https://www.missingkids.org/netsmartz/topics/sexting.
114. Sonia Livingstone et al., *Children's Online Activities, Risks and Safety: A Literature Review by the UKCCIS Evidence Group* (London: LSE Consulting, 2017), 35.
115. «Teenage Sexting Statistics»

En algunos casos, el sexteo puede preceder a una nueva forma de delito en línea conocida como pornografía de venganza[116]. En situaciones de explotación sexual infantil como éstas, un receptor de sexteo distribuye intencionalmente material sexualmente explícito del niño, sin su consentimiento, con la intención de dañar, avergonzar o humillar al niño. A pesar del nombre, los motivos de venganza no son constitutivos y esta práctica puede considerarse una forma de acoso en línea que puede estar relacionada con la trata en Internet, ya que implica la distribución intencionada de material pornográfico no consensuado de un niño, con la intención de ejercer control o extorsionar al niño, manteniéndolo en una situación de explotación continua en el espacio virtual. Por ejemplo, la relación entre el sexteo y la pornografía de venganza se ejemplifica en la acusación federal contra Hunter Moore y Charles Evens, quienes publicaron imágenes sexualmente explícitas de individuos, algunas de las cuales calificaban como pornografía infantil, en el sitio web IsAnyoneUp.com, las cuales fueron recibidas por, entre otros, hackers, exnovias y exnovios[117]. Estos casos demuestran la necesidad de seguir estudiando el fenómeno del sexteo y sus posibles vínculos con el abuso, el acoso, la violencia de pareja y la trata con fines de explotación sexual.

El sexteo es un área de preocupación porque la publicación de fotografías reveladoras o desnudas de víctimas en sitios web o su envío a otras personas potencialmente facilita la distribución de material de abuso o explotación sexual, especialmente de niñas y mujeres, que podría ser recibido por coleccionistas. Además, el contenido sexual autogenerado de niños podría potencialmente ser utilizado en el contexto de la intimidación y la explotación, especialmente en casos de sextorsión[118].

Aunque tanto los niños como las niñas tienen igual probabilidad de recibir mensajes de sexteo, la evidencia sugiere que las niñas son más propensas a enviar estos mensajes. Las razones que se dan para hacerlo incluyen sentirse atractivas, coquetear y cumplir con una solicitud o presión de sus parejas. En algunas circunstancias, es posible que este sexteo coercitivo, especialmente entre aquellos que están en una relación, esté acompañado del uso de amenazas para la creación de las imágenes y, por lo tanto, potencialmente se entrelaza con otras formas de victimización. Las niñas infor-

116. Bossler, Seigfried-Spellar, y Holt, *Cybercrime and Digital Forensics*, 267-268.
117. «Operator of «Revenge Porn» Website Sentenced to 2½ Years in Federal Prison in Email Hacking Scheme to Obtain Nude Photos», Departamento de Justicia de EE. UU., última modificación 2 Diciembre 2015, https://www.justice.gov/usao-cdca/pr/operator-revenge-porn-website-sentenced-2-years-federal-prison-email-hacking-scheme.
118. Directrices del PF-CDN, párr. 42, pág. 11.

man con más frecuencia que sus parejas comparten sus imágenes sin su consentimiento[119]. Aunque también existen preocupaciones para los niños, parece que las niñas están en mayor riesgo de sexteo, como indican los hallazgos de Estados Unidos y el Reino Unido[120]. Sumado a esto, el 75% de los adolescentes son conscientes de que los videos o fotos reveladoras podrían tener un impacto negativo en su futuro, lo que representa un riesgo potencial de sexteo[121]. En general, la falta de comprensión sobre el sexteo consensuado es un factor clave que puede llevar a muchos niños a una forma de victimización.

Un conjunto de comportamientos puede estar asociado con el sexteo, al tiempo que expone a los niños al riesgo potencial de circular imágenes en el que se muestran ellos mismos, en contra de la voluntad del niño, en línea. Los comportamientos de sexteo pueden estar influenciados por el género, la presión de grupo, los entornos culturales, la normalización de las interacciones sexuales en línea o el deseo de ser aceptado, incluido o amado. El contenido sexual autogenerado de niños está en aumento y ha sido identificado como una preocupación de organismos internacionales y autoridades[122]. La facilidad con la que dicho contenido puede ser compartido y utilizado para fines de explotación de niños es una preocupación en el contexto de la protección de menores en línea.

Por ejemplo, el CRC expresa preocupación en torno al sexteo de los niños. El Comité alienta a los Estados parte a evitar que los niños sean vistos como responsables en lugar de víctimas cuando crean contenido sexual autogenerado. Destaca que los niños no deben ser considerados legalmente responsables por crear material en el que se muestren ellos mismos. Si estas imágenes son el resultado de coacción o chantaje, quienes hayan forzado a los niños a crear ese contenido deben ser llevados ante la justicia. Si luego esas imágenes se comparten, distribuyen, venden u ofrecen como material de abuso sexual infantil, los responsables también deben ser considerados culpables bajo el derecho penal nacional[123]. En general, las redes de trata están creciendo en el ciberespacio. Las conductas de explotación de los delincuentes en línea son más comunes, con diversos delitos cometidos en el ciberespacio y algunos pueden interceptar con otros, evidenciando elementos de poder y control sobre un niño, y posibles conexiones con la trata.

119. Sonia Livingstone et al., *Children's Online Activities, Risks and Safety*, 35.
120. «Teenage Sexting Statistics»; *Ibid.*, 35.
121. «Teenage Sexting Statistics»
122. Directrices del PF-CDN, párr. 2, pág. 3; IWF, *Annual Report 2022*, 70.
123. Directrices del PF-CDN, párr. 67, pág. 14.

3. EXPLOTACIÓN CON CONTACTO FACILITADA POR INTERNET

a. La Utilización de Niños en la Prostitución

El problema de que la tecnología sea abusada con fines criminales ha llevado a un aumento en la trata de personas con fines de explotación sexual, especialmente de niños, y a la explotación sexual infantil en el mundo real. Las actividades cibercriminales incluyen diseñadas para atraer a los niños con la intención de captarlos y explotarlos en la prostitución. Dependiendo de las vulnerabilidades y necesidades de una posible víctima, los tratantes aplican diferentes métodos de captación en línea, como ofrecer amor, amistad, protección y oportunidades. Por ejemplo, proporcionar empleos ficticios, hacer promesas engañosas sobre una vida mejor, distorsionar la verdad, publicar anuncios en línea, ofrecer matrimonio y ofertas de viaje. Estas interacciones pueden ocurrir a través de salas de chat, mensajería instantánea y foros en línea. También se presentan situaciones de explotación en línea donde los menores inician el contacto o responden a las solicitudes de los tratantes, como usar la información de contacto proporcionada en anuncios en línea o responder o preguntar sobre falsos anuncios de trabajo en un sitio web en línea. Los tratantes pueden utilizar estas interacciones en línea para facilitar el reclutamiento físico de menores, quienes luego participan en actividades sexuales a cambio de remuneración o de cualquier otra retribución. Los niños reclutados suelen quedar atrapados en el mundo de la trata con fines sexuales, un mundo en el que nunca esperaron ni imaginaron vivir, y del cual no pueden escapar con facilidad.

Además, el uso indebido de Internet puede estar relacionado con el propósito de comprar y vender servicios sexuales de niños (transacciones cibernéticas comerciales generalmente entre cibercriminales), lo que lleva a un contacto o una reunión en persona entre un menor y un delincuente. En este contexto, los tratantes desarrollan tácticas en línea para expandir sus redes de compradores de servicios sexuales, otros delincuentes y organizaciones criminales[124]. En Internet, pueden publicitar y vender servicios sexuales de menores a clientes, recibir pagos por estos servicios, coordinar el transporte de menores cuando sea necesario y ejecutar cualquier otro acto necesario para facilitar la comisión de la trata de personas con fines sexuales.

La mercantilización de los niños en línea con la intención de su explotación sexual fuera de línea puede victimizar tanto a niñas como a niños. El

124. Mark Latonero, *Human Trafficking Online: The Role of Social Networking Sites and Online Classifieds* (Los Angeles: USC Annenberg Center of Communication & Policy, 2011), 12.

siguiente caso, por ejemplo, describe a un niño que fue anunciado y vendido en línea a múltiples compradores para encuentros sexuales: un hombre de 26 años se aprovechó de un niño de 14 años que conoció en un grupo de apoyo LGBTQ+. El hombre convenció al niño para usar su foto en el popular sitio de sexo por pago rentboy.com para explotar al niño con fines de lucro. Aunque usó las fotos del niño, el hombre incluyó su información de contacto y llevaría a su víctima a diferentes compradores. Luego, los dos dividirían las ganancias de cada encuentro[125]. Dichos actos delictivos relacionados con la trata con fines sexuales facilitada por Internet incluyen los actos de ofrecer o aceptar a un niño para explotarlo en la prostitución en el mundo real.

De acuerdo con la definición internacional de trata según el Protocolo de Palermo, como se muestra en el Capítulo 2, el proceso de trata incluye trasladar a un niño a una situación de explotación. Esta acción implica que, durante el proceso de trata, un niño puede ser vendido por un tratante a otro tratante o explotador, como un comprador final a través del ciberespacio[126]. La explotación sexual incluye la explotación sexual de niños en la prostitución. Como se vio anteriormente, la definición de prostitución infantil según el PF-CDN en el Artículo 2(b) implica la utilización de niños en actividades sexuales a cambio de remuneración o cualquier otra forma de compensación[127]. Para abordar adecuadamente el delito de publicidad de niños para la prostitución, los Estados parte deben garantizar la prohibición del uso de Internet en los actos de «ofrecer, obtener, procurar o proporcionar a un niño»[128] para servicios sexuales a cambio de remuneración o retribución según la legislación nacional. Tales actos en línea pueden ejemplificar que el niño está siendo utilizado para fines de explotación sexual o tratado como un objeto sexual o mercancía en lugar de como una persona humana.

Los delincuentes pueden formar comunidades virtuales para conectarse en tiempo real con otros con quienes comparten preferencias, comportamientos o valores; intercambiar información y estrategias sobre cómo persuadir a los niños para que participen en actividades sexuales; y compartir información cifrada y colaborar entre sí en el proceso de explotación sexual de niños. Las redes de delincuentes suelen formarse con base en el estable-

125. Resumen de la autora de United States v. Stoterau, 524 F.3d 988 (9.ª Cir. 2008), pág. 995.
126. UNICEF Innocenti Research Centre, *Handbook on the Optional Protocol on the Sale of Children, Child Prostitution and Child Pornography*, 10.
127. PF-CDN, art. 2(b).
128. *Ibid.*, art. 3(1)(b).

cimiento de confianza y camaradería entre ellos en sus actividades e interacciones habituales, con la intención de cometer o facilitar la explotación sexual de niños en el ciberespacio[129]. Así, a través del uso indebido de Internet, los delincuentes pueden crear condiciones que les faciliten la ocurrencia de delitos que llevan a la victimización de niños en actividades de trata con fines sexuales.

b. Novias por Correo y Matrimonios Infantiles con Fines de Explotación

Apoyado por el análisis jurídico de la definición internacional de trata, argumento que, a través de Internet, los delincuentes también pueden facilitar la utilización de niños en actividades sexuales por medio de prácticas de novias por correo y matrimonios infantiles con fines de explotación. A través de Internet, los delincuentes pueden vender mujeres jóvenes y niños a través de catálogos y agencias de novias por correo, lo que fomenta el intercambio de información y transacciones que pueden ser difíciles de llevar a cabo en el mundo físico. Por ejemplo, en un caso de trata de novias que involucra a menores, el catálogo del presunto tratante contenía 19 niñas de 17 años o menos, incluyendo una de 13 y otra de 14 años[130]. A través de sitios en línea de novias por correo, «las víctimas de trata pueden ser [compradas] en línea [usando] tarjetas de crédito, mientras que los sitios de agencias matrimoniales pueden estar ofreciendo servicios sexuales»[131]. Jóvenes mujeres y niñas que pueden ser inducidas y coaccionadas por un miembro de la familia fuera de línea, a través de medios que incluyen el abuso de poder o una posición de vulnerabilidad, pueden ser ofrecidas como novias en línea con el propósito de explotarlas en el mundo real.

La evidencia indica que los motivos de los miembros de la familia que entregan a una niña como novia pueden estar relacionados con mantener los lazos familiares o estar vinculados a razones económicas y migratorias[132]. Sin embargo, la niña podría terminar siendo tratada y vista como un objeto de una transacción en línea, lo que la llevaría a la explotación de la niña que potencialmente podría continuar durante toda su vida adulta. En

129. Ella Cockbain, *Offender and Victim Networks in Human Trafficking* (Abingdon: Routledge, 2018), 56.

130. Donna M. Hughes, «Use of the Internet for Global Sexual Exploitation of Women and Children» 6, https://www.academia.edu/3415661/Use_of_the_Internet_for_Global_Sexual_Exploitation_of_Women_and_Children.

131. UN Global Initiative to Fight Human Trafficking (UN.GIFT), *017 Workshop: Technology and Human Trafficking, in The Vienna Forum to Fight Human Trafficking* (Austria: UNODC, 2008), 9.

132. Farhat Bokhari, *Stolen Futures: Trafficking for Forced Child Marriage in the UK* (London: ECPAT UK, 2009), 28.

general, cuanto más joven es la niña, más vulnerable es un matrimonio infantil para estar vinculado a la esclavitud[133]. Esta percepción se refiere a la operación de factores o indicios de esclavitud que se relacionan con la corta edad de la niña. Los niños más pequeños corren un mayor riesgo, ya que están en una posición de vulnerabilidad con una capacidad limitada para entender las implicaciones de convertirse en una novia en línea o para tener voz u opinión en ser ofrecidos a través de Internet. Una vez que se vende una niña como novia en línea, el esposo tiene poder sobre ella y puede someterla a amenazas, fuerza, coerción y control psicológico para someterla a esclavitud o a un matrimonio servil (práctica análoga a la esclavitud). Por lo tanto, el factor de la edad de la niña puede aumentar sus vulnerabilidades para ser comprada y vendida como mercancía en línea en lugar de ser vista como persona.

Adicionalmente, se pueden ofrecer novias con hijos para que incluso estos niños más pequeños puedan terminar siendo explotados con sus madres, todo como un «paquete»[134]. Por lo tanto, es probable que los niños anunciados para el matrimonio se conviertan en víctimas de la trata y dar indicio de esclavitud, ya que son ofrecidos, vendidos, o intercambiados en el espacio virtual con fines de explotación. Dicho de otra manera, ningún niño puede consentir en ser objeto de venta o una transacción en línea; ellos son víctimas de explotación sexual por parte de adultos que se aprovechan de sus vulnerabilidades y abusan de su posición de poder. Además, aunque no todas las agencias matrimoniales que operan en línea están involucradas en la trata, pueden ayudar a aumentar las posibilidades de que los tratantes en línea interactúen y recluten a mujeres y niños vulnerables, incluidos niños varones.

Se ha concentrado una mayor atención en las novias menores, debido a su mayor vulnerabilidad en el contexto de un matrimonio. Sin embargo, resulta esencial realizar un análisis más profundo sobre los efectos que los matrimonios infantiles, considerados como una forma de esclavitud o práctica similar a la esclavitud, tienen en los niños varones. Es fundamental abordar esta cuestión desde una perspectiva de género, dada la complejidad de su victimización. De manera ilustrativa, la práctica del matrimonio infantil en el caso de los niños varones puede acarrear consecuencias negativas. Esta situación puede implicar la imposición prematura de responsa-

133. Catherine Turner, *Out of the Shadows: Child Marriage and Slavery* (Anti-Slavery International, 2013), 8.
134. ECOSOC, «Informe del Relator Especial sobre la Venta de Niños, la Prostitución Infantil y la Utilización de Niños en la Pornografía, Ofelia Calcetas-Santos» E/CN. 4/1996/100, 17 Enero 1996, párr. 66, pág. 12.

bilidades propias de la adultez, para las cuales estos niños quizás no estén preparados. Entre estas responsabilidades se encuentran la paternidad temprana, la presión económica de proveer para una familia y la interrupción de su acceso a la educación y al desarrollo de una carrera profesional. Según estimaciones de UNICEF, alrededor de 115 millones de hombres en todo el mundo contrajeron matrimonio antes de cumplir los 18 años. Dentro de este grupo, aproximadamente 1 de cada 5 (equivalente a 23 millones) se casaron incluso antes de alcanzar los 15 años de edad[135].

En general, los acuerdos culturales tradicionales de los matrimonios infantiles suelen incluir un componente transaccional o de intercambio que ofrece beneficios económicos o en especie, «como el sistema tradicional de dote, que alienta a las familias a casar a sus hijas a una edad temprana»[136]. En otras palabras, en estas situaciones puede haber un intercambio de una niña por bienes o pagos en dinero o en especie. Si esto se hace con fines de explotación sexual, se establecerían vínculos entre el matrimonio infantil y la esclavitud según los preceptos de la Convención sobre la Esclavitud de 1926[137]. De hecho, en 1924 se estableció la Comisión Temporal sobre la Esclavitud para explorar y evaluar la esclavitud en todo el mundo, e identificó la «adquisición de niñas mediante compra disfrazada de pago de dote» como una forma de esclavitud (exceptuando las «costumbres normales de matrimonio» que involucraban dotes). Esto significa que el vínculo potencial entre la vulnerabilidad particular de los niños con respecto al matrimonio no consensual y las formas de esclavitud ha sido entendido al menos desde la formulación de la Convención sobre la Esclavitud de 1926T[138].

En esta forma de abuso y explotación sexual infantil, por lo general, el esposo es un agresor que busca obtener gratificación sexual de un menor en el contexto de un matrimonio a cambio de una dote, dinero o bienes. Es importante destacar que a menudo existe una relación entre el matrimonio infantil y la violencia doméstica. En algunos países, puede que no haya un

135. «115 millones de jóvenes y hombres de todo el mundo se casaron cuando todavía eran niños – UNICEF» última modificación 6 Junio 2019, https://www.unicef.org/es/comunicados-prensa/115-millones-jovenes-y-hombres-todo-el-mundo-se-casaron-cuando-todavia-eran-ninos.

136. ECPAT International, *Preventing and Eliminating Child, Early and Forced Marriage: challenges, achievements, best practices & implementation gaps* (ECPAT International, 2013), 3.

137. CDH, «Prevención y eliminación del matrimonio infantil, precoz y forzado» A/HRC/26/22, 2 Abril 2014, párr. 11, pág. 5.

138. OACNUDH, La Abolición de la Esclavitud y sus Formas contemporáneas (HR/PUB/02/4) (Nueva York, Ginebra: ONU, 2002), párr. 11, pág. 5.

fundamento legal para procesar a este tipo de abusadores y explotadores de menores, y estas prácticas pueden tratar a la niña como propiedad de su padre o esposo. En países donde la edad de consentimiento para la actividad sexual es menor de 18 años, a un niño se le puede permitir legalmente contraer matrimonio, y la edad legal de consentimiento varía entre los 13 y 16 años en algunos países[139].

El CRC considera que la edad mínima para el matrimonio debería ser de 18 años, ya que esta edad es cuando las personas alcanzan la madurez y la capacidad para tomar una decisión consciente e informada de ingresar al matrimonio. El CRC define el matrimonio infantil como «cualquier matrimonio en el que al menos uno de los contrayentes sea menor de 18 años»[140]. El CRC ha recomendado enérgicamente a los Estados parte establecer y hacer cumplir la edad de 18 años como el límite mínimo de edad para el matrimonio según las leyes nacionales[141]. Esta recomendación es especialmente importante porque la práctica del matrimonio infantil puede constituir una forma de venta de niños,[142] y los Estados están obligados a proteger a los niños contra el daño físico y psicológico; ingresar al matrimonio a edades más tempranas a menudo tiene graves consecuencias para su bienestar[143]. Los niños pueden ser forzados a matrimonios que involucran desequilibrios de poder entre niños y adultos, y el niño puede carecer de poder para rechazar, abandonar o disolver dicho acuerdo. Edades más

139. «Legal minimum ages and the realization of adolescents rights» UNICEF, https://www.unicef.org/lac/media/2806/file.
140. ONU Comité para la Eliminación de la Discriminación contra la Mujer y CRC, «Recomendación general núm. 31 del Comité para la Eliminación de la Discriminación contra la Mujer y observación general núm. 18 del Comité de los Derechos del Niño sobre las prácticas nocivas, adoptadas de manera conjunta» CEDAW/C/GC/31-CRC/C/GC/18, 14 Noviembre 2014, párr. 20, pág. 9.
141. P. e.j., CRC, «Observaciones finales sobre los informes periódicos quinto y sexto combinados de Costa Rica*» CRC/C/CRI/CO/5-6, 4 Marzo 2020, párr. 31, pág. 8; CRC, «Observaciones finales sobre el informe presentado por el Níger en virtud del artículo 12, párr. 1, del Protocolo Facultativo de la Convención sobre los Derechos de Niño relativo a la venta de niños, la prostitución infantil y la utilización de niños en la pornografía*» CRC/C/OPSC/NER/CO/1, 12 Diciembre 2018, párr. 18 pág. 3.
142. OP-CRC-SC, art. 2(a), 3(1)(a)(i)(a).
143. El CRC también señala que «en circunstancias excepcionales se puede permitir el matrimonio de un niño maduro y capaz menor de 18 años, siempre y cuando el niño tenga como mínimo 16 años de edad y tales decisiones las adopte un juez basándose en motivos excepcionales legítimos definidos por la legislación y en pruebas de madurez, sin dejarse influir por la cultura ni la tradición». ONU Comité para la Eliminación de la Discriminación contra la Mujer y CRC, «Recomendación general núm. 31 del Comité para la Eliminación de la Discriminación contra la Mujer y observación general núm. 18 del Comité de los Derechos del Niño sobre las prácticas nocivas, adoptadas de manera conjunta» párr. 20, pág. 9.

bajas para el consentimiento al matrimonio significan una mayor vulnerabilidad de los niños a ser explotados sexualmente.

En estos casos, el matrimonio infantil puede ser considerado esclavitud sobre la base del ejercicio de alguno o de todos los atributos del derecho de propiedad sobre el niño, de acuerdo con la definición de esclavitud en la Convención sobre la Esclavitud de 1926. Estos matrimonios tienen el elemento de la explotación, aunque esto pueda disfrazarse bajo el velo del matrimonio; así, puede haber una «zona gris» en determinar la existencia o ausencia del delito. Sin embargo, no hay duda de que existe un individuo, esposo, que ejerce un control efectivo sobre una esposa menor con el propósito de gratificación sexual, y un padre u otro pariente que ejerce este control al entregar a la niña en matrimonio.

La Convención Suplementaria sobre la Esclavitud de 1956 obliga explícitamente a los Estados parte a abolir formas de matrimonio servil y servidumbre infantil, lo cual puede incluir el matrimonio infantil y forzado como una práctica análoga a la esclavitud[144], considerada como una de las peores formas de trabajo infantil[145]. Siguiendo esto, en virtud del Protocolo de Palermo, los matrimonios infantiles facilitados por Internet pueden involucrar un *acto* y un *propósito* que encajan dentro de los parámetros de la definición de trata de personas. En casos en los que un niño es prometido o entregado en matrimonio a cambio de un pago en línea, el *acto* puede ser la transferencia o recepción de un niño y el *propósito* puede ser la esclavitud o la explotación sexual. Legalmente, el elemento del *acto* puede ser demostrado en el ciberespacio, ya que hay una venta de un niño-una transacción en línea en forma de pago u otros beneficios-con el *propósito* de explotación, dentro de la forma de un acuerdo matrimonial. Por lo tanto, la «posesión» de un niño se transfiere a otra persona a cambio de dinero o cualquier otra forma de retribución recibido o prometido en línea, de modo que se reduce la humanidad del niño, ya que su valor se reduce a ser percibido como un objeto de explotación sexual.

Por consiguiente, estas prácticas de explotación contra niños ocurren bajo la institución legal del matrimonio y como tal, pueden verse como

144. Convención Suplementaria de 1956 sobre la Esclavitud, art. art. 1(c), (d); Catherine Turner, *Out of the Shadows*, 22.

145. El Convenio sobre las Peores Formas de Trabajo Infantil, 1999 (N.º 182) de la OIT exige la prohibición y la acción inmediata hacia la eliminación de prácticas en las que los niños pueden estar en riesgo de esclavitud o prácticas análogas a la esclavitud. Véase OIT, «Convenio sobre las Peores Formas de Trabajo Infantil, 1999 (N.º 182)», entró en vigor 19 Noviembre 2000, C182, art. 1, 3(a).

proporcionando al abusador un método más permanente de gratificación sexual que involucra a niños. Sin embargo, en algunos casos de trata, la gratificación sexual personal y el beneficio económico pueden estar presentes al mismo tiempo, como cuando un tratante abusa sexualmente de un menor y también tiene la intención de explotarlo en la prostitución para generar ganancias. Además, la evidencia sugiere que, en algunos casos, después de que un niño ha ingresado legalmente a otro país debido al matrimonio, posteriormente puede ser objeto de trata con fines comerciales, como forzado a participar en actos sexuales a cambio de dinero (p. ej.., prostitución)[146].

c. Adopción Ilegal de Niños con Fines de Explotación

La venta de niños con fines de adopción ilegal en línea puede satisfacer los elementos de *acto* y *propósito* de la definición legal internacional de trata de personas. En cuanto a la sustancia, el elemento de *acto* incluye la transferencia o recepción, por lo que la definición se extiende más allá de quienes están involucrados en trasladar al niño a la situación de explotación, para potencialmente incluir a quienes están involucrados en recibir o retener al niño. Por lo tanto, bajo esta definición ampliada, individuos que reclutan coercitivamente a un niño fuera de línea y lo ofrecen y venden en línea, así como aquellos que aceptan al niño y lo compran en línea con fines de adopción ilegal para la explotación del niño, podrían estar potencialmente relacionados con un delito de trata de personas en línea con fines de explotación sexual.

En este sentido, el guardián del Protocolo de Palermo, la UNODC, vincula la comercialización de niños y el mercado de adopciones ilegales, afirmando que en algunos países «los niños pueden ser separados a la fuerza de sus madres a quienes se ha obligado a firmar documentos en blanco que luego se convierten en contratos ilegales»[147]. Es significativo que prácticas como estas en el mercado de adopciones ilegales tengan la intención de causar daño, es decir, explotar a un niño fuera de línea. Este reconocimiento implica que un niño se convierte en un objeto en una transacción en línea con la intención de proporcionar servicios (sexuales o laborales) a otra persona, generalmente mediante el uso de coerción y engaño, lo que constituye

146. CRC, «Observaciones finales sobre los informes periódicos cuarto y quinto combinados del Líbano*» CRC/C/LBN/CO/4-5, 22 Junio 2017, párr. 42(b), pág. 13.
147. UNODC, *Anti-Human Trafficking Manual for Criminal Justice Practitioners: Definition of trafficking in persons and smuggling of migrants (Módulo 1)* (Nueva York: ONU, 2009), 7.

trata de personas según la definición proporcionada en el Protocolo de Palermo[148].

La vinculación entre el matrimonio infantil y la adopción forzada con la trata de personas también puede ser identificada en la amplia definición de trata de personas en el informe de 1995 de la AGNU sobre la trata de mujeres y niñas:

> el movimiento ilícito y clandestino de personas a través de las fronteras nacionales e internacionales, principalmente de países en desarrollo y algunos países con economías en transición, con el fin último de forzar a mujeres y niñas a situaciones de opresión y explotación sexual o económica, en beneficio de proxenetas, tratantes y bandas criminales organizadas, así como otras actividades ilícitas relacionadas con la trata de mujeres, por ejemplo, el trabajo doméstico forzado, los matrimonios falsos, los empleos clandestinos y las adopciones fraudulentas[149].

Debido a su edad y a las desigualdades de poder y dependencia entre los niños y los adultos, los niños son sometidos a explotación con fines sexuales o laborales a través de prácticas como matrimonios serviles o servidumbre de niños y adolescentes y la adopción ilegal. A través del ciberespacio, los delincuentes pueden facilitar la venta de niños en línea con la intención de su explotación sexual o esclavitud, lo cual entraría en el tercer elemento de la definición de trata de personas. Además, situaciones de explotación pueden manifestarse cuando un niño es ofrecido, comprador o vendido en línea con el propósito de explotación, lo cual puede indicar el ejercicio de alguno o de todos los atributos asociados con el derecho de propiedad, mostrando un control efectivo equivalente a la posesión sobre el niño en Internet, lo que sugiere la presencia de esclavitud. En efecto, atributos del derecho de propiedad probablemente se manifiesten en especial en el sentido de otorgar un valor al niño o a sus servicios en línea. Esta comodificación del niño en plataformas digitales ilustra la utilización de un niño con fines de explotación que es poseído e intercambiado, generalmente a cambio de dinero u otros beneficios. Así, Internet puede ser un *vehículo* a través del cual los niños son transferidos y adquiridos, conduciéndolos a

148. Palermo Protocol, art. 3(c); AGNU, «Adición: Notas interpretativas para los documentos oficiales (travaux préparatoires) de la negociación de la Convención de las Naciones Unidas contra la Delincuencia Organizada Transnacional y sus protocolos» A/55/383/Add.1, 3 Noviembre 2000, art. 3, párr. 66, pág. 13.
149. AGNU, Resolución 49/166, Trata de mujeres y niñas, adoptada por la Asamblea General, A/RES/49/166 (24 Feb. 1995), 2.

formas de explotación (como la esclavitud o prácticas similares a la esclavitud) en el mundo digital o real.

CONCLUSIÓN

Este capítulo analiza los tipos de actividades que son cometidos a través del ciberespacio que involucran a personas menores de 18 años, y que pueden considerarse como prácticas relacionadas con la trata de personas. También identifica los vacíos legales existentes en los sistemas de protección infantil de los Estados, incluyendo medidas preventivas, la prohibición explícita de estos delitos en la legislación penal nacional, medidas efectivas de aplicación de la ley (como la investigación de los delincuentes y su enjuiciamiento), y el apoyo y asistencia a los niños víctimas. El derecho internacional obliga a los Estados a prevenir y erradicar estas formas de violencia en línea contra los niños en sus sistemas jurídicos internos. De hecho, alineado con los instrumentos jurídicos internacionales discutidos en los capítulos anteriores, los Estados tienen la obligación de debida diligencia de asegurar medidas legislativas, políticas y otras medidas apropiadas para proteger adecuadamente a los niños en el ciberespacio, y que sancionen y disuadan a los perpetradores[150].

En la actualidad, se están implementando esfuerzos para mitigar problemas de ciberseguridad, como las leyes contra el cibercrimen, en algunos países, particularmente leyes relacionadas con la penalización, poderes procesales, jurisdicción y cooperación internacional. Sin embargo, estos esfuerzos no se traducen necesariamente en la implementación efectiva de políticas y estrategias a nivel nacional, como lo demuestra el Índice Global de Ciberseguridad (GCI) de la UIT en 2018. Al considerar la TIC como uno de los desafíos más críticos para la seguridad global, la encuesta GCI destaca la necesidad urgente de cooperación entre países para reducir las diferencias en las respuestas nacionales y así implementar estrategias adecuadas frente a amenazas y delitos en el ámbito sin fronteras del ciberespacio y proporcionar un espacio más seguro para los usuarios de Internet[151]. En general, los diversos enfoques nacionales hacia la respuesta penal a estas

150. Una obligación de debida diligencia de los Estados hacia los niños implica «la obligación de prevenir la violencia o las violaciones de los derechos humanos, proteger a los niños que han sido víctimas o testigos de violaciones de los derechos humanos, investigar y castigar a los culpables, y ofrecer vías de reparación de las violaciones de los derechos humanos» Véase CRC, «Observación general N.º 13 (2011) Derecho del niño a no ser objeto de ninguna forma de violencia» CRC/C/GC/13, 18 Abril 2011, párr. 5, pág. 4.
151. UIT, *Global Cybersecurity Index 2018*, 16-17.

actividades pueden llevar a una variedad de respuestas entre los Estados, lo que también puede presentar desafíos para, *inter alia*, la eliminación de refugios seguros para criminales y la recopilación global de pruebas[152]. Aprovechando la velocidad, el alcance mundial y la relativa anonimidad de Internet, los ciberdelincuentes continúan encontrando terreno fértil para ocultarse en las sombras del ciberespacio y cometer estos delitos, características que también complican la actividad de aplicación de la ley.

Este problema presenta nuevos desafíos para los poderes de investigación que tienen los sectores de la aplicación de la ley y el judicial bajo su legislación nacional, especialmente en áreas asociadas con lo siguiente: (1) la incertidumbre sobre la extensión y evolución de las formas de explotación y abuso sexual infantil en línea; (2) las diferencias entre los marcos jurídicos nacionales; (3) las dificultades para identificar a los niños víctimas y las direcciones de Protocolo de Internet (IP) de los perpetradores, ya que a menudo se ocultan a través del uso de herramientas de cifrado y anonimato en la web oscura, como Tor; (4) el uso criminal de criptomonedas y sistemas de pago digital (p. ej.., Bitcoin, Monero, Zcash y Dash); (5) obstáculos para monitorear las actividades de delincuentes y grupos organizados y recopilar pruebas electrónicas, que pueden tener una naturaleza volátil y a menudo no se detectan fácilmente cuando se facilita el abuso a través de tecnologías de cifrado; y (6) dificultades para procesar solicitudes de eliminación debido a la ubicación geográfica de los proveedores de alojamiento, que pueden facilitar la publicación de contenido ilegal o actividad delictiva, conocida como «hosting blindado» («bulletproof hosting»). Estas situaciones no solo brindan oportunidades para los delincuentes, sino que también evidencian claras deficiencias y necesidades de investigación para la aplicación de la ley. En particular, una investigación penal internacional puede llevar a retrasos significativos, ya que requieren la participación en mecanismos formales o informales de cooperación entre gobiernos para acciones de investigación y procesamiento. Al mismo tiempo, estos escenarios señalan la necesidad de fortalecer un enfoque de colaboración entre múltiples partes interesadas, con la participación de todos los actores relevantes, incluida la industria de Internet, con claridad en sus roles y responsabilidades y con miras a asegurar respuestas efectivas y oportunas para prevenir y combatir este ciberdelito.

Los Estados tienen la obligación de establecer un marco legal bien definido que proteja a los niños de daños a través de una legislación nacional adecuada (promulgada o ajustada); incrementar la eficacia en la detección,

152. UNODC, *Comprehensive Study on Cybercrime*, 56.

investigación y persecución de los infractores y en los mecanismos de denuncia; mejorar los programas de prevención, incluyendo medidas de concienciación y asociaciones público-privadas que involucren a la industria de Internet, las cuales requieren la implementación de principios de responsabilidad social corporative[153] y regulación; y garantizar la protección, recuperación y acceso a remedios para los niños víctimas, en total conformidad con los estándares pertinentes del DIDH[154]. Este fenómeno en el ciberespacio requiere una respuesta legal global mediante leyes armonizadas y claras que criminalicen el material de abuso y explotación infantil, incluidas las representaciones virtuales de niños inexistentes, así como las actividades con fines de explotación de menores. Estas medidas son cruciales para combatir de manera efectiva estos ciberdelitos contra los niños, incluida la pornografía infantil virtual a nivel global. En efecto, la naturaleza global de este problema subraya un desafío para la comunidad internacional y sus Estados miembros, como principales garantes de los DDHH, lo cual exige una respuesta global al creciente problema de la explotación sexual de los niños en el ciberespacio.

153. CDH, «Informe del Representante Especial del Secretario General para la cuestión de los derechos humanos y las empresas transnacionales y otras empresas, John Ruggie» A/HRC/17/31, 21 Marzo 2011.

154. CRC, «Observación general N.º 13 (2011)» párr. 40, pág. 14; CRC, «Observación general núm. 25 (2021) relativa a los derechos de los niños en relación con el entorno digita», CRC/C/GC/25, 2 Marzo 2021, párr. 23, pág. 4.

Capítulo 5

Seducción de Niños en Internet

Ahora nos enfocamos en un análisis del delito específico de «seducción de niños» o la captación de niños con fines sexuales como una forma de ciberdelito contra los niños, un riesgo al que muchos niños están expuestos como usuarios en Internet. Desafortunadamente, entre los delitos relacionados con Internet que afectan a los niños, la seducción o el embaucamiento de niños en línea sigue siendo una preocupación significativa para muchos países. Los Estados miembros de la ONU solicitan con mayor frecuencia apoyo en medidas de investigación para combatir las actividades de trata de niños realizadas a través de computadoras, incluyendo la producción y difusión de pornografía infantil y la seducción de niños[1]. Adicionalmente, la pandemia de COVID-19 pudo haber aumentado las oportunidades de ciberdelincuencia, incluidas aquellas relacionadas con la explotación infantil en línea. En particular, durante los meses pico de la crisis, la conectividad en línea se convirtió en parte de la vida cotidiana de los niños, especialmente en países con confinamientos físicos y cierre de escuelas[2]. Este capítulo analiza el papel de Internet en la seducción de niños para facilitar su participación en prácticas de explotación sexual en línea o en el mundo real, y considera cómo este delito puede llevar a la trata en línea. Especialmente, en vista de las últimas tendencias en esta área, argumento que hay una necesidad de fortalecer los esfuerzos globales para abordar el embaucamiento de niños en el espacio digital.

1. SEDUCCIÓN DE NIÑOS EN INTERNET

El término embaucar o seducir, cuando se aplica a niños, se refiere a un fenómeno complejo que implica múltiples formas de actividades y situa-

1. UNODC, *Comprehensive Study on Cybercrime* (Nueva York: ONU, 2013), 213.
2. IOCTA 2020, 36.

ciones, con el propósito final de la inducción de niños con fines sexuales[3]. En el contexto de la explotación sexual infantil, se refiere al proceso mediante el cual un individuo prepara a un niño con la intención de facilitar un contacto sexual en línea o fuera de línea[4]. A través de esta forma de delito, un agresor puede embaucar a un menor con la intención de facilitar un delito sexual que puede tener lugar en el ciberespacio o en el mundo real. Esta definición implica que hay un individuo que interactúa con un menor durante un período de tiempo, estableciendo una relación y ganando confianza, con la intención de seducirlo con fines sexuales. En el embaucamiento en Internet, las interacciones en línea entre un agresor y un niño se desarrollan hasta el punto en el que el agresor gana la confianza del menor. Para lograr tal conexión emocional y otros objetivos de explotación, los ciberdelincuentes ejercen una sutil manipulación psicológica sobre los niños que es «calculada, controladora y premeditada»[5]. Como resultado de este enfoque, la mayoría de los menores terminan bajo el control efectivo de los agresores, al tiempo que mantienen en secreto sus interacciones en línea y su relación sexual.

Hallazgos de un estudio de cuatro años en la Universidad de Middlesex, Londres, sugieren que la seducción en línea puede desarrollarse más rápidamente que las formas previas a la era digital. Esta investigación indica que puede llevar apenas tres minutos para que un delincuente en línea comience a hablar de manera sexual con un niño y ocho minutos para crear un vínculo con ellos[6]. Esto demuestra que estos ciberdelincuentes que buscan un contacto sexual con menores después de interacciones breves pueden estar más enfocados en establecer rápidamente influencia o control sobre ellos, en lugar de pasar tiempo sustancial construyendo confianza en la relación. Un perfil de las víctimas generado a partir de las respuestas a cuestionarios creados por el VGT (Virtual Global Taskforce) señala que ambos géneros son blanco de ciberdelincuentes con fines sexuales en proporciones similares[7]. El grupo de trabajo observó que las víctimas eran predominantemente menores de entre 10 y 17 años. Además, según la opinión

3. Anne-Marie McAlinden, *«Grooming» and the Sexual Abuse of Children: Institutional, Internet, and Familial Dimensions* (Oxford: Oxford University Press, 2012), 11.
4. Directrices del PF-CDN, párr. 68, pág. 15.
5. International Centre for Missing and Exploited Children (ICMEC), *Online Grooming of Children for Sexual Purposes: Model Legislation & Global Review,* 1st ed. (Alexandria: ICMEC, 2017), 9.
6. ICMEC, *Online Grooming of Children for Sexual Purposes,* 4.
7. EC3 & VGT, *VGT Child Sexual Exploitation Environmental Scan 2015* (Europol, 2015), 14.

de los países que respondieron a esta encuesta internacional, las conversaciones suelen tener lugar tarde en la noche en las habitaciones de los niños, cuando pueden tener menos supervisión parental, y a menudo se facilitan mediante el uso de dispositivos móviles[8].

En general, el tiempo que transcurre desde las interacciones en línea entre un abusador y una víctima hasta el momento del abuso o el acuerdo para reunirse en persona depende de las vulnerabilidades del menor involucrado. Los delincuentes, incluidos los tratantes, analizan las necesidades y circunstancias particulares de un menor y ajustan sus estrategias en consecuencia[9]. Por lo tanto, al igual que en los tipos de seducción fuera de línea, la *confianza* es el componente esencial en el proceso de establecer una relación con un niño; para ganarse la confianza, el abusador explora y se enfoca en las vulnerabilidades de los menores para utilizarlas a su favor para perpetuar y ocultar la depredación. Un abusador probablemente establecerá un tono de confidencia y apoyo en los primeros acercamientos, como «*Hola, ángel, parece que las cosas están difíciles para ti en este momento. ¿Quieres charlar?*»[10]. Un punto interesante es que algunos abusadores en línea pueden optar por decirles a los niños su verdadera edad en lugar de hacerse pasar por adolescentes, por ejemplo:

Niño: ¿Qué edad tienes?

Adulto: ¿Qué es demasiado viejo?

Niño: No sé.

Adulto: 20s 30s

Niño: ☺

Adulto: Tengo 35 años, ¿es eso demasiado viejo?[11]

Aunque con frecuencia los perpetradores fingen ser otro niño en casos de seducción de niños en Internet con fines sexuales, esto no siempre es así,

8. *Ibid.*, 14-15.
9. UNODC, *Guidance Note on «abuse of a position of vulnerability» as a means of trafficking in persons in Article 3 of the Protocol to Prevent, Suppress and Punish Trafficking in Persons, Especially Women and Children, supplementing the United Nations Convention against Transnational Organized Crime* (UNODC, 2012), párr. 2.3, pág. 2.
10. Rachel O'Connell, *A Typology of Child Cybersexploitation and Online Grooming Practices* (Preston: University of Central Lancashire, 2003), 7.
11. O'Connell, *A Typology of Child Cybersexploitation and Online Grooming Practices*, 7.

ya que los delincuentes basan sus estrategias en sus motivaciones y en las vulnerabilidades de los menores[12].

Con el objetivo de construir una «ciber relación» con un niño con el fin de su explotación sexual, un agresor puede monitorear de cerca al niño durante el curso de sus interacciones en línea para identificar y evaluar posibles riesgos externos, con miras a reducir las posibilidades de ser detectado. Asimismo, el agresor puede pedirle al niño que cambie sus horarios de interacción o las horas de contacto, o puede proponerle al niño que utilice un dispositivo diferente para asegurar más «privacidad» en sus conversaciones; por ejemplo, trasladando las comunicaciones desde una computadora base a un teléfono móvil o a su habitación[13]. El perpetrador puede mostrar paciencia y pasar tiempo con el niño en línea, por ejemplo, chateando, escuchando música o jugando videojuegos. El niño comienza a *confiar* en el perpetrador cibernético y empieza a hablar abiertamente sobre su vida personal y otros temas.

Como consecuencia, se forma una relación romántica o amistosa entre el delincuente y el niño. Esta «ciber relación» se caracteriza comúnmente por la autoridad que tiene un delincuente sobre un niño, y la posición de vulnerabilidad del niño. En algunos casos, los niños pueden percibir a los agresores como mentores, ya que los guían en el proceso de exploración y comprensión de su sexualidad[14]. Este proceso tiene como objetivo mejorar las fantasías sexuales de los delincuentes y preparar al niño para su explotación. Es común que los ciberdelincuentes se dirijan a niños que son vulnerables a la manipulación y la victimización debido a una baja autoestima, una necesidad de atención o problemas familiares, ya que tales condiciones pueden facilitar el inicio de conversaciones sexuales con un niño.

Como se señaló anteriormente, la edad del consentimiento sexual (que oscila entre 13 y 16 años) no debe tomarse en consideración, ya que ningún niño menor de 18 años puede consentir legalmente a su propio abuso sexual o explotación sexual como el embaucamiento en Internet[15]. La CDN en su Artículo 34 afirma que «los Estados Parte se comprometen a proteger al niño contra todas las formas de explotación y abuso sexuales». Hoy en día, las discrepancias en la edad de consentimiento sexual en la legislación

12. IOCTA 2019, 31.
13. Stephen Webster et al., *European Online Grooming Project: Final Report* (European Commission Safer Internet Plus Programme, 2012), 17.
14. O'Connell, *A Typology of Child Cybersexploitation and Online Grooming Practices*, 10.
15. P. ej., CRC, «Observaciones finales sobre los informes periódicos quinto y sexto combinados de Australia**» CRC/C/AUS/CO/5-6, 1 Noviembre 2019, párr. 50(e), pág. 16.

nacional pueden evitar el enjuiciamiento de algunos delincuentes, ya que los niños que están por encima de la edad de consentimiento sexual pueden estar desprotegidos de estos actos de explotación.

Los Estados tienen la obligación positiva de proteger los derechos fundamentales y la dignidad de los niños y garantizar que exista un marco legal adecuado de protección infantil para prevenir y combatir todas las formas de explotación sexual de niños. Adicionalmente, los Estados deben asegurarse de que cualquier consentimiento de una víctima menor de edad, que esté en o por encima de la edad de mayoría penal o de consentimiento sexual, hacia prácticas de explotación sexual, como la seducción en línea, debe ser nulo y sin valor y no debe alterar la responsabilidad penal del delincuente, quien es el responsable de tales actos[16]. Dado que la seducción puede ser un acto integral o preparatorio para facilitar delitos sexuales posteriores, y también es perjudicial en sí misma, es esencial considerar los desafíos en su penalización para garantizar una protección integral adecuada de los niños contra esta forma de abuso y explotación.

2. DIMENSIONES EN EL DERECHO PENAL DE LA SEDUCCIÓN DE NIÑOS EN INTERNET

En el mundo globalizado de hoy en día, el cibercrimen de la seducción de niños es un problema global que afecta tanto a países desarrollados como en desarrollo. Ha habido algunos avances legales relacionados con la seducción de niños a través del uso de sistemas informáticos[17]. En ese orden, parece que muchos Estados reconocen la seducción de niños en línea o la captación de niños con fines sexuales como un cibercrimen punible. Existe un consenso básico entre muchos sistemas jurídicos en todo el mundo en lo que respecta a la penalización de este delito. Sin embargo, parece que los enfoques nacionales para tratar este delito a menudo se realizan a través de infracciones generales (no específicas de ciberdelitos) en lugar de a través de marcos legales específicos de ciberseguridad. Esta penalización puede indicar que la mayoría de los países están, hasta cierto punto, aplicando leyes tradicionales, mientras que pocos pueden estar lidiando con objetos intangibles nuevos, tales como «datos informáticos» o «información informática» y conceptos específicos del ciberespacio en el contexto de la seducción de niños con fines sexuales[18]. Es importante considerar la dinámica de

16. Véase European Committee of Social Rights, «Decision on the merits of the complaint: Federation of Catholic Family Associations in Europe (FAFCE) v. Ireland» no. 89/2013, 12 Septiembre 2014, párr. 58.
17. UNODC, *Comprehensive Study on Cybercrime*, 104.
18. *Ibid.* 78.

los comportamientos de seducción o embaucamiento en línea tanto cuando la intención del abusador es recibir o mantener a un niño en una reunión «virtual» como cuando la intención es lograr una reunión en la vida real con el propósito de cometer un delito sexual contra el niño.

a. Un Acto Preparatorio para Otro Delito Cibernético

El panorama legal internacional actual se complica, por cuanto la seducción que conduce a la explotación de un niño en línea actualmente no es ilegal en la mayoría de los países. La propuesta intencional de un adulto a un niño en línea a menudo resulta en comportamientos ilícitos que pueden ocurrir en el entorno digital y pueden no ir seguidos de un acto material que conduzca a una reunión «fuera de línea». El Convenio de Lanzarote es de gran importancia, ya que es el único instrumento jurídico internacional que penaliza explícitamente la seducción de niños con fines sexuales cometida intencionalmente a través de la TIC. Sin embargo, solo aborda esta ofensa cuando involucra actos materiales que conducen a un encuentro en persona, un elemento esencial del Artículo 23[19].

Consciente de los desafíos de penalizar la seducción de niños en línea, el Comité del Convenio de Lanzarote del CdE (Comité de Lanzarote), establecido para supervisar su implementación por las Partes, está preocupado de que los delitos cibernéticos puedan ir más allá del alcance del Artículo 23, especialmente cuando algunos ciberdelincuentes preparan o solicitan a niños para cometer delitos sexuales en línea sin tener la intención de encontrarse con el niño en persona. Tales ciberdelitos no siempre son adecuadamente reconocidos por los Estados y, por lo tanto, es posible que no siempre se investiguen ni se tipifiquen en las leyes nacionales[20]. Así que, el Comité de Lanzarote ofrece orientación a aquellos Estados parte que deseen tipificar la seducción en línea de manera efectiva más allá del alcance del Artículo 23. Esto implica proporcionar directrices a aquellos Estados parte que son plenamente conscientes de que estas nuevas situaciones pueden presentarse, cuando conductas de seducción cibernética se cometen o se perpetran intencionalmente en línea, y desean tipificarlas en sus leyes nacionales. Además, los Estados parte deben tipificar como delito los comportamientos de seducción cuando conducen a un encuentro en persona entre un delincuente y un niño para participar en actividades sexuales ilegales, como dispone el Artículo 23 del Convenio de Lanzarote.

19. Convenio de Lanzarote, art. 23.
20. Comité de Lanzarote, *Opinion on Article 23 of the Lanzarote Convention and its explanatory note* (Estrasburgo: CdE, 2015), párr. 7-11, pág. 5-6.

En el derecho internacional, el término «explotación sexual» cuando se aplica a niños se refiere a la utilización de niños con fines de explotación en la prostitución y prácticas relacionadas, como espectáculos y materiales pornográficos[21]. Aunque el delito de seducción no se menciona explícitamente en el PF-CDN, el CRC reconoce la seducción de niños como una forma de explotación sexual de niños que puede constituir un delito cubierto por el PF-CDN[22]. Por ejemplo, un agresor puede seducir a un menor con el fin de obtener material sexual (imágenes y videos) de ellos o cometer actos de explotación que pueden involucrar producción y divulgación de material de abuso sexual infantil (delitos de pornografía infantil)[23]. Una vez que el material está en manos del agresor, puede ser utilizado para la satisfacción sexual y ser distribuido en línea, ya sea con fines lucrativos o no. Al mismo tiempo, el agresor puede seguir persuadiendo al niño víctima a lo largo del tiempo para que siga produciendo y enviando más material. Es evidente que la seducción en línea pertenece a la misma categoría que otras formas de explotación sexual infantil en línea.

Un estudio realizado con niños de 10 a 18 años de Portugal (986), España (756) y el Reino Unido (823) encontró que los ciberdelincuentes solían ser personas que los menores acababan de conocer en línea, y que los depredadores comenzaban a sexualizar su relación con los menores a través de comportamientos como hablar sobre temas sexuales, enviar correos electrónicos o enlaces con contenido sexual o proponer a los menores que hagan algo sexual en línea, como proporcionar fotos y videos explícitos de ellos[24]. Este método puede contribuir a romper la resistencia del niño y puede demostrar que, como resultado de las conversaciones de manipulación en la seducción, los ciberdelincuentes controlan o manipulan a los niños, lo que los lleva a involucrarse en situaciones de explotación, como participar en actividades sexuales o proporcionar voluntariamente imágenes sexuales explícitas «autogeneradas» a un delincuente[25]. Asimismo, la seducción en línea puede implicar que un niño vea abuso sexual o actividades sexuales, incluso sin su participación, y, por lo tanto, conecta con el delito de corrupción de menores[26].

21. CDN, art. 34(b), (c), 35; PF-CDN, art. 1-3.
22. Directrices del PF-CDN, párr. 68, pág. 15.
23. PF-CDN, art. 2(c).
24. Fátima Ferreira, Paula Martins y Rui Gonçalves, «Online Sexual Grooming: A Cross-Cultural Perspective on Online Child Grooming Victimization» (Ponencia, 20º Congreso Mundial de Salud Sexual, Glasgow, Reino Unido, 12-16 Junio 2011).
25. Elena Martellozzo, *Online Child Sexual Abuse: Grooming, Policing and Child Protection in a Multi-Media World* (Oxfordshire: Routledge, 2012), 57.
26. P. ej., Convenio de Lanzarote, art. 22.

Un caso del Tribunal de Distrito de Australia Occidental en Perth brinda un ejemplo de cómo esta actividad delictiva puede comenzar y ganar terreno con los niños en línea. La Policía Federal Australiana pudo identificar al delincuente, quien fue acusado y condenado por varios delitos, incluido el nuevo delito en la sección 474.25C del Código Penal[27]. En casos de seducción en línea, un adulto depredador comete un delito mediante Internet al establecer una relación con un niño como paso preparatorio para procurar o participar en actividades sexuales con el niño *en línea*. No necesariamente requiere contacto físico para considerarse un delito; el delito puede incluir la acción preparatoria de representar falsamente la propia edad en línea, como en el ejemplo australiano anterior[28]. Aunque esta nueva disposición jurídica australiana tiene como objetivo prevenir los delitos de explotación sexual contra niños en línea al permitir que las agencias de aplicación de la ley intervengan, detecten, investiguen y procesen a los delincuentes en línea en la etapa inicial de seducir a los niños para su explotación sexual y abuso —antes de que un niño participe en una actividad sexual— brinda protección solo a los niños menores de 16 años. Por lo tanto, puede revelar una posible laguna en la ley en lo que respecta a niños mayores en relación con prácticas de explotación en esta área[29]. Además, algunos casos de «sextorsión» infantil (discutidos anteriormente) pueden estar precedidos por la seducción en línea, especialmente en situaciones donde las partes se conocen por primera vez en línea con la intención de coaccionar al niño a realizar actos sexuales degradantes.

En estos casos, el conocimiento de los niños de que las imágenes y videos que los representan pueden circular en línea con pocas formas de eliminarlos por completo del ciberespacio, ya que esas imágenes podrían haber estado circulando de mano en mano entre perpetradores y posiblemente almacenadas como parte de sus colecciones personales, puede crear un trauma duradero que puede ser muy difícil de superar para los niños. Este daño causado por el uso de explotación de los niños en material pornográfico puede persistir incluso en su vida adulta. Según el DIDH, el delito de pornografía infantil sigue existiendo independientemente de si un niño víctima ya ha alcanzado la mayoría de edad.

27. Resumen del autor de «Paedophile groomed girls on Twitter», Australia's Federal Prosecution Service, https://www.cdpp.gov.au/case-reports/paedophile-groomed-girls-twitter
28. *Criminal Code Act 1995* (Cth), sec. 474.25C; Explanatory Memorandum, Criminal Code Amendment (Protecting Minors Online) Bill 2017, párr. 14.
29. Explanatory Memorandum, Criminal Code Amendment (Protecting Minors Online) Bill 2017, párr. 4.

Ante el Congreso de EE. UU., el Departamento de Justicia ha empleado el término «seducción de niños en línea» para referirse también a la captación de niños con fines sexuales en línea, lo que revela que los niños a menudo son seducidos o manipulados en línea cuando los delincuentes tienen la intención de cometer sextorsión[30]. En este sentido, el informe demuestra que cuando la seducción de niños en línea se convierte en el comportamiento delictivo de la sextorsión, un único perpetrador de sextorsión puede lograr sus objetivos de explotación al comunicarse con cientos de posibles víctimas menores en todo el mundo para persuadirlos a participar en actos sexuales en línea.

En el contexto general de trata en el espacio virtual, los perpetradores pueden emplear una combinación de elogios y estrategias abusivas para ejercer un control efectivo sobre el niño quien se vuelve completamente dependiente e incapaz de abandonar la situación de explotación. Las amenazas a veces se extienden a los padres o familiares, y se introducen elementos de medios como el engaño, el abuso de autoridad y la posición de vulnerabilidad. En ocasiones, la gravedad de estos métodos coercitivos, junto con las demandas de material más degradante o violento, pueden llevar a que los niños se autolesionen o se quiten la vida, ya que pueden sentir que no tienen escapatoria.

Para combatir la seducción de niños que puede involucrar un delito de pornografía infantil, la Directiva de la UE sobre la Explotación Infantil (Directiva 2011/93/UE) promueve el objetivo común de abarcar el enjuiciamiento de los perpetradores, la protección de los niños víctimas y la prevención de los delitos, incluyendo aquellos mediante la TIC, en un enfoque integral entre los Estados miembros de la UE. De igual forma, esta Directiva reconoce la pornografía infantil y el embaucamiento de menores con fines sexuales como graves violaciones de los derechos fundamentales y el bienestar de los niños, que también pueden estar interrelacionados[31].

El artículo 6(2) de la Directiva establece la obligación de tipificar como delito la práctica de embaucar en línea a un niño para obtener material de

30. Departamento de Justicia de EE. UU., *The National Strategy for Child Exploitation Prevention and Interdiction: A Report to Congress* (Departamento de Justicia de EE. UU., 2023), 18.
31. UE, «Directiva 2011/93/UE del Parlamento Europeo y del Consejo de 13 diciembre 2011 relativa a la lucha contra los abusos sexuales y la explotación sexual de los menores y la pornografía infantil y por la que se sustituye la Decisión marco 2004/68/JAI del Consejo», *Diario Oficial de la Unión Europea* 335 (2011) [en adelante referida como Directiva 2011/93/EU]: párr. 1, 6, 12, 19, art. 5, 6.

abuso sexual infantil que los represente, y, por lo tanto, obliga a los Estados como parte del derecho de la UE a trabajar para prevenir y combatir estas actividades[32]. En tales casos, el embaucamiento de niños en línea se desarrolla como un intento de cometer delitos penales como la «adquisición o posesión de pornografía infantil» y el «acceso a sabiendas» de pornografía infantil. Sin embargo, el hecho de que esta disposición brinde protección solo a los niños menores de la edad de consentimiento sexual, que puede variar entre las legislaciones nacionales de los Estados de la UE, puede resultar en dificultades para la aplicación de la ley en la persecución de algunos comportamientos de seducción en línea, dejando un vacío legal en la protección de todos los niños menores de 18 años[33].

La seducción en línea puede causar un grave y duradero daño a los niños. De hecho, el impacto de este delito puede ser clasificado como uno de los más graves en la vida de los niños, según el estudio mencionado realizado en la Universidad de Minho en Portugal[34]. Adicionalmente, el impacto de la seducción en línea en el niño víctima puede ser tan grave como el de los que han sufrido abuso sexual fuera de línea[35]. Aunque no es necesario demostrar el requisito de «medios» en situaciones relacionadas con la trata de niños, la evidencia indica que estos métodos se utilizan con frecuencia para inducir o coaccionar a un niño a participar en cualquier actividad sexual comercial o mercantilizada; o, al menos, dicha actividad puede ser un reflejo de un abuso de poder o una posición de vulnerabilidad. En cualquier caso, bajo cualquier circunstancia, estos niños seducidos no pueden dar su consentimiento legal a prácticas relacionadas con su propia explotación sexual o abuso sexual. No tienen opción en este acto delictivo y no pueden, de ninguna manera legalmente relevante, dar consentimiento a su propia explotación sexual. De modo que, los niños, cualquier menor de 18 años, no está en condiciones de dar un consentimiento válido en situaciones de explotación sexual y cualquier apariencia de elección es legalmente irrelevante en estos casos[36]. Los niños explotados en Internet están bajo el control efectivo de un delincuente, quien generalmente los somete a explotación mediante el uso de coerción, amenazas, manipulación psicológica extrema y engaño.

32. Directiva 2011/93/EU, art. 6(2).
33. *Ibid.*, art. 6(2).
34. Ferreira, Martins y Gonçalves, «Online Sexual Grooming: A Cross-Cultural Perspective on Online Child Grooming Victimization».
35. Helen C. Whittle, Catherine Hamilton-Giachritsis y Anthony R. Beech, «Victims» Voices: The Impact of Online Grooming and Sexual Abuse, *Universal Journal of Psychology* 1, no. 2 (2013): 59.
36. Directrices del PF-CDN, párr. 54, at 13.

Para prevenir y combatir de manera más efectiva la explotación sexual de niños en Internet, los Estados deben promulgar o fortalecer legislación nacional y otras medidas específicas que garanticen la protección de los niños contra el delito de seducción en línea, incluso cuando se pretende llevar a cabo ofensas sexuales no presenciales, permaneciendo exclusivamente en el ciberespacio[37]. La criminalización del fenómeno de la seducción en línea como un delito independiente haría ilegal el simple acto de hablar de manera sexual con un niño con el propósito de explotar sexualmente a ese niño en el espacio digital. Bajo los parámetros del entendimiento jurídico internacional actual sobre la trata de personas, factores como la pérdida de autonomía personal, el uso de amenazas de violencia y formas de coerción o manipulación psicológica pueden influir en la inducción del niño a prácticas de explotación. Además, el elemento de explotación está intrínsecamente relacionado con la naturaleza de la trata y se lleva a cabo en el ciberespacio.

b. Un Acto Preparatorio para Otro Delito Fuera de Línea

En el marco de los instrumentos jurídicos internacionales actuales, el embaucamiento (seducción de niños con fines sexuales) que ocurre en línea tiene la intención de preparar un encuentro fuera de línea. Los ciber embaucadores pueden tener la intención de dirigirse y seducir a las personas más vulnerables de la sociedad con la intención de cometer un delito sexual contra ellas en el mundo real. En tales casos, durante el proceso de embaucamiento en línea, una vez que un menor está «listo» para reunirse en persona, el abusador organiza un encuentro cara a cara con el menor. Es importante destacar que los depredadores sexuales pueden persuadir a un niño para reunirse en tan solo 18 minutos, lo que demuestra lo rápido que puede funcionar el proceso de embaucamiento en línea para convencer a un niño de la necesidad de un encuentro físico[38].

El Convenio de Lanzarote reconoce el uso de estrategias de embaucamiento por parte de los ciberdelincuentes y aborda dicho abuso y explotación de los niños en su Artículo 23, que establece en parte:

> Cada Parte adoptará las medidas legislativas o de otro tipo que sean necesarias para tipificar como delito el hecho de que un adulto, mediante las

---

37. Comité de Lanzarote, *Opinion on Article 23 of the Lanzarote Convention and its explanatory note,* párr. 20, pág. 4.
38. Rowenna Baldwin, «Children at risk of grooming in as little as 18 minutes», British Science Association, https://www.britishscienceassociation.org/news/children-at-risk-of-grooming-in-as-little-as-18-minutes

> tecnologías de la información y la comunicación, proponga un encuentro a un niño... cuando a dicha proposición le hayan seguido actos materiales conducentes a dicho encuentro[39].

Como se señala en este instrumento multilateral europeo, para que un individuo tenga responsabilidad penal en lo que respecta a la seducción en línea, se requiere una «propuesta intencional» organizada y expresada a través de la TIC, seguida de actos materiales emprendidos para encontrarse con el niño en persona para actividades sexuales ilícitas. Por lo tanto, aunque las conversaciones sexuales con un niño podrían considerarse, por ejemplo, un acto preparatorio para el abuso sexual fuera de línea no sería suficiente para cumplir con los requisitos del Artículo 23 para la penalización en sí. Por el contrario, la llegada del adulto involucrado al lugar de encuentro fuera de línea podría considerarse un acto material en términos de la Convención[40]. En general, este instrumento internacional vinculante conduce a un cierto grado de armonización entre las leyes nacionales de los países que son parte de él.

Adicionalmente, como parte de los esfuerzos de la UE, la Directiva 2011/93/UE —al igual que el Artículo 23 del Convenio de Lanzarote— establece una norma legal en el Artículo 6(1) relacionada con la penalización de las proposiciones o el embaucamiento de niños con fines sexuales por medios tecnológicos. Esta disposición especifica los siguientes elementos fundamentales como constituyentes del delito: la intención de cometer un delito cuando un adulto organiza una reunión con un niño y el uso de la TIC al organizar dicha reunión[41]. Tanto el Convenio como la Directiva promueven conceptos de DDHH en aras del bien común: la protección del bienestar, el interés superior y las libertades fundamentales de los niños, y fomentan respuestas integrales a este delito. Sin embargo, brindan protección únicamente a los niños que están por debajo de la edad legal de consentimiento para participar en actividades sexuales de acuerdo con la ley nacional. En consecuencia, pueden dejar a los niños que superan la edad de consentimiento aplicable sin protección legal contra esta forma de abuso según la legislación nacional.

Es importante destacar que el Convenio de Lanzarote establece la obligación de los Estados de adoptar medidas legislativas y otras medidas

39. Convenio de Lanzarote, art. 23.
40. CdE, «Explanatory Report to the Council of Europe Convention on the Protection of Children Against Sexual Exploitation and Sexual Abuse», 25 Octubre 2007, C.E.T.S. 201, párr. 157, 160, pág. 23.
41. Directiva 2011/93/EU, art. 6(1).

necesarias para permitir, cuando corresponda, la posibilidad de realizar operaciones encubiertas (Artículo 30(5). Aunque esta es una obligación general, puede permitir que unidades especializadas y servicios de investigación utilicen métodos de investigación que puedan ser necesarios, para una tarea específica y en circunstancias particulares, para llevar a cabo una investigación y enjuiciamiento efectivos de un delito bajo el Convenio. Asimismo, el enfoque protector del Convenio hacia los niños víctimas requiere que los gobiernos aseguren que las unidades de aplicación de la ley o los servicios de investigación que combaten la explotación sexual infantil en línea estén especializados en este campo o capacitados con este propósito (Artículo 34(1)).

3. SEDUCCIÓN PARA EL RECLUTAMIENTO DE NIÑOS EN LA TRATA CON FINES SEXUALES

Internet y nuevas tecnologías pueden facilitar el reclutamiento de niños con el fin de ser explotados sexualmente en el mundo real. Esto puede incluir la utilización de niños en la prostitución y otras formas de explotación sexual comercial, incluida la prostitución controlada por proxenetas y el striptease; burdeles residenciales; agencias de acompañantes; y paradas de camiones[42] —lugares y actividades que pueden estar relacionados con la trata de niños con fines de explotación sexual—. En este contexto, una vez que un niño es reclutado, es sometido a prácticas de explotación sexual, lo que permite al tratante ejercer un control efectivo sobre él/ella sin opción de irse o rechazar sus órdenes. Se les niegan sus DDHH más básicos y se les priva de su libertad personal y autonomía, disminuyendo así su dignidad. El Informe Global sobre Trata de Personas señala que los casos de trata que involucran el embaucamiento en línea están ocurriendo en varios países de todo el mundo, incluyendo Europa del este, Europa sudoriental, América del Norte, América Central y América del Sur[43]. Los tratantes pueden emplear comportamientos de seducción o captación de niños en línea para facilitar una parte importante de la cadena de trata (el reclutamiento) para utilizarlos en la industria sexual.

El ciberespacio está siendo utilizado para seducir a niños hacia el comercio sexual, como se demuestra en el siguiente ejemplo de un caso que involucra a un gran número de jóvenes víctimas a la vez, quienes fueron seducidas y atrapadas en un esquema de explotación sexual: Dos tratantes de

42. Polaris Project, *Child Sex Trafficking At-a-Glance: Child Sex Trafficking in the United States* (Polaris Project, 2011).
43. UNODC, *Informe Global sobre Trata de Personas 2018* (Nueva York: ONU, 2018), 38-39.

Europa del Este estaban a cargo del reclutamiento en su red de trata. Los reclutadores sedujeron y reclutaron a 100 niñas que fueron convencidas para compartir fotos íntimas de ellas, las cuales utilizaron para obligarlas a viajar a un país de destino. Los tratantes utilizaron las redes sociales para reclutar posibles víctimas, creando perfiles falsos, participando en grupos y promocionando trabajos lucrativos de modelaje en el extranjero. A su llegada, las jóvenes víctimas fueron compradas por USD$500 cada una, con el pago realizado a través de una aplicación de pago móvil. Las niñas terminaron siendo explotadas sexualmente en la prostitución. Nunca conocieron en persona a ninguno de los dos tratantes iniciales, quienes las sedujeron en línea y facilitaron toda la operación de trata en línea[44].

Vale la pena mencionar que el CRC confirmó la relación entre la trata de niños y la búsqueda de mejores oportunidades económicas[45]. Las causas fundamentales de la trata pueden hacer que las personas sean más vulnerables a la explotación y reflejan la combinación de factores de «empuje» y «atracción» en los principios económicos de oferta y demanda[46]. Más específicamente, los factores de empuje pueden incluir la pobreza, el desempleo, la violencia y los conflictos que podrían hacer que la persona sienta la necesidad de migrar o «aceptar» una propuesta; por lo tanto, corriendo un mayor riesgo de ser atraídos y coaccionados con fines de explotación laboral o sexual. Por su parte, los factores de atracción pueden estar relacionados con el consumismo y la demanda de mano de obra no calificada a bajo costo en la economía informal o actividades relacionadas con la explotación sexual comercial de las cuales los tratantes pueden obtener beneficios, atrapando así a las personas en situaciones de explotación[47].

Con respecto a los niños, incluyendo en el contexto en línea, este reconocimiento por parte del CRC implica que, cuando los niños son seducidos con el propósito de explotación, sus decisiones se basan en una combinación de factores que incluyen la pobreza, la falta de oportunidades económicas o la necesidad de afecto. En tales casos, se podría argumentar que el ele-

44. Resumen del autor del material del caso proporcionado por Bielorrusia, Tribunal del Distrito de Pervomaisky, Minsk, en UNODC, *Informe Global sobre Trata de Personas 2018*, 38.
45. CRC, «Observación General N.º 6: Trato de los menores no acompañados y separados de su familia fuera de su país de origen», CRC/GC/2005/6, 1 Septiembre 2005, párr. 2, pág. 4.
46. Sofija Voronova y Anja Radjenovic, *The Gender Dimension of Human Trafficking* (EU, 2016), 4.
47. Roza Pati, «Human Trafficking: An Issue of Human and National Security» *The University of Miami National Security & Armed Conflict Law Review 4*, Edición Simposio (2014): 41.

mento de medios de coerción puede no estar muy claro, ya que el niño emprende en apariencia «voluntaria» el viaje y parte hacia un destino determinado. No obstante, bajo la influencia de tácticas de manipulación y engaño, que incluyen la promesa de una mejor situación financiera o de mejores condiciones de vida, así como ofertas relacionadas con empleo en modelaje o baile, participación en concursos de belleza u oportunidades de estudios en el extranjero, el niño o adolescente puede dejar su hogar y, al llegar a su destino, encontrarse atrapado en actividades de explotación, como participar en actos sexuales comerciales.

Internet ha aportado una nueva dimensión a las actividades de trata de personas, ya que implica bajos riesgos y puede facilitar la obtención de altas ganancias. Aunque no existe una estrategia única que estos agresores utilizan para seducir a niños con fines de explotación sexual, en estos casos, la seducción de niños en Internet se relaciona con el proceso de trata —la captación, la acogida o la recepción de una víctima menor de edad— y con su resultado final de explotación[48]. La pregunta que surge es: ¿qué tan visible es el proceso de reclutamiento de niños previamente facilitado por las conductas de captación del abusador? Aunque se necesita una exploración más profunda y este examen puede representar sólo la punta del iceberg, según una encuesta a sobrevivientes realizada por Thorn, el 77% de los sobrevivientes de trata reclutados que conocieron a sus agresores en línea tenían 18 años o menos en el momento de sus encuentros[49]. Por ende, es probable que los niños y jóvenes enfrenten un mayor riesgo de encontrarse con tratantes o controladores en línea y ser objeto de manipulación para facilitar su reclutamiento con el fin de participar en actividades de explotación sexual en el mundo real.

Una vez que el niño es reclutado físicamente y se encuentra bajo el control efectivo del tratante, este suele abusar física, sexual y verbalmente del niño para prepararlo para una mayor explotación. Un método común de seducción es lo que se podría denominar el «modelo del novio» de explotación: los agresores establecen una relación en la que la víctima los percibe como su novio y luego utilizan esta percepción de la relación con fines de explotación. Por ejemplo, en algún momento durante el proceso de seducción, que puede comenzar en línea, generalmente se le pedirá a la víctima «demuestre» su amor participando en actividades sexuales en el ciberes-

48. Protocolo de Palermo, art. 3(c).
49. THORN Digital Defenders of Children y Vanessa Bouché, *A Report on the Use of Technology to Recruit, Groom and Sell Domestic Minor Sex Trafficking Victims* (THORN, 2015), 10.

pacio o con otras personas fuera de línea. Estas son circunstancias que pueden vincularse con la participación de un niño en «relaciones» mercantilizadas, ya que el niño puede participar en actividades sexuales a cambio de remuneración o retribución, como bienes o beneficios, como afecto[50]. Mientras los perpetradores utilizan este interés «amoroso» como un método para controlar y manipular al niño o joven víctima, algunos niños pueden no percibirlo como un medio de explotación; en cambio, podrían creer que, al participar en ciertas acciones, están manteniendo la atención de su pareja, haciéndolos felices y preservando sus relaciones íntimas.

Otra posible consecuencia de la seducción en línea a niños puede estar relacionada con el fenómeno del turismo sexual infantil. Algunos depredadores de niños en línea seducen o manipulan a los niños a través de plataformas con el propósito de viajar a su ubicación para tener un contacto sexual físico. Asimismo, mediante agencias de viajes en Internet y sitios web de reservas, estos delincuentes pueden facilitar la comisión de delitos de explotación sexual de niños. Aunque la explotación sexual de niños en el contexto de los viajes y el turismo, a la que a menudo se denomina de manera inapropiada como «turismo sexual con niños» no se menciona explícitamente como un delito separado en el Artículo 3 del PF-CDN, esta práctica se menciona explícitamente en su preámbulo y en el Artículo 10 como un área de preocupación que requiere una cooperación y coordinación más fuertes entre las autoridades estatales[51]. Además, el CRC reconoce la conexión directa de esta forma de explotación sexual de niños en los viajes y el turismo con delitos relacionados con la prostitución infantil, la pornografía infantil y, en cierta medida, la venta de niños, que están cubiertos por el PF-CDN[52]. De hecho, la explotación sexual de niños en viajes y turismo puede entenderse en el contexto de la prostitución infantil, ya que frecuentemente implica «la utilización de un niño en actividades sexuales a cambio de remuneración o de cualquier otra retribución»[53]. En relación con esta disposición, el perpetrador—turistas y viajeros extranjeros o nacionales, o visitantes de larga duración— tienen la oportunidad de explotar sexualmente a un menor a cambio de una remuneración o de cualquier otra forma de retribución. Esto significa que este acto seguiría enmarcado en la definición de prostitución infantil según el PF-CDN. Esta práctica puede invo-

50. Directrices del PF-CDN, párr. 58, pág. 13.
51. PF-CDN, Preámbulo, art. 10.
52. P. e.j., CRC, «Observaciones finales sobre los informes periódicos tercero y cuarto combinados de Marruecos*», CRC/C/MAR/CO/3-4, 14 Octubre 2014, párr. 22-23, pág. 5; CRC, «Obsrvaciones finales: Marruecos», CRC/C/OPSC/MAR/CO/1, 27 Enero 2006, párr. 15, pág. 3.
53. PF-CDN, art. 2(b).

lucrar la utilización de un niño en actividades sexuales o en la producción de material pornográfico, ya sea para la satisfacción personal del delincuente o para su distribución comercial.

En consecuencia, el delito de trata de personas con fines de explotación sexual de niños tiene un componente digital, con las etapas iniciales desarrolladas en un entorno en línea. Los tratantes cibernéticos desarrollan diferentes tipos de actividades, que pueden comenzar con el engaño o la seducción de niños en Internet, apuntando a sus vulnerabilidades. Además, pueden abusar de diferentes sectores e industrias, las cuales consciente o inconscientemente, se ven envueltos en el modelo de negocio de los delincuentes y sus intermediarios, facilitando así formas de explotación sexual de niños. Este proceso delictivo también puede estar relacionado con la actividad criminal del lavado de dinero. A nivel internacional, la UNTOC ordena a sus Estados parte tipificar delitos relacionados con el lavado de dinero, incluida la trata de personas[54]. Los Estados deben penalizar el blanqueo de las ganancias procedentes de delitos relacionados con la trata de personas. Este lavado de dinero suele estar asociado a grupos delictivos organizados a nivel nacional que pueden ser una parte esencial del proceso de trata[55].

CONCLUSIÓN

Dentro de una amplia definición del término «ciberdelito», los actos de seducción a niños son un fenómeno global que puede facilitar la participación de un niño en prácticas de explotación en el ciberespacio o en el mundo real. La seducción en línea o la captación de niños con fines sexuales es una ofensa contra la persona del niño involucrado y puede causarles un grave daño psicológico, a veces incluso daño físico, con efectos a largo plazo. En Internet, la seducción de niños puede involucrar la utilización de niños en relaciones sexuales con el propósito de explotación, lo que puede conectarse con el propósito de la trata de personas[56].

Debido a la evolución de este delito en línea, la seducción de niños puede incluir situaciones de explotación que sólo ocurren en línea. En consecuencia, la penalización de la seducción a niños en línea requeriría respuestas jurídicas nacionales que se extiendan a situaciones en las que conduce a una

54. UNTOC, art. 6, párr. 2(b).
55. Delitos subyacentes a la trata incluyen la tortura, tratos crueles, inhumanos o degradantes, violación, lesiones corporales, asesinato, secuestro, retención de documentos de identidad, violaciones de las leyes de inmigración y lavado de dinero. Véase UNODC, *Anti-Human Trafficking Manual for Criminal Justice Practitioners (Módulo 1)*, 20.
56. Protocolo de Palermo, art. 3(a).

actividad sexual virtual con un niño con fines de explotación. Teniendo en cuenta el principio general del interés superior del niño establecido en la CDN, como consideración primordial en toda la legislación y medidas pertinentes de los Estados, con el fin de abordar este desafío legal del delito de la seducción de niños en Internet como una forma de explotación sexual que afecta a los niños en la realidad actual, los Estados deberían tomar medidas jurídicas y otras medidas necesarias para garantizar una mejor protección de *todos* los niños —personas menores de 18 años— contra esta forma de abuso en el espacio digital. De lo contrario, los marcos legales corren el riesgo de socavar la gravedad de ciertas formas de explotación sexual de niños en línea que pueden estar relacionadas con este fenómeno y negar justicia a los niños víctimas.

Es urgente la penalización de la seducción de niños en línea como un delito independiente y entenderlo como un proceso que involucra conversaciones sexuales, en las que el delincuente tiene la intención de explotar a un niño únicamente en línea (abuso no presencial impulsado por fantasía). Por lo tanto, es esencial fortalecer los esfuerzos a nivel mundial para abordar la seducción de niños en línea y los países deberían penalizar la comisión de este delito, ya sea la intención de un perpetrador simplemente conversar de manera sexual con un niño, mantener a un niño en explotación en línea o llevar a cabo un encuentro fuera de línea con fines de actividad sexual; todos estos actos deben ser sancionados en la legislación nacional. En este sentido, es imperativo garantizar la legislación necesaria y su efectividad en la práctica para proteger a los niños —personas menores de 18 años— independientemente de la edad legal de consentimiento sexual a nivel nacional, de todas las formas de explotación sexual en línea, incluido el delito de seducción en línea.

Este capítulo destaca que la naturaleza, frecuentemente secreta, de las conversaciones en línea entre un adulto y un niño con intenciones sexuales y las dificultades y demoras relacionadas con la revelación por parte de los niños, pueden plantear desafíos adicionales en el enjuiciamiento de estos delincuentes y en la identificación de la cantidad real de niños víctimas de seducción en línea que son explotados en línea. Las dificultades para detectar la seducción de niños en línea pueden reflejar la naturaleza «invisible» de este delito en general, y esto puede incluir aspectos que posiblemente estén relacionados con la trata de personas.

A pesar de que la sensibilización pública sobre el problema cibernético de la seducción de niños en línea está creciendo en la sociedad, es esencial que los Estados refuercen los programas educativos para los usuarios, incluyendo a los niños, con el fin de promover la seguridad en línea. En particular, los programas educativos deben centrarse en una mejor identificación de las señales de comunicaciones en línea inapropiadas que pueden conducir a comportamientos de seducción, así como en los mecanismos de denuncia. El sector privado también podría potencialmente participar en dichos programas destinados a prevenir el abuso explotador de niños en Internet. El sector privado, en particular sector de tecnología también podría participar en dichos programas orientados a prevenir el abuso y la explotación de niños en Internet.

En resumen, en un enfoque basado en los DDHH para la seducción de niños en Internet, los Estados deben fortalecer aún más las medidas legislativas y acciones adecuadas para prevenir la trata de personas con fines de explotación sexual infantil, incluida en línea. Es esencial mejorar la comprensión de las conexiones entre el fenómeno en Internet de la seducción de niños y la explotación sexual de niños. Esto debe hacerse para avanzar hacia una mejor intervención y políticas de protección de la infancia, especialmente en lo que respecta a la prevención y la penalización de los perpetradores de explotación sexual de niños en línea, incluidos los perpetradores de seducción en línea. Esto se logra mediante la adopción de leyes efectivas que puedan prevenir y combatir con eficacia la cadena de la trata en el espacio virtual. Al mismo tiempo, los Estados deben trabajar en la provisión efectiva de apoyo y protección a los niños víctimas de seducción en línea, que pueden convertirse en víctimas de trata de personas.

Capítulo 6

Niños Víctimas y Perpetradores

Los avances tecnológicos están disponibles tanto para actores criminales como para actores legales, lo que implica que las actividades del cibercrimen han evolucionado paralelamente con la TIC. Al utilizar de manera indebida herramientas de conectividad global, los perpetradores pueden lograr un alcance global para cumplir sus objetivos criminales, incluida la trata de personas. En particular, los tratantes pueden abusar de diversas plataformas y herramientas en línea para facilitar formas de explotación sexual de niños. A través de estas prácticas de explotación, los niños pueden ser vistos y tratados como mercancías sexuales en línea, causándoles un grave daño. Este capítulo comienza examinando a los niños victimizados en el ciberespacio con fines de explotación sexual. Específicamente, explora las vulnerabilidades de los niños y los efectos del daño psicológico y el trauma que pueden sufrir como resultado de la victimización en línea. Al considerar el estatus especial de los niños en virtud del DIDH, los Estados deberían fortalecer sus marcos legislativos para fomentar enfoques que tengan en cuenta las necesidades del niño y las cuestiones de género al atender a los niños víctimas. Los Estados deben identificar a los niños víctimas de trata y explotación en línea y garantizar sus derechos, seguridad y bienestar.

Asimismo, este capítulo examina algunos de los principales perfiles de los delincuentes cibernéticos de estos delitos, incluyendo individuos y grupos que abusan de plataformas y herramientas en línea para facilitar o cometer formas de explotación sexual de niños. Esta discusión tiene como objetivo proporcionar una imagen general de las características y motivaciones de los perpetradores para mejorar nuestra comprensión de los desafíos que enfrenta el sistema de justicia penal. Este capítulo también promueve la capacidad de los Estados para enjuiciar a los delincuentes, especialmente para hacer cumplir la jurisdicción extraterritorial en estos delitos que plantean problemas de territorialidad.

1. NIÑOS VÍCTIMAS EN EL CIBERESPACIO

Una mirada superficial a la historia de la humanidad revela que algunos niños han sufrido diversas formas de violencia, incluyendo abuso, negligencia y explotación en todo el mundo. Este trato hacia los niños se encuentra a menudo en los escritos de las antiguas civilizaciones egipcia, griega y romana. Milenios después, muchos niños siguen siendo sometidos a formas de violencia. UNICEF y la Organización Mundial de la Salud (OMS) estimaron que, a nivel mundial, aproximadamente uno de cada dos niños sufre violencia cada año[1]. Adicionalmente, el Informe Mundial sobre Violencia y Salud de la OMS afirma que, en la mayoría de los países, las niñas enfrentan un mayor riesgo de abuso sexual, infanticidio, prostitución forzada y negligencia educativa y nutricional. Esta afirmación se respalda con múltiples informes internacionales que muestran que las niñas experimentan tasas de abuso sexual de 1.5 a 3 veces más altas que las que enfrentan los niños[2]. Aunque la violencia contra los niños debe terminar, a menudo se percibe como un asunto familiar o se justifica mediante la cultura de una sociedad en particular o por la normalización de comportamientos que marginan a mujeres y niñas.

La facilidad de acceso a Internet, tanto para los perpetradores como para los niños, ha facilitado la victimización de niños y niñas. Investigadores de Interpol y ECPAT International analizaron fotos y 800 series de videos de todo el mundo que se encontraban en la Base de Datos Internacional sobre Explotación Sexual de Niños (ICSE) de Interpol. Descubrieron que, aunque las niñas son más susceptibles a la victimización en línea, los niños varones y los niños de muy corta edad suelen ser las víctimas que sufren las formas más extremas de explotación sexual en línea o están involucrados en temas parafílicos (p. ej.., bestialidad o humillación). Específicamente, más del 60% de las víctimas no identificadas eran preadolescentes, incluyendo bebés y niños pequeños[3]. Los expertos coinciden en que el informe evidencia una conexión entre el género y la gravedad del abuso, ya que los niños varones tenían más probabilidades de aparecer en materiales de abuso en línea más graves[4]. En general, la edad del niño es un factor de vulnerabilidad que

1. WHO, UNICEF, UNESCO, UNSRSG/VAC, y End Violence Against Children, *Global status report on preventing violence against children* (Genebra: WHO, 2020), 11.
2. Etienne G. Krug et al., *World report on violence and health* (Genebra: WHO), 66.
3. «Según un estudio, los muchachos y los niños de muy corta edad corren mayor riesgo de sufrir graves abusos sexuales en línea», Interpol, última modificación 6 Marzo 2018, https://www.interpol.int/en/News-and-Events/News/2018/Study-finds-boys-and-very-young-children-at-greater-risk-of-severe-online-sexual-abuse
4. *Ibid.*

puede aumentar su susceptibilidad a ser víctima de trata con fines de explotación sexual en primer lugar. Asimismo, la edad de los niños puede indicar que un perpetrador está utilizando APV de un niño, lo que constituye un medio de trata[5].

Al igual que la trata en el mundo real, la trata en el ciberespacio es una forma de violencia contra los niños. En el caso de la participación de los niños en esta forma de violencia en línea, diversas causas fundamentales y vulnerabilidades están directamente relacionadas con su explotación sexual en línea. Los perpetradores pueden encontrar terreno fértil para explotar a los niños en línea cuando no pueden satisfacer sus necesidades básicas tangibles e intangibles, o solo pueden hacerlo de manera limitada. Estas circunstancias hacen que los niños sean más vulnerables y propensos a correr riesgos con desconocidos y a aceptar ofertas de explotación en línea. Por ejemplo, en el paradigma de la trata, incluidas las actividades en línea, algunos menores pueden ser seducidos y reclutados a través de anuncios y sitios web con información que es probable que les resulte interesante, como oportunidades de trabajo y estudio. Debido a estas promesas falsas, los jóvenes son manipulados y engañados por estafas en Internet y otros métodos de captación o reclutamiento. En ocasiones, los tratantes seleccionan y reclutan a menores de una etnia o grupo de edad específico para satisfacer las preferencias de una comunidad de clientes en particular[6]. Por lo tanto, los tratantes en línea apuntan a las vulnerabilidades particulares de los menores y se aprovechan de las luchas y deseos de los niños víctimas, como darles la oportunidad de viajar a un país extranjero. Sin embargo, el propósito de explotar al niño existe, y con ello, la grave naturaleza del delito.

Es importante destacar que la pobreza y la migración han sido identificadas como factores de riesgo comunes de los niños víctimas de trata con fines de explotación sexual. UNICEF afirma explícitamente que «los niños que viven en la pobreza extrema son a menudo los que sufren violencia, explotación, abuso y discriminación»[7]. En consecuencia, para abordar las vulnerabilidades relacionadas con la trata, especialmente en mujeres y niños, el Protocolo de Palermo ordena a los Estados parte que adopten medidas positivas para mitigar factores de vulnerabilidad como «la pobreza, el subdesarrollo y la falta de oportunidades equitativas»[8]. En ese sentido, esta obligación convencional de los Estados tiene como objetivo

5. Protocolo de Palermo, art. 3(a).
6. Polaris Project, *Comparison Chart of Primary Sex Trafficking Networks in the U.S.* (Polaris Project, 2011).
7. UNICEF, *Child Protection Strategy Reference Document* (UNICEF, 2008), 3.
8. Protocolo de Palermo, art. 9(4).

prevenir la trata abordando sus causas, que pueden crear o aumentar la susceptibilidad a la explotación de personas. Existe una investigación limitada sobre las conexiones entre la pobreza y la migración con el abuso y la explotación infantil facilitados por Internet. Sin embargo, la UNODC proporciona, como ejemplo de esto, a un niño captado o reclutado en su país de origen para realizar trabajo doméstico en un país de destino. Al llegar al país de destino, el niño puede ser forzado a participar en actividad sexual comercial (que previamente podría haber sido anunciado en línea) o a aparecer en material de abuso sexual infantil (que luego podría distribuirse en línea)[9]. Casos como estos pueden indicar la existencia de una correlación significativa entre la pobreza, los patrones de migración y la explotación sexual infantil en el ciberespacio.

En EE. UU., en 2021, el 95% de los niños de 3 a 18 años tuvieron acceso a internet.[10] Según el informe sobre la conectividad mundial de la UIT, más de la mitad de la población mundial está en línea[11]. Aunque los datos disponibles son limitados en cuanto a cuántos niños menores de 15 años utilizan Internet, el informe ofrece una cifra tentativa que sugiere que el 71% de los jóvenes del mundo (de 15 a 24 años) son usuarios de Internet. Esta estimación es significativamente mayor que la proporción de usuarios de Internet en la población global total (57%)[12]. Adicionalmente, se estima que uno de cada tres niños menores de 18 años está en línea, y aproximadamente 800 millones de niños tienen una cuenta en redes sociales[13]. Estas estadísticas sugieren que, para los niños, las redes sociales y los videojuegos sirven como lugares esenciales para reunirse, interactuar y comunicarse con amigos, lo que los convierte en un componente clave de las interacciones en línea. Al mismo tiempo, UNICEF afirmó que aproximadamente el 80% de los niños de 25 países sienten que corren peligro de sufrir explotación y abuso sexuales en línea[14]. De forma notable, los dispositivos móviles son un medio en constante evolución y son frecuentemente la elección preferida

9. UNODC, *Study on the Effects of New Information Technologies on the Abuse and Exploitation of Children* (Nueva York: ONU, 2015), 26.
10. National Center for Education Statistics. «Children's Internet Access at Home». Condition of Education. U.S. Department of Education, Institute of Education Sciences, 2023, https://nces.ed.gov/programs/coe/indicator/cch/home-internet-access#:~:
11. «Informe sobre la conectividad mundial de 2022: Resumen», ITU, 2 https://www.itu.int/dms_pub/itu-d/opb/ind/D-IND-GLOBAL.01-2022-SUM-PDF-S.pdf
12. «Informe sobre la conectividad mundial de 2022: Resumen», ITU, 2.
13. UIT, *Directrices sobre la protección de la infancia en línea para la industria* (Ginebra: UIT Publicaciones, 2020), 9.
14. «Protecting children online: Every child must be protected from violence, exploitation and abuse on the internet», UNICEF, última modificación 23 June 2022, https://www.unicef.org/protection/violence-against-children-online

de los depredadores de niños en línea debido a su portabilidad, capacidad de ocultamiento y versatilidad. Esto les permite dirigirse, reclutar y coaccionar con facilidad a sus víctimas para explotarlas sexualmente, al mismo tiempo que cifran la información y se protegen contra la incautación de activos fijos.

Asimismo, una investigación de la UNODC sugiere que los adolescentes enfrentan el mayor riesgo de convertirse en víctimas de abuso y explotación infantil facilitados por Internet[15]. Estos hallazgos concuerdan con el hecho de que los usuarios adolescentes de Internet reciben menos supervisión que los niños más pequeños y poseen más habilidades para perseguir sus intereses en línea, como establecer relaciones con desconocidos, explorar sus inquietudes sobre la sexualidad o comenzar una relación sentimental. De esta manera, los adolescentes LGBTQ+, especialmente los varones que buscan respuestas sobre orientación sexual o romance, pueden ser un grupo en riesgo de victimización en línea[16]. En general, todas estas actividades pueden aumentar el riesgo de los usuarios adolescentes de ser víctimas de explotación sexual en línea en comparación con los usuarios más pequeños de Internet.

Los perpetradores pueden interactuar con menores utilizando una amplia variedad de comunicaciones basadas en Internet, como sitios y aplicaciones de redes sociales, págs. web, salas de chat y correos electrónicos. Por ejemplo, los menores corren riesgos al encontrarse con desconocidos en línea dentro de la comunidad de videojugadores en línea. Aunque existe una investigación limitada sobre los sitios de juegos interactivos en línea como un lugar para promover interacciones virtuales relacionadas con la trata de menores con fines sexuales, es una preocupación emergente[17]. Los sitios de juegos en línea son una creciente preocupación para quienes luchan contra la trata de menores en línea, ya que una parte significativa de los niños los utiliza[18]. De hecho, los juegos en línea pueden ser una de las actividades favoritas en el mundo digital para los niños, especialmente para

15. UNODC, *Study on the Effects of New Information Technologies*, 26.
16. *Ibid.*, 24; Janis Wolak et al., «Online "Predators" and Their Victims: Myths, Realities, and Implications for Prevention and Treatment», *American Psychologist* 63, no. 2 (2008): 123.
17. ICMEC, *Online Grooming of Children for Sexual Purposes: Model Legislation & Global Review*, 1st ed. (Alexandria: ICMEC, 2017), 3.
18. «Notable Increases in Both Engagement and Spending Coming from Kids», NPD, última modificación 8 Octubre 2019, https://www.npd.com/wps/portal/npd/us/news/press-releases/2019/according-to-the-npd-group--73-percent-of-u-s--consumers-play-video-games/

adolescentes varones[19]. Mientras juegan, los jugadores pueden interactuar entre sí y contactar a otros jugadores, incluyendo a niños. A medida que más niños utilizan plataformas de juegos en línea, enfrentan más riesgos al interactuar con delincuentes en línea. Los chats con usuarios desconocidos pueden facilitar el primer contacto con tratantes, quienes se hacen pasar por entusiastas de los juegos y, a través de las interacciones en juegos en línea, seducen a menores y los inducen a trasladar sus interacciones a otras plataformas. Aproximadamente, 3 de cada 4 adolescentes que juegan en línea (de 13 a 17 años) interactúan con otros jugadores en línea[20]. A través de chat web (50%), chat de voz (44%) y cámara web (20%), estas interacciones pueden aumentar el riesgo de que los menores sean embaucados por perpetradores para inducirlos a realizar actos sexuales en tiempo real o planificar un encuentro fuera de línea[21]. Por consiguiente, los niños pueden buscar actividades en el ciberespacio que, sin saberlo, pueden aumentar sus posibilidades de sufrir abuso o explotación sexuales. De hecho, hay evidencia creciente sobre los riesgos de exposición a tratantes en sistemas de videojuegos, un entorno que debería ser seguro para que los niños y jóvenes se diviertan e interactúen socialmente.

En términos generales, debido a la naturaleza ingenua de los niños, los perpetradores pueden tener más facilidad para dirigirse a ellos, establecer lazos y entablar conversaciones en línea. Igualmente, los niños no siempre pueden reconocer y desvincularse de situaciones peligrosas en el ciberespacio. Por ende, el mal uso de la TIC puede facilitar la explotación en línea, la publicidad y la captación o el reclutamiento para actividades sexuales comerciales.

2. VULNERABILIDADES Y EFECTOS DE LA EXPLOTACIÓN SEXUAL DE NIÑOS EN LÍNEA

En cuanto a los factores de riesgo de los niños, la investigación ha demostrado una correlación entre la victimización en línea y fuera de línea. Específicamente, los niños que han sufrido incidentes traumáticos, como la violencia, la violencia doméstica, el abuso (incluido el abuso psicológico), las familias disfuncionales, la baja autoestima y la depresión, pueden ser

19. Jasmina Byrne et al., *Global Kids Online Research Synthesis, 2015–2016* (London: UNICEF Office of Research Innocenti, 2016), 43.
20. The Futures Company, «2014 Teen Internet Safety Survey», Cox, 13, https://www.cox.com/content/dam/cox/aboutus/documents/tween-internet-safety-survey.pdf
21. ICMEC, *Online Grooming of Children for Sexual Purposes*, 4.

más vulnerables a la seducción de los depredadores cibernéticos[22]. Esto se alinea con investigaciones sobre el abuso sexual en general. Paradójicamente, las experiencias previas de abuso sexual a menudo hacen que las personas sean más susceptibles a futuras experiencias similares, ya que las señales de advertencia se vuelven normales y dejan de ser eficaces para disuadir a la víctima. Un estudio encontró que las niñas que tienen más conflictos con sus padres y los niños que tienen una menor comunicación con sus padres tienen más probabilidades de formar «relaciones cercanas en línea»[23]. Por separado, un informe descubrió que los adolescentes que muestran un comportamiento agresivo en línea tienen significativamente más probabilidades de convertirse en víctimas de abuso en línea[24]. Aunque cualquier niño puede ser víctima de violencia en el ciberespacio, aquellos que han sido previamente víctimas de abuso o explotación sexual, han experimentado inseguridad financiera o social, marginación, o se sienten solos en sus vidas enfrentan un mayor riesgo de victimización en línea, incluida la explotación sexual. De esta manera, las vulnerabilidades de los niños en el mundo real pueden estar conectadas y tener un impacto negativo en sus vidas en el entorno digital.

De acuerdo con el NCMEC, los niños fugados y los niños sin hogar tienen un mayor riesgo de convertirse en víctimas de la trata: uno de cada seis fugitivos en peligro reportados al Centro probablemente eran víctimas de trata con fines de explotación sexual[25]. Los niños abusados a menudo tienen dificultades para revelar sus experiencias pasadas, lo que aumenta los desafíos para identificar a esta población vulnerable y protegerlos de las solicitudes de «sexo por supervivencia» —el intercambio de sexo para cubrir necesidades básicas— Del mismo modo, en el entorno digital, entre todos los usuarios de Internet menores de edad, aquellos con antecedentes de abuso —incluyendo violencia doméstica, abuso físico, psicológico o sexual, o negligencia— son especialmente vulnerables a la victimización sexual. Como resultado, estos menores pueden correr un alto riesgo de participar en comportamientos riesgosos en Internet y pueden necesitar más afecto, protección y cuidado que otros niños.

22. UNODC, *Study on the Effects of New Information Technologies*, 25.
23. Janis Wolak, Kimberly J. Mitchell y David Finkelhor, «Escaping or Connecting? Characteristics of Youth Who Form Close Online Relationships», *Journal of Adolescence* 26, no. 1 (2003): 105–119.
24. Michele L. Ybarra et al., «Internet Prevention Messages: Targeting the Right Online Behaviors», *Archives of Pediatrics and Adolescent Medicine* 161, no. 2 (2007): 142.
25. «The Issues: Child Sex Trafficking», NCMEC, https://www.missingkids.org/theissues/trafficking

Es importante destacar que estudios han revelado que los niños que son víctimas de abuso físico o sexual fuera de línea enfrentan un mayor riesgo de victimización en línea. Además, los niños que enfrentan el ostracismo de sus padres o tienen conflictos con ellos también corren un mayor riesgo, al igual que los niños socialmente reprimidos, quienes son más propensos a actuar de manera impulsiva o a vivir con depresión. Adicionalmente, los niños que se involucran frecuentemente en conductas sexuales de riesgo y los niños que están explorando su sexualidad o cuestionan su sexualidad pueden encontrarse en mayor riesgo[26]. Dado que el comportamiento de los niños muestra continuidades tanto fuera de línea como en el mundo digital, las estrategias que los perpetradores utilizan en el mundo real también pueden aplicarse en algunas formas de abuso y explotación infantil en línea. Expertos del Centro Europeo de Ciberdelincuencia (EC3) de Europol identificaron posibles características y vulnerabilidades de los niños víctimas de coerción y extorsión sexual en línea, que incluyen:

- Ingenuidad, ya sea a nivel relacional o técnico;
- Ausencia de control parental;
- Disposición para compartir contenido sexual autogenerado;
- Pasar una cantidad significativa de tiempo en línea cada día;
- Uso de redes sociales y otras formas de comunicación en línea, especialmente a través de dispositivos móviles;
- Hacer amistad con desconocidos;
- Conversaciones sexualizadas con desconocidos; y
- Falta de conocimiento técnico[27].

Los expertos en explotación sexual infantil también identifican como causas prevalentes de victimización infantil la falta de conocimiento sobre los peligros de Internet y la falta de control por parte de los padres o cuidadores. Este último se refiere a la participación plena de los padres con el niño en el sentido de que puedan hablar sobre sus comportamientos en Internet, preocupaciones y amigos en el entorno digital. Las situaciones personales de los niños, como las relacionadas con la escuela, la familia o los amigos, o los estados psicológicos (que pueden estar relacionados con

26. Wolak et al., «Online "Predators" and Their Victims», 123.
27. EC3, *Online Sexual Coercion and Extortion as a Form of Crime Affecting Children: Law Enforcement Perspective* (La Haya: Europol, 2017), 18.

problemas de autoestima), son otro factor de riesgo en este sentido. Sin embargo, las razones por las cuales los niños son coaccionados o extorsionados para posibles abusos deben analizarse caso por caso. Por consiguiente, de ninguna manera se pretende que los criterios mencionados anteriormente determinen un perfil típico de un niño víctima o interpreten las motivaciones de las víctimas, ya que se deben examinar más investigaciones y datos sobre posibles factores de riesgo, causas y el proceso de victimización. No obstante, estas características ayudan a obtener una imagen integral de los delitos mencionados de explotación sexual de niños en el entorno virtual.

En efecto, Internet se ha convertido en una herramienta que los perpetradores utilizan para explotar sexualmente a los niños de diversas maneras, poniendo en peligro la seguridad de los niños tanto en línea como fuera de línea. En esta red de explotación, los niños victimizados pueden ser *receptores* de contenido ilegal (pornográfico o sexual), *participantes* en actividades eróticas o sexuales cuando se les induce a realizar actos sexuales o a encontrarse con desconocidos fuera de línea, y *actores* cuando son manipulados y coaccionados para crear y compartir imágenes sexuales autogeneradas que los representan a sí mismos[28]. Los niños víctimas de actos de explotación facilitados en el ciberespacio pueden sufrir graves daños psicológicos debido a estas situaciones traumáticas que pueden afectarlos a corto y largo plazo e incluso causar consecuencias irreversibles a lo largo de su vida. Por ejemplo, en casos en los que un niño participa en actividades sexuales frente a una cámara web o cámara de teléfono con un agresor, el niño podría ser coaccionado o chantajeado para producir imágenes o videos de sí mismo que luego podrían ser ofrecidas, distribuidas o vendidas como material de abuso sexual infantil[29]. Estas situaciones implican que los niños sufren humillación, violencia y episodios traumáticos al producir dicho contenido, lo que los expone inmediatamente después del abuso al miedo, la ansiedad y la vergüenza. En adición, a largo plazo, los niños pueden sufrir abuso continuo, incluidos problemas relacionados con su autoestima debido a la humillación adicional de saber que muchos usuarios podrían recibir o intercambiar sus imágenes en línea y durante un tiempo indefinido. Así que, un niño víctima podría seguir siendo víctima en línea hasta

28. Iqbal Mohammed, *Saving Children from A Life of Crime: A Sociological Perspective* (Nueva Delhi: D.P.S. Publishing House, 2011), 122.
29. CDH, «Informe de la Relatora Especial sobre la venta de niños, la prostitución infantil y la utilización de niños en la pornografía, Maud de Boer-Buquicchio», A/HRC/28/56, 22 Diciembre 2014, párr. 38, pág. 11.

la edad adulta, ya que sus imágenes continuarían siendo compartidas con fines sexuales en el ciberespacio, de manera secreta y global.

Los niños víctimas enfrentan un largo y difícil camino hacia la recuperación debido al daño psicológico y a los efectos perjudiciales de estos actos criminales. Estos resultados no son sorprendentes, ya que resultan de que los delincuentes convierten a los niños en el objeto de imágenes que circulan en el ciberespacio (p. ej., creando, distribuyendo y exhibiendo material de abuso sexual). En otras palabras, dado que Internet no tiene fronteras, los efectos psicológicos y emocionales en los niños víctimas de la pornografía en Internet pueden persistir durante años, especialmente cuando saben con certeza que sus imágenes se están difundiendo en línea. Por ejemplo, los datos de Europol destacan informes de algunos países donde los delincuentes continúan gestionando de manera engañosa agencias de modelaje o estudios fotográficos falsos para seducir a menores a producir materiales sexualmente explícitos autogenerados en línea[30]. También, los niños víctimas pueden ser anunciadas y tratados como mercancía en línea para la prostitución, convirtiéndose en la parte de suministro de esquemas de trata. En resumen, estos niños representan el objeto de explotación en estas actividades ilegales con fines sexuales, y, por lo tanto, estos delitos niegan sus DDHH fundamentales y su dignidad. En consecuencia, los Estados tienen la obligación de garantizar una legislación nacional adecuada para detectar, investigar, enjuiciar y sancionar de manera efectiva a quienes son responsables de causar daño a los niños, así como para proteger y asistir a los niños víctimas.

3. UN ENFOQUE SENSIBLE A LA INFANCIA PARA LA PROTECCIÓN DE LOS NIÑOS VÍCTIMAS

En el contexto de la trata de personas, el Protocolo de Palermo establece un enfoque centrado en la víctima, multidisciplinario y basado en los DDHH para ofrecer una protección integral a las víctimas, tanto en su proceso de recuperación como en la prevención de revictimización[31]. El Protocolo ordena a los Estados parte establecer una cooperación y colaboración adecuada con organizaciones comunitarias y la sociedad civil para fortalecer los esfuerzos contra la trata de personas, lo que incluye proporcionar cuidado físico y apoyo psicológico adecuado a las víctimas, y teniendo en cuenta las necesidades únicas de los niños (Art. 6(4)). Esta obligación central de los Estados derivada del Protocolo de proteger a las víctimas de la trata

30. EC3, *Internet Organised Crime Threat Assessment 2017* (La Haya: Europol, 2017), 38.
31. Protocolo de Palermo, art. 2(b), 6, 9, párr. 1(b).

garantiza que reciban asistencia y apoyo integral, independientemente de si cooperan en los procedimientos legales con las autoridades competentes[32]. Igualmente, bajo un enfoque basado en los DDHH, los Estados están obligados a eliminar la demanda que conduce a la trata (Art. 9(5)).

Además de verse afectadas por la violencia y los daños, las víctimas de la trata también están expuestas a peligros como involucrarse en actividades delictivas debido a su victimización por trata. Si bien el Protocolo de Palermo no incluye ninguna cláusula relacionada con el principio de no persecución o no penalización de las víctimas, los Principios y Directrices Recomendados sobre los DDHH y la Trata de Personas reconocen expresamente, según el Principio 7, que,

> Las víctimas de la trata de personas no serán detenidas, acusadas ni procesadas por haber entrado o residir ilegalmente en los países de tránsito y destino ni por haber participado en actividades ilícitas en la medida en que esa participación sea consecuencia directa de su situación de tales[33].

En un enfoque integral basado en los DDHH para la trata de personas, las personas objeto de trata deben ser tratadas como víctimas de un delito y no como delincuentes[34]. De conformidad con el derecho internacional, los Estados deben proteger a las víctimas de la trata de la persecución o la penalización por actos cometidos mientras estaban bajo el control de los tratantes, ya que estos delitos están directamente relacionados con su situación de trata o fueron obligados a cometer tales actos. El Secretario General de la ONU confirmó esta posición en un informe sobre la Trata de Mujeres y Niñas[35]. El informe insta a los Estados a garantizar la identificación adecuada de las víctimas y a seguir mejorando las medidas para fortalecer los sistemas de apoyo y la protección a las víctimas de acuerdo con los estándares de DDHH y el principio de no penalización. Sin embargo, este principio protector de no penalización de las víctimas de trata sigue siendo débilmente implementado en los sistemas de justicia penal de los Estados.

Este principio protector de no penalización de las víctimas de trata puede plantear algunos desafíos prácticos para los tribunales, las fuerzas del orden y los profesionales de la justicia penal a nivel nacional. Esta difi-

32. ECOSOC, «Principios y Directrices recomendados sobre los derechos humanos y la trata de personas», E/2002/68/Add.1, 20 Mayo 2002, Principio 8, pág. 1.
33. ECOSOC, «Principios y Directrices recomendados sobre los derechos humanos y la trata de personas», Principio 7, pág. 3.
34. Protocolo de Palermo, art. 2(b).
35. AGNU, «Trata de mujeres y niñas: Informe del Secretario General», A/75/289, 7 Agosto 2020, párr.17, pág. 6.

cultad es particularmente relevante en casos en los que se debe decidir si posibles víctimas de trata deben ser procesadas por ser sospechosas de haber cometido un delito mientras el presunto caso de trata aún está pendiente. Además de eso, el informe sobre la Trata de Mujeres y Niñas mencionado anteriormente describe los desafíos que enfrentan los Estados en la implementación efectiva del principio de no penalización: (1) conocimiento insuficiente sobre las realidades a que se enfrentan las víctimas de la trata; (2) falta de diligencia por parte de las autoridades para investigar las circunstancias de la comisión de un delito, incluida la posibilidad de que la víctima haya sido forzada a cometer un acto ilegal; (3) capacitación insuficiente para los funcionarios relevantes, incluidos los agentes de policía; o (4) procesos deficientes relacionados con la identificación de las víctimas de trata[36]. En consecuencia, los Estados deben promulgar leyes y prácticas nacionales claras para garantizar que las víctimas de trata reciban atención y apoyo inmediatos y evitar sancionarlas por actos resultantes de su ser explotación. De lo contrario, tal penalización podría afectar negativamente a las víctimas al socavar sus derechos (p. ej.., derecho al acceso a la justicia, protección y apoyo, y acceso a recursos adecuados).

El principio de no penalización se ha aplicado mediante medidas legislativas y políticas. Por ejemplo, en EE. UU, Nueva York aprobó una ley en 2010 que anulaba las condenas por delitos de prostitución para sobrevivientes de la trata de personas, convirtiéndose en el primer estado en hacerlo. La ley de Florida en 2013 fue aún más allá al eliminar por completo cualquier condena[37]. De igual manera, la Directiva 2011/36/UE relativa a la prevención y lucha contra la trata de seres humanos y a la protección de las víctimas reconoce explícitamente la aplicación de este principio a las víctimas de la trata[38]. La Directiva se refiere a cualquier actividad ilegal relacionada con la trata de personas, incluida «la explotación para realizar actividades delictivas»[39], que se refiere a «la explotación de una persona para que cometa, por ejemplo, carterismo, hurtos en comercios, tráfico de estupefacientes y otras actividades similares que están castigadas con penas e implican una ganancia económica»[40]. En ese sentido, la Directiva obliga a los

36. AGNU, «Trata de mujeres y niñas: Informe del Secretario General», párr.17, pág. 7.
37. Departamento de Estado de EE. UU., Informe sobre la Trata de Personas (Departamento de Estado de EE. UU., 2016), 27.
38. Directiva 2011/36/UE del Parlamento Europeo y del Consejo de 5 abril de 2011 relativa a la prevención y lucha contra la trata de seres humanos y a la protección de las víctimas y por la que se sustituye la Decisión Marco 2002/629/JAI del Consejo, art. 8.
39. Directiva 2011/36/EU, art. 2(3).
40. *Ibid.*, párr. (11).

Estados miembros a implementar esta disposición de no penalización a las víctimas de la trata en sus sistemas jurídicos nacionales.

Esta área del cibercrimen aplica un enfoque centrado en las víctimas[41]. Un enfoque centrado en las víctimas significa que los Estados deben tomar todas las medidas apropiadas para identificar adecuadamente a los niños víctimas en línea, teniendo como principal objetivo su seguridad y bienestar[42]. El CRC proporciona recomendaciones explícitas a los Estados Parte del PF-CDN con respecto a la protección de los niños contra los delitos contemplados en el Protocolo Facultativo, incluso cuando sean facilitados por la TIC. Más específicamente, el CRC alienta a los Estados parte a garantizar que «la legislación nacional no penalice a los niños explotados en actos que constituirían un delito con arreglo al Protocolo Facultativo, sino que los trate como víctimas»[43]. Las obligaciones de los Estados de proteger y asistir a los niños explotados se especifican en el Artículo 8 del PV-CDN. Dado que los niños son víctimas de explotación sexual y violaciones de DDHH en el ciberespacio, los Estados deben proporcionarles protección y apoyo, otorgándoles la condición de víctimas en virtud de la ley, tratándolos en consecuencia y no tratarlos como delincuentes o penalizarlos por actos directamente relacionados con su explotación. Como este libro pone de relieve, estos niños no pueden, de ninguna manera legalmente procedente, consentir su propia explotación o abuso sexuales por parte de un agresor.

Los delincuentes en línea aprovechan las vulnerabilidades de los niños, como su inocencia y corta edad, para ejercer poder y control sobre ellos y someterlos a formas de explotación. Los Estados deben adoptar todas las medidas necesarias para responder adecuadamente a los niños víctimas en línea, lo que significa proporcionar apoyo y remedio a los niños explotados y asegurar su retirada del daño y la investigación y sanción de los responsables de estos delitos[44]. Específicamente, en lo que respecta a la trata de niños con fines de explotación sexual, incluso cuando ocurre en el ciberespacio, el consentimiento del niño de 18 años es legalmente irrelevante y, por lo tanto, debe considerarse nulo y sin valor[45]. Como se examinó en el Capítulo 1, los niños disfrutan de una protección especial en virtud del DIDH.

41. Directrices del PF-CDN, párr. 18, pág. 5.
42. *Ibid.*, para. 29(b), pág. 8.
43. Directrices del PF-CDN, párr. 18, pág. 5.
44. CRC, «Observación general núm. 25 (2021) relativa a los derechos de los niños en relación con el entorno digital», CRC/C/GC/25, 2 Marzo 2021, párr. 112, pág. 19. El CRC afirma: «Debe protegerse a los niños contra toda forma de explotación relativa al entorno digital que sea perjudicial para cualquier aspecto de su bienestar».
45. Directrices del PF-CDN, párr. 72, pág. 15.

En términos precisos, la CDN impone una disposición vinculante a los Estados parte con respecto a su obligación jurídica de brindar protección y apoyo a los niños que son víctimas de explotación sexual,

> Los Estados Parte adoptarán todas las medidas apropiadas para promover la recuperación física y psicológica y la reintegración social de todo niño víctima de: cualquier forma de... explotación... en un ambiente que fomente la salud, el respeto de sí mismo y la dignidad del niño[46].

Debido al principio del interés superior del niño, los Estados deben garantizar una legislación y políticas adecuadas para ayudar y proteger a los niños víctimas de estos delitos en línea con respuestas eficaces centradas en las víctimas. Bajo un enfoque basado en los DDHH, los Estados están obligados a identificar a los niños víctimas y asegurar medidas adecuadas para su rehabilitación, recuperación física y psicológica y cuidado, incluyendo asesoramiento confidencial y seguro, reintegración y acceso a reparaciones por el daño que sufren debido a tales actos[47]. Por ejemplo, aquellos legalmente responsables de descargar pornografía infantil que represente a una víctima (i.e., cualquier persona menor de 18 años) pueden estar obligados a pagar una reparación a la víctima como contribución al daño causado por la explotación (18 USC §2259-Reparación Obligatoria)[48].

Al igual que en el mundo real, un enfoque centrado en las víctimas en el ciberespacio que tenga en cuenta a los niños víctimas busca respaldar sus derechos y dignidad. Utilizando un enfoque basado en los DDHH para defender el derecho de los niños a la dignidad y protección en el espacio digital, los Estados deben proteger a los niños víctimas reales y potenciales de explotación. Esta obligación de los Estados incluye trabajar en colaboración con el sector privado, principalmente con empresas de tecnología, PSI y la sociedad civil, para mejorar la alfabetización digital de los niños, las técnicas de seguridad, el apoyo psicológico y la recuperación, y las estrategias de afrontamiento. En consecuencia, los Estados deben garantizar en su legislación nacional disposiciones para prevenir y responder a los actos ilícitos a través de los cuales un niño pueda ser explotado o convertirse en un objeto de compra y venta con fines sexuales. Los comportamientos de estos delincuentes en línea deben tipificarse explícitamente como delito y socavan la libertad y los DDHH de los niños.

---

46. CDN, art. 39.
47. ECOSOC, «Principios y Directrices recomendados sobre los derechos humanos y la trata de personas», Directriz 8, pág. 13.
48. 18 U.S. Code § 2259.

4. PERPETRADORES Y BENEFICIARIOS

Los tratantes a menudo abusan del ciberespacio para victimizar a los niños y desarrollar un mercado sexual en línea para comerciar menores explotados con facilidad. En cuanto a los perfiles de los tratantes, la UNODC encontró que los tratantes pueden operar como individuos y como parte de grupos criminales organizados. Además, durante las distintas etapas del proceso de trata, los tratantes pueden desempeñar roles como reclutadores o transportadores, o asumir roles que parecen compasivos al principio, como intermediarios matrimoniales que conducen a la explotación de niños[49]. Según la UNODC, «cualquier persona que participe a sabiendas en cualquier etapa del proceso de trata es un tratante y es culpable de un delito»[50]. Por lo tanto, el término «tratante» puede entenderse en un sentido amplio para referirse a varios perpetradores que realizan actos criminales en la secuencia de acciones que componen el proceso de trata y que conducen a la explotación de las víctimas. Estos individuos, bajo cualquier pretexto que elijan, se benefician de su participación en la trata de niños con fines sexuales.

Algunos delincuentes colaboran a sabiendas proporcionando asistencia práctica o alentando —actuando, por ejemplo, como reclutadores, incluidos los reclutadores en línea y transportadores— lo que facilita sustancialmente la comisión del delito, lo que los hace penalmente responsables de la victimización de los niños. Terceras partes, como facilitadores o intermediarios, pueden ser compensados de diversas formas. Dado el beneficio personal de la participación criminal, existe un posible vínculo entre prácticas corruptas y la trata de personas. Por ejemplo, en casos donde hay corrupción, las autoridades e individuos —tanto del sector público como privado— participan en prácticas corruptas, que van desde la participación activa hasta la negligencia pasiva, para facilitar las diferentes etapas del delito[51]. Dado que los tratantes abordan a los niños víctimas de diversas maneras, es esencial abstenerse de estereotipar las características de los delincuentes o prejuzgar una imagen particular para perfilarlos.

Los tratantes tratan a las víctimas como mercancía para su explotación, lo que constituye violaciones de los DDHH y se ha convertido en un negocio ilegal muy rentable. Conforme a la OIT, la explotación sexual forzada pro-

49. UNODC, *Informe Global sobre la Trata de Personas 2020* (Nueva York: ONU, 2020), 40.
50. UNODC y UN. GIFT, *First Aid Kit for Use by Law Enforcement First Responders in Addressing Human Trafficking* (UN. GIFT, 2010), 3.
51. UNODC, *Documento Temático: The Role of Corruption in Trafficking in Persons* (Viena: ONU, 2011), 15.

porciona un promedio de ganancias global de $21,800 por año por víctima[52]. Adicionalmente, este sector tiene la mayor rentabilidad de todas las formas de trabajo forzado. Esta rentabilidad se puede atribuir a la demanda de estos servicios, la disposición frecuente de los clientes a pagar altos precios y los bajos costos de inversión y operativos que incurren los tratantes.

Hoy en día, el uso de Internet para facilitar actividades de trata de menores con fines sexuales es un problema alarmante de naturaleza compleja. A nivel mundial, los agentes encargados de hacer cumplir la ley están tomando conciencia de un aumento en la ciberdelincuencia resultado de grupos del crimen organizado e individuos delictivos que buscan oportunidades lucrativas y satisfacer sus propias necesidades criminales. En la actualidad, no se requiere habilidad o técnica avanzada para cometer ciberdelitos[53]. Con frecuencia, los ciberdelincuentes son impulsados por su deseo de obtener ingresos significativos o satisfacer sus fantasías sexuales, lo que los lleva a violar los DDHH fundamentales de los niños en el ciberespacio.

Por ejemplo, algunos sitios web de explotación permiten a los tratantes subastar a los niños al mejor postor[54]. La subasta en línea es una forma de trata de menores con fines sexuales facilitada por Internet. Los delincuentes se conectan con otros individuos de ideas afines para comprar menores para servicios sexuales a través de esta forma de explotación, utilizando criptomonedas como Bitcoin[55]. El proceso de subasta en línea de niños víctimas de trata con fines de explotación sexual fue demostrado por las investigaciones de la Corporación Centro de Consultoría y Conflicto Urbano (C3) en la ciudad de Medellín, Colombia. Los estudios de campo de C3 encontraron que los perpetradores subastaron la virginidad de niñas al mejor postor en línea y ofrecieron a las niñas para su explotación en el comercio sexual[56]. Siguiendo estos resultados, el comercio de niñas (que suelen tener entre 12 y 14 años) se realiza a través de folletos a un precio aproximado de US$2,600, y postores utilizan PIN secretos para acceder a la subasta. Una vez que la subasta ha terminado, el sitio web desaparece, dejando casi ninguna evi-

52. OIT, *Profits and Poverty: The Economics of Forced Labour* (Ginebra: OIT, 2014), 15.
53. UNODC, *Comprehensive Study on Cybercrime* (Nueva York: ONU, 2013), xvii.
54. Eric Olson y Jonathan Tomek, *Cryptocurrency and the BlockChain: Technical Overview and Potential Impact on Commercial Child Sexual Exploitation* (LookingGlass, 2017), 28.
55. Olson y Tomek, *Cryptocurrency and BlockChain,* 27.
56. Rodrigo M. Arango, «Delincuentes les ponen precio a cuerpos de niñas», El Colombiano, última modificación 9 Septiembre 2013, http://www.elcolombiano.com/BancoConocimiento/D/delincuentes_les_ponen_precio_a_cuerpos_de_ninas/delincuentes_les_ponen_precio_a_cuerpos_de_ninas.asp

dencia de su ocurrencia. Los hallazgos de C3 demuestran que los participantes en las subastas en línea incluyen a residentes locales, turistas sexuales internacionales y miembros de grupos del crimen organizad[57]. Asimismo, las subastas en línea a menudo involucran a niños víctimas que viven en la pobreza y cuyos padres o familiares son engañados o amenazados para vender o entregar a sus hijos para su explotación comercial, como la prostitución infantil.

En general, los delincuentes pueden victimizar a los niños en línea de diversas formas. Estos infractores que se esconden en las sombras del espacio digital sin fronteras provienen de diferentes procedencias y no presentan un perfil consistente[58]. Así, los Estados deben aplicar la jurisdicción universal para permitir la investigación y el enjuiciamiento de estos delitos sin importar la nacionalidad o el lugar de residencia tanto del presunto delincuente como de la víctima[59]. Para ello es necesario una efectiva cooperación entre países y la recopilación de pruebas. Adicionalmente, los Estados deben prever el principio de extraterritorialidad en estos delitos de abuso o explotación de un niño en el ciberespacio por uno de sus nacionales en el extranjero, y sin aplicar el principio de la doble incriminación, incluso si el delito en cuestión no está tipificado como tal en el país donde se cometió originalmente la conducta. Esto ayudaría a un combate más eficaz contra la impunidad[60]. Estos delincuentes pueden abusar de Internet de acceso público o «Clearnet», o utilizar herramientas de anonimato y cifrado en la web oscura.

a. Web Oscura y Material de Abuso Sexual Infantil

La web oscura es una colección de sitios web encriptados que requiere *software* especializado para acceder. Los desarrolladores implementaron esta característica como un método para preservar el anonimato de los usuarios. Un estudio de ECPAT Bélgica reveló que la web oscura con frecuencia facilita el intercambio de imágenes de explotación sexual de niños[61]. La web oscura proporciona a los usuarios una parte del ciberespacio que opera de manera separada del tráfico de Internet cotidiano. Actual-

57. James Bargent, «Children, Sex and Gangs in Medellin», InSight Crime, última modificación 16 Diciembre 2013, http://www.insightcrime.org/news-analysis/children-sex-and-gangs-in-medellin.
58. UNODC, *Study on the Effects of New Information Technologies*, 28.
59. Directrices del PF-CDN, párr. 87, pág. 17.
60. *Ibid.*, párr. 84, pág. 17.
61. Justė Neverauskaitė, *In the Shadows of the Internet: Child Sexual Abuse Material in the Darknets* (Bruselas: ECPAT Bélgica, 2015), 1.

mente, herramientas en línea como Freenet, Tor y el Proyecto Internet Invisible (I2P) permiten a los navegadores acceder al mercado. Cualquier plataforma de la web oscura tiene el potencial de facilitar la explotación sexual de niños. Por ejemplo, basándonos en los hallazgos del estudio de ECPAT Bélgica citado anteriormente, los usuarios de Freenet pueden acceder a un sistema de intercambio de archivos a través de Frost y comunicarse con otros mediante mensajes privados encriptados[62]. En consecuencia, los abusadores pueden aprovechar estas capacidades de chat para almacenar y compartir material de abuso sexual infantil.

Los delincuentes probablemente están vendiendo y distribuyendo material de abuso infantil que involucra los abusos más crueles contra los infantes a cambio de pagos con criptomonedas en la web oscura. De acuerdo con IWF, el número de sitios web oscuros que permiten a los usuarios comprar imágenes y videos de niños sexualmente explotados o violados con criptomonedas se ha duplicado cada año desde 2018[63]. De modo que, las criptomonedas se han convertido en uno de los métodos de pago más populares y de más rápido crecimiento para acceder a material de abuso y explotación de menores. Hallazgos indican que los niños explotados en línea tienen más probabilidades de experimentar abusos severos, como tortura y violación, que sus contrapartes[64]. Se estima que los ingresos anuales de los sitios web oscuros de material de abuso infantil se han triplicado en los últimos años (entre 2017 y 2020)[65].

a.1 ¿Qué es Tor?

Tor es un *software* gratuito que se ejecuta en la mayoría de los sistemas operativos comunes[66]. Esta herramienta de anonimato utiliza «enrutamiento de cebolla» para proteger la privacidad de una variedad de usuarios, incluyendo personal militar, funcionarios gubernamentales, periodistas,

62. Neverauskaitė, *In the Shadows of the Internet*, 2.
63. Internet Watch Foundation. (1 Noviembre 2022). *Websites offering cryptocurrency payment for child sexual abuse images «doubling every year».* https://www.iwf.org.uk/news-media/news/websites-offering-cryptocurrency-payment-for-child-sexual-abuse-images-doubling-every-year/.
64. Departamento de Justicia de EE. UU., 2010. Estrategia Nacional para la Prevención e Interdicción de la Explotación Infantil.
65. Graver, K., & Updegrave, H. (2021). *The 2021 crypto crime report. Chainalysis, p. 63.* https://safewayconsultoria.com/wp-content/uploads/2021/09/Chainalysis-Crypto-Crime-2021.pdf
66. «About Tor: Overview», Tor Project, https://www.torproject.org/about/overview.html.en

defensores de DDHH y activistas[67]. Investigadores del Laboratorio de Investigación Naval de EE. UU. crearon inicialmente Tor para proteger las comunicaciones gubernamentales en 1995. La mejora realizada por la Agencia de Proyectos de Investigación Avanzada de Defensa en 1997 mejoró el sistema[68]. En 2001, la Marina de EE. UU. recibió una patente estadounidense por una «red de enrutamiento de cebolla para mover datos de manera segura a través de redes de comunicación», que acredita a Michael Reed, Paul Syverson y David Goldschlag como sus inventores[69]. Los navegadores Tor mejoran su seguridad en línea al evitar una conexión directa a sitios web y otros servicios. En su lugar, crean un circuito de conexiones cifradas a través de retransmisiones en la red privada. De esta manera, los circuitos de Tor permiten a los usuarios mantenerse en el anonimato y alojar sitios web de forma anónima.

El nombre Tor es el acrónimo de «The Onion Routing», que es el nombre original del proyecto de *software*[70]. Esta herramienta de anonimato es esencialmente un sistema de comunicación en Internet con capas de cifrado similares a las capas de una cebolla[71]. Los datos se desplazan a través de conexiones anónimas a través de varios routers de cebolla, que son nodos de red, en forma de mensajes cifrados, que se transmiten al siguiente destino en orden aleatorio a través de otras computadoras Tor.

A través de este sistema de «enrutamiento de cebolla», después de que se establece la conexión entre el iniciador y el destinatario, cada router elimina una capa de cifrado para obtener instrucciones que definan la ruta hacia el próximo router de cebolla. De este modo, cada nodo o router de cebolla conoce sus nodos anteriores y sucesivos, pero no ningún otro nodo en la ruta. Cuando los datos finales se descifran, llegan al destinatario como texto sin formato, y el destinatario solo puede señalar la ubicación inmediatamente anterior a sí mismo. Sin embargo, el origen de los datos o el remitente permanece anónimo. Los datos también pueden moverse hacia atrás, en dirección opuesta, para ser transmitidos al iniciador.

67. «Inception», Tor Project, https://www.torproject.org/about/torusers.html.en
68. «Our Sponsors», Onion Routing, https://www.onion-router.net/Sponsors.html
69. «Bibliographic data: US6266704 (B1) — 2001-07-24; Onion routing network for securely moving data through communication networks», European Patent Office, última modificación 26 Agosto 2019, https://worldwide.espacenet.com/publicationDetails/biblio?CC=US&NR=6266704&KC=&FT=E&locale=en_EP#
70. «History», Tor Project, https://www.torproject.org/about/history/
71. «Tor: Onion Service Protocol», Tor Project, https://2019.www.torproject.org/docs/onion-services

Este mecanismo crea comunicaciones privadas y seguras a través de una red pública, evitando al mismo tiempo herramientas de censura en línea. Los datos parecen diferentes en cada nodo de la red unión debido a la superposición de operaciones criptográficas, lo que dificulta el rastreo de los mensajes en ruta sin comprometer la privacidad del usuario ni afectar la red. Esta técnica es un mecanismo de anonimato particularmente efectivo porque «preservar la privacidad significa no solo ocultar el contenido de los mensajes, sino también ocultar quién está hablando con quién (análisis de tráfico)»[72].

En la actualidad, los usuarios de todo el mundo pueden descargar y ejecutar Tor en Microsoft Windows, Apple Mac OS X, Linux o Android sin necesidad de instalar ningún *software* adicional[73]. El navegador también puede ser portátil, ya que puede funcionar desde unidades USB[74]. Tor ha demostrado tener un atractivo global[75]. Un mayor número de usuarios de Tor mejora la seguridad de la red al aumentar la cantidad de fuentes y destinos posibles de las comunicaciones, proporcionando más diversidad en la red y mejorando su sostenibilidad.

a.2. Tor y Material de Abuso Sexual Infantil

Tor tiene muchos usos legítimos y brinda beneficios significativos a los usuarios en línea que viven en lugares afectados por la persecución gubernamental. Sin embargo, las mismas capacidades que proporcionan estos beneficios también ocultan actividades criminales. Los tratantes utilizan Tor para evadir a las fuerzas del orden[76]. En un estudio de investigación de realizado por la Universidad de Portsmouth, Gareth Owen y Nick Savage analizaron los tipos y la popularidad de contenido en Tor durante seis meses[77]. El estudio encontró que, aunque los sitios relacionados con abuso infantil representan solo el 2% de los aproximadamente 45,000 sitios de servicios ocultos activos, estos sitios atraen más del 80% del tráfico. Este

72. David Goldschlag, Michael Reedy y Paul Syversony, «Onion Routing for Anonymous and Private Internet Connections» 28 Enero 1999, 1, https://www.onion-router.net/Publications/CACM-1999.pdf
73. «Download», Tor Project, https://www.torproject.org/projects/torbrowser.html.en
74. «Make Tor Browser Portable», Tor Project, https://tb-manual.torproject.org/make-tor-portable/
75. «Users: Relay users», Tor Metrics, https://metrics.torproject.org/userstats-relay-country.html?start=2021-07-01&end=2021-09-29&country=all&events=off
76. IOCTA 2020, 38.
77. Gareth Owen y Nick Savage, *Paper series: No. 20 -Septiembre 2015: The Tor Dark Net* (Centre for International Governance Innovation, Royal Institute of International Affairs, 2015), 1.

volumen probablemente incluyó visitas de fuerzas del orden[78]. Asimismo, los investigadores encontraron que los sitios web activos existían por un corto período, y solo el 15% parecía tener servicios de larga duración[79]. El EC3 de Europol analizó las amenazas y tendencias de la explotación sexual infantil en línea y encontró posibles vínculos con la red Tor. Este hallazgo señala el comercio y la distribución comercial de material de abuso sexual infantil detrás de capas de protección cifrada[80]. Por ejemplo, las autoridades condenaron a un delincuente cibernético que operaba desde Filipinas a cadena perpetua por explotar sexualmente a niños locales, grabar el abuso y venderlo a depredadores cibernéticos extranjeros. Estos individuos con intereses similares estaban interesados en ver el abuso y la explotación sexual de niños, incluyendo bebés, a través de servicios de transmisión en vivo en línea. El sospechoso abusó de la red Tor y BitTorrent como herramienta de datos para mover y clasificar material de abuso sexual infantil[81]. Las fuerzas del orden desmantelaron el sitio Tor Welcome To Video, habiéndolo monitoreado desde 2017. Este sitio utilizaba Bitcoin como pago por imágenes de explotación sexual de niños[82]. Era un mercado masivo de intercambio de archivos de pornografía infantil que manejaba aproximadamente 250.000 videos, incluidos niños pequeños y bebés. Los clientes pagaban 0,02 Bitcoin (aprox. US$160) por «puntos» que les permitían descargar hasta 230 videos. Podían pagar 0,03 Bitcoin (aprox. $352) por una membresía VIP de seis meses con acceso a descargas ilimitadas. Los usuarios podían ganar puntos a través de referencias y subiendo videos. El operador surcoreano de 23 años, Jong Woo Son, dirigía el sitio con la dirección IP del servidor registrada a su nombre y ubicada en su dormitorio. Algunos de los términos de búsqueda más utilizados en Welcome To Video incluían «PTHC» («pornografía dura preadolescente»), «PEDO» («pedófilo»), «2yo %» («dos años») y «4yo%» («cuatro años»)[83]. El análisis de las transacciones de Bitcoin del sitio llevó al arresto de 337 usuarios en casi 40 países. Se estima

78. Owen y Savage, *The Tor Dark Net*, 3.
79. *Ibid.*, 3.
80. IOCTA 2020, 38.
81. Associated Press, «Inside suspected pedophile's lair, a glimpse at a global child rape epidemic», New York Post, última modificación 2 Enero 2019, http://nypost.com/2017/05/09/suspected-pedophile-busted-in-sickening-philippines-sex-den/
82. Oficina de Asuntos Públicos, «South Korean National and Hundreds of Others Charged Worldwide in the Takedown of the Largest Darknet Child Pornography Website, Which was Funded by Bitcoin», Departamento de Justicia de EE. UU., última modificación 16 Octubre 2019, https://www.justice.gov/opa/pr/south-korean-national-and-hundreds-others-charged-worldwide-takedown-largest-darknet-child
83. *United States of America v. Jong Woo Son*, 2018, Tribunal del Distrito de Columbia, 5, (9 Agosto 2018).

que los ingresos anuales de los sitios de la web oscura que distribuyen material de abuso sexual infantil se han triplicado en los últimos años[84].

Los actos de trata con fines de explotación sexual en el ciberespacio constituyen un problema en constante evolución debido a la rápida expansión del uso de Internet a nivel global y al crecimiento de las habilidades técnicas de los ciberdelincuentes en el uso de herramientas de encriptación y anonimato. Además, los delincuentes cibernéticos no necesitan descargar ningún material, lo que no deja rastro en los dispositivos electrónicos personales y hace que el abuso infantil transmitido en directo sea más conveniente y rentable para los consumidores. En resumen, los depredadores cibernéticos pueden desarrollar mercados en línea anónimos utilizando las sofisticadas herramientas de la web oscura. Esta característica la convierte en un lugar privilegiado para actividades relacionadas con el material de abuso sexual infantil y en uno de los desafíos más críticos que enfrentan las fuerzas del orden. La siguiente sección presenta categorías amplias de delincuentes para ilustrar un panorama general de sus motivaciones para cometer explotación y abuso sexuales de niños en el entorno digital.

b. Grupos Delictivos Organizados

Operando a través de las fronteras nacionales, estos grupos expanden sus actividades y redes con facilidad, aumentando la colaboración y coordinación de actividades delictivas entre sus miembros y grupos delictivos organizados aliados en todo el mundo. La UNTOC, adoptada en noviembre de 2000, sirve como el principal instrumento internacional en la lucha contra el crimen organizado transnacional. De conformidad a la UNTOC, un delito grave tiene un carácter transnacional si se comete en más de un Estado o si se comete en un Estado con una preparación, planificación y control sustanciales desde otro Estado[85]. Además, los delitos transnacionales también son aquellos cometidos en un Estado por grupos delictivos que operan en varios Estados y aquellos cometidos en un Estado que afectan significativamente a otro Estado. La UNTOC define un grupo delictivo organizado de la siguiente manera:

- Un grupo estructurado de tres o más personas;
- Exista durante cierto tiempo;

---

84. Graver, K., & Updegrave, H. (2021). *The 2021 crypto crime report. Chainalysis,* 63, https://safewayconsultoria.com/wp-content/uploads/2021/09/Chainalysis-Crypto-Crime-2021.pdf
85. UNTOC, art. 3(2).

- actúe concertadamente con el propósito de cometer uno o más delitos graves o delitos tipificados con arreglo a la presente Convención;
- Con miras a obtener, directa o indirectamente, un beneficio económico u otro beneficio de orden material[86].

Así que, según la Convención, un grupo delictivo organizado no necesita tener un tipo de organización formal y sofisticada; simplemente debe estar compuesto por tres individuos que trabajen para cometer un delito grave en busca de un beneficio material. En la definición, el término «beneficio material» debe interpretarse de forma amplia para abarcar más allá de beneficios monetarios o equivalentes, permitiendo la búsqueda de beneficios personales como la gratificación sexual[87]. Sin embargo, los beneficios personales pueden coincidir con los beneficios económicos cuando los tratantes tienen la intención de explotar comercialmente a los niños.

De acuerdo con el Protocolo de Palermo, los Estados parte deben garantizar la prevención, investigación y enjuiciamiento de los delitos de trata en su legislación nacional, incluso cuando tengan «carácter transnacional y entrañen la participación de un grupo delictivo organizado», y proteger a las víctimas de la trata[88]. Asimismo, algunos grupos delictivos organizados también pueden estar involucrados en la explotación sexual en el ciberespacio. Por ejemplo, algunos grupos delictivos pueden funcionar como redes sociales en línea de actores que intercambian materiales de abuso/explotación sexual infantil, de los cuales recopilan información de tarjetas de crédito para utilizar en otros delitos[89]

Adicionalmente, se ha descubierto que muchos de estos grupos están involucrados en el negocio de la trata de personas con fines sexuales, tanto en línea como fuera de línea. Un estudio sobre la trata de personas en Texas informó sobre actividades de trata de niños realizadas por cárteles mexicanos, bandas transnacionales y delincuentes individuales, incluyendo el mercado sexual en línea de niños en el ciberespacio[90]. Bandas internacio-

86. *Ibid.*, art. 2(a).
87. AGNU, «Adición: Notas interpretativas para los documentos oficiales (travaux préparatoires) de la negociación de la Convención de las Naciones Unidas contra la Delincuencia Organizada Transnacional y sus protocolos», A/55/383/Add.1, 3 Noviembre 2000, párr. 3, pág. 2.
88. Protocolo de Palermo, art. 4.
89. UNODC, *Study on the Effects of New Information Technologies*, 35.
90. Texas Department of Public Safety, *Assessing the Threat of Human Trafficking in Texas: A State Intelligence Estimate* (Texas Department of Public Safety, 2014), 12.

nales como Mara Salvatrucha (MS-13) establecen presencia en Internet y desarrollan actividades cibernéticas delictivas que incluyen el reclutamiento de víctimas de trata[91]. La evidencia ha revelado que miembros de esta banda transnacional, que son predominantemente ciudadanos centroamericanos, participan en el negocio de la trata de personas controlado por la pandilla. La participación de la pandilla en la trata de personas con fines sexuales se puede ver, por ejemplo, en el caso *United States v. Juarez-Santamaria*, 513 F. App'x 306, 307 (4th Cir. 2013).

Se ha descubierto que «casi uno de cada cinco arrestos por trata de personas con fines sexuales de un menor involucró a una persona relacionada con una pandilla»[92]. A la vez, el informe encontró que los tratantes involucrados en pandillas publican anuncios en línea para vender tanto a víctimas adultas como menores. Los tratantes que actúan en grupo tienen un 79,9% más de probabilidades de abusar de Internet para promover y vender víctimas en comparación con los tratantes que actúan de forma individual (que no están involucrados en pandillas)[93]. Los grupos delictivos también utilizan medios digitales para mantener una estrecha vigilancia de las víctimas y garantizar su continua sumisión. Estos delincuentes operan prácticamente con impunidad debido a la distancia física entre ellos y las víctimas. El uso de la tecnología plantea otro riesgo para las víctimas: si no continúan cumpliendo con los delincuentes, estos pueden coaccionarlas, incluso mediante coerción psicológica, y amenazar con difundir sus imágenes comprometidas, incluido el envío de las imágenes a sus familias.

Los grupos delictivos organizados pueden estar involucrados en posibles esquemas de explotación sexual comercial de niños facilitados por Internet que anuncian negocios ilícitos de explotación de mujeres y niñas en actos de comercio sexual. Estas acciones pueden relacionarse con el abuso de servicios en línea como, Eros.com, Cityvive.com, Adultsearch.com, Craigslist.com, LocalEscortPages.com, FindHotEscorts.com, EroticMugShots.com, MyProviderGuide.com y OnlyFans[94]. Los miembros de estos grupos delictivos utilizan su reputación de violencia para intimidar y coaccionar a las víctimas, ejerciendo un control efectivo sobre ellas mien-

91. Michael J. Frank and G. Zachary Terwilliger, «Gang-Controlled Sex Trafficking», *Virginia Journal of Criminal Law* 3, no. 2 (2015): 374.
92. Dominique Roe-Sepowitz et al., *A Six-Year Analysis of Sex Traffickers of Minors: Exploring Characteristics and Sex Trafficking Patterns* (Arizona State University Office of Sex Trafficking Intervention Research, 2017), iii.
93. Roe-Sepowitz et al., *A Six-Year Analysis of Sex Traffickers of Minors,* 16.
94. Juez Herbert B. Dixon Jr., «Human Trafficking and the Internet* (*and Other Technologies, Too)», *The Judges Journal* 52, no. 1 (2013): 37.

tras las someten a esclavitud sexual o explotación sexual. Mediante una disciplina estricta y la coerción, estos grupos delictivos organizados logran sus objetivos involucrando eficazmente a sus miembros en la comisión de crímenes.

c. Tratantes: Individuales o Asociaciones Oportunísticas

Los tratantes pueden operar de manera individual o colaborar con otros tratantes para obtener autoridad y control sobre los niños a través de tácticas de manipulación, violencia, drogas, afecto fingido y abuso psicológico. A veces, para ocultar el hecho de que los tratantes involucran a menores en la prostitución, los perpetradores coaccionan a los niños para que se hagan pasar por adultos que participan en sexo comercial consensuado[95]. Los tratantes utilizan métodos y estrategias para mantener un control efectivo sobre los menores, quienes pueden continuar asistiendo a la escuela y participando en actividades cotidianas mientras son víctimas de trata, sin estar encerrados o retenidos. Por consiguiente, además de los grupos del crimen organizado que se dedican sistemáticamente a cometer delitos, las personas que trabajan de manera independiente y a través de asociaciones de tratantes pueden estar involucradas en etapas del proceso de trata, como captar o reclutar, albergar, transportar, proporcionar u obtener a un niño con fines de explotación sexual.

Para los tratantes, Internet puede ser un refugio seguro por numerosas razones. Por ejemplo, Internet ofrece un menor riesgo de exposición que poner a menores en las calles para la prostitución comercial. Además, a través de Internet, los tratantes, ya sean criminales individuales o aquellos que operan a través de grupos de crimen organizado, pueden desarrollar y camuflar acciones como (1) encontrar y expandir redes de clientes (2) comunicarse con individuos y grupos aliados (3) intercambiar información (4) publicitar servicios sexuales de niños (5) coordinar encuentros y (6) recibir pagos por actos sexuales comerciales de menores. En resumen, Internet ha permitido a los tratantes alejarse del proceso tradicional de la trata de menores con fines sexuales.

En consecuencia, los tratantes utilizan Internet para embaucar a menores y también para conectarse con los «clientes» —la demanda de este delito— para vender los actos sexuales comerciales de los niños. De hecho, los tratantes han desarrollado formas nuevas de continuar con el negocio de la

95. Departamento de Estado de EE. UU., *The Benefits of Smart Raids vs. Blind Sweeps* (Washington: Oficina para la Vigilancia y Combate de la Trata de Personas, 2012), 1.

trata de menores con fines sexuales, como fortalecer sus redes de posibles compradores, clientes actuales y otros delincuentes; estos esfuerzos a menudo resultan en beneficios financieros atractivos para los tratantes. Además, los tratantes utilizan plataformas para vender niños para actividades sexuales, creando un lugar de compras en línea amigable en el que pueden interactuar, establecer redes y coordinar operaciones con clientes. A través de estas estrategias, los tratantes aseguran el flujo de demanda en el mercado de los niños en la industria sexual.

La investigación ha demostrado que el 67.3% de los tratantes de menores para fines sexuales utilizan tecnología, como cuentas de correo electrónico, anuncios publicados en línea y proporcionan teléfonos celulares a sus víctimas[96]. Aunque se necesita más investigación para comprender las intenciones de los ciberdelincuentes al proporcionar acceso a la tecnología a menores, está claro que estos criminales buscan involucrar a los niños en actividades sexuales comerciales. Con el objetivo de explotar sexualmente a los niños, los delincuentes facilitan sus crímenes compartiendo información, organizando operaciones y gestionando redes criminales en línea. Para lograr sus objetivos, los criminales tienen cuidado de no dejar rastros digitales de sus acciones; a pesar de esto, aún existen pistas que permiten a los agentes rastrear sus movimientos. las pistas en línea pueden manifestarse como compras con tarjetas de crédito, llamadas telefónicas, ubicación por GPS, boletos de avión, alquiler de apartamentos y otras acciones que podrían ser detectadas por las autoridades.

Una técnica empleada por los tratantes es la creación de anuncios cuidadosamente redactados y su publicación en sitios de anuncios clasificados en línea. Con frecuencia, los tratantes utilizan redacciones cuidadosas o lenguaje codificado, así como diferentes estilos de escritura, como «apenas legal» o «joven», como métodos creativos para camuflar sus anuncios en línea de víctimas menores de edad y adultas destinadas a la prostitución[97]. Sin salir de sus hogares, los tratantes pueden promocionar a menores para actividades de prostitución fuera de línea en diferentes ciudades y estados, y hacerlo de manera rápida, efectiva y económica. El lenguaje codificado en los anuncios en línea puede hacer que el reclutamiento y la publicidad sean mucho más efectivos de diversas formas. El lenguaje codificado en los anuncios en línea sirve para ocultar o minimizar el riesgo de exposi-

96. Roe-Sepowitz et al., *A Six-Year Analysis of Sex Traffickers of Minors,* iii.
97. Polaris Project, *Child Sex Trafficking At-A-Glance: Child Sex Trafficking in the United States* (Polaris Project, 2011), 2.

ción de una actividad de trata de personas relacionada con actividades sexuales comerciales de menores ante las autoridades.

Por lo general, los tratantes utilizan lenguaje codificado y señales visuales en los anuncios en línea para insinuar que la persona mencionada es un menor. La publicidad en línea no es el único método en el que se emplea lenguaje codificado. Los tratantes también utilizan lenguaje codificado en conversaciones en línea con clientes sexuales actuales y en potencia, y para referirse a su propia industria y actividades. Aunque los tratantes hacen que parezca que las transacciones involucran a adultos que consienten, la investigación de sus anuncios en línea demuestra que muchos anuncios revelan posibles delitos de trata. De hecho, un análisis de estos anuncios en línea saca a la luz formas de identificar una organización estructurada o un modelo de negocio sofisticado detrás del anuncio. Por ejemplo, algunos anuncios pueden mostrar la disponibilidad de servicios en diferentes lugares o invitar al usuario a visitar un enlace externo, lo que apunta a un mecanismo más efectivo en funcionamiento[98]. Asimismo, algunos anuncios presentan estilos de redacción similares, así como un patrón de pistas visuales. Por ejemplo, las imágenes pueden parecer tomadas en el mismo lugar, las características físicas o de comportamiento de los anunciantes pueden parecer similares, o los anuncios pueden mostrar que varias personas comparten la misma dirección de contacto en diferentes anuncios[99]. Por lo tanto, las imágenes y los estilos de publicación en los anuncios clasificados en línea pueden contener características e indicios que funcionan como señales de alerta para identificar posibles víctimas de trata.

Para evitar a las autoridades, los tratantes a menudo evitan visitar un sitio web o sección de anuncios en línea específicos para anunciar y vender a menores y víctimas adultas para la explotación sexual. Esto aumenta la dificultad de detectar la trata facilitada por Internet, ya que las actividades están dispersas y pasan fácilmente desapercibidas. Además de anunciar a las víctimas de trata para fines de explotación sexual comercial, los tratantes también utilizan anuncios clasificados en línea para solicitar y reclutar a anunciantes independientes, algunos de los cuales pueden ser menores, con diferentes estrategias tentadoras que incluyen ofertas de gestión e ingresos lucrativos.

98. Emily Kennedy, «Predictive Patterns of Sex Trafficking Online», H&SS Senior Honors Thesis, Carnegie Mellon University, 2012, 27.
99. Kennedy, «Predictive Patterns of Sex Trafficking Online», 22.

d. Productores y Consumidores de Material de Abuso Sexual Infantil

El FBI estima que el comercio de material de abuso sexual infantil o pornografía infantil podría tener un valor anual de más de $3 billones a $20 billones[100]. El material de abuso sexual infantil en línea puede conectar el mundo real y virtual en un solo delito. Los productores pueden crear imágenes de abusos sexuales de niños fuera de línea y luego distribuirlo en línea. Alternativamente, puede tener lugar completamente en línea en casos en los que los niños son coaccionados o chantajeados a transmitir en vivo actividades sexuales o difundir imágenes de sí mismos que se propagan fácilmente para su consumo en la web.

Estadísticamente hablando, la mayoría de los productores ya conocen al niño, como miembros de la familia y conocidos, o han estado en contacto con el niño durante más de un año antes de que ocurra el primer contacto sexual[101]. De conformidad con datos de los Estados miembros del CdE, «la mayoría del abuso sexual contra niños se comete dentro del ámbito familiar, por personas cercanas al niño o por aquellos en el entorno social del niño»[102]. Así como se encontró en los informes de datos de algunos estados en los Informes Globales sobre Trata de Personas de la UNODC, en ocasiones los padres desempeñan un papel en la trata de sus hijos[103]. Por consiguiente, gran parte del abuso sexual a menores involucra a alguien en quien el niño confiaba y que traiciona esa confianza. Estos casos suelen quedar sin denunciar.

Algunos de estos ciberdelincuentes abusan sexualmente de niños debido a sus preferencias sexuales en los niños[104]. Otros lo hacen de manera oportunista, abusadores situacionales, sin preferencia sexual por los niños, pero consumen y distribuyen material relacionado con el abuso infantil[105]. La mayoría de los poseedores de material de abuso sexual infantil son abusadores preferenciales[106].

---

100. *Bialik, C, (2006, April 18). Measuring the child-porn trade. The Wall Street Journal.* https://www.wsj.com/articles/SB114485422875624000
101. CDH, «Informe presentado por la Sra. Najat Maalla M'jid, Relatora Especial sobre la venta de niños, la prostitución infantil y la utilización de niños en la pornografía*», A/HRC/12/23, 21 Julio 2009, párr. 41, pág. 10.
102. CdE, «Informe Explicativo del Convenio de Lanzarote», párr. 3, pág. 1.
103. UNODC, *Informe Global sobre la Trata de Personas 2020,* 44; UNODC, *Informe Global sobre la Trata de Personas 2018* (Nueva York: ONU, 2018), 39.
104. UNODC, *Study on the Effects of New Information Technologies,* ix.
105. *Ibid.*, 12.
106. *Ibid.*, 30.

Los poseedores de materiales pornográficos de niños pueden compartir algunas características psicológicas y de comportamiento. Los expertos teorizan que las experiencias adversas en la infancia pueden alterar la percepción de la víctima sobre las relaciones sexuales, lo que aumenta la probabilidad de futuros delitos[107]. Adicionalmente, es probable que los delincuentes en línea tengan antecedentes penales nulos o insignificantes y niveles más altos de educación y autoestima que los delincuentes fuera de línea[108]. Pueden tener una dependencia al Internet y sentirse emocionalmente aislados. También, pueden tienden a identificarse con personajes de ficción, experimentar impulsividad motora y niveles crecientes de fantasías sexuales[109].

Hoy en día, estos criminales pueden usar criptomonedas o incluso nuevo material de abuso de menores como forma de pago. Los delincuentes pueden producir material de abuso sexual infantil para su propia gratificación sexual o para compartirlo con personas de ideas afines, especialmente en foros y redes P2P. Este intercambio con pares puede ayudar a los delincuentes a fortalecer su estatus y ganar la confianza en comunidades en línea. Las comunidades de delincuentes funcionan como «grupos de apoyo» en los que los depredadores sexuales colaboran en línea para promover la explotación sexual de niños. Por contraposición, algunos delincuentes producen y distribuyen material de abuso sexual infantil con fines económicos[110]. Los incentivos resultantes impulsan la producción y circulación continua de materiales ilícitos. Hasta la fecha, el trabajo cooperativo entre las fuerzas del orden y el sector privado, especialmente con los PSI, operadores de telefonía móvil, motores de búsqueda y servicios bancarios, se ha vuelto fundamental para obtener información rápida sobre los niños víctimas y los perpetradores, como sus nombres y direcciones IP.

e. La Demanda

Los compradores de servicios sexuales comerciales que involucran a menores pueden ser locales o extranjeros, e incluso personas en posiciones

107. Susan Faupel, «Etiology of Adult Sexual Offending», *Office of Sex Offender Sentencing, Monitoring, Apprehending, Registering, and Tracking*, Julio 2015, https://smart.ojp.gov/somapi/chapter-2-etiology-adult-sexual-offending
108. Mary Aiken, Mike Moran, and Mike Berry, «Child Abuse Material and the Internet: Cyberpsychology of Online Child Related Sex Offending», Ponencia presentada en la 29.ª Reunión del Grupo de Especialistas de INTERPOL sobre Crímenes contra los Niños, Lyon, Francia, 5-7 Septiembre 2011, 4.
109. *Ibid.*, 4-6.
110. EC3, *Internet Organised Crime Threat Assessment 2017*, 38.

de confianza y poder en la sociedad. Estos compradores también abusan de Internet para facilitar una subcultura de explotación al compartir información, tácticas y apoyo para seducir a menores y conectarse con otros criminales, como operadores de turismo sexual infantil, para localizar servicios sexuales con niños[111]. En consecuencia, las herramientas en línea también brindan a los compradores de servicios sexuales la posibilidad de buscar y adquirir a menores para fines comerciales y expresar a los tratantes sus preferencias, fantasías y deseos. Estas acciones pueden llevarse a cabo a través de blogs, sitios de redes sociales, anuncios en línea, foros y anuncios en sitios web.

Otro aspecto de las actividades de estos compradores se encuentra en la industria global conocida inapropiadamente como «turismo sexual con niños», la cual también se ve facilitada por la TIC, como Internet. La explotación sexual de niños en el contexto de los viajes y el turismo puede entenderse como una forma de trata en la que «una persona emprende tours y planes de viaje que consisten en paquetes turísticos o actividades que utilizan a un niño para la prostitución o explotación sexual»[112]. En consecuencia, estos delincuentes son turistas o viajeros que viajan a nivel nacional o al extranjero con el propósito principal de participar en actos sexuales con niños víctimas de trata. Se estima, de manera alarmante, que la edad promedio de las víctimas explotadas en el sector de los viajes y el turismo es de 14 años y que es cada vez más común encontrar a niños victimizados de tan solo cinco años de edad[113].

Los perpetradores también utilizan Internet para seducir a niños en el extranjero para el turismo sexual global y coordinar actos criminales transfronterizos, como obtener información sobre agencias de viajes en Internet, sitios web de reservas, y hoteles que podrían ayudarles. El turismo sexual internacional continúa prosperando en la actualidad, tal vez porque los delincuentes buscan un «refugio seguro» en países con leyes más flexible en relación con la trata de menores con fines sexuales o la explotación sexual en línea, o en países con una cultura de tolerancia hacia las prácticas de trata. Los compradores de servicios sexuales en el turismo sexual global son a menudo turistas habituales en países como Brasil, Costa Rica y la República Dominicana. Adicionalmente, Tailandia, Camboya y Filipinas son destinos

111. UNODC, *Informe Global sobre la Trata de Personas 2020*, 119.
112. The Protection Project, «Model law on combating child sex tourism», en International Child Sex Tourism: Scope of the Problem and Comparative Case Studies (Washington: John Hopkins University & The Paul H. Nitze School of Advanced International Studies, 2007), art. II, párr. 2, 188.
113. UNODC, *Study on the Effects of New Information Technologies*, 26.

populares para el turismo sexual con niños y bases de redes de prostitución infantil a gran escala[114].

Si bien algunos compradores pueden actuar a sabiendas de que la persona involucrada es menor de edad, otros pueden no saberlo. Por lo tanto, no todos los compradores de servicios sexuales eligen conscientemente cometer un delito contra un niño. En estos casos, un delincuente situacional puede aprovechar una oportunidad para cometer un delito. Como resultado de sus delitos, los compradores enfrentan graves riesgos y consecuencias, desde castigos penales como arresto y prisión hasta problemas de salud como el elevado riesgo de contraer enfermedades de transmisión sexual. Igualmente, los ciberdelincuentes suelen unirse a grupos de delincuentes con ideas afines para comunicarse y apoyar las fantasías sexuales de los demás y compartir consejos sobre cómo llevar a cabo de manera efectiva el proceso de victimización de niños.

CONCLUSIÓN

Con el objetivo de enfrentar los desafíos de la trata cibernética con fines sexuales, los Estados deben fortalecer sus respuestas en los sistemas jurídicos nacionales para prevenir y proteger a los niños víctimas en el espacio digital (explotación *post-factum*). Utilizando un enfoque basado en los DDHH, los Estados no deben culpar o penalizar a los niños víctimas de explotación sexual en el ciberespacio (p. ej.., niños explotados en la prostitución y la pornografía infantil). En este contexto, los Estados deben implementar medidas de apoyo y protección y brindar servicios integrales a los niños víctimas para asegurar su rehabilitación, incluyendo su recuperación psicológica causada por estas situaciones traumáticas y la reparación[115].

El Internet ha permitido a los tratantes utilizar técnicas más sofisticadas para ocultar sus actos criminales. Algunos tratantes son habilidosos en abusar de las herramientas disponibles en Internet para perpetuar de manera más efectiva y encubierta los delitos de trata o facilitar la explotación sexual comercial de niños. Aunque la magnitud y formas de este tipo de ciberdelincuencia actualmente son desconocidas, este capítulo ilustra las características de los ciberdelincuentes que facilitan las actividades de trata de menores con fines sexuales y actos relacionados, así como la urgente necesidad de que los Estados los combatan.

114. UNODC, *Informe Global sobre la Trata de Personas 2020,* 57.
115. PF-CDN, art. 9(3), (4).

Al utilizar el espacio digital, incluyendo las sofisticadas herramientas de la web oscura, los tratantes en línea pueden difundir masivamente su contenido y llegar a menores, clientes, criminales y redes afines para explotar sexualmente a niños. Estas acciones delictivas les permiten ampliar sus conexiones, intercambiar información, organizar encuentros, coordinar operaciones y servicios, y pagar por el acceso a la transmisión en vivo de abusos a niños. Además, a medida que la TIC y la tecnología de Internet continúa desarrollándose y expandiéndose, los ciber depredadores cuentan con más herramientas para hacer que sus crímenes sean más sofisticados y difíciles de detectar y enjuiciar por parte de las autoridades.

Para defender a los niños contra las estrategias de cibercrimen de los delincuentes, los Estados deben fortalecer su legislación nacional, facilitar la cooperación internacional y fomentar la colaboración efectiva entre los sectores de la sociedad civil (como la industria de Internet, trabajadores sociales, las organizaciones locales y las familias) y mejorar la capacidad de la comunidad de las fuerzas del orden. Así, la comunidad internacional de los Estados puede reunir inteligencia sistemática para perseguir a los perpetradores y desmantelar la red de grupos organizados e individuos que navegan por el ciberespacio para cometer delitos sexuales contra la persona y la dignidad de los niños.

Los estados deberían establecer una jurisdicción extraterritorial para perseguir todos los delitos de explotación sexual de niños. Esto implicaría eliminar el requisito de la doble incriminación, esta medida facilitaría la cooperación judicial, garantizaría un enjuiciamiento efectivo de estos delitos. Los Estados tienen la obligación positiva de promulgar o fortalecer disposiciones jurídicas adecuadas que abarquen todas las formas de trata y explotación de niños en línea y garantizar una respuesta adecuada por parte de las fuerzas del orden y del sistema judicial para identificar a los niños víctimas y combatir estos delitos. Al establecer un marco legal adecuado, los Estados contribuirán a la lucha contra la impunidad de la trata cibernética y mejorarán el respeto por la dignidad y los derechos de los niños en el espacio virtual.

Capítulo 7

Una Evaluación de la Dignidad Humana en el Ciberespacio

La premisa fundamental de este libro es que la explotación sexual de los niños en el ciberespacio amenaza la dignidad humana en una sociedad libre. Bajo la guía de la escuela de pensamiento jurídico de New Haven, este capítulo evalúa los valores empíricos de la dignidad humana y propone nuevas vías, más beneficiosas para la comunidad y para un orden público centrado en la dignidad humana, hacia una respuesta global más efectiva a esta forma de cibercrimen, contribuyendo a garantizar la protección de los niños. Los siguientes dos capítulos (7 y 8) recomiendan soluciones alternativas a la explotación sexual de niños en el ciberespacio, considerándola un problema social y legal en el ámbito internacional. La Escuela de New Haven define el derecho como un proceso de toma de decisiones que combina autoridad (legitimidad) y control (efectividad), y proporciona herramientas intelectuales para identificar y examinar factores y elementos relevantes dentro del proceso de toma de decisiones con el objetivo de maximizar el acceso a configurar y compartir los valores de la dignidad humana[1]. Extraídos de la literatura y utilizando un enfoque de múltiples partes interesadas, el análisis jurídico de este capítulo considera los valores de la dignidad humana en el contexto de la lucha contra la trata de personas y se presenta como una contribución a promover un

1. La esencia de esta metodología a menudo referida como «ciencia del derecho políticamente-orientada» (*policy-oriented jurisprudence*) o «derecho, ciencia y política», se ha planteado en dos volúmenes de Harold D. Lasswell y Myres S. McDougal, *Jurisprudence for a Free Society: Studies in Law, Science and Policy*, vol. 1 y vol. 2 (New Haven: New Haven Press, 1992).

orden público que se aproxime a los objetivos de dignidad humana en futuras decisiones[2].

1. EXPLOTACIÓN EN LÍNEA DESDE LA PERSPECTIVA DE LA TEORÍA DEL DERECHO ORIENTADA HACIA LA POLÍTICA

Los seres humanos siempre han interactuado entre sí para desarrollar conexiones sociales entre individuos y grupos. Estas interacciones fomentan el sentido de pertenencia de los individuos a una comunidad, ya que no pueden desarrollarse en aislamiento o como «mónadas»[3]. Reisman et al. caracterizaron estas relaciones interpersonales como la base para el surgimiento y la consolidación de culturas y civilizaciones en todo el mundo. En estos contextos comunitarios, la protección de los valores sociales y las relaciones humanas inspiran la participación de individuos y comunidades en la gobernanza. En *El Contrato Social,* Jean-Jacques Rousseau establece una estrecha asociación entre el gobierno y el inicio de la vida social: un gobierno existe como una «legítima regla de administración» para asegurar el bien común de todos los individuos[4]. Rousseau declaró famosamente que «el hombre nace libre y en todas partes está encadenado»[5], argumentando que los seres humanos nacen libres, iguales y naturalmente buenos, pero eventualmente son corrompidos y frenados por las estructuras y creaciones de la sociedad humana. Sin embargo, los ciudadanos se unen al entrar en un contrato de asociación y someterse voluntariamente a una autoridad política legítima para convivir en armonía y obtener beneficios mutuos[6]. En otras palabras, para Rousseau, un buen gobierno existe para proteger la Libertad de los individuos, la igualdad y la justicia y para expresar la voluntad general del bien público, que en la vida comunitaria se considera superior a los intereses personales. Para Rousseau, en una sociedad ideal, las personas son ellas mismas partes en un contrato social legítimo y son soberanas, de modo que sólo están sujetas a su propia voluntad colectiva,

2. McDougal y Lasswell definen el término «orden público mundial en favor de la dignidad humana» dentro del contexto de la tradición de la Escuela de New Haven. En la nomenclatura de New Haven, el término «valores» se refiere a los «eventos preferidos». Véase Lasswell y Mcdougal, *Jurisprudence for a Free Society,* vol.1, 336-338.
3. W. Michael Reisman et al., *International Law in Contemporary Perspective,* trans. G.D.H. Cole (Nueva York: Foundation Press, 2004), 520–521.
4. Jean-Jacques Rousseau, *The Social Contract* (Independently published, 2020), 10–13.
5. Rousseau, *The Social Contract,* 3.
6. Jean-Jacques Rousseau, *Rousseau: The Social Contract and Other Later Political Writings,* trans. y ed. Victor Gourevitch, 2nd ed. (Cambridge: Cambridge University Press, 2018), 41.

cediendo sus derechos naturales a la «voluntad general.»[7]. Este razonamiento anticipa y, de hecho, influyó en el sentimiento capturado en las primeras palabras de la Constitución de EE. UU.: «Nosotros, el pueblo»[8]. Al someterse al bien común, los ciudadanos llevan vidas más significativas. Pueden realizar su máximo potencial y aspiraciones humanas porque conducen sus vidas en una sociedad que garantiza su vida, libertad, igualdad, seguridad y orden en la comunidad. Para que esta sociedad sea equitativa, todos los ciudadanos comparten los mismos derechos cívicos, responsabilidades y deberes que los demás individuos y la comunidad.

Según lo establecido por los académicos legales Myers McDougal, Harold Lasswell y Lung-Chu Chen, el orden público brinda el óptimo acceso a todo lo apreciado por la humanidad. Aunque lo que las personas valoran puede diferir, las aspiraciones de las personas se expresan empíricamente en ocho categorías generales de valores: poder, riqueza, ilustración, habilidades, bienestar, afecto, respeto y rectitud[9]. Estos ocho valores informan nuestra comprensión del derecho y contribuyen a darle forma[10]. La trata de niños con fines de explotación sexual en el ciberespacio se puede analizar según estos ocho valores en el contexto legal para ayudar a desarrollar un entendimiento más profundo del problema. Al evaluar el sistema legal en función de la maximización de estos valores, podemos promover el interés superior de los niños y sus derechos en el ciberespacio. Los Estados pueden establecer un mayor orden público en el ciberespacio al fomentar la seguridad y el desarrollo integral de los niños y lograr una protección más completa de su dignidad humana[11].

La Escuela de New Haven de Teoría del derecho orientada hacia la política aspira a asegurar el interés común de todos los individuos en lugar de la primacía de grupos particulares. Desde este punto de vista, su marco metodológico de investigación busca lograr un mayor compartir de las protecciones de la dignidad humana. Esta postura está alineada con los valores

7. «Cada uno de nosotros pone su persona y todo su poder en común bajo la dirección suprema de la voluntad general y, en nuestra capacidad corporativa, recibimos a cada miembro como una parte indivisible del todo» en Rousseau, *The Social Contract,* 11.
8. Preámbulo de la Constitución de EE. UU.
9. Lasswell and Mcdougal, *Jurisprudence for a Free Society*, vol. 1, 30.
10. Siegfried Wiessner, «Law as a Means to a Public Order of Human Dignity: The Jurisprudence of Michael Reisman», *Yale Journal of International Law* 34, no. 2 (2009): 525–529.
11. La «ciencia del derecho políticamente-orientada» postula la dignidad como un objetivo, y las instituciones jurídicas son parte del proceso de conformar y compartir valores. Véase, Myres S. McDougal y Harold D. Lasswell, «Jurisprudence in Policy-Oriented Perspective», *Florida Law Review* 19 (1967): 486–500.

consagrados en varios instrumentos internacionales, como la Carta de la ONU y la DHDH (codificada en dos pactos internacionales, el PIDCP de 1966 y el PIDESC de 1966). Juntos, estos instrumentos forman una postulación de autoridad de valores sostenidos por toda la humanidad[12]. La realización del orden público a través de políticas fundamentales que subyacen todo el derecho requiere un sistema legal dedicado a proteger, restaurar y mejorar el orden público. Según W. Michael Reisman, los Estados pueden lograr los objetivos de orden público utilizando siete estrategias específicas:

(1) *Prevenir* violaciones inminentes discretas del orden público;

(2) *Suspender* las violaciones actuales del orden público;

(3) *Disuadir*, en general, posibles violaciones futuras del orden público;

(4) *Restaurar* el orden público después de que haya sido violado;

(5) *Corregir* el comportamiento que genera violaciones del orden público;

(6) *Rehabilitar* a las víctimas que han sufrido las consecuencias de las violaciones del orden público;

(7) *Reconstruir* en un sentido social más amplio para eliminar las condiciones que parecen propensas a generar violaciones del orden público[13].

La *prevención* busca respuestas *ex ante* para intervenir antes de que ocurran las violaciones; la *suspensión* busca respuestas inmediatas *ex post* para detener la violación que ha ocurrido; la *disuasión*, de manera más general, ayuda a identificar amenazas creíbles y desalentar a los infractores para que no cometan violaciones en el futuro; la *corrección* se enfoca en ajustar patrones de comportamiento que puedan generar violaciones del orden público; la *rehabilitación* se centra en ayudar a las víctimas y puede abarcar el derecho a la reparación; y la *reconstrucción social*, en un sentido más amplio, busca identificar situaciones que puedan contribuir a la ruptura del orden público y lidera esfuerzos organizacionales para prevenir su ocurrencia.

12. Myres S. McDougal, Harold D. Lasswell, y Lung-Chu Chen, *Human Rights and World Public Order: The Basic Policies of an-International Law of Human Dignity*, 1st ed. (New Haven: Yale University Press, 1980, 6.

13. W. Michael Reisman, «Legal Responses to Genocide and Other Massive Violations of Human Rights», *Law and Contemporary Problems* 59, no. 4 (1996): 75–76.

Estas siete estrategias detallan los medios para proteger, restablecer o crear el orden público, lo que ayuda a orientar el diseño y ajuste de políticas, así como la configuración de instituciones, para garantizar la protección de la dignidad humana en el ciberespacio. La explotación sexual en el espacio virtual es una violación del orden público que se ha convertido en una amenaza global real contra los seres humanos, especialmente los niños. Por lo tanto, las políticas orientadas hacia un mejor orden público global deben mejorar la protección de la dignidad y los derechos de los niños en el mundo digital, promoviendo metas o valores normativos para asegurar el bienestar de los niños en el ciberespacio. En el proceso autoritario para la toma de decisiones, sólo cuando la ley adopta o refuerza medidas que garantizan la seguridad de los niños en línea, se puede proteger completamente su dignidad humana tanto en el entorno digital como fuera de él.

Cuando los Estados mejoran la protección de la dignidad humana, las políticas influyen en formar y compartir los valores que reducen desviaciones que amenazan el orden público. El PIDCP conecta la libertad con los DDHH:

> El ideal del ser humano libre en el disfrute de las libertades civiles y políticas y liberado del temor y de la miseria, solo se puede lograr si se crean condiciones que permitan a cada persona gozar de sus derechos civiles y políticos, tanto como de sus derechos económicos, sociales y culturales[14].

Este convenio reconoce la obligación de los Estados de crear condiciones en las que los seres humanos puedan realizar todos sus derechos y libertades, una idea afirmada en el Artículo 28 de la DUDH[15]. A la luz de lo mencionado, los DDHH desde esta particular teoría de investigación del derecho ofrecen un mapa integral para formar y compartir valores fundamentales para lograr un orden público mundial en favor de la dignidad humana, y, por lo tanto, sirven como una guía importante para aquellos que buscan superar el enorme desafío contemporáneo de proteger a los niños en el ciberespacio. Una vía importante para lograr un cumplimiento más exitoso y más amplio de los derechos para todos en la comunidad mundial es desalentar a los perpetradores para que no abusen de las plataformas digitales.

---

14. PIDCP, Preámbulo.
15. UDHR, art. 28 menciona: «toda persona tiene derecho a que se establezca un orden social e internacional en el que los derechos y libertades proclamados en esta Declaración se hagan plenamente efectivos».

2. EVALUACIÓN: LOS OCHO VALORES FUNDAMENTALES DE LA DIGNIDAD HUMANA

Para evaluar las actividades relacionadas con la explotación sexual de niños en el espacio virtual, se pueden aplicar los ocho valores de la dignidad humana para lograr una imagen integral de la trata en el ciberespacio, al mismo tiempo que se sienta la base para recomendaciones que armonicen las políticas y estrategias con los estándares internacionales de DDHH. En consecuencia, esta evaluación esboza un marco de referencia para equilibrar todos los factores y variables y mejorar los procesos de toma de decisiones autoritativas que conciernen a la inviolabilidad de la dignidad humana de los usuarios de Internet, incluidos los niños. Una vez adoptado, este marco de la teoría del derecho ayudaría a los Estados a proteger el orden público y evitar decisiones arbitrarias o excesivas[16].

a. Poder

Desde una perspectiva de la teoría del derecho orientada hacia la política, las decisiones autoritativas (i.e., las decisiones tomadas por los Estados) facilitan la producción y el compartir de valores con la intención de acercarse a un orden en el que todos puedan prosperar y alcanzar su máximo potencial para realizar la dignidad humana[17]. En el contexto de la trata en el ciberespacio, los procedimientos institucionales, las estrategias y las decisiones de los gobiernos deben llevar a cambios sociales propositivos que sean compatibles con la adecuada protección de la dignidad humana de los niños en el ciberespacio. Los Estados tienen el poder de establecer estas protecciones y mejores prácticas. De lo contrario, los cambios serían «retrocesos»[18]. Para desarrollar políticas sólidas, los Estados deberían evaluar con frecuencia las condiciones, demandas y factores que influyen en los problemas sociales, porque pueden surgir nuevos elementos que podrían afectar el logro de los objetivos deseados.

Dentro del contexto de la trata de personas, los Estados han dado pasos significativos para sensibilizar y combatir este delito. Por ejemplo, los gobiernos, la ONU (incluido el UNODC) y las ONGs han trabajado para implementar una política de tolerancia cero, incluso rechazando defensas basadas en tradiciones como violaciones relacionadas con la explotación de

16. Myres S. McDougal, «Perspectives for an-International Law of Human Dignity», *Proceedings of the American Society for International Law* 53 (1959), 114.
17. W. Michael Reisman, «Development and Nation-Building: A Framework for Policy-Oriented Inquiry», *Maine Law Review* 60, no. 2 (2008): 312.
18. *Ibid.*, 310.

niños[19]. En la actualidad, 181 Estados han ratificado el Protocolo de Palermo y han establecido pautas claras que ayudan a los países de todo el mundo a adoptar y revisar la legislación relacionada con la trata de personas. Este número significativo de Estados parte demuestra una sólida respuesta legislativa e indica esfuerzos individuales y colectivos para combatir la trata de seres humanos. Esta respuesta sugiere que un mayor número de víctimas están siendo protegidas y asistidas.

Los Estados pueden desarrollar o ajustar políticas nacionales para mejorar la protección de los niños en el ciberespacio con estrategias efectivas. Por lo tanto, los Estados son los participantes predominantes en el proceso de poder, que es el proceso de valor más decisivo en la comunidad mundial[20]. Como se mencionó anteriormente, Internet ha transformado la trata de personas. En respuesta a esto, el Consejo de la UE alienta a las autoridades encargadas de hacer cumplir la ley a aumentar los esfuerzos para combatir estas actividades ilícitas en plataformas digitales[21]. Estos esfuerzos incluyen la detección e investigación de prácticas de explotación que pueden ocurrir en sitios de redes sociales, tablones de anuncios de trabajo, foros de acompañantes y chats de naturaleza sexuales. Existe una necesidad urgente de que los gobiernos fortalezcan sus esfuerzos contra la trata de personas y establezcan salvaguardias efectivas para los niños en el ciberespacio. Muchos Estados han utilizado su poder para crear e implementar legislación para prevenir, reducir y eliminar este grave delito. Por consiguiente, con su poder soberano nacional, los Estados también pueden ejercer su autoridad en el ciberespacio, haciendo que todas las actividades delictivas en el mundo digital estén sujetas a la ley. No obstante, los Estados han acordado no reclamar la propiedad de Internet[22].

La premisa ampliamente aceptada de que los Estados deben actuar bajo el derecho internacional en el ciberespacio sugiere que las obligaciones de DDHH son aplicables en el ciberespacio también. Los Estados deben promover y proteger los DDHH en el espacio virtual, recordando que «los mismos derechos que las personas tienen fuera de línea también deben

19. P. ej., AGNU, Resolución 71/177, Derechos del niño, A/RES/71/177 (30 enero 2017), párr. 19 pág. 8.
20. Myres S. McDougal, W. Michael Reisman y Andrew R. Willard, «The World Community: A Planetary Social Process», *UC Davis Law Review* 21 (1988): 900.
21. «EU Policy Cycle – EMPACT», Europol, https://www.europol.europa.eu/crime-areas-and-statistics/empact#:~:text=EMPACT%20steps&text=The%20EU%20SOCTA%2C%20prepared%20by,against%20serious%20and%20organised%20crime.
22. Nicholas Tsagourias, «The Legal Status of Cyberspace», en *Research Handbook on International Law and Cyberspace*, ed. Nicholas Tsagourias y Russell Buchan (Camberley: Edward Elgar, 2015), 13–29.

protegerse en línea.» Esta afirmación está respaldada por la resolución 20/8 del CDH sobre la promoción, protección y disfrute de los DDHH en Internet. En 2012, Suecia presentó esta resolución y el CDH la adoptó por unanimidad. Como la primera de su tipo, la resolución también reconoce «la naturaleza mundial y abierta de Internet como fuerza impulsora de la aceleración de los progresos hacia el desarrollo en sus distintas formas.» Además, la resolución exhorta a todos los Estados «a promover y facilitar el acceso a Internet y la cooperación internacional» para desarrollar infraestructuras tecnológicas en todo el mundo[23]. Por lo tanto, subraya una evolución de los principios internacionales para el ciberespacio y su importancia para ejercer los DDHH y promover el desarrollo. Adicionalmente, la resolución insta a los Estados a promover y proteger los DDHH y las libertades fundamentales en el ciberespacio en la misma medida y con el mismo compromiso que en el mundo físico, una posición que el CDH reafirmó[24].

Los Estados deben promover la búsqueda de un ciberespacio más seguro para los niños, donde se mejore el respeto y la protección de sus derechos. Los objetivos de un orden público que implican equilibrar los intereses, derechos y valores en juego y en la práctica pueden relacionarse con la prevención del delito y la justicia penal. Por ende, es esencial proteger a los niños de los daños al mismo tiempo que se respeten las libertades individuales, como el derecho a la libertad de expresión en Internet. En otras palabras, es fundamental lograr un equilibrio aceptable entre las salvaguardias legales para asegurar los objetivos del orden público y las libertades individuales en el entorno digital. En cumplimiento con estándares internacionales, los Estados deben garantizar el respeto de los DDHH; al mismo tiempo, las medidas no deben infringir indebidamente otros derechos del acusado o usuarios en Internet ni restringir injustamente los derechos individuales o involucrar innecesariamente el uso de poderes estatales arbitrarios.

a.1. El Pacto Internacional de Derechos Civiles y Políticos: Parámetros Generales para Medidas Restrictivas de los Derechos a la Libertad de Expresión y Privacidad en el Entorno Digital

El PIDCP desempeña un papel central en la protección de los DDHH fundamentales y establece los estándares legales para garantizar una protección efectiva de los derechos reconocidos en el Pacto, incluso cuando los

23. CDH, Resolución 20/8, Promoción, protección y disfrute de los derechos humanos en Internet, A/HRC/RES/20/8 (16 julio 2012), párr. 1, 2, 3, pág. 2.
24. CDH, Resolución 32/13, Promoción, protección y disfrute de los derechos humanos en Internet, A/HRC/RES/32/13 (18 julio 2016), párr. 1, pág. 3.

Estados parte abordan las comunicaciones en línea[25]. De conformidad con el Artículo 2, párr. 1 del PIDCP, los Estados parte deben respetar y garantizar los derechos reconocidos en el Pacto[26]. Esta responsabilidad implica que, además de la obligación de respetar, los Estados parte tienen la obligación positiva de adoptar medidas apropiadas para proteger los derechos reconocidos en el Pacto y garantizar el disfrute de estos derechos a todas las personas dentro de su territorio y bajo su jurisdicción[27]. Asimismo, basado en el Artículo 2, párr. 3 del PIDCP, los Estados parte deben garantizar recursos efectivos en caso de que se produzcan violaciones de DDHH[28].

En un sistema jurídico democrático, los Estados son los titulares de deberes en el derecho internacional y deben garantizar el bien común para todos los individuos, cuyos beneficios deberían ser el centro de las actividades estatales. Uno de esos deberes es asegurarse de que todos los individuos tengan oportunidades para adquirir otros derechos y protegerlos de los abusos de DDHH. Cuando los Estados entran en relaciones internacionales y se convierten en partes de tratados internacionales, ejercen su poder soberano. Por lo tanto, asumen obligaciones jurídicas de *respetar*, *proteger* y *realizar* los DDHH. La obligación de *respetar* implica que los Estados deben abstenerse de interferir en el disfrute de los DDHH; la obligación de *proteger* requiere que los Estados prevengan infracciones de los DDHH de individuos y grupos; y la obligación de *realizar* implica que los Estados tomen medidas positivas para facilitar el ejercicio de los DDHH[29]. En consecuencia, a nivel internacional, las protecciones de los DDHH existen para proteger la dignidad y los derechos de cada persona. Al mismo tiempo, este postulado se acerca a la realización de los objetivos de la dignidad humana, ya que los Estados avanzan hacia el establecimiento de un orden público

25. HRC, «Observación general N.º 34, Artículo 19: Libertad de opinión y libertad de expresión», CCPR/C/GC/34, 12 septiembre 2011, párr. 15, pág. 4.
26. PIDCP, art. 2(1).
27. PIDCP, art. 2(1). Véase, HRC, «Observación general No. 31 [80] Naturaleza de la obligación jurídica general impuesta a los Estados Parte en el Pacto», CCPR/C/21/Rev.1/Add. 13, 26 mayo 2004, párr. 10, pág. 5. Véase también las disposiciones generales sobre no discriminación del artículo 2(1) en HRC, «CCPR Observación general Nº 18: No discriminación», 10 noviembre 1989, párr. 1, pág. 1.
28. PIDCP, art. 2(3). Véase, Eckart Klein, «Individual Reparation Claims under the International Covenant on Civil and Political Rights: The practice of the Human Rights Committee», en *State Responsibility and the Individual, Reparation in Instances of Grave Violations of Human Rights*, ed. Albrecht Randelzhofer y Christian Tomuschat (The Hague: Martinus Nijhoff, 1999), 30.
29. "Derecho Internacional de los Derechos Humanos", OACNUDH, https://www.ohchr.org/es/instruments-and-mechanisms/international-human-rights-law.

en el cual todos los seres humanos puedan desarrollarse plenamente en la complejidad de su contexto social y llevar vidas dignas[30]. Esta disposición jurídica del Artículo 2 del PIDCP identifica exclusivamente a los Estados parte como vinculados por las disposiciones del Pacto.

De igual manera, el Preámbulo subraya que «el individuo tiene deberes respecto de otros individuos y de la comunidad a que pertenece.» Este postulado reconoce la posibilidad de que los Estados parte puedan someter los derechos garantizados por el Pacto a ciertas restricciones para proteger los derechos de otros individuos o un interés público específico[31]. En consecuencia, el HRC, en la Observación general No. 31 [80], afirma que, al imponer restricciones, «los Estados deberán demostrar su necesidad y sólo podrán tomar las medidas que guarden proporción con el logro de objetivos legítimos a fin de garantizar una protección permanente y efectiva de los derechos reconocidos en el Pacto»[32]. Esta explicación significa que los Estados no deben poner en peligro el propio derecho con restricciones relacionadas con el Artículo 19, párr. 3, referente al derecho a la libertad de expresión, que «entraña deberes y responsabilidades especiales»[33]. Así que, se establece que este derecho puede estar sujeto a ciertas restricciones «establecidas por ley y que sean necesarias: (a) Para el respeto a los derechos o la reputación de los demás; (b) Para la protección de la seguridad nacional, el orden público, o la salud o la moral públicas»[34]. En consecuencia, el PIDCP impone expresamente tres requisitos para cualquier restricción a la libertad de expresión: fijada por la ley/legalidad (leyes precisas, públicas y transparentes); legitimidad, cumpliendo una de las dos condiciones de limitación descritas anteriormente (los subpárrafos a y b); y necesidad, sujeto al principio de proporcionalidad[35]. De esta manera, con la orientación del DIDH, los poderes de los Estados para restringir el ejercicio de la libertad de expresión en Internet deben demostrar que las medidas cumplen con estos requisitos de legalidad, legitimidad del objetivo, y necesidad y proporcionalidad.

30. W. Michael Reisman, Siegfried Wiessner y Andrew R. Willard, «The New Haven School: A Brief Introduction», *Yale Journal of International Law* 32, no. 2 (2007): 575–582.
31. Eckart Klein, «The Duty to Protect and to Ensure Human Rights Under the International Covenant on Civil and Political Rights», en *The Duty to Protect and to Ensure Human Rights*, ed. Eckart Klein (Berlin: Verlag A. Spitz, 2000), 297.
32. HRC, «Observación general No. 31 [80] Naturaleza de la obligación jurídica general impuesta a los Estados Parte en el Pacto», párr. 6, pág. 3.
33. PIDCP, art. 19(3).
34. *Ibid.*
35. HRC, «Observación general N.º 34 Artículo 19», párr. 22, pág. 6.

Por lo tanto, el derecho internacional permite ciertas restricciones a la libertad de expresión siempre y cuando estén fijadas por la ley (las limitaciones se aplican únicamente al Artículo 19(2) de la libertad de expresión; no se deben adoptar restricciones con el derecho a la opinión). Cuando los Estados limitan este derecho fundamental a la libertad de expresión, que tiene un alto valor en Internet, deben cumplir con estándares internacionales, incluyendo los requisitos de legalidad, legitimidad del objetivo, y necesidad, proporcionalidad. En consecuencia, el derecho internacional obliga a los Estados a prohibir ciertos tipos excepcionales de expresión, como la pornografía infantil, cumpliendo con estas condiciones, lo que implica que la medida restrictiva debe limitarse a situaciones específicas y no interfiere con la esencia de los derechos a la privacidad y la libertad de expresión en el entorno digital. Los Estados deben proteger a los niños contra el abuso sexual (fin legítimo) siguiendo la orientación del DIDH. Las obligaciones jurídicas de los Estados en virtud del PIDCP requieren que promulguen y apliquen legislación nacional cuando sea necesario y aborden de manera proporcional las amenazas probablemente asociadas con la trata de personas con fines de explotación sexual en el espacio virtual, cumpliendo con los requisitos de legalidad, legitimidad del objetivo, y necesidad, proporcionalidad[36]. En cumplimiento con el derecho internacional, los Estados deben proteger a los niños de daños mientras mantienen el respeto por las libertades individuales, como el derecho a la libertad de expresión en Internet. En otras palabras, este marco legal para las bases de restricciones legítimas para proteger a los niños de daños requiere de leyes nacionales sólidas para detectar, investigar, enjuiciar y sancionar a los perpetradores de la trata de personas con fines sexuales en Internet.

Como demuestran los capítulos anteriores, los perpetradores, incluidos los tratantes, pueden abusar del uso de tecnologías sofisticadas como el cifrado y el anonimato con fines legítimos para asegurar las comunicaciones en línea y llevar a cabo sus actividades delictivas de manera más efectiva. A través de estas tecnologías, pueden disfrazar su identidad y ocultar sus huellas digitales. De hecho, «con frecuencia, las fuerzas del orden y los servicios de inteligencia afirman que las comunicaciones anónimas o cifradas dificultan la investigación de la pornografía infantil»[37]. De hecho, estas prácticas en línea, ya sea por separado o combinadas, constituyen un desa-

36. CDH, «Promoción y protección del derecho a la libertad de opinión y de expresión, David Kaye», A/71/373, 6 septiembre 2016, párr. 57(a), pág. 26.
37. CDH, «Informe del Relator Especial sobre la promoción y protección del derecho a la libertad de opinión y de expresión, David Kaye*», A/HRC/29/32, 22 mayo 2015, párr. 2, pág. 3.

fío contemporáneo crítico para los Estados en la prevención e investigación de este cibercrimen, ya que deben encontrar un equilibrio entre el derecho de las personas a utilizar Internet (buscar y recibir información «por cualquier procedimiento» (Artículo 19, párr. 2) y la obligación de los Estados de proteger a los niños (objetivo legítimo). De conformidad con el DIDH, las restricciones efectivas de los Estados a la interferencia en la seguridad en línea deben estar establecidas en la ley, ser necesarias y proporcionales para lograr un objetivo legítimo particular, y contar con garantías adecuadas para asegurar la promoción y protección de los derechos a la privacidad y la libertad de opinión y expresión. El PIDCP establece normas de conducta para los 173 Estados parte con el fin de garantizar que las personas disfruten de sus derechos en virtud del Pacto, y consagra los derechos a la privacidad y a la libertad de opinión y expresión como derechos fundamentales derivados de la dignidad inherente del ser humano y fundamentos de una sociedad democrática[38]. Esta posición se alinea con el Artículo 26 de la CVDT, que concibe un tratado como un acuerdo internacional jurídicamente vinculante para los Estados parte. Los Estados parte en el PIDCP tienen la obligación jurídica de armonizar las leyes y políticas nacionales con las disposiciones de este tratado internacional de DDHH del que son parte e implementar las obligaciones del tratado de buena fe[39]. Además, para aquellos Estados que han firmado, pero no ratificado el PIDCP y no están vinculados por sus disposiciones jurídicas, deben respetar su objeto y propósito, como se establece en el Artículo 18 de la CVDT[40].

El Relator Especial de la ONU La Rue señala que los derechos a la privacidad y a la libertad de expresión están interrelacionados[41]. Los Estados deben garantizar legislación nacional adecuada y marcos legales en lo que respecta a las medidas de vigilancia de las comunicaciones. Los tres requisitos estrictos son esenciales para imponer una restricción y para asegurar que la privacidad, la seguridad y el anonimato de las comunicaciones se mantengan intactos[42]. El derecho civil y político a la privacidad es un derecho fundamental y respalda la realización del derecho a la libertad de

38. Klein, «The Duty to Protect and to Ensure Human Rights Under the International Covenant on Civil and Political Rights», 295–302. Ver estado de ratificación, PIDCP, https://indicators.ohchr.org/.
39. CVDT, art. 26: «Pacta sunt servanda».
40. *Ibid.*, Artículo 18: «Obligación de no frustrar el objeto y el fin de un tratado antes de su entrada en vigor».
41. CDH, «Informe del Relator Especial sobre la promoción y protección del derecho a la libertad de opinión y expresión, Frank La Rue*», A/HRC/23/40, 17 abril 2013, párr. 79, pág. 22.
42. CDH, «Informe del Relator Especial sobre la promoción y protección del derecho a la libertad de opinión y expresión, Frank La Rue*», párr. 83, pág. 23.

expresión y de opinión[43]. Además, el derecho a la libertad de expresión «es esencial para el disfrute de otros derechos humanos y libertades y constituye un pilar fundamental para la construcción de una sociedad democrática y el fortalecimiento de la democracia»[44]. El PIDCP define el derecho a la privacidad de la siguiente manera:

1. Nadie será objeto de injerencias arbitrarias o ilegales en su vida privada, su familia, su domicilio o su correspondencia, ni de ataques ilegales a su honra y reputación.

2. Toda persona tiene derecho a la protección de la ley contra esas injerencias o esos ataques[45].

Esta disposición jurídica hace eco del Artículo 12 de la DUDH[46]. Asimismo, el Artículo 17, párr. 2, establece que se requieren normas jurídicas para proteger este derecho contra la intrusión gubernamental o privada. De hecho, el HRC, en la Observación general No. 16, considera la siguiente obligación positiva de los Estados para garantizar la protección del derecho a la privacidad:

> Este derecho debe estar garantizado respecto de todas esas injerencias y ataques, provengan de las autoridades estatales o de personas físicas o jurídicas. Las obligaciones impuestas por este artículo exigen que el Estado adopte medidas legislativas y de otra índole para hacer efectivas la prohibición de esas injerencias y ataques y la protección de este derecho[47].

Asimismo, la Observación general indica,

> La recopilación y el registro de información personal en computadoras, bancos de datos y otros dispositivos, tanto por las autoridades públicas como por las particulares o entidades privadas, deben estar reglamentados por la ley[48].

---

43. AGNU, Resolución 68/167, El derecho a la privacidad en la era digital, A/RES/68/167 (21 enero 2014).
44. CDH, Resolución 25/2, Libertad de opinión y de expresión: mandato del Relator Especial sobre la promoción y protección del derecho a la libertad de opinión y de expresión, A/HRC/RES/25/2, 9 abril 2014, pág. 1.
45. PIDCP, art. 17(1), (2).
46. DUHR, art. 12, proclama: «Nadie será objeto de injerencias arbitrarias en su vida privada, su familia, su domicilio o su correspondencia, ni de ataques a su honra o a su reputación. Toda persona tiene derecho a la protección de la ley contra tales injerencias o ataques».
47. HRC, «Observación general No. 16: Derecho a la intimidad (artículo 17)», 8 abril 1988, párr. 1, pág. 1.
48. HRC, «Observación general No. 16: Derecho a la intimidad (artículo 17)», párr. 10, pág. 2

La disposición jurídica del Artículo 17 difiere de la redacción del Artículo 19, párr. 3, ya que no incluye una cláusula sobre los elementos que permiten restricciones. Sin embargo, el marco legal permite limitaciones admisibles al derecho a la privacidad siempre que «(a) estén autorizadas por una ley nacional que sea accesible y precisa y que se ajuste a los requisitos del Pacto (b) tenga un objetivo legítimo y (c) cumplan los criterios de necesidad y proporcionalidad»[49]. En esta era digital, las restricciones legítimas al derecho a la privacidad, incluyendo que involucran herramientas de seguridad en línea como el cifrado o el anonimato, deben estar claramente previstas por la ley. Este requisito corresponde a una ley de acceso público. Además, las restricciones deben estar de acuerdo con los objetivos legítimos del Pacto, como proteger los derechos de otros, incluyendo a los niños, y deben ser necesarias y proporcionales a las circunstancias precisas para alcanzar ese objetivo legítimo. Este requisito de accesibilidad de la ley significa que las leyes que regulan cualquier interferencia con el derecho a la privacidad deben ser publicadas y lo suficientemente precisas al detallar las circunstancias específicas y los objetivos legítimos, la naturaleza y la duración de los poderes de vigilancia permitidos. De esta manera, las personas que puedan verse afectadas por la práctica de vigilancia de las comunicaciones pueden prever sus efectos[50]. De lo contrario, disposiciones jurídicas vagas o ampliamente definidas pueden representar un mayor riesgo para que los gobiernos ejerzan poderes discrecionales arbitrarios más allá de los límites de la ley. En este escenario, los Estados correrían el riesgo de promulgar medidas restrictivas que no cumplen con la prueba de legalidad y protección efectiva de la privacidad bajo el DIDH. En consecuencia, los Estados deben respetar y proteger este derecho humano fundamental a la privacidad en las comunicaciones en Internet *de jure* y *de facto*, y garantizar la estricta observancia de los principios de legalidad y de necesidad y proporcionalidad para lograr un objetivo legítimo en consonancia con sus obligaciones internacionales de DDHH.

UNICEF afirmó que, en el contexto de las tecnologías digitales, «las leyes no deben fomentar la censura en Internet ni restringir el uso de la tecnología por parte de los jóvenes en un esfuerzo por protegerlos de daños»[51]. Por

49. CDH, «Promoción y protección de los derechos humanos y las libertades fundamentales en la lucha contra el terrorismo*, Ben Emmerson», A/69/397, 23 septiembre 2014, párr. 30, pág. 13.
50. CDH, «La vigilancia y los derechos humanos: Informe del Relator Especial sobre la promoción y protección del derecho a la libertad de opinión y de expresión*», A/HRC/41/35, 28 mayo 2019, párr. 21, pág. 8.
51. UNICEF, *The Sale & Sexual Exploitation of Children: Digital Technology* (UNICEF Office of Research-Innocenti, 2019), 5.

consiguiente, los Estados no pueden utilizar el objetivo legítimo de protección de niños para justificar la limitación del acceso o la vigilancia de las comunicaciones privadas en línea de los usuarios. Específicamente, los Estados deben adoptar e implementar reglas jurídicas con una claridad razonable para garantizar que las medidas restrictivas con respecto a Internet y la TIC cumplan con las normas internacionales de DDHH. De lo contrario, la esencia de los derechos a la privacidad y la libertad de expresión podría verse socavada y sometida a restricciones. Al mismo tiempo, los Estados deben garantizar los recursos previstos en la legislación nacional en casos de infracciones a los derechos individuales o el uso innecesario de poderes coercitivos.

Este problema en el ciberespacio demuestra la naturaleza interconectada de los derechos a la privacidad y a la libertad de expresión, especialmente en casos que involucran vigilancia digital doméstica y extraterritorial de comunicaciones personales, cifrado y anonimato. De acuerdo con las obligaciones jurídicas en virtud del DIDH, los Estados deben asegurar, en la ley y en la práctica, que las medidas restrictivas no vayan más allá del alcance de la interferencia para alcanzar un objetivo legítimo. En este sentido, el HRC destaca la necesidad «de adoptar medidas para que toda interferencia en el derecho a la intimidad se ajuste a los principios de legalidad, proporcionalidad y necesidad, con independencia de la nacionalidad o el emplazamiento de las personas cuyas comunicaciones estén bajo vigilancia directa»[52]. Este postulado se relaciona con el principio de no discriminación (Artículo 26, PIDCP) que, cuando se lee junto con el Artículo 17 y el Artículo 2(1) del PIDCP, garantiza niveles iguales de protección de los DDHH para extranjeros y ciudadanos dentro de los regímenes de supervisión de seguridad nacional en virtud del Pacto[53]. La Resolución 68/167 de la AGNU exhorta a todas las naciones «a respetar y proteger el derecho a la privacidad, incluso en el contexto de las comunicaciones digitales» y a garantizar que su «legislación nacional pertinente se ajuste a sus obligaciones en virtud del derecho internacional de los derechos humanos»[54]. El DIDH, un cuerpo de derecho internacional proporciona el marco jurídico universal para asegurar que la interferencia en la privacidad no sea ni arbitraria ni ilegal. Más

52. HRC, «Observaciones finales sobre el cuarto informe periódico de los Estados Unidos de América*», CCPR /C/USA/CO/4, 23 abril 2014, párr. 22(a), pág. 11.
53. CDH, «El derecho a la privacidad en la era digital: Informe de la Oficina del Alto Comisionado de las Naciones Unidas para los Derechos Humanos», A/HRC/27/37, 30 junio 2014, párr. 35, pág. 13.
54. AGNU, Resolución 68/167, El derecho a la privacidad en la era digital, A/RES/68/167, párr. 4(a)(b), pág. 2.

específicamente, el HRC, en su Observación general No. 16 sobre el Artículo 17, enfatiza la necesidad de la interferencia legal:

> El término «ilegales» significa que no puede producirse injerencia alguna, salvo en los casos previstos por la ley. La injerencia autorizada por los Estados sólo puede tener lugar en virtud de la ley, que a su vez debe conformarse a las disposiciones, propósitos y objetivos del Pacto[55].

También, el HRC subraya,

> La expresión «injerencias arbitrarias» puede hacerse extensiva también a las injerencias previstas en la ley. Con la introducción del concepto de arbitrariedad se pretende garantizar que incluso cualquier injerencia prevista en la ley esté en consonancia con las disposiciones, los propósitos y los objetivos del Pacto y sea, en todo caso, razonable en las circunstancias particulares del caso[56].

Esta interpretación del concepto de razonabilidad indica que «cualquier injerencia en la vida privada debe ser proporcional al propósito perseguido y necesaria en las circunstancias particulares del caso»[57]. Por lo tanto, de conformidad con los estándares internacionales de DDHH, al evaluar la necesidad de una medida de limitación del derecho a la privacidad, se debe respetar el principio de proporcionalidad para evitar poner en peligro el derecho a la libertad de expresión y al acceso a la información que puede afectar a todas las personas, incluidos los niños sobre todo porque «Las restricciones generalizadas al uso de las comunicaciones digitales y la censura no son solo inaceptables, sino también soluciones ineficaces a estos problemas»[58]. Desde una perspectiva legal, las normas internacionales de DDHH ofrecen orientación a los Estados para lograr un equilibrio adecuado entre la implementación efectiva y la ejecución de estándares regulatorios para proteger a los niños del daño y la protección de los derechos fundamentales tanto de adultos como de niños en el mundo digital. Por lo tanto, estas normas proporcionan a los Estados la dirección adecuada para evitar restricciones desproporcionadas de los derechos al lograr el objetivo de protección infantil.

55. HRC, «Observación general N.º 16: Derecho a la intimidad (artículo 17)», párr. 3, pág. 1.
56. *Ibid.*, párr. 4, pág. 1.
57. CDH, «El derecho a la privacidad en la era digital: Informe de la Oficina del Alto Comisionado de las Naciones Unidas para los Derechos Humanos», A/HRC/27/37, párr. 21, pág. 7.
58. CDH, «Informe del Relator Especial sobre la promoción y protección del derecho a la libertad de opinión y de expresión, Frank La Rue», A/69/335, 21 agosto 2014, párr. 4, pág. 3.

a.2. Convención sobre los Derechos del Niño: Normas Jurídicas para Equilibrar los Derechos Fundamentales de los Niños a la Libertad de Expresión, Acceso a la Información, Privacidad y Protección

Hemos establecido que los niños son beneficiarios de los derechos civiles consagrados en el PIDCP[59]. Asimismo, la CDN se centra en el niño como titular de derechos. Proporcionando una base sólida para que los Estados protejan y promuevan los derechos y el bienestar de los niños, incluso al abordar preocupaciones sobre la seguridad en línea. Por lo tanto, la CDN establece la base fundamental para salvaguardar los derechos de los niños y su dignidad inherente y equilibrar las medidas restrictivas para evitar restricciones desproporcionadas a sus derechos fundamentales de libertad de expresión, acceso a la información y privacidad. Este instrumento jurídicamente vinculante en el Artículo 13, que comparte aspectos del Artículo 19 del PIDCP, afirma el derecho de los niños a la libertad de expresión, sujeto a restricciones únicamente con el fin de proteger los derechos de otros o el orden público[60].

Esta disposición jurídica, cuando se lee junto con el Artículo 12 sobre el derecho a ser escuchado y el Artículo 17 sobre el derecho a tener acceso a información y material de diversas fuentes nacionales e internacionales, proporciona protecciones de DDHH para la libertad de expresión de los niños comparables, si no superiores, a las proporcionadas por el Artículo 19 del PIDCP[61]. Así, de acuerdo con el principio de la evolución de las capacidades del niño y la dirección y orientación adecuada de sus padres, y cuando corresponda, de otras personas legalmente responsables del niño, al tener en cuenta el interés superior del niño como su preocupación fundamental, los niños ejercen, a medida que maduran progresivamente y alcanzan plena autonomía, los derechos establecidos en la CDN, que incluyen la realización de su derecho a la libertad de expresión[62]. Las restricciones a los derechos de los niños a la libertad de expresión y al acceso a la información requieren un equilibrio cuidadoso. Deben ser previstas por ley, en los términos establecidos en el Artículo 13 citado al final del párr. anterior (párrs. 2(a) y (b)), y en conformidad con el estricto criterio de proporcionalidad —aplicando *mutatis mutandis* el Artículo 19, párr. 3, del PIDCP al

59. CDH, «Informe del Relator Especial sobre la promoción y protección del derecho a la libertad de opinión y de expresión, Frank La Rue», A/69/335, párr. 10, pág. 5.
60. CDN, art. 13(2)(a)(b).
61. CDH, «Informe del Relator Especial sobre la promoción y protección del derecho a la libertad de opinión y de expresión, Frank La Rue», A/69/335, párr. 11, pág. 5.
62. CDN, art. 5.

derecho de los niños a la libertad de expresión[63]. En adición, el Artículo 17(e) de la CDN ordena a los Estados que «[elaboren] directrices apropiadas para proteger al niño contra toda información y material perjudicial para su bienestar», incluyendo aquellos de naturaleza pornográfica[64]. Los niños son vulnerables a la explotación sexual, por lo que los Estados tienen la obligación de implementar medidas de protección que no pueden basarse en definiciones vagas o una interpretación amplia de la ley que conduzca a medidas absolutas o desproporcionadas. Las restricciones deben ser necesarias y proporcionales para conseguir el objetivo legítimo, respetando los estándares internacionales de DDHH, como la CDN, y sin comprometer la esencia de un derecho humano del niño ni su dignidad.

a.3. Convenio Europeo de Derechos Humanos: Restricciones a los Derechos a la Privacidad y a la Libertad de Expresión

Si bien la explotación sexual de niños en el ciberespacio es un fenómeno claramente nuevo, ya se han tomado un número de decisiones políticas y legislativas a nivel nacional e internacional. En Europa, la jurisprudencia vinculante del TEDH demuestra esfuerzos para proteger a los niños de los peligros en Internet. En estos casos, el tribunal interpreta el CEDH a la luz de las cambiantes condiciones en las sociedades modernas, respondiendo a cualquier evolución hacia la protección práctica y efectiva de los DDHH. Estas situaciones incluyen circunstancias en las que individuos amenazan el bienestar físico y moral de un niño, lo cual es de suma importancia.

En el CEDH, los tipos legales de interferencia suelen recaer en los derechos consagrados en los Artículos del 8 al 11. La justificación de las limitaciones a estos artículos se basa de manera similar en «la seguridad pública, la protección de los derechos o libertades (o reputaciones) de los demás, y la protección de la salud, la moral o el orden público (o la prevención del delito).» En consecuencia, las excepciones para ciertos propósitos previstas por ley incluyen el Artículo 8, párr. 2, del Convenio, que se refiere al derecho al respeto a la vida privada y familiar, de su domicilio y de su correspondencia:

> No podrá haber injerencia de la autoridad pública en el ejercicio de este derecho sino en tanto en cuanto esta injerencia esté prevista por la ley y

63. CDH, «Informe del Relator Especial sobre la promoción y protección del derecho a la libertad de opinión y de expresión, Frank La Rue», A/69/335, párr. 22, pág. 7; HRC, «Observación general N.º 34, Artículo 19», párr. 21, pág. 6.
64. CDH, «Informe del Relator Especial sobre la promoción y protección del derecho a la libertad de opinión y de expresión, Frank La Rue», A/69/335, párr. 31, pág. 9.

> constituya una medida que, en una sociedad democrática, sea necesaria para la seguridad nacional, la seguridad pública, el bienestar económico del país, la defensa del orden y la prevención de las infracciones penales, la protección de la salud o de la moral, o la protección de los derechos y las libertades de los demás[65].

Se reconoce que el ejercicio de este derecho puede estar sujeto a restricciones limitadas, que deben cumplir tres requisitos: (1) estar prescritas por la ley o estar en conformidad con ella (2) perseguir uno o más fines permisibles enumerados, y (3) ser necesarias en una sociedad democrática. En consecuencia, cuando estas restricciones están previstas por ley y son necesarias para lograr un objetivo legítimo, como en la prevención del delito y la protección de los derechos fundamentales de otras personas, incluyendo a los niños. Estos estándares aplicables y el alcance de los derechos involucrados se demuestran en los siguientes casos:

a.3.1. Trabajo Rueda vs. España

Trabajo Rueda llevó su computadora a un técnico en una tienda de computadoras para reemplazar un grabador de datos defectuoso. El técnico reemplazó la pieza y realizó algunas pruebas abriendo algunos archivos, donde notó que contenían material de abuso sexual infantil (pornografía infantil). El técnico contactó a la policía, confiscaron la computadora y expertos informáticos de la policía examinaron su contenido. Trabajo Rueda fue arrestado cuando iba a recoger su computadora en la tienda de computadoras. El TEDH decidió que hubo una violación del Artículo 8 (derecho al respeto a la vida privada). Específicamente, el Tribunal señaló que la interferencia estaba prescrita por ley y perseguía los fines legítimos de «prevención del delito» y «protección de los derechos de terceros.» El Tribunal también enfatizó que «el abuso sexual es sin lugar a dudas un tipo de delito aborrecible, con efectos debilitantes en sus víctimas» y que «los niños y otras personas vulnerables tienen derecho a la protección del Estado.» El Tribunal reconoció que la policía había accedido al contenido de la computadora sin autorización judicial, lo cual no era proporcional a los fines legítimos perseguidos y, por lo tanto, no era «necesario en una sociedad democrática.» Aunque era difícil determinar la urgencia de la policía para incautar los archivos de la computadora antes de obtener autorización judicial, habría sido relativamente rápido obtenerla, ya que la computadora ya

65. «Convenio Europeo de Derechos Humanos», ETS No. 5, firmado 4 noviembre 1950, 213 U.N.T.S. 222, Consejo de Europa, art. 8(2).

estaba en manos de la policía, y hacerlo no habría obstaculizado el curso de la investigación[66].

a.3.2. K.U. vs. Finlandia

Un niño de 12 años fue anunciado en un sitio de citas en Internet sin su conocimiento, convirtiéndose en blanco de pedófilos. La persona no identificada que publicó el anuncio declaró que «buscaba una relación íntima con un niño de su edad o mayor para mostrarle el camino». Como resultado, una persona respondió al anuncio de citas enviándole un correo electrónico al niño con una oferta para encontrarse y «luego ver qué quieres». Con este correo electrónico, el niño se enteró del anuncio publicado. Aunque el hombre interesado fue identificado a través de su dirección de correo electrónico, la persona responsable de publicar el anuncio no lo fue. El PSI se negó a revelar su dirección de IP con base en la confidencialidad, según la legislación nacional. Los tribunales finlandeses respaldaron esta posición, argumentando que los datos de identificación de telecomunicaciones no pueden divulgarse en casos de tergiversación maliciosa, como se determinó en las jurisdicciones nacionales. Sin embargo, el TEDH sostuvo que se había producido una violación del Artículo 8 del Convenio (derecho al respeto a la vida privada). El Tribunal señaló que publicar un anuncio exponiendo a un menor como blanco para pedófilos en Internet es un acto criminal. Al mismo tiempo, encontró que el Estado no protegió al niño víctima al no tomar medidas efectivas para identificar, investigar y enjuiciar al infractor (la persona que publicó el anuncio) debido al requisito imperioso de confidencialidad. El Tribunal determinó que, aunque el Estado debe respetar los derechos a la privacidad y la libertad de expresión de los usuarios en línea, tales garantías no pueden ser absolutas y a veces deben ceder ante otros imperativos legítimos. Por lo tanto, la legislatura debería haber proporcionado un marco para conciliar la confidencialidad de los servicios de Internet con la defensa del orden y la prevención del delito, o la protección de los derechos y libertades de otros, en particular de los niños y las personas vulnerables. En consecuencia, el Tribunal reconoció que los Estados están obligados a proteger a los niños del abuso sexual a través de Internet[67].

La jurisprudencia de la TEDH refleja algunos desarrollos legales en relación con la protección de los DDHH de los niños en el ciberespacio en

66. Resumen del autor del caso *Trabajo Rueda c. España*, TEDH (Secc. 3) (30 mayo 2017), no. 32600/12.
67. Resumen del autor del caso *K.U. c. Finlandia*, TEDH (Secc. 4), [2 diciembre 2008], no. 2872/02; *Stubbings y Otros c. Reino Unido*, TEDH [22 de octubre de 1996], 36-37/1995/542-543/628-629, § 64.

relación con la explotación sexual. En relación al Artículo 8 (derecho al respeto a la vida privada), el Tribunal, en el caso *Dudgeon c. Reino Unido*, destacó que este derecho se refiere al «más íntimo aspecto de la vida privada»[68]. Además, en el caso *D.P. y J.C. c. Reino Unido*, el Tribunal sostuvo que «el Artículo 8 del Convenio puede imponer obligaciones positivas para proteger la integridad física y moral de un individuo frente a otras personas»[69]. El deber positivo del Estado de proteger al niño, incluyendo de la explotación sexual, implica que las limitaciones de un derecho específico deben estar de acuerdo con la ley. En este sentido, la ley debe cumplir con el requisito de accesibilidad. El Tribunal argumentó en el caso *Sunday Times c. Reino Unido* que la disposición jurídica debe ser accesible para los ciudadanos, en el sentido de que «deben ser capaces de tener una indicación adecuada en las circunstancias de las normas jurídicas aplicables a un caso»[70]. La ley debe ser lo suficientemente precisa como para permitir a los ciudadanos prever razonablemente las consecuencias que puede tener un acto determinado. Sobre la base de un objetivo legítimo, la ley debe proporcionar garantías adecuadas para proteger el alcance sustantivo de los derechos invocados de manera consistente con el sistema legal del país en cuestión y el objeto del CEDH. Asimismo, los gobiernos deben asegurarse de que la interferencia sirva a las necesidades de la democracia. Esta condición se refiere al requisito de «necesario en una sociedad democrática», que el Tribunal resumió en ciertos principios de su jurisprudencia en el caso *Silver c. Reino Unido*[71].

Dentro de la cultura legal de los DDHH en Europa, las medidas efectivas de los Estados con respecto a las necesidades de la democracia pueden incluir esfuerzos de penalización y requerir que las leyes nacionales aseguren el respeto por la dignidad humana, incluida la del individuo acusado o sometido a la búsqueda, favoreciendo la supervisión judicial y siendo «proporcionales a los fines legítimos perseguidos»[72]. El Tribunal ha desarrollado este enfoque desde el caso Lingüístico Belga (No. 2) (1968) sobre el Artículo 14 —prohibición de la discriminación— cuando afirmó: «El Artículo 14 también se viola cuando está claramente establecido que no existe una rela-

68. *Dudgeon c. Reino Unido*, TEDH (Plenaria) [22 octubre 1981], no. 7525/76, párr. 52, pág. 17.
69. *D.P. y J.C. c. Reino Unido*, TEDH (Secc. 1) [10 octubre 2002], no. 38719/97, párr. 118.
70. TEDH (Plenaria), *Sunday Times c. Reino Unido* (No. 1), (Solicitud n.º 6538/74), 26 abril 1979, párr. 49.
71. *Silver y Otros c. Reino Unido*, TEDH (Sala) [25 marzo 1983], no. 5947/72; 6205/73; 7052/75; 7061/75; 7107/75; 7113/75; 7136/75, párr. 97, pág. 32-33.
72. *Observer and Guardian c. Reino Unido*, 14 EHRR 153 [24 octubre 1991], 51/1990/242/313, párr. 40(c).

ción razonable de proporcionalidad entre los medios empleados y el objetivo que se busca lograr»[73]. En situaciones de conflicto de derechos o de múltiples personas ejerciendo el mismo derecho, es fundamental lograr un equilibrio en la restricción del ejercicio de los derechos en cuestión, para evitar favorecer un derecho en detrimento de otros y prevenir abusos en una sociedad democrática. Por ejemplo, al considerar la naturaleza de la necesidad en una sociedad democrática, el Tribunal sostuvo en *Handyside c. Reino Unido* que la libertad de expresión es uno de sus «fundamentos esenciales» y, en consecuencia, dentro del marco establecido en el Artículo 10, párr. 2 mencionado a continuación, los objetivos legítimos deben interpretarse de manera restrictiva[74].

El Artículo 10, párr. 2, sobre el derecho a la libertad de expresión establece,

> El ejercicio de estas libertades, que entrañan deberes y responsabilidades, podrá ser sometido a ciertas formalidades, condiciones, restricciones o sanciones, previstas por la ley, que constituyan medidas necesarias, en una sociedad democrática, para la seguridad nacional, la integridad territorial o la seguridad pública, la defensa del orden y la prevención del delito, la protección de la salud o de la moral, la protección de la reputación o de los derechos ajenos, para impedir la divulgación de informaciones confidenciales o para garantizar la autoridad y la imparcialidad del poder judicial[75].

Esta disposición jurídica hace referencia a los «deberes y responsabilidades» de las personas relacionadas con el derecho a la libertad de expresión, los cuales pueden variar según las circunstancias[76]. Las acciones de interferencia de los Estados deben ser proporcionales y contar con protección adecuada para evitar abusos al infringir los derechos de otros. En la consecución de uno o más de los fines legítimos enunciados, el principio de proporcionalidad es esencial para evaluar si, y en caso afirmativo, en qué medida, una interferencia legal con un derecho sobre el uso de tecnologías puede ser «necesaria en una sociedad democrática.» Con respecto a la libertad de expresión, el Tribunal sostuvo en Handyside c. Reino Unido que,

73. «Caso relativo a ciertos aspectos del régimen lingüístico en la enseñanza en Bélgica» c. Bélgica (Méritos), TEDH (Plenaria) [23 julio 1968], nº 1474/62; 1677/62; 1691/62; 1769/63; 1994/63; 2126/64, párr. 10.
74. Caso *Handyside c. Reino Unido*, TEDH (Plenaria) [7 diciembre 1976], no. 5493/72, párr. 49, pág. 18.
75. «Convenio Europeo de Derechos Humanos», art. 10(2).
76. En el caso *Handyside c. Reino Unido*, párr. 49, pág. 18-19, el Tribunal, en relación con los criterios de los deberes descritos en el Artículo 10(2), establece que: «quien ejerza su libertad de expresión asume "deberes y responsabilidades" cuyo alcance depende de su situación y los medios técnicos que utilice».

según el Artículo 10, párr. 2, la noción de «necesidad» implica que existe una «necesidad social apremiante»[77]. De conformidad con los estándares del CdE, la doctrina del margen de apreciación en la jurisprudencia de Estrasburgo otorga a las autoridades nacionales la discreción de evaluar en cualquier caso si la ley y las medidas de restricción se han aplicado de acuerdo con los derechos protegidos por el Convenio. El Tribunal explica que este poder discrecional permitido a los Estados «va de la mano con una supervisión europea. Dicha supervisión se refiere tanto al objetivo de la medida impugnada como a su "necesidad"; abarca no solo la legislación básica, sino también la decisión que la aplica.» De ello se desprende que la función de supervisión del Tribunal no es «sustituir a los tribunales nacionales competentes, sino más bien revisar, en virtud del artículo 10, las decisiones que han tomado en el ejercicio de su poder de apreciación»[78]. El Tribunal debe determinar que el Estado demandado actuó de manera razonable, cuidadosa y de buena fe, y debe verificar que la interferencia fue proporcional y se basó en razones relevantes y suficientes para su justificación. Las medidas de restricción pueden requerir que los Estados apliquen un margen de apreciación doméstico.

b. Riqueza

Una descripción de la Ciencia del Derecho Políticamente-Orientada describe el valor humano de la riqueza como la «producción, distribución y consumo de bienes y servicios» o el «control de recursos»[79]. El valor de la riqueza en un contexto de Internet se referiría necesariamente a la gestión y disponibilidad de recursos tecnológicos a nivel mundial. Internet es una herramienta universal que puede fomentar el desarrollo de individuos en todo el mundo. Por esta razón, la riqueza (incluida la capacidad de acceder a Internet) no debe ser restringida, ya que dicho acceso a la información global es un elemento crucial para la prosperidad, contribuyendo al capital humano de los Estados y a la promoción de valores democráticos.

Teniendo en cuenta este valor de la riqueza, las políticas generales de lucha contra la ciberdelincuencia para abordar la explotación sexual infantil no deben limitar el acceso o el uso de Internet más de lo necesario para lograr el objetivo de protección infantil. Por el contrario, los Estados deben promover la amplia disponibilidad de Internet en beneficio de la comunidad global, de manera que todos puedan disfrutar de su libertad de cone-

77. *Ibid.*, párr. 48, pág. 18.
78. *Ibid.*, párr. 49-50, pág. 18-19.
79. Lasswell y Mcdougal, *Jurisprudence for a Free Society*, vol. 1, 31.

xión en línea y aprovechar sus beneficios, que incluyen (pero no se limitan) a adquirir conocimiento, exposición a nuevas ideas y un sentido de comunidad. Esta premisa es fundamental porque Internet puede desempeñar un papel positivo en la prevención de este tipo de delitos informáticos al servir como una herramienta para educar al público, incluidos los niños, sobre el riesgo potencial de tratantes y explotadores en línea que pueden intentar contactarlos. Por lo tanto, Internet puede y debe utilizarse para trabajar en la eliminación de las prácticas de explotación sexual infantil en línea como una herramienta para ayudar a proteger a víctimas, así como para ayudar en la persecución de los perpetradores. En general, Internet está al servicio de la humanidad, por lo que las políticas no deben limitar el uso o acceso a Internet en función de enfoques amplios o leyes ambiguas.

c. Ilustración

Internet comenzó con una idea sencilla de un psicólogo, evolucionó como herramienta militar, luego se hizo accesible para la academia y, finalmente, al público en general[80]. Hoy, simplifica la vida diaria y enriquece a personas y comunidades con información, oportunidades y servicios, contribuyendo a la ilustración humana. La ilustración se refiere al resultado de los procesos de «recopilación, difusión y disfrute de la información y el conocimiento.» La realización de este valor puede incluir la expresión de la libertad de los individuos en la entrega y recepción de conocimientos e información[81]. Esta interpretación es un reconocimiento que abarca el Artículo 19 del PIDCP, que afirma que «nadie podrá ser molestado a causa de sus opiniones. Toda persona tiene derecho a la libertad de expresión; este derecho comprende la libertad de buscar, recibir y difundir informaciones e ideas de toda índole, sin consideración de fronteras»[82]. Este mismo derecho también se encuentra en el Artículo 19 de la DUDH. Internet ha surgido como un medio único y central a través del cual las personas ejercen su derecho a la libertad de expresión y opinión. En este sentido, el HRC, en su Observación general N.º 34 sobre el derecho a la libertad de expresión en Internet, afirma,

> Los Estados parte deberían tener en cuenta la medida en que la evolución de las tecnologías de la información y la comunicación, como Internet y los sistemas de difusión electrónica de la información en tecnología móvil, han cambiado sustancialmente las prácticas de la comunicación en todo el

80. Roy Balleste, *Internet Governance: Origins, Current Issues, and Future Possibilities* (Lanham: Rowman & Littlefield Publishers, 2015), 1.
81. Mcdougal, Lasswell, y Chen, *Human Rights and World Public Order*, 9.
82. PIDCP, art. 19(1), (2).

mundo. Ahora existe una red mundial en la que intercambiar ideas y opiniones, que no se basa necesariamente en la intermediación de los medios de comunicación de masas. Los Estados parte deberían tomar todas las medidas necesarias para fomentar la independencia de esos nuevos medios y asegurar el acceso a los mismos de los particulares[83].

Esta libertad de expresión en el ciberespacio también tiene límites. Las restricciones deben estar previstas por la ley y cuando sean necesarias para el respeto de los derechos de los demás para el respeto de los DDHH y la dignidad humana de los niños contra la explotación en línea. Por ejemplo, la distribución, descarga y visualización de pornografía infantil constituyen fines legítimos para restringir el acceso a estas imágenes basadas en el derecho de los niños a la protección[84]. Por consiguiente, el valor de la ilustración sirve como recordatorio de que las políticas, incluidas relacionadas con la ciberdelincuencia y la explotación sexual infantil en línea, están inseparablemente vinculadas a la difusión de información y la promoción de la educación para reducir los riesgos cibernéticos. En la lucha global contra la ciberdelincuencia, la ilustración se refiere a los esfuerzos en educación y promoción de la concientización contra la trata en el ciberespacio. En resumen, en el contexto de la lucha contra la ciberdelincuencia, el avance de la educación en beneficio de los niños, incluida la instrucción apropiada para su edad sobre los peligros del abuso de la TIC, podría ser un componente de políticas y estrategias bien elaboradas destinadas a mejorar la seguridad de los niños en línea.

d. Bienestar

Aunque Internet ofrece muchas nuevas oportunidades a personas de todo el mundo, también plantea desafíos para proteger los DDHH y las libertades fundamentales. El bienestar está relacionado con «seguridad, salud y comodidad», y la DUDH se refiere a este valor al reconocer el derecho de todos los seres humanos a «la vida, la libertad y la seguridad de la persona» y condenar la «tortura», así como los tratos o castigos «crueles» o «inhumanos»[85]. Salvaguardar el bienestar de los niños es una preocupación legítima para los gobiernos, ya que es necesario para promover el progreso social y mantener el orden público. En cuanto al valor del bienestar, la DUDH afirma en el Artículo 25(2) que «la maternidad y la infancia tienen

83. HRC, «Observación general N.º 34, Artículo 19», párr. 15, pág. 4.
84. CDH, «Informe de la Relatora Especial sobre la venta de niños, la prostitución infantil y la utilización de niños en la pornografía, Maud de Boer-Buquicchio», A/HRC/28/56, 22 diciembre 2014, párr. 68, pág. 19.
85. Lasswell y Mcdougal, *Jurisprudence for a Free Society*, vol. 2, 738.

derecho a cuidados y asistencia especiales.» Además, el Artículo 24(1) del PIDCP establece que los niños tienen derecho a las «medidas de protección que su condición de menor requiere, tanto por parte de su familia como de la sociedad y del Estado.» Esta disposición jurídica reconoce el derecho de los niños a una protección especial.

El Preámbulo de la Declaración de los Derechos del Niño (1959) afirma que «el niño, por su falta de madurez física y mental, necesita protección y cuidado especiales, incluso la debida protección legal, tanto antes como después del nacimiento»[86]. Adicionalmente, el Principio 2 de la Declaración detalla esta protección legal:

> El niño gozará de una protección especial y dispondrá de oportunidades y servicios, dispensado todo ello por la ley y por otros medios, para que pueda desarrollarse física, mental, moral, espiritual y socialmente en forma saludable y normal, así como en condiciones de libertad y dignidad. Al promulgar leyes con este fin, la consideración fundamental a que se atenderá será el interés superior del niño[87].

Estos principios rectores centrados en proteger el interés superior del niño se encuentran en instrumentos jurídicos sobre los derechos de los niños[88]. El amplio apoyo a la CDN demuestra el compromiso inquebrantable de los Estados en la promoción y protección de los derechos de los niños, reconociendo que merecen una protección especial bajo el derecho internacional. Específicamente, el Artículo 3(2) de la CDN ordena a los Estados parte garantizar para los niños «protección y cuidado necesarios para su bienestar» y «tomar todas las medidas legislativas y administrativas adecuadas» para lograrlo[89]. En el marco de los DDHH, debería ser una prioridad de todos los Estados en todo el mundo promover el bienestar de los niños en el ciberespacio para garantizar su capacidad de cumplir sus aspiraciones y vivir una vida libre de la amenaza de delitos cibernéticos, específicamente la trata de personas con fines sexuales. Basándose en el principio de no castigar a las personas víctimas de la trata, los niños que son explotados sexualmente en línea no son delincuentes. De ahí que, los Estados no deberían someterlos a procesos penales que estén directamente relacionados con su explotación. Son víctimas de violaciones de DDHH y, en

86. «Declaración de los Derechos del Niño», Preámbulo.
87. *Ibid.*, Principio 2.
88. La premisa de que «el interés superior del niño debe ser una consideración primordial» se encuentra en la CDN, art. 3(1); PF-CDN, art. 8(3); y en la AGNU, «Protocolo Facultativo de la Convención sobre los Derechos del Niño relativo a la participación de niños en conflictos armados», Preámbulo.
89. CDN, art. 3(2).

consecuencia, tienen derecho a recibir protección, servicios y atención adecuada.

La Declaración de Principios y el Plan de Acción de la CMSI de 2003 (i.e., fase de Ginebra) también reconocieron la promoción de esfuerzos para proteger a los niños y jóvenes de delitos que se comentan a través de la TIC. Específicamente, la Declaración de Principios, que estableció los principios sobre los cuales se ha fundado la Sociedad de la Información, declara el compromiso de asegurar que el desarrollo de la TIC, las aplicaciones y la operación de servicios respeten y protejan los derechos y el bienestar de los niños[90]. Asimismo, el Plan de Acción, en el cual los líderes mundiales proponen medios para realizar la visión de una Sociedad de la Información inclusiva y equitativa, afirma que, como parte de una dimensión ética de la TIC, «la Sociedad de la Información debe basarse en valores aceptados universalmente, promover el bien común e impedir la utilización abusiva de las TIC... tales como... todas las formas de maltrato infantil, incluidas la pedofilia y la pornografía infantil, así como la trata y la explotación de seres humanos»[91]. Así, los resultados de la Cumbre Mundial reflejan un sólido compromiso internacional con la protección de los niños en el espacio virtual, incluida la protección contra las formas de explotación sexual infantil.

e. Habilidades

El progreso global siempre ha sido impulsado por la innovación tecnológica y el aumento de su accesibilidad para más individuos y poblaciones. Las tecnologías y capacidades de intercambio de información en el ciberespacio han acelerado el ritmo del progreso. Los avances notables en la tecnología de Internet son evidencia del valor humano de las habilidades, que «promueve la utilización del conocimiento tecnológico para el desarrollo de nuestra civilización global»[92]. El valor humano de las habilidades puede promover un mejor orden público mundial y facilitar la protección de la dignidad humana. Si bien la tecnología de Internet ha servido a las comunidades delictivas para facilitar la comisión de ciberdelitos, incluidos los delitos sexuales y de la trata, su poder también debe ser aprovechado en el contexto de las leyes internacionales para desarrollar métodos innovadores

90. CMSI, «Declaración de Principios: Construir la Sociedad de la Información: un Desafío Global para el Nuevo Milenio», WSIS-03/GENEVA/4-S, 12 mayo 2004, párr. 11.
91. CMSI, «Plan de Acción», WSIS-03/GENEVA/DOC/5-S, 12 mayo 2004, C10 (25c).
92. Balleste, «In Harm's Way: Harmonizing Security and Human Rights in the Internet Age», en *Cybersecurity and Human Rights in the Age of Cyberveillance*, ed. Joanna Kulesza & Roy Balleste (Rowman & Littlefield, 2015), 47; Lasswell y Mcdougal, *Jurisprudence for a Free Society*, vol. 2, 31.

de lucha contra la trata. Este proceso puede ser especialmente efectivo si las autoridades colaboran y se alían con el sector empresarial, en particular con la industria de Internet, para prevenir y combatir las violaciones de los derechos de los niños y proporcionar soluciones oportunas a esta creciente preocupación[93]. Por lo que, cuando los Estados desarrollan políticas contra la trata de personas a través de la TIC con este valor en mente, promueven y fortalecen iniciativas y asociaciones de múltiples partes interesadas. Diferentes partes interesadas, incluidas las empresas de tecnología, pueden contribuir a consolidar las mejores prácticas en la identificación, investigación e interrupción de casos de explotación sexual infantil en línea. Además, la tecnología puede facilitar la denuncia, el asesoramiento confidencial y la asistencia a los niños víctimas. En general, la difusión de recursos y habilidades conduce a cambios con un propósito en la búsqueda de alcanzar objetivos relacionados con la dignidad humana.

f. Afecto

El valor humano del afecto resalta un enfoque positivo e inclusivo que requiere que Internet y sus políticas beneficien a toda la comunidad en línea[94]. Este valor humano se refiere al diálogo y la participación de los gobiernos con todos los actores relevantes en los procesos de toma de decisiones. Por ejemplo, el modelo de múltiples partes interesadas de la Corporación para la Asignación de Nombres y Números en Internet (ICANN) refleja este valor. Este modelo reconoce la importancia de promover una participación significativa y la cooperación entre todas las partes interesadas en los procesos de desarrollo de políticas[95]. ICANN tiene el mandato de administrar el sistema de nombres de Internet, que permite que las computadoras en Internet se encuentren entre sí y desempeña un papel crucial en mantener un Internet global seguro, estable e interoperable[96]. Este trabajo nos recuerda que la descentralización es uno de los elementos princi-

93. P. ej., el PF-CDN menciona explícitamente en su Preámbulo «la importancia de una colaboración y asociación más estrechas entre los gobiernos y el sector de la Internet» al abordar la pornografía infantil.
94. W Michael Reisman, «A Policy-Oriented Approach to Development», *Journal of International and Comparative Law* 3, no. 1 (2016): 146.
95. «Bylaws for Internet Corporation for Assigned Names and Numbers», ICANN, modificado 2 junio 2022, art. 1, sec. 1.1, https://www.icann.org/resources/pages/governance/bylaws-en/#article1
96. «¿Qué hace ICANN?» ICANN, https://www.icann.org/resources/pages/what-2012-02-25-es

pales del éxito de Internet[97]. ICANN hace que Internet sea accesible para los seres humanos al promover el interés público global de Internet sin controlar el contenido en línea ni el acceso en línea[98]. Por consiguiente, a través de sus políticas y procedimientos, ICANN contribuye a la gobernanza de Internet y tiene un impacto en la evolución de Internet y en los derechos y libertades de los usuarios de Internet, como la protección de la libertad de expresión y la libertad de asociación. Opera en beneficio de toda la comunidad de Internet. Las decisiones y operaciones de ICANN deben tener en cuenta consideraciones de DDHH para fortalecer la transparencia y la rendición de cuentas en el ámbito de la gobernanza de Internet y mejorar su capacidad para servir al interés público.

Asimismo, el Preámbulo de la Carta de la ONU es otro ejemplo que se relaciona con este valor. Afirma que uno de los objetivos de la organización es «unir nuestras fuerzas para el mantenimiento de la paz y la seguridad internacionales», afirmando la importancia de la cooperación entre las naciones a través de tratados para lograr fines comunes. En general, los mecanismos de cooperación internacional en la protección de los DDHH y la dignidad de los niños en el ciberespacio incluyen «tratados de asistencia legal mutua, cooperación directa entre fuerzas del orden, asociaciones entre múltiples agencias, foros para el intercambio de información y cooperación directa informal entre fuerzas del orden»[99]. Las asociaciones público-privadas también desempeñan un papel clave, con más del 50% de los Estados que respondieron informando que habían establecido tales asociaciones para prevenir y combatir el cibercrimen[100]. En un enfoque basado en los DDHH destinado a maximizar el valor del afecto para combatir la explotación infantil en el ciberespacio, es esencial lograr esfuerzos unificados de los Estados con todos los actores clave relevantes, incluido el sector privado. El trabajo colectivo y colaborativo entre los gobiernos y los actores clave relevantes puede ayudar a prevenir estos delitos, mejorar las técnicas para la investigación de presuntos delitos cibernéticos, enjuiciar a los cibercriminales y ayudar a identificar y rescatar a los niños víctimas de la explotación en línea.

97. «Afirmación de compromisos por parte del Departamento de Comercio de los Estados Unidos y la Corporación para la Asignación de Números y Nombres en Internet», ICANN, párr. 2, https://www.icann.org/resources/pages/affirmation-of-commitments-2009-09-30-es
98. «Bylaws for Internet Corporation for Assigned Names and Numbers», art. 1, sec. 1.2.
99. UNODC, *Comprehensive Study on Cybercrime* (Nueva York: ONU, 2013), xi.
100. UNODC, *Comprehensive Study on Cybercrime*, 225.

g. Respeto

Internet no fue inicialmente diseñado para manejar el nivel de datos sensibles y actividad que normalmente transporta en la actualidad. Ha experimentado un considerable crecimiento tanto en su sofisticación como en su uso, con una población de usuarios que supera el 60% de la población mundial, lo que refleja un crecimiento significativo a nivel global[101]. En esta inmensa red de individuos y organizaciones, el valor humano del respeto debería ser el núcleo de las actividades en Internet, ya que los seres humanos «se reconocen y honran recíprocamente la libertad de elección de cada uno en la participación en otros procesos de valores»[102]. Todos los individuos tienen derecho a participar efectivamente en todos los procesos de valores de la comunidad. Por ejemplo, el PIDCP reconoce «la dignidad inherente a todos los miembros de la familia humana y de sus derechos iguales e inalienables»[103]. Del mismo modo, el Artículo 1 de la DUDH afirma que «Todos los seres humanos nacen libres e iguales en dignidad y derechos.» Así, el valor humano del respeto implica reconocer la dignidad humana, los derechos iguales e inalienables y la libertad de todos los seres humanos sin distinción de ningún tipo.

En el contexto de la lucha contra la trata de personas en el ciberespacio, el respeto reconoce el valor de la participación y las contribuciones de todas las partes interesadas, incluido el sector privado (p. ej., propietarios de productos en línea), las ONGs y la academia, en el desarrollo de herramientas, medidas y políticas para la prevención y el combate de la trata de personas en el espacio virtual. La Resolución 65/230 de la AGNU, adoptada por unanimidad en el Duodécimo Congreso de la ONU sobre Prevención del Delito y Justicia Penal, respalda la Declaración de San Salvador, que destaca la importancia de proteger los DDHH al prevenir el delito y en el sistema de justicia penal[104]. Este importante documento también reconoce la vulnerabilidad de los niños y la importancia de fortalecer las asociaciones público-privadas y las acciones coordinadas, instando al sector privado a promover y respaldar esfuerzos para prevenir el abuso y la explotación de niños en el ciberespacio.

101. «World Internet Usage and Population Statistics: 2023 Year Estimates», Internet World Stats, http://www.internetworldstats.com/stats.htm
102. Mcdougal, Lasswell, y Chen, *Human Rights and World Public Order*, 7.
103. PIDCP, Preámbulo.
104. AGNU, Resolución 65/230, 12° Congreso de las Naciones Unidas sobre Prevención del Delito y Justicia Penal, A/RES/65/230 (1 abril 2011)

En el 2011, el Representante Especial del Secretario General de la ONU, John Ruggie, en su informe final, presentó los Principios Rectores sobre las empresas y los derechos humanos: puesta en práctica del marco de las Naciones Unidas para «proteger, respetar y remediar» (en adelante, los Principios Rectores) para su consideración por parte del CDH. Presentó estos Principios Rectores para brindar a las empresas orientación sobre cómo gestionar y reducir los riesgos relacionados con los DDHH que puedan involucrarlas. Fundamentalmente, este marco describe la responsabilidad principal del Estado de proteger contra los abusos de los DDHH por parte de actores privados[105]. Los Principios Rectores definen la responsabilidad de las empresas transnacionales y otras empresas de respetar los DDHH, requiriendo que tomen las siguientes medidas:

a) Eviten que sus propias actividades provoquen o contribuyan a provocar consecuencias negativas sobre los derechos humanos y hagan frente a esas consecuencias cuando se produzcan;

b) Traten de prevenir o mitigar las consecuencias negativas sobre los derechos humanos directamente relacionadas con operaciones, productos o servicios prestados por sus relaciones comerciales, incluso cuando no hayan contribuido a generarlos[106].

Por lo tanto, las empresas deben cumplir con todas las leyes nacionales aplicables y promover políticas y procesos en armonía con los estándares universales de DDHH. En este sentido, las empresas deben identificar, prevenir y mitigar el riesgo de su participación en impactos adversos en los DDHH. Estos impactos pueden derivar de sus propias actividades o estar directamente relacionados con sus relaciones comerciales con otras partes (p. ej., operaciones, productos y servicios)[107]. En consecuencia, los Principios Rectores consideran a las empresas responsables de respetar los DDHH, lo que implica la necesidad de abordar los potenciales y reales impactos adversos en los DDHH que puedan causar. En este sentido, esta responsabilidad básica de las empresas requiere la adopción de políticas y procesos de debida diligencia en DDHH para minimizar la ocurrencia de daños a los DDHH. Estas acciones se refieren a prevenir impactos adversos

105. CDH, «Informe del Representante Especial del Secretario General para la cuestión de los derechos humanos y las empresas transnacionales y otras empresas, John Ruggie», A/HRC/17/31, 21 marzo 2011, párr. A (1), pág. 7.

106. CDH, «Informe del Representante Especial del Secretario General para la cuestión de los derechos humanos y las empresas transnacionales y otras empresas, John Ruggie», A/HRC/17/31, párr. A (13), pág. 16.

107. *Ibid.*, párr. A (13), pág. 16. Para definiciones de «actividades» y «relaciones comerciales».

en los DDHH de los niños y pueden incluir el desarrollo de mecanismos eficientes de denuncia y eliminación de material de abuso y explotación sexuales para proteger a las menores víctimas. Al mismo tiempo, las empresas pueden apoyar la realización de los derechos de los niños en línea.

A diferencia de los Estados, las empresas no están obligadas por instrumentos jurídicamente vinculantes en el derecho internacional en lo que respecta a sus responsabilidades en relación con los DDHH. Sin embargo, esto no significa que la industria de Internet no tenga responsabilidades en este ámbito. La responsabilidad empresarial de respetar los derechos de los niños existe independientemente de las obligaciones jurídicas de los Estados[108]. El CRC instó a los Estados parte del PF-CDN «a garantizar que los proveedores de servicios de Internet controlen, bloqueen y eliminen [imágenes y videos de explotación y abuso sexuales de niños] lo antes posible como parte de sus medidas de prevención»[109]. Cuando las empresas asumen su compromiso de respetar los DDHH y, específicamente, los derechos de los niños en el ciberespacio aseguran que sus políticas tengan en cuenta el interés superior de los niños. Las empresas deben evitar que las personas utilicen sus operaciones, productos o servicios con fines delictivos, como causar daño a los niños. Por ejemplo, pueden dar prioridad a acciones graves o situaciones en las que una respuesta tardía pueda tener un efecto irreparable en la vida de los niños[110]. En otras palabras, deben contribuir de manera efectiva a garantizar el bienestar y la seguridad de los niños en el ciberespacio, al tiempo que evitan el riesgo de ser implicados en la violación de los DDHH al ser percibidos como cómplices o beneficiarios de su daño o abuso[111].

Las entidades privadas o intermediarios constituyen partes interesadas relevantes. Ofrecen servicios y plataformas para facilitar las comunicacio-

108. CDH, «Informe del Representante Especial del Secretario General para la cuestión de los derechos humanos y las empresas transnacionales y otras empresas, John Ruggie*», A/HRC/14/27, 9 abril 2010, párr. 65, pág. 16.
109. Directrices del PF-CDN, párr. 41, pág. 11.
110. Principio Operacional 24, que establece que: «cuando sea necesario dar prioridad a las medidas para hacer frente a las consecuencias negativas, reales y potenciales, sobre los derechos humanos, las empresas deben ante todo tratar de prevenir y atenuar las consecuencias que sean más graves o que puedan resultar irreversibles si no reciben una respuesta inmediata». Véase CDH, «Informe del Representante Especial del Secretario General para la cuestión de los derechos humanos y las empresas transnacionales y otras empresas, John Ruggie», A/HRC/17/31, 25.
111. CDH, «Aclaración de los conceptos de "esfera de influencia" y "complicidad" en "Informe del Representante Especial del Secretario General sobre la cuestión de los derechos humanos y las empresas transnacionales y otras empresas comerciales, John Ruggie*"», A/HRC/8/16, 15 mayo 2008, párr. 30, pág. 10.

nes y operaciones en línea, que van desde PSI y empresas de motores de búsqueda hasta servicios de blogs y plataformas de comunidades en línea. En su informe al CDH, el Relator Especial de la ONU, Frank La Rue, afirmó que las empresas intermediarias son responsables de respetar los DDHH y recomendó que cumplan con las normas internacionales de DDHH a través de «servicios claros y sin ambigüedades» que demuestren respeto por los DDHH[112]. Además, La Rue advirtió a los Estados sobre la importancia de evitar poner a los intermediarios en una posición en la que puedan verse involucrados en abusos de DDHH que violen los derechos de terceros[113].

Sin embargo, han surgido claros desafíos a la autorregulación empresarial al abordar la trata de personas facilitada por la tecnología. Estos problemas incluyen un conocimiento desigual en la industria, percepciones divergentes sobre la magnitud del problema, aplicación inconsistente o insuficiente de principios voluntarios, variabilidad en los mecanismos para detectar y eliminar material de abuso sexual infantil en línea, respuestas lentas a los abusos documentados, falta de denuncia de abusos o incluso colaborar activamente para prevenir la explotación, incluido en sectores de alto riesgo como la pornografía, los servicios sexuales y la búsqueda de empleo a corto plazo[114]. Además, existe diversidad de criterios en la información proporcionada en sus informes para que las autoridades lleven a cabo investigaciones adecuadas de casos de explotación sexual infantil en línea. Estos desafíos, que van desde la falta de estándares en la industria hasta políticas divergentes para abordar la explotación sexual infantil en línea, han contribuido a un rápido aumento y diversificación de la explotación de menores en el entorno digital.

Actualmente no existe un requisito legal internacional que obligue a las plataformas a informar sobre algunas de estas actividades a las fuerzas del orden. Esta respuesta insuficiente y altamente variada de la industria de tecnología a este problema cada vez mayor de la explotación infantil en el ciberespacio ha llevado a algunos gobiernos a considerar la necesidad de promulgar y revisar sus legislaciones para imponer estándares obligatorios para una mayor responsabilidad de las Empresas de Internet para proteger a los niños y aumentar la coordinación[115]. Legislaciones domésticas nuevas

112. CDH, «Informe del Relator Especial sobre la promoción y protección del derecho a la libertad de opinión y de expresión, Frank La Rue*», A/HRC/17/27, 16 mayo 2011, párr. 48, pág. 15.
113. *Ibid.*, párr. 44, 14.
114. UNODC, *Informe Global sobre Trata de Personas* (Nueva York: ONU 2022), 72.
115. P.ej., Congressional Research Service. (10 febrero 2022). *S.3538 – EARN IT Act of 2022*. Congress. https://www.congress.gov/bill/117th-congress/senate-bill/3538.

y ajustadas deben abordar los desafíos específicos que la industria de tecnología enfrenta, como la detección de contenido y actividades de explotación sexual infantil en línea, así como la obligación de informar y eliminar dicho contenido de la circulación en sus plataformas.

Partiendo del valor humano del respeto por la seguridad de los niños, los PSI deberían implementar estrategias de protección infantil para prevenir y mitigar el riesgo de que ocurran estas actividades delictivas en sus infraestructuras y servicios. Al mismo tiempo, deberían colaborar con las agencias encargadas de hacer cumplir la ley para facilitar la detección e investigación de estos delitos y proporcionar mecanismos para que los usuarios en línea informen incidentes sospechosos de abuso sexual infantil. Por su parte, las autoridades competentes deberían tomar en serio estos actos cibernéticos, manteniendo el interés superior de los niños (i.e., la seguridad en línea) como su consideración principal. El fortalecimiento de los esfuerzos de colaboración entre las autoridades encargadas de hacer cumplir la ley y los PSI debería facilitar la recopilación de evidencia con fines de investigación y procesamiento de los delitos sospechosos. Concomitantemente, la cooperación internacional es necesaria para abordar estos delitos de manera expedita, ya que a menudo trascienden las fronteras.

La dimensión transnacional de la trata de niños con fines de explotación sexual en el ciberespacio plantea nuevos y significativos desafíos jurídicos para los gobiernos. Las diferencias y la falta de legislación adecuada entre los países demuestran la necesidad de un entendimiento universal para superar las deficiencias y obstáculos para proteger de forma efectiva a los niños contra estos delitos en el entorno digital y fomentar la cooperación internacional. Por lo tanto, los desarrollos y salvaguardias actuales requieren que los gobiernos tomen medidas para obtener consenso sobre las formas más efectivas de proteger a los niños. La regulación y las actividades de aplicación de la ley relacionadas con la investigación y el enjuiciamiento de este delito deben mejorarse. Por ejemplo, mediante el fortalecimiento de la colaboración y coordinación interestatal en la recopilación de pruebas, la protección de los niños víctimas y la eliminación de imágenes de explotación y abuso sexuales de niños. Los variados enfoques jurídicos nacionales o las inconsistencias en los lenguajes legislativos entre países pueden crear dificultades para identificar y localizar a los delincuentes y proteger a los niños víctimas cuando un delito de esta naturaleza se comete en el extranjero. Por consiguiente, las políticas contra la trata de personas en el ciberespacio informadas por el valor del respeto reconocen la igual dignidad de los seres humanos e involucran esfuerzos de colaboración de los sectores público y privado y de las partes interesadas en todo el mundo. La legislación y las políticas nacionales también deberían buscar fortalecer el papel de las familias en la protección de los niños contra las formas de trata con fines de explotación sexual, tanto en línea como fuera de línea.

h. Rectitud

Los Estados han asumido la obligación legal de proteger los DDHH bajo el derecho internacional, lo que obliga a los gobiernos a respetar, proteger y realizar los DDHH[116]. La rectitud fomenta que todos actúen de manera responsable en beneficio común para aproximarse a un orden público mundial en el cual la dignidad humana de los niños esté mejor protegida en el espacio virtual. En el contexto de la lucha contra la trata de personas en el ciberespacio, el valor de la rectitud promueve la cooperación entre las partes interesadas para cumplir con sus deberes hacia la comunidad con el fin de lograr los objetivos de dignidad humana en un orden público. Por ejemplo, a nivel estratégico nacional, los esfuerzos colaborativos entre países han dado lugar a una práctica común para combatir la trata de niños, incluso facilitada por el ciberespacio. Un ejemplo es la estrecha colaboración entre el Servicio de Inmigración y Control de Aduanas de EE. UU (ICE) y gobiernos y ONGs en otros países para localizar, investigar, recopilar pruebas y enjuiciar a turistas o viajeros sexuales de niños en el contexto de los viajes y el turismo provenientes de EE. UU., además de rescatar a los niños víctimas[117]. Además, en 2004 se creó el Centro de Trata de Personas y Contrabando Humano de ICE para elaborar evaluaciones estratégicas, coordinar iniciativas contra la trata y compartir información con aliados y socios, incluyendo a Interpol, Europol y Frontex[118].

Además, desde 2004, el Foro de Safer Internet ha sido un excelente ejemplo de la facilitación de la UE para compartir las mejores prácticas y experiencias entre los actores nacionales a nivel regional en Europa. Utilizando un enfoque de múltiples partes interesadas, esta conferencia internacional anual se ha convertido en una referencia significativa para aumentar la sensibilización, promover la investigación y facilitar los esfuerzos de

116. Los Estados asumen obligaciones de DDHH bajo tratados que han ratificado. Consulte Olivier De Schutter, «Part III The Mechanisms of Protection», en *International Human Rights Law, Cases, Materials, Commentary*, 3rd ed. (Cambridge: Cambridge University Press, 2019), 809.

117. P. ej., «Operation Predator: Targeting child exploitation and sexual crimes», ICE, última modificación 25 junio 2012, https://www.ice.gov/factsheets/predator

118. «Human Smuggling and Trafficking Center», ICE, https://www.ice.gov/human-smuggling-trafficking-center

políticas[119]. En general, con la creciente y cambiante amenaza de los ciberdelitos, es necesario asegurar investigaciones transnacionales bien coordinadas, fortalecer las asociaciones público-privadas y aplicar medidas efectivas de prevención de políticas para restaurar el orden público y permitir la realización de las aspiraciones humanas, como la eliminación del delito de trata de niños en línea.

El trabajo coordinado y colaborativo de todos los actores clave puede facilitar el diálogo hacia una respuesta global coherente para fortalecer la seguridad de los niños en línea. El fortalecimiento de las colaboraciones es esencial para mejorar la prevención y las medidas de protección. Estos esfuerzos deben incluir servicios para los niños víctimas de explotación sexual en línea para ayudarlos a recuperarse y reconstruir sus vidas. El Protocolo de Palermo señala que «las políticas, los programas y demás medidas... cuando proceda, deben incluir la cooperación con organizaciones no gubernamentales, otras organizaciones pertinentes y otros sectores de la sociedad civil»[120]. Por consiguiente, reconoce la importancia de los esfuerzos conjuntos entre todos los actores interesados. Trabajar junto con todos los actores relevantes, incluidos los gobiernos, el sector privado, la academia, ONGs, los padres de familia, los educadores, los propios niños y la comunidad en general, puede facilitar una mayor difusión de herramientas y recursos, una mejor coordinación y respuestas mejoradas para proteger a los niños en Internet. En última instancia, para soluciones duraderas y sostenibles, estos esfuerzos de colaboración entre las partes interesadas pertinentes son de suma importancia. En particular, la industria de Internet es un actor fundamental y desempeña un papel crítico en mantener un Internet seguro, sensibilizar y educar a los niños sobre los riesgos en línea relacionados con la explotación sexual. Una colaboración coordinada entre las partes interesadas pertinentes, incluida la industria de Internet puede facilitar la investigación interdisciplinaria para comprender mejor estos delitos cibernéticos y los factores que los habilitan, y ayudar a las fuerzas del orden a prevenir y contrarrestarlos de manera más efectiva estos delitos y proteger a los niños en el ciberespacio.

CONCLUSIÓN

Los Estados tienen la responsabilidad principal de proteger a los niños y garantizar sus DDHH en el ciberespacio. El objetivo del gobierno es ejercer

119. «Foro de Internet más Seguro», Comisión Europea, https://digital-strategy.ec.europa.eu/es/policies/safer-internet-forum
120. Protocolo de Palermo, art. 9(3).

su poder para proteger los derechos fundamentales prometidos por la DUDH. A través de un conjunto de normas jurídicas, los Estados trabajan para lograr objetivos específicos que salvaguarden a las personas en sus contextos sociales y, por lo tanto, actúan con el objetivo final de aproximarse a un orden público en favor de la dignidad humana. Dicho orden público permitiría una aproximación a un óptimo acceso para todos los seres humanos a todo lo que ellos aprecian. En este caso particular, el objetivo final de los Estados debería ser promover un orden jurídico que avance los derechos y el bienestar de los niños, incluyendo en línea. Tal objetivo está en el interés común de un orden público en el que se fortalezca la protección de la dignidad humana de los niños y su bienestar en el ciberespacio.

Los Estados tienen la obligación jurídica de proteger de manera efectiva a los niños de explotación y abuso sexuales por parte de terceros, incluidas las nuevas formas cometidas en el espacio virtual, de acuerdo con sus obligaciones en virtud del DIDH. De esta manera, los Estados deben tomar y fortalecer medidas para prevenir y combatir la explotación sexual infantil en línea a nivel nacional e internacional. En este sentido, al buscar garantizar el respeto por la dignidad humana y proteger el interés superior del niño, los estándares del DIDH pueden aplicarse en el contexto del ciberespacio y brindan a los Estados las bases jurídicas para equilibrar y defender los derechos en conflicto, prevenir restricciones arbitrarias y preservar valores democráticos.

El fortalecimiento de las asociaciones público-privadas, de acuerdo con el respectivo papel y la responsabilidad de cada parte interesada, conduciría a: (1) la difusión de más investigaciones en este tema; (2) mayor sensibilización pública; (3) aumento de medidas preventivas; (4) promoción de prácticas de ciudadanía digital; (5) ayudar a identificar, rescatar y proteger a los niños víctimas; (6) establecer programas en línea que ayuden y beneficien a las víctimas (p.ej., difusión de información sobre los derechos de las víctimas y facilitar la denuncia y autoidentificación de las víctimas en espacios seguros y de apoyo); (7) recopilar pruebas digitales y rastros de trata por medios electrónicos; (8) atrapar y enjuiciar a los ciberdelincuentes; y, quizás lo más importante (9) desalentar a los depredadores sexuales de niños en el ciberespacio, incluidos tratantes, para que no exploten a más niños.

Los gobiernos desempeñan un papel fundamental en la promulgación y aplicación de normas y marcos legislativos relacionados con el cibercrimen para proteger a los niños en línea. Las protecciones de los DDHH pueden aplicarse al contexto del ciberespacio y a las comunicaciones a través de tecnologías digitales, y pueden guiar a los gobiernos en la creación de las condiciones fundamentales, tanto en leyes como en políticas, para cumplir con los principios de legalidad, necesidad y proporcionalidad en aras de lograr el objetivo legítimo de la protección de la infancia. Este capítulo ha trazado el panorama de recomendaciones legales y no legales y enfoques prácticos para confrontar uno de los problemas globales más graves en la actualidad. Se ha establecido un marco de trata de niños en el ciberespacio que consagra los valores de la dignidad humana como el comienzo de la solución para mejorar los procesos de decisión en sí mismos y aumentar su capacidad de generar resultados acordes con la dignidad humana. Estas recomendaciones están alineadas con una solución integral para mejorar el desarrollo de una respuesta integral de protección infantil para hacer que Internet sea más seguro para los niños y mejorar su bienestar en línea.

Capítulo 8

Recomendaciones para Ampliar la Política Internacional para el Ciberespacio

El derecho internacional exige que los Estados tomen medidas legislativas y otras acciones necesarias para proteger los DDHH y la dignidad de los niños, incluso en el ciberespacio[1]. Promover un orden público que fomente el respeto por la dignidad inherente de los niños en el ciberespacio es un aspecto esencial de esta protección y, como se argumenta en este capítulo, debe lograrse no solo mediante el cumplimiento de la ley internacional por parte de los Estados, sino también mediante el establecimiento de normas. Este capítulo aborda el desarrollo estratégico para proteger a los niños de formas de explotación sexual en línea y trata, circunstancias en las cuales los perpetradores pueden ejercer alguno o todos los atributos del derecho de propiedad sobre un niño en el ciberespacio. Además, ofrece un análisis del papel del derecho internacional en la formación y evolución de normas relacionadas con estas ciberactividades, prestando atención a las fuentes del derecho internacional de las que surgen las obligaciones jurídicas de los Estados para la protección de los niños contra la explotación en el ciberespacio. Por último, el capítulo propone un instrumento de carácter internacionalmente vinculante que tenga en cuenta los desafíos legales únicos del ciberespacio, y un enfoque basado en los DDHH para futuras decisiones, con el objetivo de asegurar una respuesta global más efectiva ante esta creciente forma de ciberdelito contra los niños.

1. OBLIGACIONES JURÍDICAS DE LOS ESTADOS

La naturaleza vasta e intangible del ciberespacio facilita prácticas ilícitas, como la explotación sexual infantil, que tienen el efecto de degradar la

1. P ej. CDH, Resolución 31/7, Resolución de 23 Marzo 2016, A/HRC/RES/31/7 (20 Abril 2016), párr. 4, pág. 5.

dignidad inherente del niño y violar sus DDHH fundamentales. Los ciberdelitos ocurren «en el ciberespacio», pero tienen estas ramificaciones en el mundo real, incluida la apropiación por parte de una persona de la humanidad misma de otra, en este caso, un niño. Como se estableció en capítulos anteriores, la naturaleza del ciberespacio plantea desafíos específicos para los Estados encargados de dos responsabilidades simultáneas: una, proteger a los individuos, especialmente a los niños, del delito en línea, y, otra, garantizar la protección de los DDHH. Las normas internacionales de DDHH son aplicables en el ciberespacio: las tradicionales obligaciones internacionales de los Estados derivadas de tratados convencionales o del derecho internacional consuetudinario también se aplican en el mundo virtual[2]. Por lo tanto, el deber de los Estados de proteger los DDHH y la dignidad humana de los niños se deriva de fuentes del derecho internacional. La Corte Internacional de Justicia (CIJ) actúa como el principal órgano judicial de la ONU, y el Estatuto de la CIJ menciona las siguientes fuentes del derecho internacional:

- las convenciones internacionales, sean generales o particulares, que establecen reglas expresamente reconocidas por los Estados litigantes;
- la costumbre internacional como prueba de una práctica generalmente aceptada como derecho;
- los principios generales de derecho reconocidos por las naciones civilizadas; y
- las decisiones judiciales y las doctrinas de los publicistas de mayor competencia, como medio auxiliar para la determinación de las reglas de derecho[3].

Para la determinación de reglas de derecho en disputas internacionales, la CIJ aplica las fuentes mencionadas anteriormente para decidir casos entre Estados[4]. En virtud del Artículo 93 de la Carta de la ONU, los Estados miembros de la organización son *ipso facto* partes del Estatuto de la CIJ, y los Estados no miembros de la ONU también pueden convertirse en parte del estatuto[5]. Esta política refleja un consenso universal entre los Estados

2. CVDT, art. 26.
3. ONU, «Estatuto de la Corte Internacional de Justicia», adoptado el 26 Junio 1945, T.S. 993, art. 38(1).
4. *Ibid.*, art. 34(1), 36(2).
5. ONU, «Carta de las Naciones Unidas», firmada el 26 Junio 1945, cap. XIV, art. 93(1), (2).

acerca de las fuentes del derecho internacional. Aunque los redactores no expresaron una jerarquía de fuentes, destacaron un orden para las mismas. En la práctica, las convenciones y las costumbres internacionales son las más significativas. Las convenciones internacionales prevalecen porque establecen de manera específica reglas de carácter obligatorio para los Estados parte. Según las costumbres internacionales, los tratados y el derecho internacional consuetudinario pueden coincidir, como en casos en los que los tratados reiteran reglas del derecho internacional consuetudinario[6]. Además, una disposición de un tratado puede ser desplazada por una norma consuetudinaria de derecho internacional si la disposición contradice una norma imperativa del derecho internacional[7]. Por lo tanto, es imposible hacer divisiones utilizando este orden en todos los casos.

Este conjunto de normas en el marco del derecho internacional también se aplica en el ciberespacio y contribuye a la regulación de las actividades cibernéticas[8]. Sin embargo, la comunidad internacional debe construir consenso y entendimiento común sobre cómo lo hace, ya que este ámbito desafía la forma en que surgen, interpretan y evolucionan las normas jurídicas internacionales en el ciberespacio. No obstante, la estructura legal que da forma a estas reglas no varía. Un ejemplo es el trabajo en curso del Grupo de Expertos Gubernamentales (GGE) de la ONU sobre la Promoción del Comportamiento Responsable de los Estados en el Ciberespacio en el Contexto de la Seguridad Internacional[9] (informes de 2010, 2013, 2015 y 2021 transmitidos por el Secretario General).

Los informes del GGE fueron redactados por expertos que buscan seleccionar normas estatales emergentes para la paz internacional, la seguridad y la estabilidad en el ciberespacio. En 2013, el GGE afirmó que «el derecho internacional, en particular la Carta de las Naciones Unidas, es aplicable y fundamental para mantener la paz y la estabilidad y fomentar un entorno de la [TIC] abierto, seguro, pacífico y accesible»[10]. Adicionalmente, el GGE llegó a un consenso sustantivo sobre normas, reglas y principios de com-

6. Véase, Malcolm N. Shaw, *International Law*, 7th ed. (Cambridge: Cambridge University Press, 2014), 50.
7. Crawford, *Brownlie's Principles of Public International Law*, 8th ed. (Oxford: Oxford University Press, 2012), 22-23.
8. Para más lecturas, consulte Harold H. Koh, «International Law in Cyberspace», *Harvard International Law Journal* 54 (2012), 2-3.
9. Anteriormente: sobre los Avances en la Información y las Telecomunicaciones en el Contexto de la Seguridad Internacional.
10. AGNU, «Grupo de Expertos Gubernamentales sobre los Avances en la Información y las Telecomunicaciones en el Contexto de la Seguridad Internacional», A/68/98*, 24 Junio 2013, párr. 19, pág. 9.

portamiento responsable de los Estados en la esfera cibernética, y sobre la aplicabilidad del derecho internacional a la TIC[11]. Este informe del GGE refleja un consenso histórico entre expertos de 20 naciones de que el derecho internacional existente debería guiar a los Estados para participar en el desarrollo legal normativo en el ciberespacio. Estas normas desempeñan un papel vital en la implementación de los comportamientos responsables de los Estados. El informe del GGE de 2015 afirma aún más que el cumplimiento de las reglas y principios del derecho internacional es esencial para mejorar la seguridad global y promover un ciberespacio abierto y accesible. De hecho, la AGNU adoptó la resolución 70/237 en diciembre de 2015, instando unánimemente a los Estados miembros a alinear sus marcos de uso de la TIC con el informe del GGE de 2015[12]. En su informe de 2021, el GGE amplió la comprensión de hallazgos y recomendaciones anteriores, resaltando la necesidad de cooperación internacional para abordar amenazas transfronterizas derivadas del uso delictivo de Internet y la TIC[13].

Al ser los Estados los principales actores en el derecho internacional y los principales portadores de obligaciones internacionales, les corresponde desempeñar un papel crucial para crear, interpretar, ejecutar y hacer cumplir la mayoría de las normas internacionales. En términos de las relaciones entre Estados (vis-à-vis), la doctrina clásica de la responsabilidad del estado se aplica a los Estados lesionados y a los Estados infractores. En 1947, la AGNU estableció la Comisión de Derecho Internacional (CDI), que realiza un trabajo importante para comprender el derecho internacional. Esta comisión se encarga de desarrollar y codificar reglas, incluidos el Proyecto de Artículos sobre Responsabilidad de los Estados que codifican la práctica estatal y operan principalmente dentro de los parámetros de la doctrina tradicional. En el Artículo 1, la doctrina confirma la regla general de que «todo hecho internacionalmente ilícito del Estado genera su responsabilidad internacional»[14]. Por consiguiente, un Estado incumple una obligación internacional cuando un acto internacionalmente ilícito (p. ej., acciones u omisiones de uno o más órganos o agentes del Estado) se le atribuye según

11. AGNU, «Grupo de Expertos Gubernamentales sobre los Avances en la Información y las Telecomunicaciones en el Contexto de la Seguridad Internacional», A/70/174, 22 Julio 2015.
12. UNGA, Resolución 70/237, Avances en la esfera de la información y las telecomunicaciones en el contexto de la seguridad internacional, A/RES/70/237 (30 Diciembre 2015).
13. AGNU, «Grupo de Expertos Gubernamentales sobre la Promoción del Comportamiento Responsable de los Estados en el Ciberespacio en el Contexto de la Seguridad Internacional», A/76/135, 14 Julio 2021, párr. 31, pág. 10.
14. CDI, «Proyecto de Artículos sobre la Responsabilidad del Estado por Hechos Internacionalmente Ilícitos, 2001», A/56/10, art. 1, pág. 26.

el derecho internacional[15]. Igualmente, la CIJ señaló de manera importante que los Estados, en virtud de su membresía en la comunidad internacional, tienen obligaciones hacia la comunidad internacional en su conjunto (obligaciones *erga omnes*)[16]. Por ejemplo, en el derecho internacional moderno, estas obligaciones pueden surgir de la protección de los DDHH fundamentales contra la esclavitud y la discriminación racial, en las cuales todos los Estados tienen un interés legal en cumplir estas obligaciones cruciales, ya que benefician a todos los seres humanos.

Los Estados parte obligados por un tratado de DDHH tienen la obligación jurídica internacional de promover y proteger los DDHH y las libertades fundamentales establecidos en dicho tratado, de manera que todas las personas dentro del Estado puedan disfrutar de ellos. Sin embargo, como señala Eckert Klein,

> El derecho tradicional de responsabilidad del estado solo contempla los derechos del Estado o Estados perjudicados, e incluso el proyecto de la Comisión de Derecho Internacional mantiene esta actitud. Este enfoque limitado ha sido criticado con razón, ya que no tiene en cuenta toda una categoría de tratados internacionales, a saber, los tratados de derechos humanos, descuidando así importantes desarrollos modernos[17].

Por lo tanto, en el ámbito de los DDHH, teniendo en cuenta los desarrollos contemporáneos en el derecho internacional, es necesario adoptar un enfoque más amplio de la responsabilidad internacional del estado. En virtud del derecho internacional, los Estados han asumido deberes, como cumplir la Carta de la ONU y diversos instrumentos internacionales, para proteger los DDHH fundamentales. Los Estados parte en los tratados de DDHH adquieren obligaciones explícitas para dar efecto a las disposiciones de cada tratado, actuando de conformidad con el principio de *pacta sunt servanda*[18]. En otras palabras, cuando un Estado incumple una obligación internacional de DDHH basada en un tratado, las consecuencias pueden

15. CDI, «Proyecto de Artículos sobre la Responsabilidad del Estado por Hechos Internacionalmente Ilícitos», A/56/10, art. 2, pág. 26.
16. Barcelona Traction, Light and Power Company, Limited (España vs. Bélgica), Segunda Fase, CIJ 32, (5 Febrero 1970), párr. 33.
17. Eckart Klein, «Individual Reparation Claims under the International Covenant on Civil and Political Rights: The practice of the Human Rights Committee», en *State Responsibility and the Individual, Reparation in Instances of Grave Violations of Human Rights*, ed. Albrecht Randelzhofer y Christian Tomuschat (The Hague: Martinus Nijhoff, 1999), 27-28.
18. CVDT, art. 26.

incluir la obligación de proporcionar un remedio efectivo a las víctimas a través de un tribunal interno competente por violaciones de DDHH[19].

Los niños reciben una protección especial en el derecho internacional[20]. La comunidad internacional de Estados ha reconocido la vulnerabilidad de los niños al abuso y explotación sexuales, incluso en el ámbito del ciberespacio[21]. La ratificación de la CDN por parte de 196 Estados parte (la más alta en comparación con cualquier otro convenio internacional) es una prueba confiable de la importancia universal de los DDHH de los niños y ejemplifica la intención de los Estados de tomar en serio la protección de los niños[22]. Al mismo tiempo, esta amplia aceptación indica que las disposiciones relevantes de la CDN también se han cristalizado como expresiones del derecho internacional consuetudinario, debido a que la práctica estatal se articula con un sentido de obligación o un derecho (*opinio juris*)[23]. La CDN establece que la indiferencia hacia los niños y su bienestar, incluida su libertad de toda forma de explotación económica y sexual, ya no es tolerada a nivel global. Este consenso se basa en parte en una comprensión compartida de la infancia, que está articulada por Jean D'Cunha, asesora técnica en Migración y Trata y autora de un informe sobre la Reunión del Grupo de Expertos sobre «Trata de Mujeres y Niñas»:

Los niños se encuentran aún en una etapa formativa de desarrollo físico, sexual, emocional y cognitivo. Su conocimiento y experiencia del mundo son limitados. Esto afecta su capacidad para discernir y tomar decisiones en su mejor interés[24].

Esta comprensión ayudaría a garantizar la inclusión de disposiciones especiales para proteger a los niños de daños que puedan afectar sus vidas, tanto en la CDN como en el Protocolo de Palermo. Existe un consenso nor-

19. PIDCP, art. 2; Véase en general, HRC, «Observación general No. 31 [80]: Naturaleza de la obligación jurídica general impuesta a los Estados Parte en el Pacto». CCPR/C/21/Rev.1/Add.13, 26 Mayo 2004, párr. 8, pág. 4.
20. P ej. CDN, art. 34, 35. Véase, PF-CDN, art. 1-3. Ver también, Protocolo de Palermo, art. 3(c).
21. CdE, «Convenio sobre la Ciberdelincuencia», firmado 23 Noviembre 2001, S.T.E. 185 art. 9.
22. «Estado de los tratados: Convención sobre los Derechos del Niño», Colección de Tratados de la ONU, https://treaties.un.org/Pages/ViewDetails.aspx?src=IND&mtdsg_no=IV-11&chapter=4&clang=_en.
23. Fiscal vs. Sam Hinga Norman – Decisión sobre Moción Preliminar Basada en Falta de Jurisdicción (Reclutamiento de Niños), Tribunal Especial para Sierra Leona, n.º SCSL-2004-14-AR72(E), (31 Mayo 2004), párr. 17-20.
24. Jean D'Cunha, «Trafficking in persons: a gender and rights perspective», EGM/TRAF/2002/EP.8, 8 Noviembre 2002, 10.

mativo de que el interés superior del niño debe ser una consideración primordial para los Estados en todas las acciones que les conciernen[25]. Este principio presume que la promoción y el mejoramiento del bienestar de los niños es una prioridad en las agendas nacionales e internacionales de los Estados. Bajo el derecho internacional, los Estados pueden ser considerados responsables por actos ilícitos cometidos por personas privadas o actores no estatales en el ciberespacio[26]. El incumplimiento de un Estado en su deber de proteger los derechos de los niños en su territorio o bajo su jurisdicción puede estar relacionado con la falta de tomar medidas adecuadas para *prevenir* la explotación infantil por parte de abusadores (actores no estatales) y, cuando ha ocurrido un acto criminal, para *responder* a violaciones de DDHH en el ciberespacio[27]. En el contexto de las obligaciones generales de los Estados en el ámbito de los DDHH, aunque el Estado no haya cometido directamente la violación, puede ser responsable por sus propios actos u omisiones que incumplan una obligación jurídica internacional (p. ej.., si no investigó la situación, no procesó ni castigó a los perpetradores)[28]. Por lo tanto, el deber del Estado de proteger incluye brindar medidas legales especiales para la protección de las víctimas, el apoyo y el acceso a reparación, y facilitar procedimientos especiales para investigar casos de explotación o trata como parte de su respuesta nacional[29]. En cumplimiento con el estándar legal internacional de diligencia debida, los Estados están obligados a llevar a cabo tales comportamientos para prevenir y responder a las violaciones de DDHH de los niños, como la explotación, incluida en el contexto del ciberespacio.

Bajo esta orientación de DDHH, la protección de los DDHH de los niños, incluido en el ciberespacio, debería ser una preocupación central y predominante en la legislación de los Estados[30]. Aunque la CDN no aborda directamente la explotación sexual infantil en el ciberespacio, requiere a los Esta-

25. CDN, art. 3(1).
26. Un acto de un Estado puede ser caracterizado como internacionalmente ilícito si constituye una violación de una obligación internacional de ese Estado. Véase, CDI, «Proyecto de Artículos sobre la Responsabilidad del Estado por Hechos Internacionalmente Ilícitos», A/56/10, art. 3.
27. P ej. en el contexto de los DDHH, el PIDCP establece parámetros universales en cuanto a la extensión de las obligaciones jurídicas de los Estados.
28. P ej. en el caso *Rantsev vs. Chipre y Rusia*, (analizado en el Capítulo 1), la obligación del Estado dependía de tal consideración. Véase *Rantsev vs. Chipre y Rusia*, 7 Enero 2010, Aplicación No. 25965/04, TEDH (2010). párr. 286, pág. 70.
29. Protocolo de Palermo, art. 5.
30. P ej. CdE, «Convenio sobre la Ciberdelincuencia», Preámbulo, art. 9. Para un análisis exhaustivo sobre el interés superior del niño como consideración principal, consulta el Capítulo 6.

dos parte que apliquen un enfoque integral para proteger los derechos de los niños y les pide considerar todas las áreas relevantes de la vida de los niños. Este mandato incluye la lucha contra todas las formas de explotación sexual[31]. La CDN reconoce a los niños como titulares de derechos y considera sus necesidades especiales, y obliga a sus Estados parte a aplicar un enfoque integral para proteger la dignidad humana, los derechos y la integridad física y psicológica de los niños, al tiempo que garantiza su desarrollo sin obstáculos[32]. En breve, los gobiernos tienen la responsabilidad principal de prevenir y abordar el abuso y la explotación infantil. Según el derecho internacional, el Estado como protector debe hacer de la lucha contra todas las formas de explotación sexual infantil en el ciberespacio una parte integral de su política gubernamental. Al mismo tiempo, la promoción de la seguridad y estabilidad internacional en el ciberespacio requiere que el comportamiento responsable de los Estados fortalezca los estándares y procedimientos de protección infantil.

En consecuencia, los Estados tienen la obligación imperativa de penalizar mediante medios legales estas actividades cibernéticas ilícitas. Esta obligación requiere que su legislación nacional, sus órganos de aplicación de la ley y sus órganos de enjuiciamiento y judiciales trabajen para eliminar estas formas de cibercriminalidad en el plazo más breve posible[33]. Al mismo tiempo, los Estados deben garantizar la justicia para los niños víctimas. Con este imperativo en mente, la siguiente sección analiza las obligaciones jurídicas de los Estados a la luz de las fuentes principales del derecho internacional. La siguiente sección examina si los Estados han aceptado la práctica de prohibir la explotación infantil en línea como derecho en virtud del derecho internacional consuetudinario.

2. LA PROHIBICIÓN DE LA EXPLOTACIÓN INFANTIL EN LÍNEA COMO UNA NORMA EMERGENTE DEL DERECHO INTERNACIONAL CONSUETUDINARIO

Acorde al Estatuto de la CIJ, el derecho internacional consuetudinario se origina a partir de «práctica[s] generalmente aceptada[s] como dere-

31. CDN, art. 34(b), (c).
32. *Ibid.*, art. 3(1). Véase en general, CRC, «Observación general N.º 13 (2011): Derecho del niño a no ser objeto de ninguna forma de violencia», CRC/C/GC/13, 18 Abril 2011, párr. 3(f), pág. 3, observando la premisa fundamental de que: «Debe respetarse el derecho del niño a que, en todas las cuestiones que le conciernan o afecten, se atienda a su interés superior como consideración primordial, especialmente cuando sea víctima de actos de violencia, así como en todas las medidas de prevención».
33. P. ej., AGNU, Resolución 70/1, Transformar nuestro mundo: la Agenda 2030 para el Desarrollo Sostenible, A/RES/70/1 (21 Octubre 2015), ODS 16.2, pág. 29.

cho»[34]. Este postulado significa que, para que las normas del derecho internacional consuetudinario lleguen a existir, los Estados deben contar con la confluencia de dos elementos: (1) una creencia, un elemento subjetivo llamado *opinio juris sive necessitatis*[35], de que la práctica en cuestión ha de seguirse con la convicción de la existencia de una obligación jurídica o un derecho; y (2) el elemento objetivo, la conducta repetida de los Estados (*diuturnitas*), con una uniformidad en la práctica que demuestre un reconocimiento general de que se trata de una regla de derecho u obligación jurídica. Por ejemplo, la CIJ en el Caso de Asilo entre Colombia y Perú, basándose en el Artículo 38 de su Estatuto con respecto a los requisitos de la costumbre en el derecho internacional, especificó lo siguiente:

> «La Parte que se basa en una costumbre...debe demostrar que esta costumbre está establecida de tal manera que se ha vuelto vinculante para la otra Parte... que la norma invocada... está de acuerdo con un uso constante y uniforme practicado por los Estados en cuestión, y que este uso es la expresión de un derecho que corresponde al Estado... y un deber que incumbe al [otro Estado]»[36].

Por lo tanto, las normas legales emergentes pueden tener la naturaleza de costumbre de derecho internacional reconocida como fuente del derecho internacional. Estas normas obligan a los Estados y resultan de un proceso informal que ocurre a lo largo del tiempo. En este sentido, la conducta de los Estados influye en la formación, modificación o terminación de una norma consuetudinaria (proceso consuetudinario)[37]. En otras palabras, el Estado debe creer—manifestaciones de *opinio juris*— que sus acciones son requeridas por el derecho internacional junto con la práctica de otros Estados. Sin embargo, los nuevos desarrollos tecnológicos han demostrado la rápida formación de normas consuetudinarias en casos que involucran tecnología. En el caso de *North Sea Continental Shelf* de 1969, la CIJ señaló, con respecto al estado de las costumbres emergentes: «el transcurso de un corto período de tiempo no impide necesariamente la formación de una nueva norma de derecho internacional consuetudinario»[38]. La Corte confirmó que el transcurso de algún período de tiempo, que puede ser un período relativamente corto, debe ocurrir de manera que manifieste la creencia entre los

34. ONU, «Estatuto de la Corte Internacional de Justicia», art. 38(1)(b).
35. Crawford, *Brownlie's Principles of Public International Law,* 25.
36. Caso Haya de la Torre: Colombia vs. Perú, Sentencia, CIJ pág. 276, (Nov. 20, 1950).
37. Tullio Treves, «Customary International Law», en *Oxford Public International Law: Max Planck Encyclopedia of Public International Law* (Nueva York: Oxford University Press, 2006), 3.
38. North Sea Continental Shelf (República Federal de Alemania/Dinamarca; República Federal de Alemania/Países Bajos), Sentencia, CIJ (20 Feb. 1969), párr. 74, pág. 43.

Estados de que la práctica implica una regla de derecho u obligación jurídica. De hecho, el Juez Manfred Lachs y el Juez Sørensen, incluso en sus opiniones disidentes en este caso, confirmaron la necesidad de reconocer la posibilidad de un desarrollo expedito del derecho internacional consuetudinario en contextos de desarrollo tecnológico, donde la práctica frecuentemente precede a la codificación[39]. El desarrollo de nuevas normas del derecho espacial demuestra la consolidación relativamente rápida del derecho internacional contemporáneo en algunos casos (como señaló el Juez Lachs)[40]. Por ejemplo, la AGNU adoptó por unanimidad en 1963 la Declaración de Principios Jurídicos que deben Regir las Actividades de los Estados en la Exploración y Utilización del Espacio Ultraterrestre, que constituyó derecho internacional consuetudinario en la evaluación de las actividades en el espacio ultraterrestre[41]. Los principios plasmados en esta declaración fueron reconocidos como una respuesta a los nuevos desarrollos tecnológicos a pesar de su rápida aparición y corta duración de práctica. También es importante que la práctica estatal sea consistente en el contexto de estas normas consuetudinarias emergentes, incluso si ha sido de duración limitada. En el ciberespacio, esta condición temporal también puede ser aplicable y las normas consuetudinarias pueden tender a tener una rápida aparición. La rápida formación de normas consuetudinarias en el ciberespacio plantea la necesidad de analizar el elemento objetivo y subjetivo requeridos para demostrar una norma emergente de derecho internacional consuetudinario.

a. El Elemento Objetivo: Práctica Uniforme y Coherente de los Estados

La práctica estatal no necesita tener una aplicación universal por la comunidad de naciones para identificar reglas generales de derecho internacional consuetudinario[42]. En su lugar, la práctica debe ser lo suficientemente extendida. Aunque no hay un requisito específico para la cantidad de Estados que deben participar en una práctica general antes de que emerja una costumbre internacional cibernética, a mayor número de Estados invo-

39. North Sea Continental Shelf (*Opinión disidente del Juez Lachs*), Sentencia, CIJ 230 (1969); North Sea Continental Shelf (*Opinión disidente del Juez Sørensen*), Sentencia, CIJ 244 (1969).
40. *North Sea Continental Shelf (Opinión disidente del Juez Lachs)*, 230.
41. Bin Cheng, «United Nations Resolutions on Outer Space: "Instant" International Customary Law?» en *Studies in International Space Law* (Oxford: Clarendon Press, 1997).
42. AGNU, «Segundo informe sobre la identificación del derecho internacional consuetudinario, por Michael Wood, Relator Especial», A/CN.4/672*, 22 Mayo 2014, párr. 52, pág. 34.

lucrados, mayor evidencia de la formación de una norma[43]. Sin embargo, una vez que se ha formado una norma consuetudinaria de aplicación general, esta se aplica a todos los Estados, incluso a aquellos que no participaron en la práctica relevante que llevó a su establecimiento[44]. Es importante destacar que las normas del derecho internacional consuetudinario pueden ser generales, vinculantes para todos los Estados, y también particulares, como regionales o locales, aplicándose a un número limitado de Estados, por ejemplo, en un área geográfica específica[45] o conectados por un interés o actividad mutua clara[46].

Sería difícil evaluar la práctica relevante de todos los países del mundo y sus puntos de vista legales correspondientes para determinar si ha surgido una nueva norma general de derecho internacional consuetudinario sobre la prohibición de la explotación sexual infantil en línea. Además, la conducta de algunas naciones puede reflejar inacción, lo que crearía dificultades para establecer la existencia de una práctica casi o sustancialmente uniforme y coherente y la convicción de los Estados sobre si la determinada práctica es de naturaleza legalmente vinculante o exigida por el derecho internacional consuetudinario. Sin embargo, la práctica de los Estados individuales puede ser relevante para determinar si existe una práctica estatal consistente y si han aceptado la práctica como cuestión de derecho (acompañada de *opinio juris*). En el ámbito internacional, los actos de los Estados realizados por las autoridades nacionales, como los poderes ejecutivo, legislativo y judicial, y otros mediante los cuales los Estados ejercen sus facultades, pueden manifestar su conducta actual y posición legal con respecto a una práctica en cuestión[47]. Por lo tanto, la práctica estatal a través de la

43. AGNU, «Segundo informe sobre la identificación del derecho internacional consuetudinario, por Michael Wood, Relator Especial», párr. 53, pág. 35.
44. P ej. *Prosecutor vs. Sam Hinga Norman-Decision on Preliminary Motion Based on Lack of Jurisdiction (Child Recruitment)*, párr. 51, pág. 26; y Case Concerning Sovereignty Over Pedra Branca/Pulau Batu Puteh, Middle Rocks and South Ledge (Malasia/Singapur), Sentencia, CIJ 50-51 (23 Mayo 2008), párr. 121, pág. 42.
45. P. ej., En *Caso Haya de la Torre: Colombia vs. Perú*, la CIJ observó que el Gobierno colombiano no demostró la existencia de una costumbre regional o local entre los Estados latinoamericanos en lo que respecta al derecho del Estado de otorgar asilo unilateral y definitivo.
46. P. ej., CDI, «70º período de sesiones: Texto del proyecto de conclusiones sobre la identificación del derecho internacional consuetudinario», A/73/10, 10 Agosto 2018, Proyecto de conclusión 16(2), párr. 5, pág. 133.
47. CDI, «70º período de sesiones: Texto del proyecto de conclusiones sobre la identificación del derecho internacional consuetudinario», párr. 65, pág. 128; AGNU, «Identificación del derecho internacional consuetudinario: Medios para hacer más fácilmente asequible la prueba relativa al derecho internacional consuetudinario: Memorando de la Secretaría», A/CN.4/710/Rev.1, 14 Febrero 2019, párr. 32, pág. 13.

legislación nacional, las decisiones de los tribunales nacionales, las disposiciones de tratados ratificados, los actos ante organizaciones y las colaboraciones internacionales entre agencias de aplicación de la ley, es decir, el derecho en acción, pueden estar relacionados con este razonamiento como una causa común. Estos tipos de comportamientos relevantes por parte de las autoridades estatales pueden contribuir a determinar la legalidad de una práctica en relación con la identificación de una norma de derecho internacional consuetudinario.

a.1. Leyes Nacionales; Derecho-en-los-libros

a.1.1. Australia

La legislación australiana criminaliza a cualquier persona que «utilice un servicio de transporte para procurar a personas menores de 16 años»[48]. Por lo tanto, cualquier remitente que utilice un servicio de transporte[49] para transmitir comunicación a una persona menor de 16 años (destinatario) con la intención de inducir a esa persona a participar en actividad sexual comete un delito. Incluso sin una descripción detallada, esta disposición puede ayudar a abordar la captación de personas menores de 16 años para la explotación sexual (i.e., la trata de personas con fines sexuales)[50].

a.1.2. China

Según la legislación china, los PSI deben eliminar e informar actividades y contenido criminales en línea sospechosos, con el propósito de perseguir la seguridad de la información y salvaguardar los intereses legítimos de las personas en la red informática de China. Específicamente, la Decisión del Comité Permanente del Congreso Nacional del Pueblo sobre la Preservación de la Seguridad de la Red Informática estipula,

> Cualquier unidad que participe en el negocio de la red informática debe llevar a cabo actividades de acuerdo con la ley y, cuando descubra actos ilegales o criminales o información perjudicial en la red informática, deberá

48. *Criminal Code Act 1995* (Cth), sec. 474.26.
49. «Servicio de transporte significa un servicio para llevar comunicaciones mediante energía electromagnética guiada y/o no guiada», *Telecommunications Act 1997,* no. 47, part 1(7).
50. ICMEC, *Studies in Child Protection: Technology-Facilitated Child Sex Trafficking* (Alexandria: ICMEC, 2018), 34.

tomar medidas para suspender la transmisión de la información perjudicial y reportar el asunto a la autoridad pertinente sin demora[51].

Esta disposición legal puede conectarse con las «Medidas de Implementación Relativas a las Disposiciones Temporales para la Gestión de las Redes de Información de Computadoras en la República Popular China que Participan en Redes Internacionales». Esta regulación prohíbe el uso de redes internacionales[52] para llevar a cabo actividades criminales y producir o difundir información perniciosa, incluyendo material pornográfico. Una vez que un PSI tenga conocimiento de la presencia de este tipo de contenido, debe informar a las autoridades competentes de manera oportuna y tomar medidas adecuadas para prevenir la propagación de la información[53].

a.1.3. Estados miembros de la UE

a.1.3.A. Seducción de Niños en Línea con Fines de Explotación Sexual

La Directiva 2011/93/UE tiene como objetivo armonizar la legislación nacional entre los Estados miembros de la UE y mejorar las soluciones legales para el abuso y la explotación sexuales de niños, incluido el embaucamiento de menores o seducción de niños con características específicas en el contexto de Internet. Esta directiva proporciona protección legal a los niños, incluyendo contra el embaucamiento de menores con fines sexuales mediante el uso de la TIC[54]. Por lo tanto, esta normativa puede ayudar a criminalizar elementos relacionados con diversas formas de explotación, como la extorsión sexual de niños. Sin embargo, esta medida de protección deja a los niños por encima de la edad de consentimiento sexual, según lo definido en la legislación nacional, sin protección[55].

51. «Decision of the Standing Committee of the National People's Congress on Preserving Computer Network Security», Portal Web Oficial del Gobierno Chino, párr. 7, consultado el 14 de Octubre de 2021, http://english1.english.gov.cn/laws/2005-09/22/content_68771.htm.
52. «The Implementation Measures Relating to the Temporary Provisions for the Management of Computer Information Networks in the People's Republic of China that Take Part in International Internetworks», Federation of American Scientists, art. 3(1), https://fas.org/irp/world/china/docs/980306-internet.htm.
53. «The Implementation Measures Relating to the Temporary Provisions for the Management of Computer Information Networks in the People's Republic of China that Take Part in International Internetworks», art. 20.
54. Directiva 2011/93/UE, art. 6(2).
55. *Ibid.*

En relación con la implementación de esta directiva en algunos países, el Memorando Explicativo del Proyecto de Ley de Irlanda sobre Delitos Penales (Embaucamiento de menores – *Child Grooming*) de 2014 resalta la importancia de criminalizar tanto a los perpetradores de embaucamiento de menores en línea como fuera de línea. Se señala que el abuso sexual puede ocurrir incluso sin un encuentro físico, y podría ser demasiado tarde para proteger al niño en cuestión una vez que ya se haya producido el embaucamiento o seducción[56]. Sin embargo, el proyecto de ley admite que la edad del niño puede ser una posible defensa; por ejemplo, si el niño tenía 17 años en el momento en que se cometió el presunto delito[57].

España incorporó esta ley de la UE en su legislación nacional a través de una reforma al Código Penal en 2015[58]. La recién agregada sección 2 en el Artículo 183 ter del Código Penal español tiene como objetivo sancionar a cualquier persona que utilice la TIC, incluido Internet, para comunicarse con un menor de 16 años. La intención del infractor debe ser engañar al niño para que proporcione o muestre material pornográfico de un menor[59]. Por lo tanto, esta disposición en el sistema jurídico penal español establece la protección de los menores de edad menores de la edad de consentimiento sexual (16 años) de los delitos relacionados con el embaucamiento que involucran imágenes pornográficas en el contexto de Internet.

En resumen, los Estados miembros están ajustando su legislación penal interna para cumplir con los compromisos comunitarios, especialmente en cuanto a la armonización legal, para responder de manera más adecuada a nuevos delitos, incluida la explotación sexual en línea de menores. Estos logros progresivos de los Estados están fortaleciendo el marco de protección infantil y la seguridad digital. En la actualidad, la mayoría de los Estados miembros y el Reino Unido han tomado las medidas necesarias para incorporar esta ley de la UE en su legislación nacional[60]. Esta transposición de la directiva implica que los Estados deben introducir o adaptar su legislación penal para incluir la TIC en disposiciones que protejan los derechos fundamentales y el bienestar de los niños.

56. Criminal Law (Child Grooming) Bill 2014: Explanatory Memorandum, no. 89.
57. *Ibid.*, sec. 1(2C), at 4.
58. Ley Orgánica 1/2015, de 30 de marzo, por la que se modifica la Ley Orgánica 10/1995, de 23 de noviembre, del Código Penal, BOE-A-2015-3439 (2015).
59. Ley Orgánica 1/2015, de 30 de marzo, por la que se modifica la Ley Orgánica 10/1995, de 23 de noviembre, del Código Penal, BOE-A-2015-3439 (2015), art. 183 ter (2).
60. Actualmente, Dinamarca es el único Estado miembro que no ha notificado formalmente medidas nacionales de transposición relativas a esta Ley de la UE; véase «Medidas nacionales de transposición por los Estados miembros», UE, https://eur-lex.europa.eu/legal-content/EN/NIM/?uri=CELEX:32011L0093.

a.1.3.B. Regulación sobre la Retención de Datos

En 2016, el Parlamento Europeo aprobó el Reglamento General de Protección de Datos (RGPD) para armonizar las leyes de privacidad de datos en toda Europa. Aunque este reglamento jurídicamente vinculante se aplica directamente a los países de la UE, se les exigió que implementaran tales disposiciones en la legislación nacional antes del 25 de mayo de 2018[61].

El RGPD requiere el tratamiento de datos personales «por parte de las autoridades competentes con fines de prevención, investigación, detección o enjuiciamiento de infracciones penales, o de ejecución de sanciones penales, incluida la de protección frente a amenazas a la seguridad pública y su prevención»[62]. Esta regulación se puede aplicar para combatir la trata con fines sexuales de niños cometida por medios electrónicos; específicamente, el RGPD menciona que se otorga el permiso para el «tratamiento de datos personales relativos a condenas e infracciones penales» sobre la base de un tratamiento lícito, incluido «bajo la supervisión de las autoridades públicas o cuando lo autorice el Derecho de la Unión o de los Estados miembros que establezca garantías adecuadas para los derechos y libertades de los interesados»[63]. Además, el RGPD establece un principio relacionado con la limitación del almacenamiento, indicando que los datos personales pueden ser conservados «durante no más tiempo del necesario para los fines del tratamiento de los datos personales»[64]. Este principio puede interpretarse en conjunto con la Directiva (UE) 2016/680, que otorga a los Estados miembros el poder de establecer «plazos apropiados para la supresión de los datos personales o para una revisión periódica de la necesidad de conservación de los datos personales»[65]. Desde una perspectiva práctica, los países que establecen límites de tiempo en los períodos de retención pueden reducir el riesgo de almacenar datos personales durante más tiempo del necesario.

61. UE, «Reglamento (UE) 2016/679 del Parlamento Europeo y del Consejo, de 27 de abril de 2016, relativo a la protección de las personas físicas en lo que respecta al tratamiento de datos personales y a la libre circulación de estos datos y por el que se deroga la Directiva 95/46/CE (Reglamento general de protección de datos)», *Diario Oficial de la Unión Europea* 119 (2016): Art. 51(4).
62. UE, «Reglamento (UE) 2016/679 del Parlamento Europeo y del Consejo, de 27 de abril de 2016, relativo a la protección de las personas físicas en lo que respecta al tratamiento de datos personales y a la libre circulación de estos datos y por el que se deroga la Directiva 95/46/CE (Reglamento general de protección de datos)», art. 2(2)(d).
63. *Ibid.*, art. 10, 6(1).
64. *Ibid.*, art. 5(1)(e).
65. UE. «Directiva (UE) 2016/680 del Parlamento Europeo y del Consejo, de 27 de abril de 2016, relativa a la protección de las personas físicas en lo que respecta al tratamiento

De esta manera, este reglamento puede ayudar a aclarar las obligaciones de las empresas de tecnología en cuanto a la conservación de datos en el contexto de la protección infantil en línea. En particular, las investigaciones y enjuiciamientos penales de delitos, incluidos aquellos probablemente relacionados con la trata de niños con fines de explotación sexual en línea y facilitada por la tecnología, deben encontrar un equilibrio entre la necesidad de asegurar los datos y la necesidad de que las autoridades cumplan con acceder a la información con fines de protección infantil. Sin embargo, el hecho de que el RGPD no aborde explícitamente los períodos de retención de datos puede dar lugar a inconsistencias temporales entre las jurisdicciones de los países para preservar los datos de los usuarios que las fuerzas del orden pueden utilizar en investigaciones.

Este nuevo marco de protección de datos se alinea con la legislación nacional en los Estados miembros de la UE y el Reino Unido[66]. Adicionalmente, estos estándares de protección de datos pueden tener un impacto global, ya que países como Argentina, Brasil, Canadá, Colombia, Japón y Sudáfrica han adoptado o están introduciendo leyes de privacidad de datos alineadas con el RGPD[67].

a.1.4. República de Filipinas

La Ley de la República No. 9208, también conocida como la Ley contra la Trata de Personas de 2003, penaliza acciones que,

> Anunciar, publicar, imprimir, transmitir o distribuir, o causar la publicidad, publicación, impresión, transmisión o distribución por cualquier medio, incluido el uso de tecnología de la información e internet, de cualquier folleto, panfleto o material propagandístico que promueva la trata de personas[68].

---

de datos personales por parte de las autoridades competentes para fines de prevención, investigación, detección o enjuiciamiento de infracciones penales o de ejecución de sanciones penales, y a la libre circulación de dichos datos y por la que se deroga la Decisión Marco 2008/977/JAI del Consejo», *Diario Oficial de la Unión Europea* 119 (2016): art. 5.

66. «Notificaciones de los Estados miembros de la UE a la Comisión Europea en virtud del RGPD», Comisión Europea, https://ec.europa.eu/info/law/law-topic/data-protection/data-protection-eu/eu-countries-gdpr-specific-notifications_en.

67. ICMEC, *Child Sexual Abuse Material: Model Legislation & Global Review*, 9th ed. (ICMEC, 2018), 19.

68. Ley de la República No. 9208, Congreso de Filipinas, 12º Congreso. (2003), sec. 5(c).

Por lo tanto, la legislación de Filipinas penaliza las acciones para promover o facilitar la trata de personas, incluyendo a través de la tecnología digital.

a.1.5. República de Sudáfrica

La Ley de Prevención y Lucha contra la Trata de Personas de 2013 tiene como objetivo prevenir y abordar la trata de personas de acuerdo con las obligaciones del país adquiridas a través de acuerdos internacionales. Esta ley ordena a los proveedores de servicios de comunicación electrónica «tomar todas las medidas razonables para evitar el uso de su servicio para alojar información» que promueva la trata de personas[69]. Asimismo, obliga a los proveedores de servicios de comunicación electrónica a identificar cualquier comunicación electrónica que contenga dicha información almacenada o transmitida a través de su sistema de comunicación electrónica y reportarla de forma expedita al Servicio de Policía de Sudáfrica[70]. Cualquier proveedor de servicios de comunicación electrónica que no cumpla con esta disposición es culpable de un delito[71].

a.1.6. Los Estados Unidos

Bajo la ley federal de EE. UU., los estatutos abordan los siguientes delitos relacionados con la explotación sexual infantil en el espacio digital:

a.1.6.A. Promoción o Facilitación de la Prostitución y Desprecio Imprudente por la Trata de Personas con Fines Sexuales

De conformidad con el Título 18 del Código de EE. UU. [USC], § 2421A, cualquier persona que «posea, gestione u opere un servicio informático interactivo, o conspira o intenta hacerlo, con la intención de promover o facilitar la prostitución de otra persona» comete un delito federal[72]. Esta ley introdujo la trata de personas como una excepción de DDHH a la Sección 230 de la Ley de Decencia en las Comunicaciones de 1996 eliminando algunas de las protecciones legales de las plataformas y PSI de la inmunidad otorgada por esta sección al requerirles que tomen medidas contra

69. Act no. 7: Prevention and Combating of Trafficking in Persons Act 2013, no. 36715, *Government Gazette* 577 (29 Julio 2013): art. 8(2)(a).
70. Act no. 7: Prevention and Combating of Trafficking in Persons Act 2013, art. 8(2)(b).
71. *Ibid.*, art. 8(3), (4) establece, además: «Nada en esta sección impone una obligación general a un proveedor de servicios de comunicaciones electrónicas de: (a) monitorear los datos que transmite o almacena; o (b) buscar activamente hechos o circunstancias que indiquen una actividad ilegal».
72. 18 USC § 2421A.

el material que viola las leyes federales y estatales de trata de personas[73]. Esta legislación puede considerarse un esfuerzo para frenar la trata de personas con fines sexuales en Internet, en particular el contenido de explotación de niños y la publicidad de servicios sexuales comerciales a través de sitios web con la intención de involucrar a personas, incluidos niños, en formas de explotación sexual (p. ej.., prostitución forzada y prostitución infantil). Por ejemplo, en 2018, el FBI de EE. UU. incautó Backpage.com y sitios web afiliados utilizando disposiciones de la Ley de *Allow States and Victims to Fight Online Sex Trafficking Act* (FOSTA) [Permitir a los Estados y Víctimas Combatir la Trata de Personas en Línea] de 2017 (FOSTA) que incluye la Ley de *Stop Enabling Sex Traffickers Act* (SESTA) [Detener el Facilitar la Trata de Personas con Fines Sexuales] de 2017. El «paquete FOSTA-SESTA» permite acciones de las fuerzas del orden contra individuos y empresas por facilitar a sabiendas actividades de trata de personas a través de sus plataformas. Modifica la Sección 230 de la Ley de Decencia en las Comunicaciones de 1996, que es una ley que otorga inmunidad legal a las plataformas en línea por el contenido generado por terceros en sus sitios web. FOSTA-SESTA cambió esta ley para permitir que las empresas en línea puedan ser responsables legalmente si se utilizan sus plataformas para promover o facilitar la prostitución forzada o la trata de personas. FOSTA-SESTA permite que las empresas puedan ser responsables legalmente si se utilizan para promover contenido relacionado con la explotación sexual y la trata de personas en sus plataformas, mejorando así las protecciones para las víctimas de la trata, incluidas las niñas y jóvenes, para evitar que sean vendidos a través de anuncios en línea de servicios sexuales.

a.1.6.B. Seducción de Niños en Línea para Actividades Sexuales

Según el Título 18 USC § 2422, es un delito inducir, persuadir o coercer a sabiendas a un niño —cualquier persona menor de 18 años— para que participe en prostitución o en cualquier actividad sexual.

a.1.6.C. Pornografía Infantil

Las siguientes leyes penales principales están relacionadas con actividades en línea relacionadas con material de abuso sexual infantil:

a. Título 18 del USC § 2251, se refiere a delitos directamente relacionados con la producción de pornografía infantil. Prohíbe a cual-

73. 47 USC § 230.

quier individuo persuadir, inducir, incitar o coaccionar a un menor para que participe en conducta sexualmente explícita con el fin de producir o transmitir cualquier representación visual de esa conducta. Además, esta ley penaliza a los delincuentes que se dedican a la publicidad dirigida a menores con la intención de participar en pornografía infantil (18 USC § 2251(d)(1)(B)) y a la publicidad de la pornografía infantil en sí (18 USC § 2251(d)(1)(A)).

b. Título 18 del USC § 2251A, aborda la compra o venta de niños con el propósito de producir pornografía. La ley federal prohíbe a cualquier persona, incluido cualquier padre o tutor legal, que venda o transfiera la custodia o el control de un menor con la intención de involucrar al menor en la producción de representaciones visuales de conducta sexualmente explícita (pornografía infantil).

c. Título 18 del USC § 2252, prohíbe a cualquier individuo tener en su posesión, recibir o distribuir a sabiendas cualquier representación visual que involucre a un menor participando en conducta sexualmente explícita (pornografía infantil). Por lo tanto, esta descripción se refiere a delitos de posesión y distribución que no involucran la producción.

d. Título 18 del USC § 2252A, penaliza a cualquier individuo que reciba o distribuya a sabiendas pornografía infantil (2252A(a)(2) (a)(3) (a)(4) y (a)(6)). Además, esta sección castiga a cualquier persona que anuncie o promueva a sabiendas pornografía infantil (18 USC § 2252A(a)(3)). Las infracciones bajo la jurisdicción federal pueden ocurrir de cualquier manera, incluido el uso de una computadora, y pueden incluir el comercio interestatal o internacional. Adicionalmente, esta disposición legal en la subsección (a)(5) prohíbe el acceso a sabiendas con la intención de ver cualquier material que contenga una imagen de pornografía infantil en Internet. Además, se comete un delito bajo la ley federal si alguien «con conocimiento de causa produce con la intención de distribuir, o distribuye, por cualquier medio, incluida una computadora, pornografía infantil que es una representación adaptada o modificada de un menor identificable» (18 USC § 2256(7)). Es importante señalar que las disposiciones anteriores (secciones 2252 y 2252A) prohíben a cualquier persona que, con conocimiento de causa, venda cualquier material pornográfico infantil, independientemente de la intención de obtener beneficios de la distribución.

e. Título 18 USC § 2256 define la pornografía infantil como cualquier representación visual que involucre la utilización de un menor participando en conducta sexualmente explícita. Estas representaciones visuales explícitas incluyen a un menor real participando en conducta sexualmente explícita, imágenes digitalmente indistinguibles de un menor real[74] o un menor identificable[75] (18 USC § 2256(8)(a)(b)(c)). Según las definiciones legales, «conducta sexualmente explícita» incluye el acto sexual, la masturbación, la bestialidad, el abuso sádico o masoquista, o la exhibición lasciva de los genitales o el área púbica (18 USC § 2256(2)). Esta explicación significa que una representación visual de un niño que esté desnudo o parcialmente vestido, y sin necesidad de que esté retratado participando en una actividad sexual, aún puede ser sugestiva sexualmente hasta el punto de calificar como un delito de pornografía infantil según la ley federal[76]. Es importante destacar que una vez que un menor, es decir, cualquier persona menor de 18 años, es explotado en la pornografía infantil, esto constituye una violación según la ley federal, independientemente de la edad de consentimiento sexual en un estado dado (18 USC § 2256)[77]. A su vez, las representaciones visuales de materiales de pornografía infantil incluyen películas y cintas de vídeo sin revelar y datos almacenados digitalmente capaces de convertirse en una imagen visual. Esta estipulación puede establecer la aplicabilidad en muchos casos a la jurisdicción federal para las violaciones cometidas a través del uso de computadoras e Internet cuando una imagen visual se transmite, descarga o almacena en un formato permanente (18 USC § 2256(5)).

f. Título 18 del USC § 2260 prohíbe la producción de representaciones visuales que involucren a un menor en conducta sexual explícita con el propósito de importarlas o transmitirlas a EE. UU. (18 USC § 2260(a)). Igualmente, la sección 2260(b) establece que es ilegal poseer con la intención de distribuir material de pornografía infantil en EE. UU.

74. El término «indistinguible» se define en 18 USC § 2256(11).
75. Para la definición del término «menor identificable», consulte 18 USC § 2256(9).
76. La Corte señaló factores que pueden ser relevantes para determinar la presencia de «exhibición lasciva de los genitales o de la zona púbica» en United States v. Dost, **636 F. Supp. 828 (S.D. Cal. 1986).**
77. Véase «Guía para el ciudadano sobre la ley federal de EE. UU. sobre pornografía infantil», Departamento de Justicia de EE. UU., https://www.justice.gov/criminal-ceos/citizens-guide-us-federal-law-child-pornography.

Todas estas leyes federales incluyen la penalización de intentos y conspiraciones para cometer dichos actos delictivos, con la severidad de castigo escalando de acuerdo a la gravedad del crimen[78]. Por ejemplo, bajo el Título 18 USC § 2251, una persona puede ser multada y enfrentar un período de 15 años (mínimo) a 30 años (máximo) en prisión. Estas circunstancias pueden variar si la persona tiene incidentes previos con la ley o si el delito ocurrió en situaciones violentas o agravadas (p.ej., si las representaciones visuales son masoquistas o sádicas, o involucran abuso sexual). Estas situaciones pueden ser factores agravantes que, bajo ciertas circunstancias, podrían llevar a un delincuente a enfrentar cadena perpetua[79]. Es importante destacar que el enjuiciamiento de estos delincuentes puede ser bajo leyes federales o estatales (o ambas) en relación a los delitos de pornografía infantil.

a.1.6.D. Responsabilidad de los PSI de Reportar Infracciones

De acuerdo con el mandato del Título 18 USC § 2258A, los PSI están obligados a informar a CyberTipline del NCMEC cuando obtengan «conocimiento real de hechos o circunstancias» sobre una aparente violación que involucre actividades relacionadas con pornografía infantil. Esto incluye tener conocimiento sobre sitios web o individuos que produzcan cualquier representación visual que involucre la utilización de un menor participando en conductas sexualmente explícitas, la compra o venta de niños, la posesión o distribución de pornografía infantil y engañar a niños para que vean material obsceno. Luego, el NCMEC reenvía el informe a una agencia de aplicación de la ley apropiada para investigar el incidente de explotación sexual infantil en línea. En consecuencia, esta disposición federal establece una obligación jurídica de informar a los PSI una vez que tengan conocimiento de incidentes sospechosos relacionados con material de abuso sexual infantil y trata de niños con fines sexuales que hayan ocurrido a través de sus redes. Sin embargo, los desafíos en las investigaciones de las fuerzas del orden a menudo surgen debido a la recopilación de pruebas de los PSI, ya que la ley federal solo requiere que conserven el material de abuso sexual infantil conocido en sus servidores solo durante 90 días (18 USC § 2258A(h)(1)).

a.2. Iniciativas Globales: Derecho-en-acción

Los Estados deben implementar estrategias jurídicamente sólidas para prevenir el abuso sexual infantil, proteger a las víctimas e investigar, pena-

78. P ej.18 U.S.C. §§ 2251(e), 2252(b), 2252A(b), 2260(c).
79. P ej.18 U.S.C. § 3559(e).

lizar y enjuiciar a los delincuentes cibernéticos. Las estrategias para proteger a los niños en el ciberespacio pueden manifestarse a medida que los Estados desarrollan y fortalecen la legislación y las prácticas nacionales, incluso a través de asociaciones y colaboraciones internacionales para compartir conocimientos, ampliar capacidades y establecer colaboraciones con el sector privado. El éxito de las siguientes alianzas y operaciones policiales en todo el mundo demuestra los esfuerzos concertados que han llevado a una mejor protección de los niños en línea:

a.2.1. El Modelo de Respuesta Nacional de la Alianza Mundial WeProtect

La Alianza Mundial WeProtect es un movimiento multilateral que reúne a 102 países y organizaciones (66 empresas de tecnología, 92 organizaciones de la sociedad civil y 9 instituciones internacionales) para unir esfuerzos y establecer estándares comunes para combatir de manera más efectiva la explotación sexual infantil en línea[80]. En 2015, la Alianza acordó establecer una respuesta coordinada a esta forma de cibercrimen moderno. El Modelo de Respuesta Nacional de la Alianza Mundial WeProtect tiene como objetivo proporcionar orientación y apoyo a los gobiernos para construir y mejorar su respuesta a este problema global. Busca unir fuerzas para castigar a los delincuentes y reducir este problema. Esta respuesta identifica capacidades selectas que los Estados deben tener en marcha para una respuesta nacional completa, incluyendo acciones concretas adicionales y colaboración con empresas de tecnología y la sociedad civil. Por ejemplo, Capacidad 3 identifica la necesidad de criminalizar todas las formas de explotación sexual infantil (en línea y fuera de línea), identificar a los perpetradores y proteger a los niños víctimas. Para respuestas adecuadas que permitan detener a los delincuentes y proteger a los niños víctimas, se requiere una capacidad policial especializada para llevar a cabo investigaciones y dotar a los agentes de los conocimientos, habilidades, herramientas y recursos necesarios (Capacidad 4). La necesidad de contar con una terminología acordada universalmente para garantizar la consistencia en la comprensión en el contexto de la explotación sexual infantil en línea se encuentra en la Capacidad 21.

Algunos países abordan este problema en el ciberespacio como parte de una estrategia exitosa para mejorar la seguridad de sus redes informáticas. Por ejemplo, «El Reino Unido está a la vanguardia en el enfrentamiento de los problemas de ciberseguridad transfronteriza, mediante iniciativas como la Alianza Mundial WeProtect para poner fin a la explotación sexual de

80. «La Alianza», Alianza Mundial WeProtect, https://www.weprotect.org/alliance/.

niños en Internet»[81]. En este sentido, cuando los países desarrollan capacidades y fortalecen la cooperación internacional para tratar la ciberseguridad, combatir esta forma de cibercrimen se percibe como un aspecto crítico de la seguridad nacional.

a.2.2. *Técnicas de Investigación de las Fuerzas del Orden y Operaciones Internacionales*

El papel de las fuerzas del orden en la detección, investigación y enjuiciamiento de estos delitos es un aspecto esencial de la respuesta legal. Existen varios esfuerzos destacados de cooperación internacional por parte de las agencias de cumplimiento de la ley, incluyendo algunas con unidades especializadas, para impulsar las investigaciones y enjuiciamientos de delitos relacionados con la explotación sexual infantil en línea. Acciones conjuntas y coordinadas de las fuerzas del orden para proteger a los niños pueden involucrar a Europol, Interpol, FBI y VGT.

a.2.2.A. Europol

Europol identifica el uso de herramientas de anonimato (p. ej.., Tor) y la modalidad del delito de transmisión en directo de abuso sexual de menores como amenazas críticas contra los niños en el ciberespacio[82]. Es importante destacar que las áreas prioritarias de delitos de Europol (entre los ciclos de políticas de la UE EMPACT 2018-2021 y 2022-2025) incluyen la lucha contra la explotación sexual infantil en línea como una modalidad de cibercrimen[83].

a.2.2.B. Interpol

La base de datos ICSE de Interpol es una herramienta de inteligencia e investigación que permite a especialistas compartir datos sobre casos de abuso sexual infantil en todo el mundo. Específicamente, utiliza *software* sofisticado para analizar y comparar el contenido visual y auditivo de imágenes y videos encontrados en Internet y otras redes informáticas, así como en dispositivos incautados, con el fin de localizar a niños víctimas y agresores en todo el mundo. Hasta el día de hoy, ha ayudado a los investigadores

81. AGNU, «Informe del Secretario General: Avances en la esfera de la información y las telecomunicaciones en el contexto de la seguridad internacional», A/71/172, 19 Julio 2016, 22.
82. «Child Sexual Exploitation», Europol, https://www.europol.europa.eu/crime-areas-and-trends/crime-areas/child-sexual-exploitation.
83. «EU Policy Cycle-Empact», Europol, https://www.europol.europa.eu/crime-areas-and-trends/eu-policy-cycle-empact.

a identificar a 32,000 niños víctimas a nivel global y contiene más de 4.3 millones de imágenes y videos de explotación y abuso sexuales de niños[84]. Una solicitud formal de asistencia legal mutua a través de la Oficina Central Nacional de Interpol o una solicitud informal de cooperación entre policías a través de las redes I-24/7 facilita el acceso a este intercambio instantáneo de información policial para investigaciones internacionales[85].

a.2.2.C. FBI

Las operaciones Pacifier y Torpedo del FBI representan esfuerzos para combatir la explotación sexual infantil en línea a través de sitios de servicios ocultos. Los agentes utilizaron Técnicas de Investigación en Red para acceder a sitios web sospechosos e identificar direcciones IP vinculadas a las actividades de estos sitios[86]. Esta información ayudó a llevar a cabo la detención de espectadores anónimos y poseedores de material de abuso sexual infantil en la web oscura, y al rescate de niños explotados sexualmente en todo el mundo. Dos años después de desmantelar el sitio web Playpen como resultado de la operación Pacifier, los logros incluyeron (a) 350 arrestos en Estados Unidos; (b) 25 productores de pornografía infantil procesados en Estados Unidos; (c) 51 abusadores directos procesados en Estados Unidos; (d) 55 niños identificados o rescatados con éxito en Estados Unidos; (e) 548 individuos arrestados internacionalmente; y (f) 296 niños explotados sexualmente identificados o rescatados a nivel internacional[87]. Según información del FBI, sus oficinas de campo y acciones de colaboración internacional de países y agencias internacionales, incluyendo Europol, Israel, Turquía, Perú, Malasia, Chile, Ucrania, CNCPO Polizia Postale e Comunicazioni de la Policía Estatal Italiana, la Agencia Nacional del Crimen del Reino Unido y el Departamento de Asuntos Internos de Nueva Zelanda, contribuyeron al éxito de la Operación Pacifier.

En la práctica, las autoridades encargadas de hacer cumplir la ley pueden enfrentar desafíos significativos debido a las diferencias entre las juris-

84. «Base de Datos Internacional sobre Explotación Sexual de Niños», Interpol, https://www.interpol.int/es/Delitos/Delitos-contra-menores/Base-de-Datos-Internacional-sobre-Explotacion-Sexual-de-Ninos.
85. «Base de datos», Interpol, https://www.interpol.int/es/Como-trabajamos/Bases-de-datos.
86. Véase Operation Torpedo en US Attorney's Office, *2015 Annual Report* (Omaha: US Attorney's Office, 2015), 21; «Playpen Creator Sentenced to 30 Years», FBI, última modificación 5 Mayo 2017, https://www.fbi.gov/news/stories/playpen-creator-sentenced-to-30-years.
87. «Playpen Creator Sentenced to 30 Year».

dicciones de los países. En consecuencia, considerando la dimensión transnacional de la ciberdelincuencia y la naturaleza volátil de las pruebas electrónicas, estos desafíos señalan la necesidad de un enfoque común entre los países para superar los obstáculos en la penalización de los delitos de explotación infantil en el espacio virtual, con un área de enfoque urgente siendo la persecución de los infractores y la protección de los niños víctimas a nivel mundial.

a.2.2.D. VGT

El VGT trabaja para establecer una coalición internacional de agencias encargadas de hacer cumplir la ley que trabajan juntas para proteger eficazmente a los niños del abuso en el espacio virtual[88]. Desde su creación en 2003, el VGT ha identificado e investigado a más de 1,000 posibles sospechosos, localizado y rescatado a cientos de niños víctimas en todo el mundo. El VGT establece colaboraciones internacionales y comparte las mejores prácticas entre los colegas encargados de hacer cumplir la ley para desarrollar un enfoque colaborativo, involucrando a todos los países miembros en esta lucha y canalizando sus esfuerzos en la misma dirección. El VGT prepara a los países miembros actuales y futuros con recursos cruciales y avanzados para abordar la explotación sexual infantil en línea al tiempo que comparte conocimientos entre ellos. Su trabajo ha facilitado sustancialmente investigaciones transfronterizas y el intercambio de información a través de la colaboración a nivel de profesionales. Ejemplos de operaciones internacionales del VGT incluyen la Operación Globe en 2016, la Operación Atlas en 2015, la Operación Endeavour en 2014, la Operación Rescue en 2011 y la Operación Basket en 2010. También, las agencias policiales miembros del VGT han resaltado la importancia de un marco de trabajo para las fuerzas del orden para coordinar operaciones encubiertas en la web oscura y compartir inteligencia de seguridad entre agencias de aplicación de la ley para combatir la explotación sexual de niños a través de la transmisión en vivo[89]. La participación de iniciativas a nivel práctico de los Estados probablemente aumentará la efectividad de estos esfuerzos de lucha contra este crimen transnacional, lo que llevará a una criminalización más rápida de todos los aspectos de la explotación sexual infantil en línea con medidas de investigación y enjuiciamiento, así como recursos de protección infantil.

88. «Who we are», VGT, https://nationalcrimeagency.gov.uk/virtual-global-taskforce/.
89. «VGT Announce 20 Arrests in 6 Months from Operation Globe», VGT, http://virtualglobaltaskforce.com/vgt-announce-20-arrests-in-6-months-from-operation-globe/.

a.2.3. Tecnologías Emergentes y Ciencias Forenses Digitales

Los examinadores de ciencias forenses digitales se preocupan por la recuperación e investigación de material electrónico, ya sea almacenado o transitorio, que pueda tener valor como evidencia. En las investigaciones, las herramientas forenses que pueden ayudar a garantizar la integridad de la evidencia recopilada incluyen los valores hash. Esta herramienta de análisis compara archivos para identificar material de explotación sexual de niños de manera rápida y precisa. Crea algoritmos criptográficos (hashes) de firmas únicas de una imagen para compararla con una lista de material de explotación sexual de niños (base de datos de hashes) y detectar contenido similar sin alterar los datos. PhotoDNA de Microsoft es un ejemplo de esta tecnología innovadora. PhotoDNA para Video lleva el programa un paso más allá al crear hashes para cada fotograma clave en un video. Esta tecnología ha eliminado los videos como un refugio potencial para los distribuidores de material de explotación de menores. Esta tecnología de hashes también está disponible para el sector privado, incluidas empresas de tecnología como los PSI, para identificar y eliminar imágenes de explotación sexual infantil en sus plataformas y reportarlas de manera más eficiente a las fuerzas del orden o al NCMEC. Otros países también han implementado esta herramienta forense, como la organización IWF en el Reino Unido[90].

Sin embargo, es esencial considerar que esta técnica puede no tener la misma eficacia cuando los sitios web y aplicaciones utilizan tecnologías de cifrado más robustas. Aunque las mejoras de seguridad protegen los derechos de privacidad de los usuarios, incluida la seguridad de los datos de los niños (mensajes y contenido) transmitidos a través de sus sistemas, pueden dificultar la capacidad de las fuerzas del orden para acceder legalmente a las comunicaciones de las personas con el fin de detectar imágenes y actividades de explotación infantil[91]. Cuando las comunicaciones están encriptadas y se necesita investigar un caso de explotación sexual de niños, las fuerzas del orden pueden requerir una autorización legal o una orden judicial emitida por un tribunal para primero acceder y descifrar el contenido de esas comunicaciones y luego buscar evidencia relacionada con el delito.

Si bien los mecanismos de encriptación mejorados pueden proteger la privacidad de los usuarios, también pueden dificultar las acciones de las fuerzas del orden para identificar y procesar a los delincuentes. Facebook

90. IWF, https://www.iwf.org.uk/our-services/hash-list
91. Ethel Quayle, «Prevention, disruption and deterrence of online child sexual exploitation», *ERA Forum* 21 (2020): 429-447.

lanzó Secret Conversations[92] en Messenger para proteger la privacidad de los usuarios mediante comunicaciones cifradas de extremo a extremo. Desde el punto de vista legal, los niños pueden registrarse en el servicio a partir de los 13 años. Sin embargo, esto también puede aumentar los riesgos para los niños, ya que puede proteger a los delincuentes, incluidos los «groomers» de niños, al dificultar las acciones de las fuerzas del orden para identificarlos y localizarlos. En 2022, las plataformas de Meta (Facebook, Instagram y WhatsApp) reportaron un total de 27,190,665 incidentes que se sospechosos de explotación de niños en línea (i.e., posibles casos de material de abuso sexual infantil, trata de niños con fines sexuales y el embaucamiento o seducción de niños en línea (grooming) al CyberTipline del NCMEC. Esta cifra de Meta representa aproximadamente el 85% de todos los informes recibidos por el CyberTipline provenientes de estos proveedores (31,802,525)[93].

En 2019, Facebook, ahora Meta, anunció la implementación de cifrado de extremo a extremo para todas las comunicaciones privadas en su red, incluyendo Instagram y WhatsApp. Específicamente, Mark Zuckerberg, CEO de Meta, delineó la visión y los principios de la compañía en torno al desarrollo de su propuesta de una red social centrada en la privacidad, que aumentaría las protecciones de privacidad y seguridad de los datos de los usuarios[94]. Esta aproximación concierne al futuro de Internet y podría lograr ciertos objetivos en cuanto a la protección de datos personales. Sin embargo, esto implicaría un «intercambio» que podría conllevar un aumento en el riesgo de delitos graves, incluida la explotación sexual de niños[95]. Este enfoque propuesto por Meta limitaría el intercambio de información y la facilitación de respuestas colaborativas con las fuerzas del orden, ya que podría encubrir las huellas de los delincuentes de explotación infantil y, por lo tanto, socavar los esfuerzos para llevar a los explotadores de niños ante la justicia y proteger a los niños victimizados.

WhatsApp es una plataforma centrada en la privacidad. Ofrece un servicio de mensajería encriptada que protege todo el contenido privado y no almacena datos ni claves de encriptación. A pesar de las reglas de edad en

92. «Secret Conversations», Facebook, https://www.facebook.com/help/messenger-app/1084673321594605.
93. NCMEC, *2022 Informes de Proveedores de Servicios Electrónicos* (NCMEC, 2022).
94. Mark Zuckerberg, «A Privacy-Focused Vision for Social Networking», Facebook, Última edición: 12 Marzo 2021, https://www.facebook.com/notes/2420600258234172/.
95. Véase la respuesta gubernamental de los ministros, Priti Patel et al., «Open Letter: Facebook's "Privacy First" Proposals», Departamento de Justicia de EE. UU., https://www.justice.gov/opa/press-release/file/1207081/download.

WhatsApp, que establecen un mínimo de 13 años en la mayoría de los países y hasta 16 años en algunos países de la UE para fines del tratamiento lícito de los datos personales de un niño según el RGPD[96], dado que los mecanismos de verificación de edad son débiles, es frecuente que niños más pequeños evadan con facilidad estas restricciones de edad y utilicen la plataforma[97]. WhatsApp no almacena registros de operaciones de mensajes entregados y los mensajes no entregados se eliminan después de 30 días. De modo que este servicio cifrado puede plantear desafíos adicionales para las fuerzas del orden, especialmente en cuanto a la obtención, retención y preservación de datos para una investigación criminal de un delincuente y para la protección y apoyo de un niño víctima[98]. La ausencia de datos informáticos o contenido de comunicaciones puede generar dificultades para las autoridades de aplicación de la ley, como detectar y enjuiciar a los delincuentes, obtener evidencia de sus rastros digitales para investigaciones (direcciones IP) e identificar la ubicación de los niños víctimas.

a.3. Reflexión sobre la Práctica Estatal

A nivel internacional, estos ejemplos de prácticas por parte de los Estados y sus autoridades competentes (p. ej.., legislación, políticas y prácticas nacionales) describen el comportamiento particular de los Estados de manera individual y conjunta con otros. Por lo tanto, estas respuestas legislativas y de aplicación de la ley pueden ayudar a determinar la existencia de una práctica uniforme y las posiciones reales de los Estados en lo que respecta a la prohibición de la explotación sexual infantil en línea. En el actual panorama legislativo global, los Estados han demostrado avances nacionales hacia el logro del objetivo de protección infantil. Los países parecen estar avanzando hacia formas más efectivas de combatir las prácticas de explotación sexual infantil en línea. Algunos Estados están realizando esfuerzos continuos, mientras que otros están fortaleciendo sus medidas y buenas prácticas para prevenir y combatir las actividades en el entorno digital con fines de explotación sexual de niños.

96. RGPD, art. 8(1).
97. Ofcom, *Children and Parents: Media Use and Attitudes,* (Ofcom: 2023), 18.
98. «Durante la prestación normal de nuestros servicios, WhatsApp no almacena mensajes luego de entregarlos ni registros de operaciones de esos mensajes entregados, y los mensajes no entregados se eliminan de nuestros servidores luego de un lapso de 30 días. WhatsApp cuenta con cifrado de extremo a extremo para nuestros servicios, el cual siempre se encuentra activo». Véase «Respuesta a las solicitudes de las fuerzas del orden», WhatsApp, https://faq.whatsapp.com/general/security-and-privacy/information-for-law-enforcement-authorities.

Existe cierto consenso entre los Estados en la penalización de esta área de delitos cibernéticos relacionados con la explotación sexual infantil. En la última década, las formas en línea de estos crímenes han representado un nuevo desafío de la globalización. La evidencia indica que los países pueden fortalecer la cooperación internacional y coordinación para combatir estos abusos contra los niños en el mundo en el espacio virtual. Es plausible afirmar que los Estados desean seguir mejorando la legislación y otras medidas para prevenir y abordar este problema. Aunque la práctica de los países puede reflejar enfoques divergentes en la prohibición de la explotación sexual infantil en línea, con diferentes conceptos y definiciones en sus sistemas jurídicos internos, esta práctica demuestra en general una intención relativamente uniforme. Esta creciente tendencia global de países avanzando en la misma dirección al tomar medidas progresivas hacia las mejores prácticas en esta lucha es un desarrollo importante en el contexto del derecho internacional consuetudinario. Como se mencionó anteriormente, no se requiere consistencia absoluta ni una duración específica para que sea inferible la presencia de una norma consuetudinaria. En la actualidad, los países están avanzando de manera consistente hacia una legislación adecuada y medidas más sólidas para proteger a los niños de tales actos de explotación. Por consiguiente, existe un uso (del latín «usus») que describe la existencia de una práctica de las autoridades estatales con respecto a este comportamiento específico de prohibir la explotación infantil en línea. Esta práctica casi uniforme de los Estados también puede reflejar que el interés superior del niño en el ciberespacio tiene una consideración especial y predominante.

b. El Elemento Subjetivo: Conocido como *Opinio Juris* (aceptación como derecho)

El segundo componente necesario para evidenciar la presencia de una norma consuetudinaria es el *opinio juris* (como se discutió anteriormente en este capítulo). La conducta de los Estados en sus relaciones internacionales revela una oposición consistente a la explotación infantil en línea y un desarrollo continuo para proteger mejor a los niños de ser blanco y víctimas de delincuentes en el ciberespacio (p. ej.., tratantes y explotadores). Sin embargo, la propia voluntad de los estados manifestada en la práctica de prohibir la explotación sexual infantil en línea no refleja su convicción en la existencia de una nueva norma legal[99]. La práctica actual de los Estados de prohibir tales comportamientos predatorios en línea puede no estar acom-

99. Véase *Caso Haya de la Torre: Colombia vs. Perú*, 277, 286; y *Case concerning Right of Passage over Indian Territory (Portugal vs. India)*, Sentencia, CIJ 42-43 (1957).

pañada de la correspondiente *opinio juris*, ya que no se puede inferir de esa práctica la creencia de los Estados de que existe un uso constante o uniforme que ellos aceptan como derecho. A nivel global, la legislación nacional y las respuestas de los Estados que prohíben las actividades en línea de este tipo reflejan discrepancias en las definiciones legales, los delitos y las salvaguardias de los DDHH. Además, algunos países muestran una implementación o ejecución deficiente de estas prácticas, o incluso algunos pueden carecer de disposiciones legales para proteger a los niños en línea[100].

El consentimiento soberano de los Estados no refleja que dicho comportamiento particular, representado en la práctica consuetudinaria, sea reconocido por otros Estados como existiendo un deber jurídico[101]. En consecuencia, la actividad de los Estados debe depender de una obligación jurídica, que es vinculante para los Estados, lo que sería decisivo para la creación de una norma consuetudinaria. Se podría argumentar que la actividad consistente de los Estados en la adopción de medidas y legislación para prohibir estas prácticas podría estar evolucionando hacia una norma consuetudinaria *emergente* en el ámbito cibernético, que podría desarrollarse en un corto período de tiempo cumpliendo con los dos requisitos obligatorios. En la actualidad, podría argumentarse que existe una práctica por parte de los Estados de condenar las actividades criminales en línea con la intención de explotar sexualmente a los niños —el elemento de práctica casi uniforme— lo cual contribuye a la rápida emergencia de esta nueva norma de derecho internacional consuetudinario específica del ámbito cibernético. Además, esta práctica consistente de los Estados parece continuar fortaleciéndose con medidas para cumplir con esta obligación particular de penalizar la explotación sexual infantil en el ciberespacio. Sin embargo, el elemento de *opinio juris* aún podría considerarse en proceso de formación. En este caso, la práctica estatal de prohibir la explotación infantil en línea podría no inferir que los Estados realizan esta práctica de manera que refleje su creencia, o haga que otros Estados crean que ha surgido una nueva norma general de derecho internacional. En otras palabras, es posible que no exista tal creencia de los Estados que articule *opinio juris* y que se manifieste en su convicción de estar jurídicamente obligados a llevar a cabo esta práctica relevante, como si estuvieran cumpliendo con una nueva norma de derecho internacional consuetudinario.

100. ICMEC, *Child Sexual Abuse Material: Model Legislation & Global Review*, pág. 36.
101. *Case concerning Right of Passage over Indian Territory (Portugal v. India)*, Sentencia, CIJ 42-43 (1957).

Para resumir los puntos hasta ahora en relación a *opinio juris* con respecto a este tema, los Estados reconocen la vulnerabilidad de los niños, incluyendo en el ciberespacio, y algunos están promulgando o fortaleciendo legislación y otras medidas adecuadas para proteger a los niños de explotación sexual en línea. Además, muchos países están mejorando los esfuerzos de cooperación internacional para combatir los abusos contra los niños en el mundo digital. Sin embargo, esta práctica de los países en la prohibición de tales actos aún podría no reflejar su aceptación positiva de una norma jurídicamente vinculante y, como tal, puede haber casos de incumplimiento por parte de los Estados de esta práctica que no necesariamente implicarían que su comportamiento sea en violación del derecho internacional. No obstante, una costumbre cibernética jurídicamente vinculante en esta cuestión podría tener una formación acelerada en comparación con los precedentes históricos. Aún puede considerarse en su proceso evolutivo de creación de normas, ya que existe una falta de *opinio juris* de los Estados que ayude a generar una norma jurídica vinculante aceptada como derecho y, en este sentido, establecer una norma de derecho internacional consuetudinario. A diferencia de un tratado con normas escritas, una vez que esta práctica relativamente consistente de los Estados opera en conjunto con su consentimiento afirmativo, incluso en un corto período de tiempo, esta nueva norma consuetudinaria cibernética específica sobre la prohibición de la explotación sexual infantil en línea entraría en existencia y, por lo tanto, los obligaría legalmente a actuar. Una vez que esto ocurra, si la mayoría de los Estados están de acuerdo en que una nueva norma consuetudinaria de derecho internacional que prohíba la explotación infantil en línea llega a existir, esto traería protecciones especiales para los niños como un grupo vulnerable a la explotación en el ciberespacio. Una de las principales implicaciones de este posible desarrollo, que conlleva la aparición de una costumbre general como una norma jurídica, es que el nuevo estatus de esta prohibición como una norma legal no escrita abriría la posibilidad de su uso legal en decisiones de los tribunales; esto puede incluir tanto tribunales nacionales o municipales, según corresponda, una vez adoptado en el marco del proceso legislativo nacional. Por consiguiente, este desarrollo podría crear jurisprudencia internacional que obligue a los Estados a tomar medidas especiales específicas para cumplir con esta obligación jurídica bajo el derecho internacional.

Hoy en día, las regulaciones y normas internacionales en esta materia cibernética aún están en desarrollo. Además, la obligación de los Estados de ejercer la diligencia debida para prevenir, investigar y castigar a los infractores de estos actos y para proteger y asistir a los niños víctimas, puede contribuir al proceso de generar *opinio juris*, involucrando a las naciones en la práctica general de prohibir la explotación sexual infantil en el ciberespacio con un sentido de obligación jurídica, y de esta manera, se encuentran contribuyendo al desarrollo de una norma de derecho internacional consuetudinario.

Las autoridades estatales deben seguir mejorando las respuestas para la protección integral de los miembros más vulnerables de la sociedad, asegurando que todas estas ofensas estén cubiertas por su derecho penal. A la vez, los Estados deben garantizar la investigación de todos los presuntos delitos de este tipo con fines de explotación sexual a través del ciberespacio. Todos los países deben avanzar más y ser más integrales en su enfoque, en particular para lograr un entendimiento común que brinde mayor claridad legal, reduciendo así las discrepancias legislativas entre ellos y facilite el enjuiciamiento y castigo de los perpetradores a nivel mundial. Esto requiere la adaptación de su legislación nacional a los desafíos que plantean las nuevas tecnologías en este ámbito. Ahora bien, dado que esta regulación aún puede no considerarse como una norma general del derecho internacional consuetudinario que vincule en general a los estados, consideraremos si puede haber una manera de adoptar un instrumento internacional con fuerza legal en este ámbito, en concordancia con las obligaciones jurídicas de los Estados, con el fin de obligarlos en esta prohibición, lo que conduciría a una mayor disuasión de las actividades en el ciberespacio contra los niños con fines de explotación sexual.

3. REGULACIÓN Y PREVENCIÓN DE LA EXPLOTACIÓN SEXUAL INFANTIL EN EL CIBERESPACIO

a. Desarrollo de un Marco Jurídico para una Protección Efectiva

El derecho internacional obliga a los Estados a promover y respetar los DDHH y las libertades fundamentales consagrados en la Carta de la ONU y destacados en la Declaración Internacional de Derechos. Los Estados están obligados a prohibir las actividades asociadas con la trata de niños con fines de explotación sexual por actores privados. En general, los Estados deben proteger los intereses legítimos y alcanzar objetivos de protección infantil acordes con el DIDH. Esta obligación de los Estados incluye la prevención de tales actividades, la identificación y aprehensión de los culpables de la explotación sexual infantil, y la protección de los niños víctimas, respetando plenamente los derechos individuales en Internet. Los Estados deben garantizar el cumplimiento de sus obligaciones en virtud del derecho internacional para fortalecer la lucha contra esta forma de cibercrimen. Los Estados deben proporcionar un ciberespacio seguro para los niños mediante el aumento de sus recursos, capacidades nacionales, mecanismos de coordinación y cooperación internacional, y sistemas de respuesta para proteger mejor a los niños en el entorno digital.

Los tratados discutidos en capítulos anteriores, como el Protocolo de Palermo y el PF-CDN, si bien son aplicables a la cibercriminalidad, no fueron concebidos para el ciberespacio debido a que, en el momento de su adopción, en el 2000, la TIC y las redes sociales estaban menos desarrolladas y extendidas. Por lo tanto, los redactores no estaban preocupados por estos delitos en el entorno digital. El cambio extraordinario en el entorno en el que tienen lugar estos delitos complica la interpretación de estos Protocolos y señala la necesidad de un instrumento vinculante independiente. Los Estados deben garantizar que los niños en sus territorios no se conviertan en objetivos y víctimas de los ciberdelincuentes que tienen la intención de explotarlos. Es necesario cerrar las brechas en políticas y procedimientos para mejorar las respuestas contra la trata de niños en el espacio virtual, lo que puede requerir medidas nacionales e internacionales.

Los compromisos internacionales de los Estados desempeñan un papel esencial en la promoción de políticas cibernéticas internacionales. La dimensión global de la explotación sexual infantil en el ciberespacio afecta a todos los países sin distinción, y la falta de un enfoque común entre ellos representa desafíos legislativos significativos para la prevención efectiva del delito y la respuesta de la justicia penal. Estos desafíos, *inter alia*, incluyen los siguientes ejemplos:

1. Lenguaje inconsistente. Las diferencias en los enfoques legales pueden revelar una falta de legislación relevante sobre estos delitos a nivel doméstico, roles superpuestos entre organismos gubernamentales para responder, retrasos o imprecisión de las fuerzas del orden en la detección, y diferentes niveles de protección a los niños víctimas en la legislación nacional.[102]. Es destacable que diferentes enfoques legales pueden llevar a diversas respuestas entre todos los demás actores relevantes, como la industria privada, incluidos los PSI. Por consiguiente, la industria de tecnología puede estar desarrollando prácticas empresariales sobre este mismo problema con estándares diferentes establecidos (p. ej.., planes y procesos de

102. Alianza Mundial WeProtect, «Capacidad 21: Terminología universal», en *Prevención y lucha contra la explotación y el abuso sexual infantile: Una Modelo de Respuesta Nacional modelo* (Alianza Mundial WeProtect, 2016).

evaluación de riesgos relacionados con el contenido en línea, revisiones e informes a las agencias de aplicación de la ley).

2. La falta de alineación con estándares internacionales puede presentar dificultades que son principalmente visibles en casos transnacionales. Estos casos pueden requerir cooperación en medidas de investigación, como la recopilación de pruebas electrónicas y enjuiciamientos a través de fronteras nacionales. A nivel global, divergencias en el alcance de la colaboración y los procedimientos entre los países a veces pueden crear dificultades para combatir este cibercrimen y abordar algunos problemas de informática forense que pueden surgir. Por ejemplo, las discrepancias entre los Estados en las definiciones legales, confusiones en las obligaciones de tiempo de respuesta y las diferencias en las salvaguardias entre jurisdicciones, pueden presentar obstáculos para el enjuiciamiento de infractores, la preservación de datos, las autorizaciones para acceder a datos electrónicos cuando sea necesario para una investigación específica, y los allanamientos y confiscaciones a través de fronteras. Por estas razones, es necesario contar con salvaguardias comunes para la cooperación internacional con mecanismos de comunicación precisos a nivel interestatal, que incluyan una comunicación efectiva entre los Estados sobre la cooperación y coordinación policial para la preservación expedita de datos informáticos. Estas medidas facilitarían la recopilación de pruebas extraterritorial por parte de las fuerzas del orden, que pueden requerir respuestas oportunas y procedimientos de investigación especializados para enjuiciar a un infractor y combatir de manera más efectiva este delito mediante el uso de la TIC.

3. Debido a la falta de un marco común, existen deficiencias en la recopilación y análisis de datos oficiales. Por ejemplo, los datos sobre la magnitud de este cibercrimen, que abarcan formas y *modus operandi* de mecanismos de explotación, el número de niños víctimas identificados y los perpetradores infractores, pueden ser inexactos o confusos.

Este problema representa un desafío global planteado por el ciberespacio transnacional. Destaca la necesidad urgente de una respuesta legal armonizada e internacional, como un tratado de DDHH para el ciberespacio, que proteja a los niños de los actos y actividades que comienzan fuera de línea, pero continúan en línea, así como aquellas que comienzan y terminan en línea, con el propósito de la explotación sexual de niños. Un instrumento legalmente vinculante de este tipo proporcionaría a los países un marco legislativo esencial y orientación para fortalecer las medidas legales y políticas para erradicar estos comportamientos delictivos de acuerdo con estándares internacionales. El objetivo de este nuevo tratado sería alcanzar una relativa armonización en las medidas de protección infantil en la legislación nacional, con normas legales con cierta uniformidad orientadas a salvaguardar la dignidad y la integridad de los niños en el entorno digital.

Con el debido respeto a los DDHH en la Sociedad de la Información, un acuerdo internacional jurídicamente vinculante de esta naturaleza podría impulsar la eficacia en la lucha global contra los delitos donde no existe una acción «directa» contra niños con fines de explotación sexual. Impondría obligaciones jurídicas a los países para fortalecer sus propias políticas y prácticas con el fin de proteger a los niños en el espacio digital. Esta solución abarcaría la penalización de todas las nuevas formas de explotación sexual de niños que utilizan la TIC, junto a medidas necesarias para asegurar que los procesos de investigación y enjuiciamiento de dichos delitos, independientemente de la nacionalidad o la residencia habitual del presunto delincuente y del niño víctima, la identificación de los niños víctimas y la eliminación de contenido de explotación, entre jurisdicciones ocurran con mayor eficacia.

Este desafío en el reino sin fronteras del ciberespacio puede requerir un instrumento jurídicamente vinculante acorde a las normas y estándares internacionales actuales para proporcionar a los Estados parte la base legal que garantice un equilibrio adecuado entre el acceso con fines legítimos de prevención y control del delito, por un lado, y el respeto de los derechos y libertades de las personas en línea, en particular los derechos a la libertad de expresión y a la privacidad, por otro. Con este fin, cuando las autoridades encargadas del cumplimiento de la ley ejerzan poderes de investigación de acuerdo con la ley, las medidas deben ser necesarias y proporcionales al objetivo establecido para lograr la protección infantil. Las restricciones legales deben cumplir con las obligaciones de los Estados en virtud del DIDH, lo que significa que deben ser lo menos perturbador posible y no deben afectar adversamente los derechos establecidos de los niños u otras personas. Todas las personas deben poder utilizar y disfrutar de la TIC, incluido Internet, que pueden ser herramientas esenciales para ejercer los DDHH y acelerar el progreso y la prosperidad en las sociedades[103]. En este sentido, las salvaguardias de los DDHH son necesarias para evitar el

103. CDH, Resolución 38/7, Promoción, protección y disfrute de los derechos humanos en Internet, A/HRC/RES/38/7 (17 Julio 2018).

impacto negativo en los derechos de los usuarios que puede ocurrir como resultado de prácticas arbitrarias como la censura o el acceso restringido en un esfuerzo por lograr el derecho de los niños a la protección.

Los Estados parte de este tratado propuesto crearían obligaciones jurídicas para sí mismos basadas en su propio consentimiento de estar vinculados y, por lo tanto, cumplirían los preceptos del tratado de buena fe. Bajo este escenario, de acuerdo con el principio fundamental del derecho internacional de *pacta sunt servanda,* una vez que los Estados ratifiquen este tratado uniforme, los Estados parte no podrían invocar leyes nacionales para justificar el incumplimiento del tratado. En cambio, adquirirían la obligación jurídica de poner en vigor las disposiciones del tratado a nivel nacional, fortaleciendo las respuestas para la protección de los niños contra la explotación sexual en el ciberespacio con estándares mínimos comunes.

Considerando que los tratados constituyen una fuente primaria de derecho internacional, la adopción por parte de los Estados de un instrumento jurídicamente vinculante que aborde estas prácticas de explotación sexual de niños por medios electrónicos contribuiría en cierta medida a llenar la laguna normativa existente a nivel nacional. La implementación de un instrumento jurídicamente vinculante para armonizar políticas y procedimientos nacionales y promover la cooperación entre naciones complementaría las normas internacionales. Mejoraría las medidas preventivas contra estos actos y actividades criminales y fortalecería las investigaciones y enjuiciamientos a través de un proceso cooperativo entre gobiernos. Dicho instrumento debe considerar la naturaleza particular de las pruebas electrónicas, disposiciones de protección de niños víctimas (p. ej., recuperación y reparación) y mecanismos de colaboración con actores clave, incluido el sector privado. De esta manera, el proceso fomentaría una respuesta multisectorial, contribuyendo así a un entorno digital más seguro y positivo para los niños.

La promulgación de un tratado que trate explícitamente sobre el uso del ciberespacio en la trata de niños con fines de explotación sexual establecería el marco jurídico para penalizar estos actos y actividades. También establecería medidas para optimizar la capacidad de respuesta de los Estados ante este tipo de delito transfronterizo. Un nuevo acuerdo internacional jurídicamente vinculante guiaría aún más a los Estados para lograr grados de uniformidad en la legislación penal y los procedimientos nacionales mediante la adopción de estándares comunes en normas a nivel nacional. Más específicamente, con la orientación del DIDH, un nuevo tratado lograría lo siguiente: (1) Ayudar a fortalecer la protección y seguridad de los niños en línea al reducir las brechas en la criminalidad que pueden crear refugios seguros para delincuentes a nivel global; (2) mejorar los mecanismos de cooperación internacional entre gobiernos para la preservación y suministro oportuno de pruebas digitales (medidas de investigación criminal); (3) intensificar la capacitación de funcionarios encargados de la aplicación de la ley y la justicia penal, incluidos fiscales y jueces a nivel nacional; y (4) Promover asociaciones, alianzas y colaboraciones público-privadas para abordar de manera más efectiva este ámbito del crimen en el espacio virtual. De esta manera, la legislación a nivel nacional que refleje este propuesto instrumento jurídico internacional se traduciría en un marco jurídico integral y directo para lograr el objetivo de protección infantil en el ciberespacio. En particular, este acuerdo vinculante ayudaría a los Estados a adoptar o mejorar la legislación y prácticas nacionales, incluidas disposiciones de derecho penal, con una comprensión coherente de la terminología universalmente acordada. Impulsaría una maquinaria de aplicación de la ley más sólida, incluida la capacidad dedicada y especializada para investigar y enjuiciar casos con la debida diligencia y mejorar la cooperación internacional para avanzar en el intercambio de información y las herramientas procesales que involucran pruebas electrónicas a través de las fronteras.

Además, en lo que respecta al sector privado, este acuerdo internacional facilitaría la colaboración de múltiples partes interesadas entre actores clave pertinentes. Finalmente, basado en los principios establecidos en la CDN, este tratado podría fomentar la participación de los niños en las políticas y prácticas que les afectan directamente. Al comprender su papel y el proceso, las voces y opiniones de los niños y jóvenes pueden ser compartidas en un proceso de toma de decisiones.

A la luz de las obligaciones internacionales de los Estados en materia de DDHH, un nuevo acuerdo jurídicamente vinculante requeriría que los Estados parte adopten medidas más sólidas para cumplir con su deber de proteger a los niños de daños sexuales en línea. Componentes centrales de una respuesta nacional completa incluyen que los Estados combatan, mediante la detección, investigación y enjuiciamiento, a los ciberdelincuentes involucrados en la explotación relacionada con la trata, incluidos aquellos que operan a través de fronteras. Una respuesta integral también abarca la protección de los niños víctimas al responder a ellos en un marco centrado en los niños víctimas, incluidos servicios especializados y terapéuticos cuando proceda y prevenir futuros abusos de niños en línea. Por lo tanto, un tratado de esta naturaleza impondría obligaciones vinculantes adicionales a los Estados para que tomen medidas positivas para proteger mejor a los niños de los delitos relacionados con la trata cometidos o facilitados a través del uso del entorno digital.

Asimismo, los Estados podrían potencialmente entablar un diálogo entre los Estados parte negociadores y colaborar en la redacción de disposiciones, ya que la práctica estatal actual demuestra cierto compromiso en la prevención y combate de la explotación sexual infantil en línea a través de legislación nacional y otras medidas. Este progreso de los Estados hacia respuestas más adecuadas promovería un proceso de negociación del tratado menos intenso. Con base en los desarrollos actuales, durante el proceso de negociación que concluye este posible tratado jurídico internacional uniforme específico para la protección infantil en el ciberespacio, los gobiernos pueden dialogar abiertamente sobre prácticas actuales, colaboraciones y posibles compromisos futuros, lo que ayudaría a alcanzar consenso durante el trabajo preparatorio de este instrumento jurídico internacional orientado a la penalización de la explotación sexual de niños relacionados con la TIC. En general, la regulación de este asunto basada en estándares uniformes a nivel internacional fortalecería la protección de los niños en línea. En particular, este tratado requería que los Estados aborden de manera adecuada las lagunas en su legislación que permiten la impunidad, con el fin de prevenir que los delincuentes evadan el enjuiciamiento. Además, buscaría la identificación y protección efectiva de los niños víctimas, así como la prevención de estos delitos. Al mismo tiempo, complementaría las respuestas actuales de los Estados frente a la trata de niños con fines sexuales y la explotación relacionada.

3.a.1. La Relación entre un Tratado y la Cristalización de una Norma Emergente de Derecho Internacional Consuetudinario

La adopción de un tratado, especialmente si logra un alto nivel de ratificación por parte de los Estados, puede cristalizar esta norma emergente de derecho internacional consuetudinario sobre la prohibición de la explotación sexual infantil en línea, en la medida en que se obtenga la aceptación de esta práctica estatal como derecho entre naciones individuales: consenso internacional afirmativo (existencia de *opinio juris*) que podría formar una costumbre internacional cibernética[104]. Los Estados asumirían esta práctica relevante con el convencimiento que están jurídicamente obligados, y como

104. *Lex ferenda* significa «ley que debería ser creada», es decir, una ley en desarrollo; mientras que *lex lata* significa «ley que ha sido creada, ley positiva». En el contexto descrito, una costumbre en una etapa avanzada de desarrollo (lex ferenda) se convierte en ley positiva (lex lata) cuando se cristaliza en un tratado.

tal, podría alcanzar el estatus de norma de derecho internacional consuetudinario, otorgando a la práctica general un carácter vinculante. En este escenario, la práctica adquiriría la autoridad de una regla general del derecho internacional, requiriendo que los Estados la traten como una cuestión de derecho. Como ha señalado la CIJ, las convenciones multilaterales pueden desempeñar un papel importante «en registrar y definir reglas derivadas de la costumbre, o incluso en desarrollarlas»[105].

La práctica de los Estados no parte de este tratado en sus relaciones interestatales, cuando se ajusta a algunas disposiciones convencionales, puede demostrar su inclinación legal (aceptación como derecho) hacia esta práctica relevante. Por lo tanto, los comportamientos de terceros Estados pueden atestiguar el establecimiento de una nueva norma como una regla de derecho internacional consuetudinario[106]. En consecuencia, si una norma general de derecho internacional consuetudinario sobre esta cuestión llegara a surgir, podría ayudar a llenar las lagunas legales o ambigüedades del tratado que puedan requerir referencia externa en la interpretación. Al mismo tiempo, si un Estado no es parte del tratado, en algunas circunstancias, ese Estado podría estar igualmente obligado por una norma de derecho internacional consuetudinario que podría estar contenida en el acuerdo[107]. Por consiguiente, si los Estados participan en esta práctica general como parte de las reglas enunciadas en un tratado o una nueva norma consuetudinaria general de derecho internacional, este escenario ayudaría a definir las acciones necesarias contra los perpetradores. Los países se someterían a esta prohibición como obligación.

3.a.2. Desafío para la Adopción de un Marco Legislativo Internacional: Verificación del Cumplimiento

Dentro de este enfoque, uno de los desafíos principales a superar en la adopción de un tratado en el contexto de la trata de niños con fines sexuales en el ciberespacio sería la ausencia general de un mecanismo de cumplimiento obligatorio para verificar el acatamiento de los Estados parte a sus disposiciones y a la implementación del tratado. Aunque un mecanismo de

105. Case concerning the Continental Shelf (Libyan Arab Jamahiriya/Malta), Sentencia, CIJ 29-30 (1985), párr. 27, pág. 20.
106. CDI, «70º período de sesiones: Texto del proyecto de conclusiones sobre la identificación del derecho internacional consuetudinario», proyecto de conclusión 9, (4) pág. 151.
107. P. ej., CVDT, art. 38, afirmando que «una norma enunciada en un tratado llega a ser obligatoria para un tercer Estado como norma consuetudinaria de Derecho Internacional reconocida como tal».

supervisión no garantiza que los Estados parte cumplan plenamente con sus obligaciones jurídicas asumidas como parte de un tratado, el establecimiento de un mecanismo de supervisión contribuiría a un mayor cumplimiento por parte de los Estados parte del tratado. En consecuencia, un mecanismo de supervisión ayudaría a los Estados a cumplir los objetivos del tratado que han acordado por escrito, haciéndolos efectivos en la práctica.

Con este fin, un órgano de control integrado por un comité de expertos puede ser encargado de supervisar la aplicación del tratado por los Estados parte, de manera similar a los principales tratados internacionales de DDHH[108]. Por ejemplo, el PIDCP, uno de los instrumentos esenciales para la protección de los derechos civiles y políticos, creó y estableció un mandato claro para el HRC como su órgano de supervisión del tratado en lo que respecta al cumplimiento de los gobiernos con las obligaciones del tratado[109]. En el ámbito de la protección de los DDHH, el HRC tiene la autoridad para asegurar que los gobiernos rindan cuentas por su desempeño (p. ej.., acciones u omisiones) en relación con sus obligaciones jurídicas y el cumplimiento de las expectativas deseadas de un derecho específico y de los estándares basados en tratados contenidos en el PIDCP de buena fe. En consecuencia, en un proceso similar y basado en un mandato de tratado, los Estados parte asumirían la obligación de presentar informes periódicos al órgano de supervisión sobre las medidas que han tomado para incorporar las disposiciones del tratado a nivel nacional. El órgano de supervisión examinaría los informes y proporcionaría observaciones a los Estados parte, discutiendo preocupaciones y recomendaciones[110]. Además, como parte de estas funciones de supervisión, este órgano de control elaboraría comentarios generales sobre disposiciones seleccionadas del tratado para ayudar a los Estados parte a interpretar y aplicar mejor estas disposiciones. Una vez que el nuevo tratado estableciera un comité de expertos independientes, que actuarían en su capacidad personal y prestarían estas funciones críticas para supervisar el cumplimiento, este comité guiaría a los Estados parte para alcanzar los objetivos últimos del convenio.

3.a.3. Una Declaración General de la ONU como Precursor de un Instrumento Internacional Jurídicamente Vinculante

El hecho de que esta área de la ciberdelincuencia sea de interés común entre los gobiernos probablemente brindaría urgencia y fuerza a la forma-

108. «Los principales Instrumentos Internacionales de derechos humanos y sus órganos de control», OACNUDH, https://www.ohchr.org/EN/ProfessionalInterest/Pages/CoreInstruments.aspx.
109. PIDCP, art. 28.
110. *Ibid.*, art. 40(4).

ción de colaboraciones y esfuerzos cooperativos para combatir la explotación infantil en el ciberespacio. La relativa uniformidad de actitudes entre las naciones hacia la protección de los niños podría facilitar una declaración general de la ONU que reflejaría los desarrollos actuales y ayudaría a aclarar el derecho internacional consuetudinario en evolución y emergente[111]. El proceso de redacción de la declaración podría llevarse a cabo con la formación de un comité consultivo encargado de supervisar la elaboración de este instrumento declarativo. La declaración serviría como estándar de referencia para los Estados e influiría directamente en su práctica de proteger la dignidad y el bienestar de los niños en línea. Si la AGNU adopta una declaración general en este sentido, ofrecería una perspectiva importante sobre la opinión emergente y colectiva de los Estados miembros. Al mismo tiempo, una declaración general de la ONU podría permitir una transición gradual hacia la redacción e implementación de un tratado, en el que los Estados adquirirían obligaciones jurídicamente vinculantes.

Un precedente importante es la DUDH, un ejemplo de una declaración cuyas ideas galvanizaron el apoyo y se transformaron en instrumentos jurídicamente vinculantes. En 1948, la nueva CDHH, encargada de crear una Declaración Internacional de Derechos, inició su labor preparando un proyecto de declaración y concluyó su tarea redactando dos tratados en lugar de uno. Después de un proceso de negociación prolongado entre los Estados, la AGNU los adoptó por consenso en 1966. Estos tratados son el PIDCP y el PIDESC[112]. De acuerdo con este precedente, aunque esta posible declaración general de la ONU tendría un carácter no jurídicamente vinculante, reflejaría el compromiso de los Estados miembros de salvaguardar los DDHH de los niños y promover el estado de derecho en el ciberespacio. Esta declaración general de la ONU proporcionaría recomendaciones a los Estados sobre este tema internacional en particular, teniendo en cuenta el interés superior del niño como consideración primordial en el ámbito del ciberespacio. En consecuencia, este instrumento de «soft law» (i.e., no jurídicamente vinculante para los Estados) puede promover ciertos principios fundamentales para la protección de los niños en el espacio digital. Una vez adoptado, podría tener el efecto de avanzar en la conducta relevante de los Estados en la prohibición de prácticas en el entorno digital que tengan la

111. CDI, «70º período de sesiones: Texto del proyecto de conclusiones sobre la identificación del derecho internacional consuetudinario», proyecto de conclusión 12, pág. 160.
112. AGNU, Resolución 543(VI), Redacción de dos proyectos de pactos internacionales de derechos del hombre, A/RES/543(VI), (5 febrero 1952).

intención de explotación sexual de niños, y, por lo tanto, podría ser el primer paso para comenzar el proceso de crear un tratado.

b. Directrices Normativas para una Política Global de Protección Infantil en el Entorno Digital

En un enfoque global integral, el derecho internacional, incluido el DIDH, puede guiar a los Estados en la construcción de un marco jurídico global para abordar este tema. De conformidad con el DIDH, los niños requieren una protección especial por parte de la ley, incluido en el ciberespacio. Basándose en el principio de la soberanía de los Estados, que se aplica en el ciberespacio, deben tomar medidas que incluyan la prevención, prohibición y penalización de estas prácticas por parte de actores no estatales —actores privados— en el dominio virtual de acuerdo con sus obligaciones en virtud del derecho internacional. Los Estados deben buscar respuestas para fortalecer la lucha contra esta forma de cibercrimen y su proliferación a nivel mundial. Actualmente, no existe un acuerdo internacional jurídicamente vinculante específico que aborde esta cuestión de la explotación sexual de niños mediante el uso de la TIC[113]. Para eliminar refugios seguros para los perpetradores, un tratado de DDHH sobre la trata de niños con fines de explotación sexual en un ámbito delictivo no cubierto por instrumentos legislativos existentes armonizaría elementos fundamentales de los delitos en el espacio virtual contra los niños que los Estados traducirían en leyes nacionales.

La comunidad internacional de Estados necesita fortalecer las respuestas a los delitos cibernéticos dentro de sus marcos jurídicos y normativos nacionales siguiendo estándares del derecho internacional. Un posible instrumento internacional jurídicamente vinculante aseguraría que los actos y actividades cibernéticas con fines de explotación sexual infantil sean tipificados explícitamente como delitos en el derecho penal nacional. Dicho instrumento podría ayudar a los Estados a ajustar o introducir leyes nacionales apropiadas para combatir esta forma de ciberdelincuencia, mejorando así las estrategias de prevención del delito y las respuestas de la justicia penal en los sistemas jurídicos nacionales. A la luz de los criterios establecidos por el derecho internacional, un marco legislativo de protección proporcionaría a los Estados una guía clara sobre la penalización de estos comportamientos y, de esta manera, fortalecería las medidas de protección infantil en el ciberespacio.

113. UNICEF, *La Venta y Explotación Sexual de los Niños: Tecnología Digital*, 3.

Este marco legislativo internacional establecería la uniformidad de las obligaciones jurídicas de los Estados, incluyendo garantías de DDHH. La orientación de estas reglas y procedimientos claros ayudaría a los Estados a tomar medidas de acuerdo con los principios de legalidad, necesidad y proporcionalidad. Por consiguiente, este marco legislativo internacional bajo un enfoque integral basado en los DDHH, en consonancia con los estándares y normas internacionales, podría ayudar a los países a combatir de manera integral y efectiva esta forma de ciberdelito al guiarlos en los siguientes aspectos.

Armonizar las leyes nacionales

Esta sería la finalidad principal de este tratado uniforme específico para estos ciberdelitos. La naturaleza transnacional de estos delitos cometidos en el ciberespacio hace necesario crear una solución internacional que implemente normas y políticas comunes que abarquen el derecho penal sustantivo, los procedimientos y las reglas de cooperación internacional. Por consiguiente, este tratado proporcionaría una base legal y un marco práctico para implementar legislación nacional adecuada. Esta comprensión compartida entre los Estados incluiría la penalización de los delitos relacionados con la trata de niños con propósito de explotación sexual cometidos por medios electrónicos, en la legislación penal. Estos actos y actividades contra niños mediante la utilización de la TIC que deben quedar íntegramente comprendidos ya sean perpetrados de forma individual o colectiva, e incluida la tentativa de cometer estos actos y la complicidad o participación, en el ámbito doméstico, incluyen:

- Embaucamiento o seducción de niños con fines de explotación sexual en el entorno digital o fuera de él;
- Captación, reclutamiento, utilización, ofrecimiento, posesión, adquisición o entrega, o la aceptación de a un niño—anunciando y vendiendo— en formato electrónico con fines de explotación sexual en el mundo virtual o físico;
- Coordinación de servicios y transacciones de compra (compra y venta) y delitos relacionados con el propósito de explotar a un niño;
- Posesión de materiales de explotación sexual o pornográficos, incluyendo imágenes y videos de niños con fines de extorsión en línea o fuera de línea;

- Producción, transmisión y acceso a sabiendas con la intención de ver u ordenar abusos o explotación sexuales de niños través de transmisiones en directo;
- Comisión de delitos relacionados con material de abuso sexual infantil («pornografía infantil»).

Inclusión de Actos relacionados con Material de Abuso Sexual Infantil («Pornografía Infantil»)

El problema del material de abuso sexual infantil («pornografía infantil») sigue siendo significativo en todo el mundo. Este tratado debería proporcionar estándares legales a los países para penalizar representaciones *visuales*, incluyendo representaciones que pueden ser sexualmente sugerentes (i.e., asociadas con provocar una respuesta sexual en el observador), con la intención de explotar sexualmente a un niño, también debe penalizar grabaciones de *audio* destinadas a incitar la estimulación o la gratificación sexuales en el oyente, y que también tienen como propósito la explotación sexual infantil. Asimismo, la prohibición de los actos de explotación de producir, ofrecer o poner a disposición, distribuir o transmitir, adquirir, poseer y acceder con la intención de ver espectáculos pornográficos en los que participen niños debe ser explícita y sin dejar la penalización de estos actos a la discreción de los Estados. La penalización de tales conductas de contenido sexual explícito debe ser aplicada independientemente de si la persona involucrada es menor de edad, aparenta ser menor de edad o se trata de imágenes realistas de un niño que no existe, y sin permitir reservas por parte de los Estados en estas representaciones. Estos criterios contribuirían a prevenir la explotación sexual de niños en el espacio virtual de manera más integral y avanzar hacia una protección óptima de los niños contra la trata y el abuso.

El Consentimiento de los Niños debe ser Legalmente Irrelevante en Prácticas de Trata con fines de Explotación Sexual

El consentimiento de un niño (i.e., cualquier persona menor de 18 años) que haya sido captado, reclutado, comprado, vendido, transferido o mantenido en prácticas de explotación a través de la TIC, debe considerarse legalmente irrelevante. Al mismo tiempo, los infractores no pueden utilizarlo como defensa[114]. Tales actos de estos infractores pueden demostrar la

114. UNODC, *Guías Legislativas para la Aplicación de la Convención de las Naciones Unidas contra la Delincuencia Organizada Transnacional y sus Protocolos.* (Nueva York: ONU, 2004), párr. 38, pág. 270.

utilización de un niño a través del uso, la gestión, el beneficio o el control efectivo sobre el niño con la intención de explotación. Por ejemplo, un agresor puede involucrar a un niño en formas de actividades sexuales comerciales o mercantilizadas, como «relaciones» mercantilizadas. Como se describe en el Capítulo 4, estas relaciones a menudo están vinculadas al intercambio de remuneración o cualquier otra forma de retribución a menudo al niño en Internet[115]. Las prácticas modernas que reflejan elementos de trata, donde el niño es tratado de manera explotadora, como un objeto sexual o una mercancía, están prohibidas según el DIDH.

Identificación y Enjuiciamiento de Todos los Agresores de Explotación Sexual Infantil en el Entorno Digital

En el contexto de la trata en el ciberespacio, la investigación y el enjuiciamiento de todos los actos y actividades con intención de explotación de un niño pueden involucrar a varios delincuentes. La lucha contra la impunidad aún generalizada de estos delitos en el espacio virtual puede incluir la identificación y el enjuiciamiento de individuos que cometen delitos sexuales sin un acto «directo» sobre un niño con el propósito de explotación sexual, y sin necesariamente tener la intención de encontrarse con un niño fuera del mundo virtual. Dicho esto, todos los agresores que abusan del ciberespacio, incluido Internet, para cometer, facilitar o promover la explotación sexual de niños serían responsables. Este postulado se alinea con las normas y estándares internacionales actuales, como el Artículo 9(5) del PF-CDN, que obliga a los Estados parte a penalizar la promoción de la explotación sexual de niños[116].

Los delincuentes que buscan obtener ganancias económicas, acceso preferencial a material de explotación de niños en línea, gratificación sexual a través de un niño o utilizar a un niño para proporcionar un servicio de explotación deben ser enjuiciados. Esto incluye a aquellos que también difunden información perjudicial, incluso a través de sistemas cifrados, para apoyar, alentar y facilitar actos y actividades de explotación de niños, ya sea virtuales o físicas. Por ejemplo, la promoción de involucrar a niños en actos sexuales fuera de línea, como cuando interactúan con otros individuos con ideas afines que pueden ser contactos anónimos en grupos y foros en la web oscura para discutir países o lugares con leyes flexibles o

115. P. ej., Directrices del PF-CDN, párr. 58, pág 13.
116. PF-CDN, art. 9(5) afirmando que: «Los Estados Partes adoptarán las medidas necesarias para prohibir efectivamente la producción y publicación de material en que se haga propaganda de los delitos enunciados en el presente Protocolo».

una débil aplicación de la ley en relación al acceso a un niño que podría ser más vulnerable al abuso, debe ser procesado.

Protección y Apoyo a los Niños Víctimas: Un Enfoque Centrado en la Infancia en el Ciberespacio

Las normas jurídicas relacionadas con la búsqueda de una política penal común también deben promover un enfoque hacia la protección y el apoyo a los niños víctimas. Las medidas de protección para los niños victimizados deben considerar el interés superior del niño como una consideración primordial, lo que incluye evaluar sus necesidades y ayudarlos a reconstruir sus vidas. Este postulado incluye la implementación de medidas para la recuperación y reintegración de los niños víctimas y la posibilidad de proporcionar remedios adecuados. La asistencia, el tratamiento y el cuidado de los niños víctimas, especialmente para satisfacer las necesidades especiales de los niños, deben ser fundamentales en la lucha contra la explotación sexual infantil en línea. Dado que estos actos delictivos causan daño al bienestar, la salud y la seguridad de los niños, los países deberían brindar apoyo y protección a los niños víctimas, incluyendo asistencia psicológica, en cooperación con la sociedad civil, como, por ejemplo, con el apoyo de ONGs para cubrir todas las necesidades esenciales de los niños[117]. Como se mencionó anteriormente, los niños víctimas deberían quedar automáticamente exentas de ser procesadas por cualquier delito de esta naturaleza en el que hayan estado involucradas, dada la irrelevancia legal de cualquier posible consentimiento que puedan haber dado.

Mejora de la Cooperación Internacional

Dado que los actos y actividades de delincuencia vinculadas a la trata niños con propósito de explotación sexual mediante el uso de la TIC a menudo trascienden las fronteras estatales, su eliminación o reducción requeriría facilitar la cooperación internacional. Un marco de protección internacional integral y alineado es fundamental para mejorar la estrategia estatal a nivel nacional, principalmente para garantizar la investigación y el enjuiciamiento de los infractores y la protección de los niños víctimas que pueden estar ubicados en otra jurisdicción.

A la luz de esto, se necesitan mejores mecanismos de cooperación internacional prácticos entre los gobiernos para acceder, preservar y asegurar evidencia digital con estándares internacionales claros. De esta manera, es fundamental lograr un consenso entre los países para mejorar elementos de

117. P. ej., Protocolo de Palermo Protocol, art. 6, párr. 3, 4.

cooperación internacional para combatir la trata de niños en el entorno digital. Un tratado también podría lograr la aplicación de estándares comunes entre países, especialmente para coordinar la investigación de casos transnacionales y obtener evidencia digital volátil en la práctica, incluso en circunstancias donde pueda existir una amenaza inmediata de daño, de manera oportuna y a través de jurisdicciones y fronteras. Abordar cuestiones relacionadas con la colaboración internacional en este asunto criminal de explotación de niños en línea debería ser una de las más altas prioridades para cada Estado.

Capacitación para las Fuerzas del Orden y Otras Autoridades Pertinentes

La capacitación y la asistencia técnica, así como la adaptación de los esfuerzos y la capacidad del Estado en consecuencia, son componentes esenciales para combatir eficazmente este creciente problema internacional. Los esfuerzos de los Estados deben incluir la capacitación para las fuerzas del orden (tanto para personal especializado como no especializado) y el poder judicial a nivel nacional, lo cual es fundamental para crear una seguridad más sólida en el ciberespacio. Estas capacitaciones pueden abordar la prevención, así como el intercambio de experiencias y buenas prácticas para mejorar la lucha contra este delito. Adicionalmente, con el objetivo de fomentar un enfoque de múltiples partes interesadas, el aspecto de capacitación podría alentar la cooperación con empresas de tecnología, ONGs, instituciones académicas y otros elementos de la sociedad civil.

Participación Efectiva de los Estados Con Partes Interesadas Relevantes (Asociaciones, Alianzas y Colaboraciones)

Este tratado sentaría sólidas bases para fortalecer un enfoque de colaboración entre múltiples actores o partes interesadas. Teniendo en cuenta que «toda persona tiene deberes respecto a la comunidad» como reconoce la DUDH[118], la participación de los gobiernos con otras partes interesadas, de acuerdo con sus roles y responsabilidades, es necesaria para erradicar de manera efectiva los actos y el contenido de explotación sexual de niños. En este sentido, como parte de una respuesta coordinada, los esfuerzos del sector público y privado incluirían a actores del sector privado, como PSI, servicios de protección infantil, ONGs, instituciones académicas y partes interesadas clave.

Definir de manera más precisa el papel y las responsabilidades del sector privado, incluidos los PSI, en la prevención y lucha contra estas prácticas

118. DUDH, art. 29.

delictivas, de acuerdo con las normas internacionales, conducirá a la implementación de políticas y procedimientos corporativos claros, con un proceso de debida diligencia más riguroso para garantizar medidas de protección adecuadas para los niños y colaboración con las fuerzas del orden en su labor para fortalecer las respuestas nacionales, incrementando la responsabilidad en la prevención y mitigación de los posibles y reales efectos perjudiciales de la tecnología digital en los niños.

Este instrumento legal puede promover una mayor participación de la industria de tecnología y fomentar políticas corporativas más sólidas y transparentes, así como prácticas corporativas sólidas en protección infantil en cumplimiento con el DIDH para prevenir y combatir estos delitos en el ciberespacio. Las acciones de las empresas pueden respaldar los esfuerzos gubernamentales a través de estándares obligatorios e iniciativas, como la promoción de los DDHH y la seguridad digital a través de estrategias de prevención de ciberdelitos, alfabetización digital infantil, prácticas de ciudadanía digital, herramientas de denuncia accesibles y el uso positivo de Internet para los niños. En consecuencia, las acciones empresariales para combatir esta creciente amenaza contra los niños se conectan con los procesos de debida diligencia en DDHH para identificar, prevenir, mitigar y gestionar los riesgos relacionados con la explotación sexual infantil en línea. Al mismo tiempo, estos procesos ayudarían a fomentar la confianza y la seguridad en el espacio digital.

Las empresas de tecnología facilitan la explotación sexual de menores en Internet cuando permiten que su infraestructura y servicios sean utilizados por tratantes en todas las etapas del delito de trata de personas. Aunque la autorregulación de las empresas de tecnología ha sido promovida por instrumentos internacionales y adoptada deliberadamente por los Estados[119], esta autorregulación, tanto a nivel individual como a través de la industria, ha demostrado ser insuficiente y significativamente diversa. Destaca la necesidad de regulación para prevenir la escala y el volumen de la explotación sexual de niños en el entorno digital[120]. La diversidad en respuesta de la industria de tecnología puede deberse a la falta de evaluación, priorización de riesgos con debida diligencia y planes de acción concretos en relación con su impacto corporativo en los DDHH en la explotación sexual infantil. De acuerdo con los estándares de DDHH, las empresas tienen la responsabilidad de contribuir a la erradicación de estas prácticas

119. P. ej., Ministerial de Cinco Países. Principios Voluntarios para Contrarrestar la Explotación y el Abuso Sexual de Niños. Ministerial de Cinco Países, 2019.
120. UNODC, *Informe Global sobre Trata de Personas* (Nueva York: ONU 2022), 72.

delictivas, al mismo tiempo que mantienen un equilibrio entre la seguridad de los niños y la necesidad de proteger la privacidad de los ciudadanos. También sería importante crear conciencia sobre los riesgos y educar a los niños y otros usuarios sobre este tema, lo que ayudaría a minimizar los riesgos para los niños en el entorno digital. Igualmente es esencial contar con procesos más sólidos para la detección, el reporte y la eliminación de material *conocido* y *nuevo* de abuso y explotación sexuales de niños, lo que ayudaría a reducir tanto la distribución posterior de contenido como la posibilidad de revictimización de los niños víctimas. De igual manera, con la colaboración de la industria de tecnología y como parte de un enfoque colaborativo y multisectorial, el personal de las fuerzas del orden puede mejorar sus habilidades y conocimientos relacionados con la TIC. Esto permite que las fuerzas del orden adquieran habilidades no solo en el campo de la trata, sino también en la tecnología que los tratantes cibernéticos y sus cómplices utilizar de manera indebida.

Un marco jurídico internacional sólido para proteger a los niños en el espacio virtual promovería una colaboración multisectorial vital con los PSI y empresas de tecnología, con claridad en sus roles y responsabilidades, esencial para establecer un entorno digital más seguro y libre de explotación para los niños. Cuando sea necesario, los servicios de protección infantil, las ONGs y otras organizaciones pertinentes pueden brindar asesoramiento psicológico y apoyo a los niños víctimas. Además, las instituciones académicas pueden impulsar la investigación en esta área. En general, la participación y el compromiso de todos los ciudadanos y sectores de la sociedad civil son fundamentales para prevenir y combatir de manera efectiva la trata de niños con fines sexuales en el ciberespacio. Al mismo tiempo, los padres y tutores desempeñan roles esenciales al guiar a los niños y pueden contribuir a crear un ciberespacio más seguro y protegido para ellos. En general, es necesario que diversos actores participen en la erradicación de la trata de niños con fines de explotación sexual en el espacio virtual y los delitos relacionados. Las medidas de prevención pueden incluir la educación de los niños, incluida la educación escolar, adaptada a su edad y madurez, sobre cómo usar Internet de manera segura, los riesgos y las consecuencias traumáticas asociadas con la explotación sexual, y cómo obtener ayuda y apoyo. Por ejemplo, Los niños deben saber que una vez que sus imágenes y videos se comparten en línea con otros, pierden el control sobre esas imágenes y que estas nunca desaparecen realmente, ya que pueden permanecer en Internet de forma permanente. Además, los niños deben saber que cualquier persona que les pida que participen en actividades sexuales en línea debe ser reportada a sus padres o a una persona de confianza y a la policía.

La prevención, lucha y protección de los niños contra prácticas relacionadas con la trata de personas en línea son responsabilidad de todos.

Resumen de Necesidades Actuales

Los Estados tienen la obligación de respetar el derecho internacional en el ciberespacio. La aplicabilidad del DIDH en el ciberespacio implica la necesidad de proteger los DDHH y las libertades fundamentales en el entorno digital. En la actualidad, los gobiernos deben fortalecer sus esfuerzos y medidas para combatir este ciberdelito contra los niños. Basándose en el consenso internacional, un tratado específico sobre ciberdelitos podría proporcionar ciertos grados de uniformidad en la legislación penal nacional y las políticas de los Estados, en un enfoque integral centrado en los derechos del niño. En este caso, los Estados abordarían aspectos sustantivos del derecho penal, la prevención y la protección infantil relacionados con actos y actividades de trata en línea con fines sexuales en los marcos jurídicos y normativos nacionales. En consecuencia, este tratado podría promover leyes nacionales armonizadas que contemplen ese consenso y fortalecer el estado de derecho y las protecciones basadas en tratados, en particular al evaluar los límites de los DDHH en línea, como los derechos a la libertad de expresión y a la privacidad.

A nivel internacional, la aplicación de un instrumento jurídico vinculante podría ayudar a los gobiernos a cumplir con su deber de proteger a los niños, fortaleciendo la legislación, políticas y prácticas nacionales que abordan estos usos criminales de la TIC, y promoviendo un Internet más seguro y resiliente. Este marco normativo podría promover el comportamiento responsable de los Estados en el ciberespacio. Este instrumento internacional jurídicamente vinculante proporcionaría estándares de protección comunes a las autoridades nacionales y serviría como base para fortalecer la capacidad del Estado para abordar este problema en el ciberespacio. En particular, este tratado buscaría mejorar los mecanismos de prevención, detección y respuesta. Asimismo, bajo este enfoque de DDHH, el establecimiento de un marco jurídico internacional como posible solución fomentaría la colaboración entre múltiples actores dentro de sus funciones y deberes respectivos como actores no estatales. En particular, requeriría una mayor participación del sector privado, un colaborador esencial para apoyar los esfuerzos de los gobiernos para prevenir y combatir la explotación sexual infantil mediante el uso de la TIC. La próxima sección propondrá y analizará un proyecto de tratado y sus posibles contribuciones hacia la implementación de un futuro régimen legal que podría mejorar de manera efectiva la respuesta de la comunidad global para proteger a los niños contra la explotación sexual en el ciberespacio.

c. Ejemplo de un Proyecto de Tratado

Para codificar un núcleo armonizador de delitos para combatir el fenómeno de la trata de niños con el propósito de explotación sexual en el ciberespacio, el Protocolo de Palermo, la CDN, el PF-CDN y el Convenio sobre la Ciberdelincuencia del CdE podrían servir como estándares de referencia para un nuevo acuerdo internacional vinculante que prohíba el uso del ciberespacio para este fin. Por lo tanto, este posible tratado debe tener como principal objetivo el establecimiento de una política criminal común para abordar estos delitos digitales. Debe contener, como mínimo, los siguientes proyectos de artículos.

***

Proyecto de Tratado para la Prevención, Prohibición y Penalización de Actos con Fines de Explotación Sexual de Niños en el Espacio Virtual

—Trata de Niños con Fines de Explotación Sexual en el Ciberespacio— [121]

Preámbulo

Los Estados Parte en este Tratado,

Reconociendo que la Declaración Universal de Derechos Humanos y los Pactos Internacionales de Derechos Humanos han proclamado que toda persona tiene derecho a todos los derechos y libertades mencionados en ellos, sin distinción alguna;

Teniendo en cuenta que la Declaración Universal de Derechos Humanos y las Naciones Unidas han proclamado que la infancia tiene derecho a una protección especial, especialmente contra todas las formas de crueldad y explotación;

Recordando la premisa de la Declaración de los Derechos del Niño de 1959: «el niño, por su falta de madurez física y mental, necesita protección y cuidado especiales, incluso la debida protección legal, tanto antes como después del nacimiento»;

121. Proyecto de tratado del autor basado en el Protocolo de Palermo, la CDN, el PF-CDN y el Convenio sobre la Ciberdelincuencia del CdE.

Consciente de los crecientes desafíos que plantea el desarrollo y la difusión de la tecnología de la información y las comunicaciones, la globalización de los sistemas informáticos y la importancia de proteger a la sociedad, incluidos los niños, contra la ciberdelincuencia;

Preocupados por el riesgo de que los sistemas informáticos puedan utilizarse para cometer delitos relacionados con la trata de niños con fines de explotación sexual y que las pruebas relacionadas con tales delitos puedan almacenarse y transferirse a través de sistemas informáticos;

Consciente de la urgente necesidad de proteger a los niños de ser explotados sexualmente o comprados y vendidos como mercancía en el ciberespacio;

Convencidos de que el interés superior del niño debe ser una consideración primordial incluso en el ciberespacio;

Convencidos de la necesidad de perseguir, como una prioridad, una política penal común jurídica, internacional e integral para tipificar como delito cibernético, *inter alia*, la trata de niños con fines de explotación sexual;

Teniendo en cuenta que a pesar de la existencia de una variedad de instrumentos jurídicos internacionales que contienen normas y medidas prácticas para prevenir y combatir la explotación infantil, no existe un instrumento universal que aborde todas las áreas relevantes de la explotación infantil cuando esta se facilita o comete a través de la tecnología de la información y las comunicaciones;

Preocupados porque en ausencia de un instrumento de esa naturaleza, los niños, como personas vulnerables a la trata, no estarán suficientemente protegidos en el ciberespacio;

Convencidos de que la eliminación de la trata de niños con fines sexuales se facilitará mediante la adopción de un enfoque de protección integral que aborde la explotación infantil en el ciberespacio;

Convencidos en la necesidad de que el presente Tratado disuada las prácticas cibernéticas con fines de explotación sexual de niños, incluyendo espectáculos y materiales pornográficos, prostitución, actividades sexuales comerciales o mercantilizadas, en viajes y el turismo, o aprovecharse de un niño o explotarlo de otro modo con esos fines;

Consciente de la necesidad de proteger los derechos del niño mediante la implementación de legislación adecuada y mecanismos de cooperación rápidos y confiables entre Estados para facilitar la detección, investigación y persecución de delitos;

Reconociendo la necesidad de garantizar un equilibrio adecuado entre la lucha efectiva contra la ciberdelincuencia y la protección de intereses legítimos, así como el debido respeto y la adecuada protección de los derechos y libertades fundamentales en el ciberespacio, incluido el derecho a la libertad de expresión y la privacidad;

Considerando el Protocolo para Prevenir, Reprimir y Sancionar la Trata de Personas, especialmente Mujeres y Niños, que complementa la Convención de las Naciones Unidas contra la Delincuencia Organizada Transnacional de 2000; la Convención sobre los Derechos del Niño de 1989; el Protocolo Facultativo de la Convención sobre los Derechos del Niño relativo a la venta de niños, la prostitución infantil y la utilización de niños en la pornografía de 2000; el Convenio sobre las Peores Formas de Trabajo Infantil, 1999 (N.º 182) de la Organización Internacional del Trabajo; y la Declaración de Estocolmo y Programa de Acción adoptada en el Primer Congreso Mundial Contra la Explotación Sexual Comercial de Niños en 1996;

Consciente en el valor de fomentar la cooperación internacional con otros Estados Parte de este tratado, ya que facilita una respuesta coordinada a nivel nacional e internacional;

Reconociendo la necesidad de una cooperación y colaboración más estrecha entre los gobiernos y el sector privado, especialmente con la industria de tecnología, de acuerdo con sus responsabilidades para prevenir y combatir la ciberdelincuencia, incluida la explotación infantil, y la necesidad de proteger la dignidad humana de los niños a través de la tecnología de la información y las comunicaciones;

Acuerdan lo siguiente:

I. Disposiciones Generales

Artículo 1

Las disposiciones del presente Tratado complementarán las normas jurídicas de protección de la infancia y se interpretarán sobre la base del significado establecido en el Protocolo Facultativo de la Convención sobre los Derechos del Niño relativo a la venta de niños, la prostitución infantil y la utilización de niños en la pornografía de 2000, el Protocolo para Prevenir, Reprimir y Sancionar la Trata de Personas, especialmente Mujeres y Niños, que complementa la Convención de las Naciones Unidas contra la Delincuencia Organizada Transnacional de 2000 y el Convenio sobre las Peores Formas de Trabajo Infantil, 1999 (N.º 182) de la Organización Internacional del Trabajo.

Artículo 2

Los propósitos de este Tratado son los siguientes:

(a) Prevenir y combatir el uso de sistemas informáticos para la trata de niños con fines de explotación sexual;

(b) Proteger y asistir a los niños víctimas, con pleno respeto por sus derechos humanos;

(c) Fomentar la cooperación entre los Estados Parte para alcanzar estos objetivos.

Artículo 3

Para los propósitos de este Tratado:

(a) Por «sistema informático» se entenderá cualquier dispositivo o grupo de dispositivos interconectados que comparten un sistema central que opera de manera independiente con la capacidad de conectarse con otros dispositivos relacionados y realizar el procesamiento automático de datos.

(b) Por «datos informáticos» se entenderá cualquier presentación de información, hechos o conceptos de una manera adecuada para el procesamiento por un sistema informático, incluyendo en forma de programas que permiten a un sistema informático ejecutar una función.

(c) Por «proveedor de servicios» se entenderá:

i. Cualquier entidad, ya sea pública o privada, que permite a sus usuarios comunicarse a través de un sistema informático, y

ii. Cualquier entidad que procesa o almacena datos informáticos para estos proveedores de servicios de comunicación o sus usuarios.

(d) Por «datos sobre el tráfico» se entenderá cualquier dato informático procesado o almacenado por un sistema informático que se relaciona con una comunicación, y que puede indicar el origen, destino, ruta, hora, fecha, tamaño, duración o cualquier otro tipo de información que forme parte del proceso de comunicación.

(e) Por «trata de niños con fines de explotación sexual en el ciberespacio» se entenderá:

El uso de sistemas informáticos, redes y datos informáticos para la captación, la seducción, la oferta, la publicidad, el transporte, la compra, la venta, la transferencia, la acogida o la recepción de un niño con fines de explotación sexual, sin tenerse en cuenta el consentimiento del niño. La explotación sexual incluirá, como mínimo, la explotación sexual de niños en prostitución u otras formas de explotación sexual, servicios sexuales, la esclavitud o las prácticas análogas a la esclavitud y la servidumbre sexual.

Para los fines del presente artículo, se considerará «trata de niños con fines de explotación sexual en el ciberespacio» con o sin el uso de medios de la amenaza o el uso de coerción, el fraude, el engaño, el abuso de poder o de una situación de vulnerabilidad, o la concesión o recepción de pagos o beneficios para obtener el consentimiento de una persona que tenga autoridad sobre un niño, con fines de explotación sexual[122].

Artículo 4

El consentimiento del niño será irrelevante en actos y actividades relacionadas con la trata de niños con fines de explotación sexual en el ciberespacio. Se considerará trata de niños con fines de explotación sexual en el ciberespacio cuando un niño esté involucrado con fines de explotación sexual.

Artículo 5

Por «niño» se entenderá toda persona menor de 18 años.

II. Medidas Preventivas

Artículo 6

Cada Estado Parte protegerá a los niños de las conductas de trata con fines de explotación sexual en el ciberespacio. Para este fin, cada Estado Parte adoptará todas las medidas legislativas y de otra índole que sean

122. Definición del autor sobre la «Trata de niños con fines de explotación sexual en el ciberespacio».

necesarias para prevenir el uso de sistemas informáticos, redes y datos informáticos para:

(a) La venta de niños con fines de explotación sexual;

(b) La trata de niños con fines de explotación sexual;

(c) La utilización de niños con fines sexuales;

(d) La facilitación de cualquiera de los actos mencionados anteriormente.

III. Penalización

Cada Estado Parte garantizará que, como mínimo, las siguientes conductas cometidas por medio del ciberespacio estén plenamente tipificadas como delito en su derecho penal nacional, cuando se cometan intencionalmente, de manera individual o a través de grupos organizados.

Artículo 7: Delitos relacionados con el material de abuso sexual infantil («pornografía infantil»)

Cada Estado Parte prohibirá la producción, distribución, adquisición, acceso con la intención de ver y posesión de cualquier representación visual, grabaciones audiovisuales y grabaciones de audio, ya sea transmitida, puesta a disposición o producida por medios electrónicos, que involucren a un menor participando en conductas sexualmente explícitas o de explotación sexual, lo que incluye material que represente a un menor real o a una persona que aparente ser menor o una representación realista de un menor.

Artículo 8: Explotación sexual de niños en la prostitución

Cada Estado Parte prohibirá la utilización de un niño en actividades sexuales a cambio de una remuneración o cualquier otra retribución, ya sea prometida, entregada o pagada, al niño o a uno o más terceros. Para los fines de este artículo, la utilización de un niño en la explotación sexual en la prostitución incluye lo siguiente:

(a) Coaccionar a un niño para que participe en actividades sexuales, reales o simuladas, o que impliquen una exhibición lasciva de sus genitales o de la zona púbica del niño.

(b) Cometer amenazas cibernéticas u otras formas de coerción, fraude o cualquier medio para inducir a un niño a participar en actividades sexuales comerciales o mercantilizadas;

(c) Seducir o captar a un niño con el propósito de involucrar al niño en actividades sexuales comerciales;

(d) Promover, ofrecer, publicitar, obtener, comprar o vender a un niño para servicios sexuales;

(e) Organizar servicios sexuales que involucren a un niño;

(f) Realizar transacciones financieras, como transferencias de dinero, con la intención de explotar sexualmente a un niño.

Artículo 9: Explotación sexual de niños en el contexto de viajes y el turismo («turismo sexual con niños»)

Cada Estado Parte prohibirá la utilización de un niño con el propósito de explotación sexual en el contexto de viajes y el turismo.

Para los fines del presente artículo, por «la utilización de un niño con el propósito de explotación sexual en el contexto de viajes y el turismo» se entenderá:

(a) Promover, ofrecer, publicitar, obtener, comprar o vender a un niño con fines sexuales en un lugar de destino;

(b) Organizar viajes con la intención de involucrar a un niño en actividades sexuales comerciales u otras formas de explotación sexual.

Artículo 10: Transmisión en directo de abuso y explotación sexual de menores

Cada Estado Parte prohibirá la utilización de un niño para participar en espectáculos pornográficos, a través de la transmisión en directo, independientemente de su distribución, con fines sexuales o financieros, e incluirán la penalización de los siguientes actos:

(a) Coaccionar o reclutar a un niño con el propósito de explotar al niño a través de espectáculos pornográficos a través de transmisiones en directo;

(b) Producir espectáculos pornográficos donde participe un niño con el fin de transmitir tales espectáculos;

(c) Asistir u ordenar a sabiendas espectáculos pornográficos en los que participen niños.

Artículo 11: Extorsión sexual de niños («sextorsión»)

Cada Estado Parte prohibirá la seducción, el engaño o la coerción de un niño con la intención de obtener material de abuso sexual del niño con el fin de extorsionar al niño para que realice actos sexuales o para obtener más imágenes de explotación sexual, dinero u cualquier otro beneficio del niño basado en esa posesión de material o imágenes.

Artículo 12: Seducción de niños con fines sexuales («grooming»)

Cada Estado Parte prohibirá el proceso de seducir, preparar, planificar o coaccionar a un niño con la intención de establecer una relación de confianza que facilite un contacto sexual con el niño, lo cual puede incluir (i) conversaciones sexuales (ii) ver abuso o actividad sexuales; (iii) producir imágenes sexualmente explícitas o de explotación; o (iv) participar en actividades sexuales, ya sea en persona o a través de un sistema informático.

Artículo 13: Venta de niños para matrimonio con fines de explotación sexual

Cada Estado Parte prohibirá la facilitación de la venta de un niño para matrimonio con fines de explotación sexual, lo cual incluye ofrecer, publicitar, transferir, entregar o aceptar a un niño, a cambio de remuneración o de cualquier otra retribución, con fines de explotación sexual.

Artículo 14: Venta de niños para adopción ilegal con fines de explotación sexual

Cada Estado Parte prohibirá la facilitación de la venta de un niño para adopción ilegal con fines de explotación sexual, lo cual incluye ofrecer, anunciar, transferir, entregar o aceptar a un niño, a cambio de remuneración o de cualquier otra retribución, con fines de explotación sexual.

Artículo 15: Tentativa y complicidad

1. Cada Estado Parte adoptará las medidas legislativas y de otra índole que sean necesarias para tipificar como delito en su derecho interno cualquier intento intencionado o conspiración para cometer cualquiera de las conductas enunciadas, la participación como cómplice en cualquiera de las conductas enunciadas y la organización o dirección de otros para cometer

cualquiera de las conductas enunciadas a través de un sistema informático, una red o datos informáticos.

2. Cada Estado Parte adoptará las medidas legislativas y de otra índole que sean necesarias para que estos delitos contra los niños sean castigados con penas adecuadas según la ley nacional, teniendo en cuenta su naturaleza grave.

IV. Derecho Procesal

Artículo 16: Poderes y procedimientos

Cada Estado Parte garantizará que los poderes y procedimientos mencionados en esta sección estén sujetos a condiciones y salvaguardias de acuerdo con su legislación nacional, proporcionando una protección adecuada de los derechos humanos y las libertades, incluyendo las obligaciones derivadas del Pacto Internacional de Derechos Civiles y Políticos de las Naciones Unidas de 1966 y los instrumentos internacionales de derechos humanos aplicables, incluyendo el principio de proporcionalidad.

Para los fines del presente artículo, la aplicación e implementación de los poderes y procedimientos para la protección de los derechos humanos según la legislación nacional de un Estado incluirá, *inter alia*, la supervisión judicial u otra supervisión independiente con el fin de garantizar salvaguardias y el alcance y duración de tales procedimientos.

V. Datos Informáticos

Artículo 17: Conservación expedita de datos informáticos almacenados

Cada Estado Parte adoptará las medidas legislativas y de otra índole que sean necesarias para facultar a sus autoridades competentes a ordenar u obtener de manera similar la conservación expedita de datos informáticos específicos, incluidos los datos de tráfico o los datos que hayan sido almacenados a través de un sistema informático, especialmente cuando existan motivos razonables para creer que los datos informáticos están en riesgo de ser eliminados o modificados.

Artículo 18: Obtención o grabación en tiempo real de datos sobre el tráfico

Cada Estado Parte adoptará las medidas legislativas y de otra índole que sean necesarias para facultar a sus autoridades competentes a obtener o grabar datos sobre el tráfico en tiempo real relacionados con comunicaciones específicas transmitidas o puestas a disposición en su territorio o en colaboración con un proveedor de servicios, de acuerdo con sus capacidades técnicas en el territorio de ese Estado, para tales fines de conformidad con los poderes y procedimientos mencionados en el Artículo 16.

Artículo 19: Confiscación y acceso a datos informáticos

Cada Estado Parte adoptará las medidas legislativas y de otra índole que sean necesarias para facultar a sus autoridades competentes a confiscar u obtener de manera similar un sistema informático específico o parte de él, o los datos informáticos contenidos en él, de los delitos contemplados en los Artículos 7 a 14, con salvaguardias adecuadas, de conformidad con los poderes y procedimientos mencionados en el Artículo 16.

VI. Jurisdicción

Artículo 20: Jurisdicción

1. Cada Estado Parte adoptará las medidas legislativas y de otra índole que sean necesarias para establecer jurisdicción sobre los delitos enunciados en los Artículos 7 a 14 cuando el delito se cometa en su territorio o a bordo de un buque que enarbole la bandera de ese Estado Parte o una aeronave registrada bajo las leyes de ese Estado Parte.

2. Cada Estado Parte adoptará las medidas legislativas y de otra índole que sean necesarias para establecer jurisdicción sobre los delitos enunciados en los Artículos 7 a 14 en los siguientes casos:

(a) Cuando el presunto autor del delito sea nacional del Estado Parte, si el delito es punible según la ley penal del lugar donde se cometió, o si el delito se comete fuera de la jurisdicción territorial de cualquier Estado;

(b) Cuando el presunto autor del delito esté presente en el territorio del Estado Parte y no lo extradite a otro Estado Parte únicamente por motivo de su nacionalidad después de una solicitud de extradición;

(c) El presente Tratado no excluye ninguna jurisdicción penal ejercida de conformidad con la legislación nacional.

3. Cuando más de un Estado Parte reclame jurisdicción sobre un presunto delito contemplado en este Tratado, los Estados Parte involucrados

deberán, cuando sea apropiado, consultar con el objetivo de determinar la jurisdicción más adecuada para enjuiciar el caso.

VII. Cooperación Internacional

Artículo 21: Cooperación internacional

Los Estados Parte cooperarán entre sí de acuerdo con esta Tratado y mediante la aplicación de los instrumentos internacionales pertinentes sobre cooperación internacional en materia penal. Esta cooperación se llevará a cabo en la medida más amplia posible con el fin de llevar a cabo investigaciones o procedimientos relacionados con delitos de trata vinculados con sistemas y datos informáticos o para obtener de pruebas electrónicas de un delito de trata.

VIII. Cooperación con Organizaciones Relevantes y la Sociedad Civil

Artículo 22: Medidas de cooperación

Los Estados Parte establecerán políticas y programas, según corresponda, para cooperar con organizaciones no gubernamentales, organizaciones relevantes y otros elementos de la sociedad civil. Estas medidas incluyen a la industria de tecnología, incluidos los proveedores de servicios, para prevenir y combatir la trata de niños con fines de explotación sexual cometida en el ciberespacio, proteger a los niños víctimas de la explotación y fortalecer medidas, que incluyen, entre otras, la educación y la sensibilización, para la lucha efectiva contra todas las formas de explotación sexual infantil en el espacio virtual.

IX. Protección a los Niños Víctimas de la Trata con Fines de Explotación Sexual en el Ciberespacio

Artículo 23: Asistencia y protección de los niños víctimas de la trata con fines de explotación sexual en el ciberespacio

(a) En casos apropiados y en la medida de lo posible según su legislación nacional, cada Estado Parte protegerán la privacidad e identidad de los niños víctimas de la trata con fines de explotación sexual en el ciberespacio, incluyendo, *inter alia*, previendo que los procedimientos judiciales sean confidenciales.

(b) Cada Estado Parte garantizarán que su legislación nacional contenga medidas que puedan asistir a los niños víctimas en su recuperación psicológica y social, incluso, cuando corresponda, física y disminuir el riesgo de revictimización en línea, incluyendo en casos apropiados la cooperación con organizaciones no gubernamentales y la sociedad civil.

(c) Cada Estado Parte garantizarán que su ordenamiento jurídico interno prevea medidas que brinden los niños víctimas de la trata con fines de explotación sexual en el ciberespacio la posibilidad de obtener indemnización por el daño sufrido.

(d) Cada Estado Parte garantizarán que su ordenamiento jurídico interno prevea medidas que brinden a los niños víctimas de la trata con fines de explotación sexual en el ciberespacio protección contra la persecución penal o la imposición de sanciones por ser objeto de cualquier delito contemplado en los Artículos 7 a 14.

X. Intercambio de Información y Capacitación

Artículo 24: Intercambio de información

Las autoridades encargadas de hacer cumplir la ley, de inmigración u otras autoridades competentes de los Estados Parte deberán, según corresponda, cooperarán intercambiando información de acuerdo con sus leyes nacionales con el fin de prevenir, detectar, investigar y sancionar la comisión de los delitos contemplados de conformidad con la Sección III de este Tratado.

Artículo 25: Capacitación

Los Estados Parte adoptarán las medidas legislativas y de otra índole que sean necesarias para impartir o fortalecer capacitación de las autoridades encargadas de hacer cumplir la ley, inmigración y otras autoridades estatales pertinentes para prevenir y abordar el uso delictivo de sistemas informáticos, redes y datos informáticos en la explotación de niños, teniendo en cuenta la protección especial de los niños y las cuestiones de género.

4. IMPLICACIONES PARA UNA POLÍTICA Y ESTRATEGIA INTEGRAL

Con el desarrollo y la difusión de la TIC y las redes sociales, junto con el uso de tecnologías de comunicación a través de teléfonos móviles, a niveles sin precedentes, tanto los niños como los perpetradores están cada vez más presentes en el espacio virtual. Mediante el abuso del Internet, los perpetradores utilizan esta poderosa herramienta para facilitar la victimización de personas, incluidos los niños. Los actos de trata de personas con fines de explotación sexual en el ciberespacio constituyen un fenómeno en constante evolución, ya que los avances en la tecnología digital proporcionan nuevas formas para que este tipo de ciberdelito se cometa. Los Estados deben brindar protección legal a los niños contra los actos y actividades cometidos o facilitados por la TIC a través de los cuales los niños puedan ser sexualmente explotados o comprados y vendidos como un objeto sexual. He argumentado que los delitos que demuestran la mercantilización de los niños con fines de explotación sexual pueden constituir una forma de esclavitud moderna en el ámbito digital, en la medida en que el acto demuestre un control sobre un niño equivalente a posesión, en el contexto del ejercicio de alguno o de todos los atributos del derecho de propiedad. La cambiante realidad social ha dado lugar a nuevas formas de delitos en el entorno digital relacionados con la trata de personas. Esto incluye situaciones donde los niños pueden ser tratados como objetos bajo la propiedad de otros con fines de explotación sexual, lo cual representa una preocupación creciente. Aunque la explotación sexual de niños siempre ha existido, el auge de Internet ha introducido nuevos desafíos y ha amplificado el alcance y la magnitud de estos abusos. Por ejemple, antes de 1998, se reportaban aproximadamente 3,000 casos anuales al CyberTipline relacionados con la explotación sexual de niños en línea. Pero ahora, dos décadas después, estas cifras han aumentado de manera exponencial, con un registro de más de 36.2 millones de incidentes, los cuales contenían más de 105 millones de imágenes, videos y otros archivos[123]. Adicionalmente, Interpol informó que los delitos relacionados con la explotación sexual en línea se habían convertido en una amenaza creciente para los niños durante la pandemia de Covid-19. Los delincuentes se aprovecharon de las medidas de confinamiento y el aumento del tiempo que los niños pasaban en el mundo digital para dirigirse y seducirlos y cometer delitos sexuales contra ellos en todo el mundo[124]. Es fundamental que los países mejoren la comprensión de estos actos en el ciberespacio, que constituyen formas graves de crimen contra la persona humana del niño, y adopten todas las medidas legislativas y de otra índole que sean necesarias para prevenir y combatir la trata de personas y sus nuevos espacios, incluido el ciberespacio.

123. NCMEC, (2024). «New Sextortion Videos – Safer Internet Day». Missingkids.org. Febrero 2024. https://www.missingkids.org/blog/2024/new-sextortion-videos-safer-internet-day

124. Interpol, *Threats and Trends Child Sexual Exploitation and Abuse: Covid-19 Impact* (Interpol, 2020).

La naturaleza única y en constante cambio del entorno digital crea la necesidad de nuevas leyes y regulaciones que sean flexibles y se adapten a este contexto tecnológico en constante evolución. Los países deberían abordar las deficiencias o desviaciones en sus leyes penales en relación con la explotación sexual de niños en el mundo virtual y asegurarse de penalizar todos estos nuevos tipos de delitos. Considerando que ninguna nación está inmune a este nuevo tipo de delito relacionado con Internet contra los niños, este problema requiere una respuesta global coordinada por parte de las naciones. Una respuesta internacional a través de la cual los gobiernos implementen y apliquen legislación nacional adecuada y medidas para proteger adecuadamente a los niños contra prácticas de explotación facilitadas o cometidas por la TIC es esencial. Esta respuesta contribuiría a mejorar: 1) la prevención del fenómeno; 2) la detección de delitos; 3) la investigación de todos los delincuentes sexuales en línea contra niños con una respuesta más sólida de las autoridades encargadas de hacer cumplir la ley, incluyendo la obtención de pruebas digitales y el enjuiciamiento proactivo de tales delitos; y 4) garantizar la identificación y protección de los niños víctimas a nivel global, en un enfoque centrado en la infancia. De esta manera, bajo un enfoque centrado en los DDHH que tenga en cuenta la obligación del Estado de respetar, proteger y realizar los DDHH, un posible instrumento internacional vinculante ayudaría a los países, tanto en la ley como en la práctica, a abordar este nuevo problema al superar importantes desafíos legales, como los relacionados con 1) definiciones legales y delitos; 2) prevención; 3) jurisdicciones; 4) cooperación internacional; 5) protección y respuestas a los niños víctimas que incluyan el acceso a reparaciones; y 6) asociaciones y alianzas público-privadas. De esta manera, los Estados adquirirían obligaciones internacionales, de conformidad con las normas y estándares de DDHH, para adoptar legislación apropiada y medidas más adecuadas para prohibir y combatir el contenido y la actividad en el ciberespacio con el fin de la explotación sexual de niños a nivel nacional.

La implementación por parte de los Estados de legislación específica sobre ciberespacio con definiciones claras y una capacidad de aplicación de la ley más sólida, teniendo en cuenta las protecciones de los DDHH y el principio de proporcionalidad, está inexorablemente ligada a los pilares del Estado de derecho. Es fundamental que los Estados protejan a los niños bajo su territorio y jurisdicción de las violaciones de los DDHH cometidas o facilitadas en el espacio virtual por terceros[125]. Al mismo tiempo, los Estados deben asegurar un equilibrio adecuado entre la necesidad de proteger a los niños de daños y la necesidad de proteger los derechos individuales de los

125. HRC, «Observación general No. 31 [80]», párr. 8, pág. 4.

niños y otros usuarios en el ciberespacio, incluyendo los derechos a la privacidad, la libertad de expresión y la asociación[126]. En este contexto, las leyes nacionales no deben permitir restricciones indebidas en cuanto al acceso a la información o actividades de vigilancia y monitoreo en Internet bajo la premisa de proteger a los niños de contenido y prácticas ilícitas. Dichas acciones podrían facilitar abusos de DDHH y, por lo tanto, socavar la democracia y el Estado de derecho. Por lo tanto, este marco jurídico internacional propuesto podría fortalecer las obligaciones de los Estados en materia de DDHH en el ciberespacio.

Además, las formas de delitos probablemente asociadas con la trata de niños con fines de explotación sexual representan desafíos comunes para las autoridades gubernamentales y diversos actores de la sociedad civil, incluido el sector privado. Es de suma importancia fortalecer las asociaciones y colaboraciones entre el sector privado y público, con una mejor definición de las responsabilidades de la industria de tecnología para respetar los DDHH[127]. El objetivo de los Estados de hacer que el entorno digital sea más seguro para los niños dentro de sus jurisdicciones requiere que adopten políticas y estrategias concretas, coordinadas y alineadas con la participación del sector privado. Los Estados no pueden combatir este delito por sí solos; este acuerdo internacional vinculante podría fomentar asociaciones y colaboración intersectorial con diversas partes interesadas, incluida la industria de tecnología. La colaboración de múltiples partes interesadas es un componente de una respuesta holística para reducir y eliminar esta forma de ciberdelincuencia contra los niños y promover la seguridad infantil en línea. Estas normas jurídicas internacionales pueden fomentar la adopción de marcos regulatorios nacionales que establezcan la responsabilidad legal de las empresas y plataformas en línea cuando se utilicen de manera indebida para facilitar la explotación de niños. Al mismo tiempo, pueden promover la implementación de códigos de conducta y reglas internas por parte de los actores del sector privado basados en la responsabilidad social corporativa. La utilización de la innovación tecnológica en el ámbito de la protección infantil en línea puede contribuir a detectar de manera más efectiva la victimización de niños y a interrumpir las redes implicadas. Asimismo, el sector privado puede desempeñar un papel importante al pro-

126. P ej. CDH, «Informe del Relator Especial sobre la promoción y protección del derecho a la libertad de opinión y de expresión, David Kaye*», A/HRC/29/32, 22 Mayo 2015, párr. 14, pág. 6.

127. CDH, «Informe del Representante Especial del Secretario General para la cuestión de los derechos humanos y las empresas transnacionales y otras empresas, John Ruggie», A/HRC/17/31, 21 Marzo 2011, (II), pág. 13.

porcionar recursos educativos y campañas de concientización que son fundamentales para mejorar la respuesta a los niños en el entorno digital.

CONCLUSIONES

Este capítulo busca mejorar las medidas de prevención, criminalización y protección que aseguran el bienestar de los niños y un Internet más seguro basado en el DIDH como una fuente de obligaciones para los Estados. Promueve Internet como un medio esencial que proporciona un espacio para ejercer los DDHH fundamentales, en particular el derecho a la privacidad y la libertad de opinión y expresión. Sin embargo, los Estados tienen la obligación de abordar la amenaza que representa para los niños la trata y su explotación relacionada, y mejorar la seguridad de los niños en el mundo digital. Delitos informáticos relacionados con la trata de niños pueden implicar someter a un niño a actos como captación o reclutamiento, seducción, mantenimiento o publicidad del niño con el fin de explotación sexual. Sumado a esto, en algunas circunstancias, los niños pueden ser tratados como objeto de una transacción (p. ej.., pagos enviados o recibidos por servicios) para su explotación sexual. Estos escenarios de explotación pueden exponer elementos de trata de personas. Estas son circunstancias que pueden reflejar el ejercicio de uno o más atributos del derecho de propiedad sobre la persona de un niño, ya que el niño es tratado como una mercancía con fines de explotación, siendo controlado como una cosa. Por lo tanto, las prácticas de explotación en el ciberespacio con el objetivo de involucrar a un niño en materiales relacionados con la explotación sexual de niños y actividades sexuales comerciales o mercantilizadas pueden constituir formas de esclavitud o prácticas similares a la esclavitud. Tomado en su conjunto, existe una necesidad urgente de que los Estados tomen medidas para sancionar estas prácticas. Los niños, como un grupo vulnerable, requieren protección y apoyo inmediato contra estos actos y actividades de explotación que involucran la victimización directa de niños reales en el ciberespacio.

Este capítulo ha abordado los desafíos involucrados en la lucha contra las formas modernas de esclavitud y explotación relacionadas con la victimización de niños probablemente asociadas con la trata de niños con fines de explotación sexual en el ciberespacio. He argumentado que estas prácticas constituyen violaciones de los DDHH en el espacio virtual. Afectan directamente a la persona humana de un niño y representan un creciente problema internacional, ya que cada vez ocurren con mayor frecuencia en Internet y en plataformas de redes anónimas en la web oscura. Dado que estos delitos plantean nuevos desafíos legislativos para los gobiernos, puede ser necesario y se recomienda enfáticamente el desarrollo de una respuesta internacional integral, coordinada y consistente para combatir esta forma de delito cibernético de manera holística. Se requiere un entendimiento común entre los Estados sobre la explotación sexual de niños en el ciberespacio para fortalecer la protección de sus derechos y dignidad en esta era digital. Es fundamental que los países mejoren los esfuerzos de seguridad infantil mediante la implementación de respuestas legales y políticas que protejan de manera más adecuada a los niños frente a la naturaleza en constante evolución de estos delitos, basándose en estándares universales.

He argumentado que un instrumento jurídicamente vinculante para estos actos y actividades en el ciberespacio presenta una solución legal potencial para lograr la armonización legal a nivel internacional. Este nuevo instrumento proporcionaría un marco legal integral para que los Estados desarrollen leyes y políticas nuevas y más sólidas para prohibir delitos probablemente asociados con la trata de niños con fines de explotación sexual en el ciberespacio. De esta manera, podría contribuir a la lucha contra todas las formas de explotación sexual infantil y avanzar la seguridad de los niños en línea. En general, promovería la protección efectiva de la dignidad y los DDHH en el mundo digital.

Cuando las leyes y políticas nacionales están en conformidad con las normas y principios de DDHH, los Estados garantizarían la protección integral de los niños en relación con las formas de explotación sexual en el espacio virtual de una manera que promueva o facilite la realización de la libre expresión y los DDHH en el ciberespacio.

Un marco de DDHH con el objetivo de proteger a los niños en el ciberespacio establecería las siguientes obligaciones positivas para los Estados: asegurar una mayor penalización de los actos y actividades contra los niños con fines de explotación sexual; promover la probabilidad de una exitosa persecución de los perpetradores, en particular, garantizando la orientación sobre la coordinación práctica para obtener datos almacenados y en tiempo real sin demora; acelerar la identificación y asistencia de niños víctimas; y promover una identificación más rápida y el bloqueo y la eliminación efectiva de materiales de abuso sexual y explotación infantil en línea en el país de origen. Estos aspectos contribuirían a construir una lucha global alineada y coordinada contra la trata de niños con fines sexuales en el ciberespacio y la explotación relacionada.

Es importante destacar que los Estados pueden integrar la lucha contra estos delitos como parte de las estrategias de seguridad digital. Este enfoque puede promover el acceso y el uso de Internet y la TIC de manera segura para todos, incluyendo a los niños. De esta manera, los países pueden combatir esta área de ciberdelincuencia como parte de una acción integral para fortalecer las capacidades de ciberseguridad y promover un Internet abierto, accesible y seguro. Con la intención de promover la seguridad global, el instrumento internacional propuesto está diseñado para proporcionar una mayor protección a los niños contra esta forma de delito informático y también para fomentar la necesidad de preservar el libre flujo de información y el respeto a los DDHH y las libertades fundamentales.

Creo que las actividades a través del ciberespacio probablemente relacionadas con la trata de niños con fines de explotación sexual pueden abordarse y reducirse de manera efectiva si existe un compromiso genuino de los Estados para eliminar tales comportamientos y un marco legislativo común entre ellos. Basándose en las obligaciones de DDHH de los Estados, tienen una responsabilidad directa de prevenir y combatir estos actos en línea perpetrados por actores no estatales con la intención de explotar sexualmente a los niños. La trata de niños cometida en el ciberespacio representa nuevos desafíos legislativos para los gobiernos, especialmente en el marco de la ley. Bajo un enfoque basado en los DDHH para combatir estos actos de explotación en línea, los Estados reforzarían las respuestas normativas y todas las medidas apropiadas necesarias en sus sistemas legales nacionales y en la práctica. Un sólido marco de DDHH para la protección de los niños en el espacio virtual ayudaría a los Estados a disuadir de manera más efectiva a los delincuentes, aumentar de manera significativa su capacidad de aplicación de la ley y mejorar los esfuerzos globales para una respuesta sostenible a largo plazo contra la trata y la explotación sexual de niños en el ciberespacio.

Adicionalmente, debido a que estas actividades en el ciberespacio representan un fenómeno complejo, la participación de diversos actores es esencial en su prevención y erradicación efectiva. Los Estados deben garantizar el libre flujo de información en el entorno digital y promover la colaboración de múltiples partes interesadas, incluida la industria de tecnología. Esto permitirá el uso eficaz de herramientas tecnológicas para avanzar en la prevención y combate de la trata de personas con fines de explotación infantil en el ciberespacio. Además, la sensibilización y la alfabetización digital son componentes esenciales en esta lucha. La discusión anterior y el tratado propuesto aspiran a contribuir a construir un orden basado en la ley, en el que todos tengan la posibilidad de prosperar y alcanzar su máximo potencial en un orden centrado en la dignidad humana.

Bibliografía

AGNU. «Pacto Internacional de Derechos Civiles y Políticos». Entró en vigor 23 Marzo, 1966. U.N.T.S. 999.

AGNU. «Convención sobre los Derechos del Niño». Entró en vigor 2 Septiembre 1990. U.N.T.S. 1577.

AGNU. «Adición: Notas interpretativas para los documentos oficiales (travaux préparatoires) de la negociación de la Convención de las Naciones Unidas contra la Delincuencia Organizada Transnacional y sus protocolos». A/55/383/Add.1, 3 Noviembre 2000, art. 3, párr. 66, pág. 13.

AGNU. Resolución 68/167, El derecho a la privacidad en la era digital, A/RES/68/167 (21 Enero 2014).

AGNU. Resolución 70/1, Transformar nuestro mundo: la Agenda 2030 para el Desarrollo Sostenible, A/RES/70/1 (21 Oct. 2015).

AGNU. Resolución 70/237, Avances en la esfera de la información y las telecomunicaciones en el contexto de la seguridad internacional, A/RES/70/237 (30 Diciembre 2015).

AGNU. «Chapter V: Peremptory norms of general international law (jus cogens)». En *Report of the International Law Commission: Seventy-first session*. Nueva York: ONU, 2019.

AGNU. «Grupo de Expertos Gubernamentales sobre los Avances en la Información y las Telecomunicaciones en el Contexto de la Seguridad Internacional». A/68/98*. 24 Junio 2013.

AGNU. «Grupo de Expertos Gubernamentales sobre los Avances en la Información y las Telecomunicaciones en el Contexto de la Seguridad Internacional». A/70/174. 22 Julio 2015.

AGNU. «Grupo de Expertos Gubernamentales sobre la Promoción del Comportamiento Responsable de los Estados en el Ciberespacio en el Contexto de la Seguridad Internacional». A/76/135. 14 Julio 2021.

AGNU. «Protocolo Facultativo de la Convención sobre los Derechos del Niño relativo a la Venta de Niños, la Prostitución Infantil y la Utilización de Niños en la Pornografía». Entró en vigor 18 Enero 2002, U.N.T.S 2171.

AGNU. «Protocolo para Prevenir, Reprimir y Sancionar la Trata de Personas, especialmente Mujeres y Niños, que complementa la Convención de la ONU contra la Delincuencia Organizada Transnacional». Entró en vigor 25 Diciembre 2003, U.N.T.S. 2237.

AGNU. «Informe del Secretario General: Avances en la esfera de la información y las telecomunicaciones en el contexto de la seguridad internacional». A/71/172. 19 Julio 2016.

Alianza Mundial WeProtect. *Evaluación de la Amenaza Global 2019*. Londres: Crown Copyright, 2019.

Balleste, Roy. «In Harm's Way: Harmonizing Security and Human Rights in the Internet Age», en *Cybersecurity and Human Rights in the Age of Cyberveillance*, ed. Joanna Kulesza & Roy Balleste, 39-62. Rowman & Littlefield, 2015.

Bossler, Adam M., Kathryn Seigfried-Spellar y Thomas J. Holt. *Cybercrime and Digital Forensics: An Introduction*, 2nd ed. Abingdon: Routledge, 2017.

Bossuyt, Marc. *Guide to the Travaux Préparatoires of the International Covenant on Civil and Political Rights*. Nueva York: Springer, 1987, 164.

Bourke, Michael L. «The Myth of the Harmless Hands-off Offender». En *The NetClean Report 2016*, 34-35. NetClean, 2016. https://www.netclean.com/wp-content/uploads/sites/2/2017/06/NetClean_Report_2016_English_print.pdf

Busch-Armendariz, Noël B., Maura Nsonwu y Laurie C. Heffron. *Human Trafficking: Applying Research, Theory and Case Studies*. Nueva York: SAGE, 2018.

Carozza, Paolo G. «Human Dignity». En *The Oxford Handbook of International Human Rights Law*, ed. Dinah Shelton, 345- 359. Oxford: Oxford University Press, 2013.

Clayton, Ellen W., Richard D. Krugman, y Patti Simon, eds. *Confronting Commercial Sexual Exploitation and Sex Trafficking of Minors in the United States*. Washington: National Academies Press, 2013.

Clough, Jonathan. *Principles of Cybercrime*, 2nd ed. Cambridge: Cambridge University Press, 2015.

Cockbain, Ella. *Offender and Victim Networks in Human Trafficking*. Abingdon: Routledge, 2018.

CdE. «Convenio sobre la Ciberdelincuencia». Firmado 23 Noviembre 2001. S.T.E. 185.

CdE. «Convenio para la Protección de los Niños contra la Explotación Sexual y el Abuso Sexual». Entró en vigor 25 Octubre 2007. C.E.T.S. 201.

CdE. «Council of Europe Convention on Action against Trafficking in Human Beings». 16 Mayo 2005. C.E.T.S. 197.

CdE. «Informe Explicativo Convenio sobre la Ciberdelincuencia». 23 Noviembre 2001. S.T.E. 185.

CdE. «Explanatory Report to the Council of Europe Convention on Action against Trafficking in Human Beings». 16 Mayo 2005. C.E.T.S. 197.

CdE. «Explanatory Report to the Council of Europe Convention on the Protection of Children Against Sexual Exploitation and Sexual Abuse». 25 Octubre 2007. C.E.T.S. 201.

CDH, Resolución 20/8, Promoción, protección y disfrute de los derechos humanos en Internet. A/HRC/RES/20/8 (16 Julio 2012).

CDH, Resolución 26/13, Promoción, protección y disfrute de los derechos humanos en Internet. A/HRC/RES/26/13 (14 Julio 2014).

CDH, Resolución 31/7, Derechos del niño: tecnologías de la información y las comunicaciones y explotación sexual infantil. A/HRC/RES/31/7 (20 Abril 2016).

CDH, Resolución 32/13, Promoción, protección y disfrute de los derechos humanos en Internet. A/HRC/RES/32/13 (18 Julio 18, 2016).

CDH, Resolución 38/7, Promoción, protección y disfrute de los derechos humanos en Internet. A/HRC/RES/38/7 (17 Julio 2018).

CDH. «Efectos de la enfermedad por coronavirus en las diferentes manifestaciones de la venta y la explotación sexual de niños: Informe de la Relatora Especial sobre la venta y la explotación sexual de niños, incluidos la prostitución infantil, la utilización de niños en la pornografía y demás material que muestre abusos sexuales de niños, Mama Fatima Singhateh*». A/HRC/46/31. 22 Enero 2021.

CDH. «Informe del Relator Especial sobre la promoción y protección del derecho a la libertad de opinión y expresión, Frank La Rue*». A/HRC/23/40. 17 Abril 2013.

CDH. «Informe del Relator Especial sobre la promoción y protección del derecho a la libertad de opinión y de expresión, Frank La Rue». A/69/335. 21 Agosto 2014.

CDH. «Las formas contemporáneas de la esclavitud, incluidas sus causas y consecuencias, Urmila Bhoola». A/73/139. 10 Julio 2018.

CDH. «Informe del Relator Especial sobre la promoción y protección del derecho a la libertad de opinión y de expresión, Frank La Rue*». A/HRC/17/27. 16 Mayo 2011.

CDH. «Informe del Relator Especial sobre la promoción y protección del derecho a la libertad de opinión y de expresión, David Kaye*». A/HRC/29/32. 22 Mayo 2015.

CDH. «Informe del Relator Especial sobre la promoción y protección del derecho a la libertad de opinión y de expresión, David Kaye». A/HRC/32/38. 11 Mayo 2016.

CDH. «Informe del Relator Especial sobre la venta de niños, la prostitución infantil y la utilización de niños en la pornografía, Maud de Boer-Buquicchio». A/HRC/28/56. 22 Diciembre 2014.

CDH. «Informe del Representante Especial del Secretario General para la cuestión de los derechos humanos y las empresas transnacionales y otras empresas, John Ruggie». A/HRC/17/31. 21 Marzo 2011.

CDH. «La vigilancia y los derechos humanos: Informe del Relator Especial sobre la promoción y protección del derecho a la libertad de opinión y de expression*». A/HRC/41/35, 28 Mayo 2019.

CDH. «El derecho a la privacidad en la era digital: Informe de la Oficina del Alto Comisionado de las Naciones Unidas para los Derechos Humanos», A/HRC/27/37. 30 Junio 2014.

CDI. «Proyecto de Artículos sobre la Responsabilidad del Estado por Hechos Internacionalmente Ilícitos», A/56/10. 2008.

CDI. «70º período de sesiones: Texto del proyecto de conclusiones sobre la identificación del derecho internacional consuetudinario». A/73/10. 10 Agosto 2018.

«Child Online Protection», ITU, http://www.itu.int/en/cop/Pages/default.aspx

Crawford, James R. *Brownlie's Principles of Public International Law* (8th Ed.) Oxford: Oxford University Press, 2012.

CRC. «Observaciones finales sobre los informes periódicos quinto y sexto combinados de El Salvador». CRC/C/SLV/CO/5-6. 29 Noviembre 2018.

CRC. «Observaciones finales sobre los informes periódicos quinto y sexto combinados de Costa Rica*», CRC/C/CRI/CO/5-6. 4 Marzo 2020.

CRC. «Observaciones finales sobre los informes periódicos quinto y sexto combinados de Australia**», CRC/C/AUS/CO/5-6. 1 Noviembre 2019.

CRC. «Observación general núm. 25 (2021) relativa a los derechos de los niños en relación con el entorno digita», CRC/C/GC/25, 2 Marzo 2021.

CRC. «Observación general n.º 12: El derecho del niño a ser escuchado», CRC/C/GC/12, 20 Julio 2009.

CRC. «Observación general N.º 13 (2011) Derecho del niño a no ser objeto de ninguna forma de violencia», CRC/C/GC/13, 18 Abril 2011.

CRC. «Observación general No. 14 (2013) sobre el derecho del niño a que su interés superior sea una consideración primordial (artículo 3, párrafo 1) *» CRC/C/GC/14. 29 Mayo 2013.

CRC. «Observación general N.º 16 (2013) sobre las obligaciones del Estado en relación con el impacto del sector empresarial en los derechos del niño*». CRC/C/GC/16. 17 Abril 2013.

CRC. «Directrices relativas a la aplicación del Protocolo Facultativo de la Convención sobre los Derechos del Niño relativo a la venta de niños, la prostitución infantil y la utilización de niños en la pornografía*» CRC/C/156, 10 Septiembre 2019.

Comité de Lanzarote, *1st implementation report: Protection of children against sexual abuse in the circle of trust: The framework.* Estrasburgo: CdE, 2015.

Comité de Lanzarote, *Opinion on Article 23 of the Lanzarote Convention and its explanatory note.* Estrasburgo: CdE, 2015.

Departamento de Justicia de EE. UU. *National Strategy for Child Exploitation Prevention and Interdiction.* Departamento de Justicia de EE. UU., 2023.

Departamento de Estado de EE. UU. *Informe sobre la Trata de Personas.* Departamento de Estado de EE. UU., 2020.

Departamento de Estado de EE. UU., *Informe sobre la Trata de Personas.* Departamento de Estado de EE. UU., 2017.

Department for Digital, Culture, Media & Sport and Home Office. *Online Harms White Paper* (CP57). Crown Copyright, 2019.

Doek, Jaap E. «The Human Rights of Children: An Introduction». En *International Human Rights of Children*, ed. Ursula Kilkelly y Ton Liefaard, 3-29. Nueva York: Springer, 2019.

Dutton, William H. «Internet Studies: The Foundations of a Transformative Field». En *The Oxford Handbook of Internet Studies*, ed. William H. Dutton, 1-26. Oxford: Oxford University Press, 2014.

Düwell, Marcus, Jens Braarvig, Roger Brownsword y Dietmar Mieth. «Why a handbook on human dignity?» En *The Cambridge Handbook of Human Dignity, Interdisciplinary Perspectives*, ed. Marcus Düwell, Jens Braarvig, Roger Brownsword y Dietmar Mieth. Cambridge: Cambridge University Press, 2014.

EC3. *Internet Organised Crime Threat Assessment*. Europol, 2020.

EC3. *Internet Organised Crime Threat Assessment*. Europol, 2021.

EC3. *Internet Organised Crime Threat Assessment*. Europol, 2023.

ECOSOC. «Convención Suplementaria sobre la Abolición de la Esclavitud, la Trata de Esclavos y las Instituciones y Prácticas Análogas a la esclavitud», entró en vigor 30 Abril 1957, U.N.T.S. 3822.

ECOSOC. «Principios y Directrices recomendados sobre los derechos humanos y la trata de personas», E/2002/68/Add.1. 20 Mayo 2002.

ECPAT International, *Orientaciones Terminológicos para la Protección de Niñas, Niños y Adolescentes contra la Explotación y el Abuso Sexuales* (Bangkok: ECPAT International, 2016).

ECPAT International. *Declaración y Programa de Acción de Estocolmo, Primer Congreso Mundial contra la explotación sexual comercial de los Niños.* ECPAT, 1996.

European Committee of Social Rights. «Decision on the merits of the complaint: Federation of Catholic Family Associations in Europe (FAFCE) v. Ireland». no. 89/2013. 12 Septiembre 2014.

Frank, Michael J. y G. Zachary Terwilliger. «Gang-Controlled Sex Trafficking». *Virginia Journal of Criminal Law* 3, no. 2 (2015): 342-434.

Gallagher, Anne T. *The International Law of Human Trafficking.* Cambridge: Cambridge University Press, 2012.

Greiman, V. y C. Bain. «The Emergence of Cyber Activity as a Gateway to Human Trafficking». *Journal of Information Warfare* 12, no. 2 (2013): 41-49.

«Grupo de Trabajo del Consejo sobre Protección de la Infancia en Línea», UIT, https://www.itu.int/en/council/cwg-cop/Pages/default.aspx#/es

HRC. «Observación general No. 16: Derecho a la intimidad (artículo 17)». 8 Abril 1988.

HRC. «Observación general No. 31 [80]: Naturaleza de la obligación jurídica general impuesta a los Estados Parte en el Pacto». CCPR/C/21/Rev.1/Add.13. 26 Mayo 2004.

HRC. «Concluding observations on the fifth periodic report of Portugal», CCPR/C/PRT/CO/5. 28 Abril 2020.

HRC. «Observación general N° 34, Artículo 19: Libertad de opinión y libertad de expression». CCPR/C/GC/34. 12 September 2011.

ICMEC. *Child Sexual Abuse Material: Model Legislation & Global Review*, 9th ed. ICMEC, 2018.

ICMEC. *Online Grooming of Children for Sexual Purposes: Model Legislation & Global Review*, 1st ed. Alexandria: ICMEC, 2017.

ICMEC. *Studies in Child Protection: Technology-Facilitated Child Sex Trafficking*. Alexandria: ICMEC, 2018.

Interpol. *Threats and Trends Child Sexual Exploitation and Abuse: Covid-19 Impact.* Interpol, 2020.

IWF, *Trends and data: Reporte Anual 2021* (IWF, 2021).

Janis Wolak et al. «Online 'Predators' and Their Victims: Myths, Realities, and Implications for Prevention and Treatment». *American Psychologist* 63, no. 2 (2008).

Jean Allain et al., «Directrices Bellagio-Harvard de 2012 sobre los Parámetros Jurídico de la Esclavitud», en *The Law and Slavery*, 555-563 (Leiden, Países Bajos: Brill | Nijhoff, 2015). https://doi.org/10.1163/9789004279896_030

Kälin, Walter y Jörg Künzli. *The Law of International Human Rights Protection*, 2nd ed. Oxford: Oxford University Press, 2019.

Kendall, Virginia M. y T. Markus Funk. *Child Exploitation and Trafficking: Examining the Global Challenges and U.S. Responses*. Nueva York: Rowman & Littlefield Publishers, 2011.

Klein, Eckart. «The Duty to Protect and to Ensure Human Rights Under the International Covenant on Civil and Political Rights». En *The Duty to Protect and to Ensure Human Rights*, ed. Eckart Klein. Berlin: Verlag A. Spitz, 2000.

Koh, Harold H. «International Law in Cyberspace». *Harvard International Law Journal* 54 (2012): 1-12.

Kothari, Miloon. «The sameness of human rights online and offline». En *Human Rights, Digital Society and the Law: A Research Companion*, ed. Mart Susi, 15-30. Londres: Routledge, 2019.

Lasswell, Harold D. y Myres S. McDougal. *Jurisprudence for a Free Society: Studies in Law, Science and Policy*, vol. 1. New Haven: New Haven Press, 1992.

Lasswell, Harold D. y Myres S. McDougal. *Jurisprudence for a Free Society: Studies in Law, Science and Policy*, vol. 2. New Haven: New Haven Press, 1992.

Martellozzo, Elena. *Online Child Sexual Abuse: Grooming, Policing and Child Protection in a Multi-Media World*. Oxfordshire: Routledge, 2012.

McAlinden, Anne-Marie. *'Grooming' and the Sexual Abuse of Children: Institutional, Internet, and Familial Dimensions*. Oxford: Oxford University Press, 2012.

McDougal, Myres S., Harold D. Lasswell y Lung-Chu Chen. *Human Rights and World Public Order: The Basic Policies of an International Law of Human Dignity*, 1st ed. New Haven: Yale University Press, 1980.

Ministerial de Cinco Países. *Principios Voluntarios para Contrarrestar la Explotación y el Abuso Sexual de Niños*. Ministerial de Cinco Países, 2019.

NCMEC. *Informes de Proveedores de Servicios Electrónicos*. NCMEC, 2022.

Neverauskaitė, Justė. *In the Shadows of the Internet: Child Sexual Abuse Material in the Darknets*. Bruselas: ECPAT Bélgica, 2015.

OIT. *Estimaciones mundiales sobre la esclavitud moderna: Trabajo forzoso y matrimonio forzoso*. OIT, Walk Free, y Organización Internacional para las Migraciones, 2022.

OIT, «Convenio sobre las Peores Formas de Trabajo Infantil». 1999 (N.º 182).

Olson, Eric, and Jonathan Tomek. *Cryptocurrency and the BlockChain: Technical Overview and Potential Impact on Commercial Child Sexual Exploitation*. LookingGlass, 2017.

Ost, Suzanne. *Child Pornography and Sexual Grooming, Legal and Societal Responses*. Cambridge: Cambridge University Press, 2009.

Owen, Gareth y Nick Savage. *Paper series: No. 20 -September 2015: The Tor Dark Net*. Centre for International Governance Innovation, Royal Institute of International Affairs, 2015.

ONU Comité para la Eliminación de la Discriminación contra la Mujer y CRC. «Recomendación general núm. 31 del Comité para la Eliminación de la Discriminación contra la Mujer y observación general núm. 18 del Comité de los Derechos del Niño sobre las prácticas nocivas, adoptadas de manera conjunta». CEDAW/C/GC/31-CRC/C/GC/18, 14 Noviembre 2014.

ONU. «Convención de Viena sobre el Derecho de los Tratados». Firmada 23 Mayo 1969, 1155 U.N.T.S. 331.

ONU. Estatuto de la Corte Internacional de Justicia (1945).

Pati, Roza. «Trafficking in Human Beings: The Convergence of Criminal Law and Human Rights». En *The SAGE Handbook of Human Trafficking and Modern-Day Slavery*, ed. Jennifer B. Clark y Sasha Poucki. Londres: SAGE, 2019.

Quayle, Ethel. «Prevention, disruption and deterrence of online child sexual exploitation». *ERA Forum* 21 (2020): 429-447. https://doi.org/10.1007/s12027-020-00625-7

Reisman, Michael W. «A Policy-Oriented Approach to Development». *Journal of International and Comparative Law* 3, no. 1 (2016): 141-148.

Reisman, Michael W., Siegfried Wiessner y Andrew R. Willard, «The New Haven School: A Brief Introduction», *Yale Journal of International Law* 32, no. 2 (2007): 575–582.

Reisman, W. Michael. «Development and Nation-Building: A Framework for Policy-Oriented Inquiry». *Maine Law Review* 60, no. 2 (2008): 310-315.

SDN. «Convención sobre la Esclavitud». Entró en vigor 9 Marzo 1927, U.N.T.S. 2861.

Schutter, Olivier D. «The United Nations human rights treaties system». En *International Human Rights Law, Cases, Materials, Commentary*, 3rd ed, 869-942. Cambridge: Cambridge University Press, 2019.

Shaw, Malcolm N. *International Law*, 7th ed. Cambridge: Cambridge University Press, 2014.

The Protection Project. «Model law on combating child sex tourism». En *International Child Sex Tourism: Scope of the Problem and Comparative Case Studies*, 187-188. Washington: John Hopkins University & The Paul H. Nitze School of Advanced International Studies, 2007.

Thomas, Stephen B. y Erica Casper. «The Burdens of Race and History on Black People's Health 400 Years After Jamestown». *American Journal of Public Health* 109, no. 10 (2019): 1346–1347. https://doi.org/10.2105/AJPH.2019.305290

Tsagourias, Nicholas. «The Legal Status of Cyberspace». En *Research Handbook on International Law and Cyberspace*, ed. Nicholas Tsagourias y Russell Buchan, 13-29. Camberley: Edward Elgar Publishing Inc, 2015.

Turner, Catherine. *Out of the Shadows: Child Marriage and Slavery*. Anti-Slavery International, 2013.

UE. «Directiva (UE) 2016/680 del Parlamento Europeo y del Consejo, de 27 de abril de 2016, relativa a la protección de las personas físicas en lo que respecta al tratamiento de datos personales por parte de las autoridades competentes para fines de prevención, investigación, detección o enjuiciamiento de infracciones penales o de ejecución de sanciones penales, y a la libre circulación de dichos datos y por la que se deroga la Decisión Marco 2008/977/JAI del Consejo». *Diario Oficial de la Unión Europea* 119 (2016).

UE. «Reglamento (UE) 2016/679 del Parlamento Europeo y del Consejo, de 27 de abril de 2016, relativo a la protección de las personas físicas en lo que respecta al tratamiento de datos personales y a la libre circulación de estos datos y por el que se deroga la Directiva 95/46/CE (Reglamento general de protección de datos)», Diario Oficial de la Unión Europea 119 (2016).

UE. «Directiva 2011/93/UE del Parlamento Europeo y del Consejo de 13 diciembre 2011 relativa a la lucha contra los abusos sexuales y la explotación sexual de los menores y la pornografía infantil y por la que se sustituye la Decisión marco 2004/68/JAI del Consejo». Diario Oficial de la Unión Europea 335 (2011).

UE. «Directiva 2011/36/UE del Parlamento Europeo y del Consejo de 5 abril de 2011 relativa a la prevención y lucha contra la trata de seres humanos y a la protección de las víctimas y por la que se sustituye la Decisión marco 2002/629/JAI del Consejo». *Diario oficial de la Unión Europea* 101 (2011).

UIT. Global Cybersecurity Index 2018. Ginebra: UIT, 2019.

UIT. Directrices sobre la protección de la infancia en línea para la industria (Ginebra: UIT, 2020).

UNICEF Innocenti Research Centre. *Handbook on the Optional Protocol on the Sale of Children, Child Prostitution and Child Pornography*. Florencia: UNICEF, 2009.

UNODC. *Abuse of a position of vulnerability and other «means» within the definition of trafficking in persons: Documento Temático*. Nueva York: ONU, 2013.

UNODC. *Anti-Human Trafficking Manual for Criminal Justice Practitioners: Definition of trafficking in persons and smuggling of migrants (Módulo 1).* Nueva York: ONU, 2009.

UNODC. *Comprehensive Study on Cybercrime*. Nueva York: ONU, 2013.

UNODC. *Informe Global sobre Trata de Personas 2020*. Nueva York: ONU 2021.

UNODC. *Guidance Note on 'abuse of a position of vulnerability' as a means of trafficking in persons in Article 3 of the Protocol to Prevent, Suppress and Punish Trafficking in Persons, Especially Women and Children, supplementing the United Nations Convention against Transnational Organized Crime*. UNODC, 2012.

UNODC. *Documento Temático: The role of «consent» in the trafficking in persons protocol*. Viena: ONU, 2014).

UNODC. *Guías Legislativas para la Aplicación de la Convención de las Naciones Unidas contra la Delincuencia Organizada Transnacional y sus Protocolos*. Nueva York: ONU, 2004.

UNODC. *Study on the Effects of New Information Technologies on the Abuse and Exploitation of Children*. Nueva York: ONU, 2015.

UNODC. *The Concept of 'Exploitation' in the Trafficking in Persons Protocol: Documento Temático*. Viena: ONU, 2015.

Whittle, Helen C., Catherine Hamilton-Giachritsis y Anthony R. Beech. «Victims' Voices: The Impact of Online Grooming and Sexual Abuse». *Universal Journal of Psychology* 1, no. 2 (2013): 59-71.

Wolak, Janis y David Finkelhor. *Sextortion: Keys Findings from an Online Survey Of 1,631 Victims*. Crimes Against Children Research Center y Thorn, 2016.

Acerca del Autor

Beatriz Susana Uitts es una abogada de derechos humanos e investigadora. Doctora en Ciencias Jurídicas (J.S.D.) y Magíster en Derechos Humanos Interculturales (LL.M.) de la Facultad de Derecho de la Universidad St. Thomas en Miami Gardens, Florida y Abogada de la Pontificia Universidad Javeriana en Bogotá, D.C., Colombia. Fundadora y Directora de Human Trafficking Front, una organización dedicada a estudiar y prevenir problemas relacionados con la trata de personas y la esclavitud moderna a través de programas de educación, formación y desarrollo de capacidades. La Dra. Beatriz Susana es experta en la Iniciativa de Protección de la Infancia en Línea (COP) de la UIT (Unión Internacional de Telecomunicaciones de la ONU) y experta asociada en la Academia contra la Trata de Personas John J. Brunetti de la Universidad St. Thomas. Ha aparecido en medios de comunicación de los Estados Unidos y conferencista invitada en el campo de la trata de personas a nivel nacional e internacional. Su investigación se centra en la trata de seres humanos, los derechos humanos y la relación y conexiones entre la tecnología y la explotación. Sus trabajos jurídicos y de defensa, realizados en instituciones académicas y organizaciones gubernamentales y no gubernamentales, incluyen el fortalecimiento de las respuestas del sistema de justicia penal a la trata de personas; la mejora de la coordinación de servicios a víctimas de violencia, incluyendo la violencia doméstica y la trata de personas; y el servicio y la mentoría a niños extranjeros no acompañados. Ha ejercido como abogada peticionaria ante la Comisión Interamericana de Derechos Humanos en Washington DC, USA.

Guía de uso

¡ENHORABUENA!

ACABAS DE ADQUIRIR UNA OBRA QUE **INCLUYE LA VERSIÓN ELECTRÓNICA.**
APROVÉCHATE DE TODAS LAS FUNCIONALIDADES.

ACCESO INTERACTIVO A LOS MEJORES LIBROS JURÍDICOS

FUNCIONALIDADES

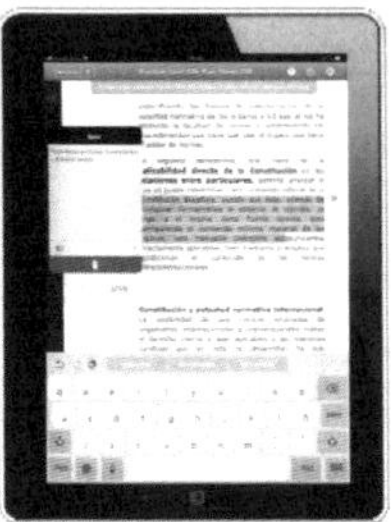

SELECCIONA Y DESTACA TEXTOS

Crea anotaciones y escoge los colores para organizar tus notas y subrayados.

USA EL TESAURO PARA ENCONTRAR INFORMACIÓN

Al comenzar a escribir un término, aparecerán las distintas coincidencias del índice del Tesauro relacionadas con el término buscado.

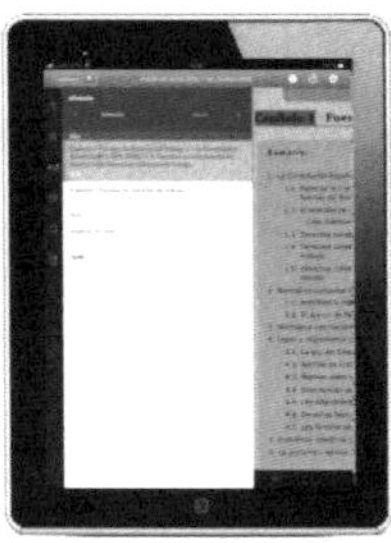

HISTÓRICO DE NAVEGACIÓN

Vuelve a las páginas por las que ya has navegado.

ORDENAR

Ordena tu biblioteca por:
Título (orden alfabético),
tipo (libros y revistas), editorial,
jurisdicción o área del Derecho.

CONFIGURACIÓN Y PREFERENCIAS

Escoge la apariencia de tus libros y revistas cambiando la fuente del texto, el tamaño de los caracteres, el espaciado entre líneas o la relación de colores.

MARCADORES DE PÁGINA

Crea un marcador de página en el libro tocando en el icono de Marcador de página situado en el extremo superior derecho de la página.

BÚSQUEDA EN LA BIBLIOTECA

Busca en todos tus libros y obtén resultados con los libros y revistas donde los términos fueron encontrados y las veces que aparecen en cada obra.

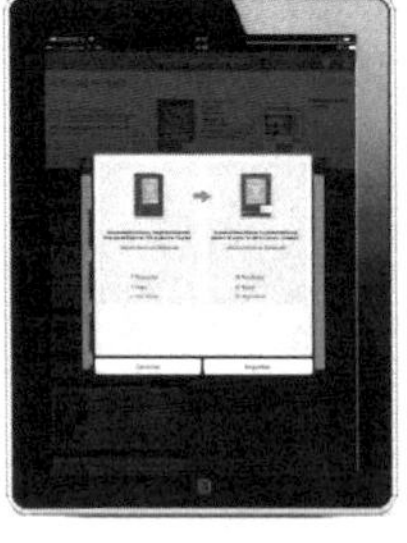

IMPORTACIÓN DE ANOTACIONES A UNA NUEVA EDICIÓN

Transfiere todas sus anotaciones y marcadores de manera automática a través de esta funcionalidad.

SUMARIO NAVEGABLE

Sumario con accesos directos al contenido.

INFORMACIÓN IMPORTANTE: Si has recibido previamente un correo electrónico deberás seguir los pasos que en él se detallan.

Estimado/a cliente/a,

Para acceder a la versión electrónica de este libro, por favor, accede a **http://onepass.aranzadi.es**
Tras acceder a la página citada, introduce tu dirección de correo electrónico (*) y el código que encontrarás en el interior de la cubierta del libro.

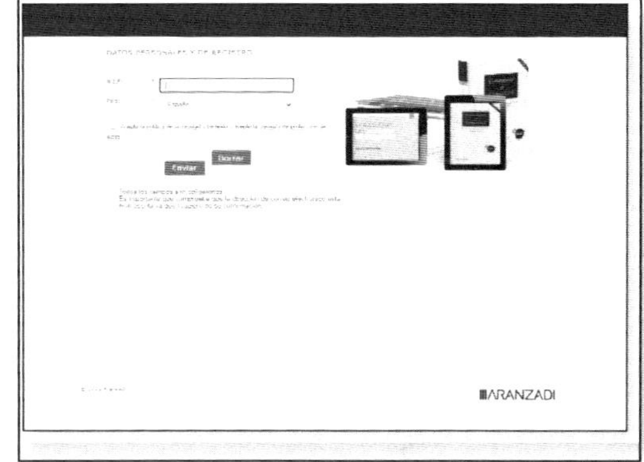

A continuación pulsa enviar.

Si te has registrado anteriormente en OnePass, en la siguiente pantalla se te pedirá que introduzcas el NIF asociado al correo electrónico.

Finalmente, te aparecerá un mensaje de confirmación y recibirás un correo electrónico confirmando la disponibilidad de la obra en tu biblioteca.

Si es la primera vez que te registras en **OnePass,** deberás cumplimentar los datos para crear tu cuenta y poder acceder a tu libro electrónico.

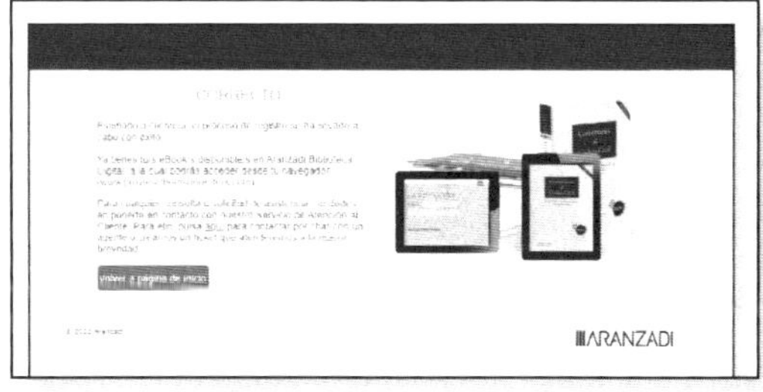

- Los campos **"Nombre de usuario"** y **"Contraseña"** son los datos que utilizarás para acceder a las obras que tienes disponibles a través del navegador en la ruta www.proview.thomsonreuters.com

Servicio de Atención al Cliente

Ante cualquier incidencia en el proceso de registro de la obra no dudes en ponerte en contacto con nuestro Servicio de Atención al Cliente. Para ello accede a nuestro Portal Corporativo y una vez allí en el apartado del Centro de Atención al Cliente selecciona la opción de Acceso a Soporte para no Suscriptores (compra de Publicaciones).